JN337604

생활체육 태권도장

성공하는 도장을 위한 체육관 경영론

SUCCESSFUL MANAGEMENT AND INSTRUCTION

● 김종연 이창헌 전영만 송재익 공저

ANIBIG 애니빅

생활체육 태권도장

성공하는 도장을 위한 체육관 경영론

글 | 김종연 이창헌 전영만 송재익 공저

초판 1쇄 발행 | 2014년 4월 15일

발 행 인 | 문상필
북디자인 | 이한솔
표지디자인 | 이태진
펴 낸 곳 | 주식회사 애니빅
주 소 | 서울시 영등포구 경인로 82길 3-4
(문래동 1가 센터플러스 1118호)
대표전화 | 02-2164-3840 **팩스** | 02-62 09-7749
홈페이지 | www.anibig.com
이 메 일 | 0221643840@hanmail.net
출판등록 | 제318-3180000251002008000010호

가격 29,000원

ISBN 978-89-97617-60-9 13690
* 잘못 만들어진 책은 구입하신 서점에서 교환해 드립니다.

출판에 즈음하여

2011년 5월 미국의 CNN 방송국이 운영하는 아시아 전문 온라인 뉴스 사이트 (cnngo.com)는 서울에서만 보고 느끼고 체험할 수 있는 독특하고 이색적인 문화코드 50가지를 사진 동영상과 함께 상세한 이유를 들어 소개했는데 우리 태권도가 22번째로 선택되었다고 합니다.

또한, 태권도는 2016년 리우데자네이루 하계 올림픽 정식 종목으로 채택됨으로써 5회 연속 올림픽 무대에 올라 영구 종목으로서의 기반을 다져 놓았습니다. 이렇듯 태권도는 대, 내외적으로 많은 성과를 이루었지만 정작 종주국 태권도의 밑바탕이 될 일선 도장들은 저출산과 수련인구 감소, 불경기로 심한 경영난에 허덕이고 있습니다.

일선 지도자들은 도장운영을 잘하기 위해 다방면으로 노력하고 있지만, 현재처럼 뚜렷한 방향이 제시되지 못하는 환경에서는 혼란만 가중될 뿐입니다. 또한, 그동안 아동중심의 교육으로 인해 태권도의 양적 부분은 다소 발전하였으나 무도로서의 질적인 가치는 쇠퇴하는 모습이라 할 수 있습니다.

태권도 인구의 확산으로 인한 대중 스포츠로서의 정착을 위해서라도 표준 교육과정 및 운영 커리큘럼의 개발과 대안 제시 차원에서 체육관 운영에 꼭 필요한 내용만을 나름 정리하려 노력했습니다. 내용상의 부족한 부분은 모두 함께 풀어야 할 과제로써 함께 고민하고 풀어나가고자 합니다.

본 책을 저술한 연구위원 전원은 현재 일선에서 체육관을 직접 경영해오면서 각자가 다양한 계통의 전문분야로 연구한 결과를 실제 체육관 운영에 적용해오고 있는 지도자들로 구성하였습니다. 수련생 400여 명 현장지도자, 태권도 지도이론서 다수출판자, 태권도 실기전문 강사, 전산분야 권위자, 체육관 방학기간 특별이벤트 운영자 등이 각 장별로 특색있게 아래와 같이 본문을 구성하였습니다.

체육관 개설과 경영분야, 수련생 지도법, 체력단련법, 호신술, 학교 체육, 유아 체육 등으로 구분하고 지역별 특성에 적합한 프로그램 개발과 응용이론, 효율적 경영을 위한 마케팅, 승품, 단에 필요한 내용과 기준, 효과적인 교육상담, 방학기간 창의력 교실, 야외활동, 태권도장 실내, 외 광고 캐릭터 활용방안, 연간 월간행사, 교육안내, 가정통신문 등으로 체육관 경영에 반드시 필요한 내용을 수록하였습니다.

이 책을 발간하기 위해 어려운 여건 속에서도 태권도 경영정보연구소 연구위원들의 상호 간에 신뢰와 격려 속에서 자발적으로 시간과 물심양면의 희생봉사가 있었습니다.

평일에는 체육관 경영과 수련지도를 하며 휴일에는 도서실과 문고, 연구소 사무실을 오가며 이론정리를 함께하면서 집필해준 이성철 상임연구원과 허정호 전임연구원에게 감사드립니다. 또한, 본 책 출판을 위해 모든 협조를 다 해 주신 상아출판사 문상필 사장님께도 감사의 말씀을 드립니다.

끝으로 오늘도 태권도 지도현장에서 노력하시는 선후배 동료 가족들에게도 부족하나마 많은 활용과 지적 주시고 또한 태권도를 사랑하고 배우고 있는 수련생은 물론 전공학생과 모든 지도자분들의 가정과 체육관의 무궁한 발전을 기원합니다.

2014년 4월

집필자 김 종 연 외 연구위원일동

저자 소개

김 종 연

- 전 국제대, 명지대학교 무예학과 교수 (경영학 강의)
- 생활체육지도자, 경기지도자 1급, 청소년지도사 1급
- 시협회 자료개발 담당 부의장, 체육관 27년 경영
- 태권도와 사회체육, 경영론과 지도론,
  시협회 체육관 활성화 자료 8권 집필
- (사)세계경찰태권도협회 이사 겸 기심의장

이 창 헌

- 건민체육관 관장 25년 경영
- 연세대학교 사회교육원 실기강사
- (사)한국건강운동협회 태권도휘트니스 상임 부회장
- (사)대한태권도교육문화원 교육이사
- (사)세계경찰태권도협회 이사 겸 교육위원장

전 영 만

- 체육교육학 박사 / 체육경영학 석사
- 용인대학교 겸임교수 / 명지대학교 무예학과 지도교수
- (사)한국레포츠연맹 사무처장
- 태권도국제심판 / 사회복지사
- (사)세계태권도문화교류협회 대표

송 재 익(연구원)

- NSWU 컴퓨터학 졸업
- 삼성SDS-Project Manager 역임
- 전 서울시태권도협회 전산실장
- (주)오성앤피플 대표이사
- (사)대한경찰태권도협회 사무총장

차례

제4장 태권도 교육을 통한 인성교육

제5장 승품(단) 심사 및 합격 완전정복

제6장 태권도 교육 상담요약

제 7 장 태권도장 활성화 여러 기법

제 8 장 태권도 운영 교실

제 9 장 체육관 광고와 인테리어

부 록 연간, 월별 행사 가정 통신문(예시)

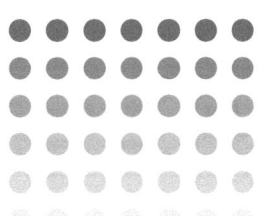

제 1 장

체육관 경영론

1. 체육관 경영의 현실
2. 체육관 경영의 필수 요소
3. 현재의 체육관 경영의 문제점
4. 수련생의 퇴관이유
5. 지도 개선책
6. 태권도인의 지도 철학
7. 태권도 카운슬링이란?
8. 체육관 신설 및 인수 시 참고 사항
9. 체육관 경영 규정과 필수양식
10. 체육관 지도자 연수, 목적, 자격부여
11. 청소년 지도사에 관하여
12. 초등학생 학년별 심리특성
   (태권도 수련의 초등학생 심리와 접근에 대하여)
13. 태권도 수련생 모집지도
14. 태권도장 경영에 필요한 등록, 절차와 양식
15. 태권도 국내 현황 및 조직과 사업
16. 태권도 진흥 및 태권도공원 조성 등에 관한 법률

제1장 체육관 경영론

1. 체육관 경영의 현실

현재 대한민국 태권도교육 및 도장경영의 현실은 고객을 감동하게 할만한 통일성 있는 교육적 시스템을 찾아보기 힘들다. 태권도장 간판, 이름, 디자인, 실내 인테리어와 대부분 태권도장의 세부적인 지도 프로그램은 지도자의 과거 경험을 중심으로 짜인 변함없는 내용으로 진행되는 것이 지금의 현실이다.

태권도가 교육적 가치는 물론 경영자의 경영성과를 통이고 국가적 브랜드로 가치를 높이는데 이바지하기 위해서는 표준화된 태권도 경영(교육)모델이 구축되어 통일성을 가지고 전국적 세계적으로 지도자(경영자)들에게 확산하였을 때 비로써 하나의 표준화된 상품(태권도)으로서 가치를 발휘하게 되어 국민에게서 적극적인 관심을 이끌어 내고 더 나아가 세계적인 최고의 브랜드가치를 인정받아 태권도의 위상을 높이게 될 것이다.

2. 체육관 경영의 필수 요소

지도자, 시설(장소), 교육 프로그램으로 볼 수 있다. 수련 프로그램에 참여하는 수련생에게 지도자나 시설이 수동적 의미가 있다면 수련 프로그램은 능동적 의미를 지니다. 지도자나 시설은 기존해 있는 것이지만 수련 프로그램은 참여하는 수련생들의 선택권이 있기 때문이다. 필수 요소가 모두 조화를 이루어야 하나 특히 수련 프로그램은 다른 두 가지보다도 한층 다양하고 연령별, 신체적 특성별로 선택 폭이 넓어야 한다. 그러므로 태권도 체육관 수련 프로그램은 그 대상자의 발육, 발달단계, 신체적 특싱, 체력의 정도, 신체조건, 사회적 요구에 따라 합리적으로 개발 운영되어야 한다. 그러나 우리 체육관의 실정은 어떠한가? 기존의 시설이 중심이 되어 수련 프로그램이 개발되고 수련생들은 이에 따라 참여해 왔다.

이 때문에 연령별, 신체 특성별 등 개개인의 특징별로 세분되고 체계적이며 과학적인 수련 프로그램이 크게 부족한 실정이다. 앞으로의 수련 프로그램 개발은 현재의 우리 체육관의 실정에 맞는 수련 프로그램을 개발하고 보급하여 합리적인 태권도 체육관의 뿌리로 내려야 한다. 아울러 성급하게 외국의 경우를 모방해서는 큰 시행착오를 일으킬 우려가 있으므로 태권도 종주국답게 전문연구기관에서 깊이 있는 연구가 선행 보급되어야 하겠다.

여기서 유아부, 초등부, 청소년부, 성인부 등으로 구분하고 부별로 합리적인 수련 프로그램과 기본 방향을 진단해 보기로 한다.

1) 유아(유치)부

이 시기는 개인차가 심하며 연령에 맞도록 충분히 연구되어야 하는 것은 물론이거니와 정서적, 지적, 정신적, 사회적인 면으로 중요한 영역을 차지하지만 주로 발육, 발달에서 가장 우선이 되어야 하는 것은 신체발달이다. 특히 이 시기에는 균형감이 중요하므로 수련 프로그램도 이런 쪽에 비중을 두어야 한다.

또한 유아(유치)는 운동신경이 상당히 발달해도 근육의 힘이나 뼈, 호흡 순환계의 발달이 이에 따르지 못해 몸 일부분으로 몸 전체를 지탱한다든지 장거리 달리기와 같이 폐에 부담을 주는 운동은 적합하지 못하다.

관절부위에 지나친 힘을 피하는 한도 내에서 균형감을 위해 유연성 향상 운동을 해야 한다. 그러나 원시적인 것이 가장 근본적이며 자연스럽고 그것이 가장 과학적이라는 사실을 인식하고 수련 프로그램을 구성해야 한다.

2) 초등부(어린이)

현대 도시 아이들은 겉으로 보기에는 행복해 보이나 속으로는 가장 불행한 아이들이다. 문화적으로는 쾌적해졌으나 갈등과 고민은 더욱 많아졌다. 소아 비만 현상이나 정신과 질환의 출현 등 요즈음 아파트촌을 보면 교도소와 너무 흡사하다. 어릴 때부터 이런 습관을 지니고 자랐고 또한 이런 사실을 전혀 느끼지 못하고 자란 탓에 다분히 의타적, 자기중심적 행동을 보인다.

따라서 초등생의 수련 프로그램은 창의적, 개척정신, 체험교육, 자립정신을 길러 줄 수 있도록 편성되어야 한다. 그뿐만 아니라 컴퓨터게임, TV 시청, 만화 등의 영향을 입어 행동 양식이 잔악하고 포악해지고 있어서 삶의 자세를 바르게 일깨워줘야 한다. 신체적으로나 정신적으로 아동기에 형성된 것들은 일생을 두고 영향을 미치므로 충분하고도 올바른 신체활동이 어린이에게 제공되어야 한다.

아울러 각 개개인의 개성이나 취미의 다양성을 간파하여 자연스럽게 마음껏 뛰고 운동하고 놀 기회를 풍부하게 제공해야 한다. 필요한 프로그램으로는 각종 놀이중심으로 신체적 활동과 서로 짝을 지어 땀을 흘리면서 하는 운동이 권장할 만한 내용이다.

3) 중 · 고등학교, 청소년

이 시기는 원천적으로 "정서적 미숙아"로 스스로 자신을 다스릴 수 있는 정신적이 힘이 부족하지만, 육체적으로는 살아 있는 활화산 같아서 넘치는 에너지를 설교적이거나 훈화적, 종교적인 말로써 다스리는 것은 한계가 있을 수밖에 없다.

이런 중 · 고교생들에게 잉여 에너지를 발산한다면 이 시간만큼은 보호받는 시간이며 정열을 안전하게 관리할 수 있는 시간이 되는 것이다. 그러지 못하고 규제와 입시 일변도로 청소년을 다스려 나간다면 이들은 어쩔 수 없이 저들만이 가질 수 있는 지하문화를 형성할 수밖에 없을 것이다. 이때의 수련 프로그램은 발달과 욕구충족 위주의 프로그램이 되어야 한다. 아울러 이 운동시간만큼은 어느 시간보다도 두뇌 발전에 큰 영향을 준다는 사실을 인식하고 지속해서 참여할 수 있는 프로그램을 선정해야 한다.

참여자의 운동 기능 수준에 적합한가를 판단하고 초심자는 낮은 단계의 운동기능부터 시작하여 점진적으로 수준을 높여야 한다. 또 소극적인 활동은 지양하고 적극적인 신체활동으로 유도하여야 한다.

4) 성인 일반부

현대인은 물질 만능주의 배금사상의 팽배로 말미암아 자신이 생명의 위기를 느끼지 못한 상태로 질주해 가고 있다. 특히 현대인들에게는 먹는 양도 많아졌고 휴식의 기회도 증가했는데 운동량은 상대적으로 많이 줄어들었다. 성인들에게 있어서 신체활동이나 움직임의 양식은 매우 많고 복잡해 보이지만 신체적성을 향상하기 위해서는 근력, 유연성, 지구력, 긴장 완화 능력 등의 기초적인 사항을 개발 습득시키는 것이 우선되어야 한다. 개개인의 특수성을 고려하여 현재의 신체 상태에 대한 객관적인 평가로 처방을 내려 운동에 참여할 수 있도록 수련 프로그램을 편성해야 한다.

3. 현재의 체육관 경영의 문제점

현재 우리나라 태권도 수련생 90% 정도가 유치원 초등학생에 달하고 있었는데 현재 출생률 저하로 인하여 학령기 유소년의 인구감소 추세가 두드러지게 나타나고 있다. 반면 신도시의 개발로 인해 체육관의 숫자는 매년 증가하고 있으므로 태권도 교육의 수준도

낮아져 수련생들의 요구도 충족시키지 못하는 형편이다.

그 이유는 현 사회적으로 무도에 대한 요구가 줄어들고 무도의 실용 범위가 감소해 감에 따라 태권도의 기반을 잃어버린 셈이 되었고 이러한 새로운 시대적 변화에 부응하여 태권도 교육의 목적은 빨리 확립하지 못하고 있는 "과도기적 현상"에 놓여 있으며 도장 태권도 교육의 목적 정립과 사회 체육화 된 체육관 프로그램 개발이 시급한 과제이다. 현대사회는 태권도교육에 요구내용도 다양하고 크다. 일인의 지도자가 양적으로 많은 수련생을 소화하고 있으며 특히 청소년을 주 대상으로 하고 있으므로 태권도 기술의 전수라는 좁은 영역으로는 한계가 있는 것이다. 이제 도장 교육이 태권도 기술의 지도에서 태권도를 통한 바람직한 인격교육으로 바뀌어야 하며 올바른 교육적 요구를 수용시키고 태권도가 지니고 있는 더욱 높은 본질적 가치를 실현해야 할 것이다.

4. 수련생의 퇴관이유

(외적요인)

최근 교육프로그램들은 태권도 컨설팅회사의 상업적 마케팅에 의존한 운영으로 놀이형 및 기타 종목 접목프로그램이 확산하여 태권도 본연의 교육적 가치가 훼손되어 사회적 인식저하로 인한 참가기피가 이어지고 있고, 기타 몇 가지 이유로는

① 운동에 흥미를 잃어서(동기 유발 저하)
② 계절적으로 변화가 심할 때(여름에서 겨울로, 겨울에서 봄으로 등 몸이 계절의 변화에 적응력이 부족하므로)
③ 운동이 너무 힘들어서
④ 학원 시간과 중복되는 경우가 많아서
⑤ 체육관에 적응 못 해서
⑥ 승품되어서 타 교육을 받기 위해 시간이 맞지 않아서 등
⑦ 기타 이사와 개인적 이유 및 경제적 어려움 등으로

품새를 중심으로 (내적요인)

① 초보자에게 처음부터 너무 많은 양을 소화하려 요구한다.
② 현재의 태권도 교육은 품새만이 기술 전달의 수단이 되고 있다.
③ 품새의 양이 승급, 승품(단) 응시 기준에 가장 우선한다.

④ 품새 위주에 빠져드는 것은 태권도 지도를 절름발이로 만드는 것이다.
⑤ 1품(단) 수련생은 새로운 품새는 한두 가지밖에 없고 그 후 지난 것의 반복 연습이므로 흥미를 잃고 동기 결여로 인해 퇴관이 속출한다.
⑥ 동작의 공격 유형과 사용 범위에 따른 설명이 부족하므로 품새의 내용분석이 실질적으로 사용 불가능하다.
⑦ 기초에서 유급, 유단자에 이르기까지 품새가 단계적으로 강약이 부족하다.(이론 이해 부족)
⑧ 경기화의 영향으로 체육관 겨루기는 일정한 기술은 세련되고 그 수준은 향상되었지만, 전체적으로 기술의 폭이 좁혀지기 쉽다.
⑨ 도장 태권도 겨루기는 기본기가 갖추어지기 전에 응용 기술을 요구한다.
⑩ 겨루기 지도 시 지도자의 특성에 따라 일정한 기술만을 터득한다.

예를 들면, 지도자가 앞차기를 잘하면 그 체육관 수련생도 앞차기를, 지도자가 뒤차기를 잘하면 그 체육관 수련생은 유급자나 유단자 모두가 뒤차기 하나는 잘하는 식의 외발적 지도가 이루어지고 있다.

5. 지도 개선책

① 맹목적으로 다른 사람이 하는 방식을 답습만 해도 좋은 시대는 지나갔다.
지도자의 확고한 기술관과 지도 이론 확립이 절실한 시점이다.
② 품새란 태권도의 최종 목적도 아니고 태권도 기술의 전부도 아니다.
품새란 지도의 수단이다.
③ 할 수 있는 품새의 가지 수가 많은 것이 잘한다는 대변이 아니다.
④ 품새가 누구에게나 체력 발달을 가져온다고 생각해서는 안 된다.
저연령 아동에게는 충분한 운동이 되겠지만, 청소년 이상 성인 근력면이나 심폐기능면에서 부족하고 장년이나 여성에게는 근력과 심폐 기능면의 균형된 운동량을 제공할 수 있다.
⑤ 겨루기 지도 시 다양한 기술 지도와 정확성 지도가 선행되어야 한다.
⑥ 일일 수련 시 체력 훈련 위주 50%, 기술 훈련 40%, 이론 교육 10% 정도를 권하고 싶다.

6. 태권도인의 지도 철학

지도자의 요인 중 빼놓을 수 없는 중요한 것 중 하나는 지도자의 철학이다. 태권도 지도자가 된 이유가 무엇이며 자신의 지도 철학이 어디에 있는가? 등 여러 가지 이유가 있을 수 있다.

예를 들면,
① 인간의 전인적인 성장 발달에 공헌하기 위하여
② 태권도에 소질이 있는 수련생(선수)을 도와주는 것이 좋아서
③ 남을 지도하고 통솔하는 것이 좋아서
④ 자신의 능력을 인정받은 것이 좋아서
⑤ 자신이 풀지 못한 우승의 한을 풀기 위해
⑥ 유명한 선수를 배출함으로써 남으로부터 인정받기 위해
⑦ 수련생을 지도할 때의 쾌감을 맛볼 수 있기 때문에
⑧ 생활수단의 하나인 수입을 위하여 등등일 것이다.
지도력이란 지도자의 철학에 따라 체육관 운영에 크게 영향을 받는다.

7. 태권도 카운슬링이란?

카운슬링이란 간단하게 표현하면 경험 있는 사람이 문제를 가진 사람에게 조언해 주는 것이다. 다시 말해서 카운슬링은 상담자와 내담자(수련생)가 상담이나 대화의 형식을 통하여 인간관계나 성격 문제, 수련생 문제, 신상 문제 등을 바람직한 방향으로 개선해 나가는 것이다.

1) 인간성에 대한 적극적인 태도

대상이 어떠한 수련생이건 인간으로서 알고자 하는 마음을 가지고 편안하게 끝까지 문제를 경청한 후에 결과의 조언이나 경험담, 내 생각은 어떠하다 정도로 생각할 수 있는 여유를 준다.

2) 공감적 이해

내담자(수련생)의 생각이나 감정이 허락하는 범위 내에서 자신의 감정을 개입시킨 평가나 비판적인 견해는 좋지 않다. 내담자(수련생)가 가능한 한 자유롭게 자신의 문제를 표현할 수 있도록 유도해야 한다.

3) 책임 있는 태도

개인적인 지도 및 원조를 해야 할 문제에 부딪혔을 때 단순한 동정이나 연민 또는 개인적인 사정이나 흥미를 갖는 것은 금물이며 내담자(수련생)의 상담에 비밀보장과 상담 시 심리적인 도움을 주는 것이 상담의 책임 범위이다.

8. 체육관 신설 및 인수시 참고 사항

각 지도자 여러분의 신설 경험과 인수 운영 등 주위 선・후배들의 경험도 많은 참고가 되리라 믿는다. 그러나 필자의 경험으로 보면 순서에 입각한 절차를 잘 알아야 한다.

1) 입지 여건

태권도 체육관 경영은 옛날 교육 인식의 수준과는 차이가 크다. 체육관 운영의 A급 수준으로 보면 생활 정도가 중 상류, 중류 정도의 지역 수준이 가장 적절한 선호지역이며 보편적이다.

가구 수는 체육관을 중심으로 주택의 경우 약 2,000~3,000세대 APT 2,500~3,000세대를 일단 체육관 운영에 적절한 상황으로 본다. B급 가구 수는 주택 지역 1,500세대~2,000세대, APT 1,500~2,500세대 등으로 절대적 구분이라 할 수는 없으며 지도자의 개인 능력에 따라 다른 구분이 가능함.

2) 지역 세대주의 성향

지역의 세대주의 연령이 30~40대 초반인 경우에 수련 대상(초교생, 중고등부)들이 많으며 부모가 맞벌이거나 상업(개인업)에 종사하거나 운동경험이 많은 부모의 자녀는 대부분 운동 자체를 권장하고 있다. 자세한 내용은 1장에 수록되어 있다.

9. 체육관 경영 규정과 필수 양식

본 태권도 체육관 필수 양식란은 우리 일선 지도자라면 꼭 알고 있어야 하며 행정절차에 대한 미숙으로 인한 불이익을 최소화기 위하여 체육관 신설 및 양도 양수에 따른 양식, 기타 구청 등록 규정 및 자격 서류 접수 절차들을 수록하였으니 해당자는 꼭 확인하고 행정절차를 갖추기 바란다.

1) 태권도장업 (시설기준)

구분	시설기준
필수시설 운동시설	● 운동전용면적은 3.3㎡당 수용인원은 1명 이하가 되도록 한다. ● 바닥면은 운동 중 발생하는 충격의 흡수가 가능하게 하여야 한다. ● 해당 종목의 운동에 필요한 기구와 설비를 갖추어야 한다.

2) 체육관 보험가입

체육시설법 제26조에 근거, 체육시설업자는 체육시설의 설치 운영과 관련되거나 그 체육시설 안에서 발생한 피해를 보상하기 위하여 문화체육관광부령으로 정하는 바에 따라 보험에 가입하여야 한다.

다만 문화체육관광부령으로 정하는 소규모 체육시설 업자인 경우에는 그러하지 아니한다. 〈개정 2008.2.29〉

① 본 법 제26조 본문에 따라 체육시설업자는 체육시설업을 등록하거나 신고한 날부터 10일 이내에 손해보험에 가입하여야 한다. 이 경우 보험가입은 단체로 할 수도 있다.
② 제1항에 따라 손해보험에 가입한 체육시설업자는 그 사실을 증명하는 서류를 다음 각 호의 구분에 따라 지체없이 제출하여야 한다. 〈개정 2011.12.13.〉

1. 등록 체육시설업자: 시ㆍ도지사
2. 신고 체육시설업자: 특별자치도지사ㆍ시장ㆍ군수 또는 구청장

③ 법 제26조 단서에 "문화체육관광부령으로 정하는 소규모 체육시설업자"란 체육도장업, 골프연습장업, 체력단련장업 및 당구장업을 설치ㆍ경영하는 자를 말한다. 〈개정 2008.3.6〉

※ 위 법을 참고로 소규모 태권도장 보험가입은 강제법 가입보다는 자율선택을 원칙으로 합니다.

제22조 (체육지도자 배치기준)

① 법 제23조에 따라 체육지도자를 배치하여야 할 체육시설의 규모와 그 배치기준은 별표 5와 같다.

② 제1항에 따른 체육시설에는 「국민체육진흥법」 제11조에 따른 체육 지도자를 배치하여야 한다.

체육도장업	● 운동전용면적 300㎡ 이하 ● 운동전용면적 300㎡ 초과	1명 이상 2명 이상
골프장연습장업	● 20타석 이상 50타석 이하 ● 50타석 초과	1명 이상 2명 이상
체력단련업장	● 운동전용면적 300㎡ 이하 ● 운동전용면적 300㎡ 초과	1명 이상 2명 이상

위반행위	행정처분기준			
	1차 위반	2차 위반	3차 위반	4차 위반
(1) 법 제20조(체육시설업의 신고) 위반 (가) 경미한 사항을 거짓이나 그 밖의 부정한 방법으로 신고한 경우 (나) 중대한 사항을 거짓이나 그 밖의 부정한 방법으로 신고한 경우 (다) 변경신고를 하지 아니하고 신고 사항을 변경하여 영업을 한 경우	경고 영업폐쇄 명령 경고	영업정지 10일 영업정지 3일	영업정지 1개월 영업정지 10일	영업정지 2개월 영업정지 20일
(2) 법 제32조 제2항에 따른 영업정지처분을 받고 그 기간 중에 영업을 한 경우	영업 폐쇄 명령			
(3) 법 제32조(시정명령) 위반 (가) 법 제11조 제1항에 따른 시설 기준을 위반하여 시정명령을 받고 이를 이행하지 아니한 경우 (나) 법 제17조에 따른 회원보집에 관한 사항을 위반하여 시정명령을 받고 이를 이행하지 아니한 경우 ① 회원모집계획서를 제출하지 아니하고 회원을 모집한 경우 ② 사실과 다르게 기재한 회원모집계획서를 제출하여 회원을 모집한 경우 ③ 회원모집계획서대로 회원을 모집하지 아니한 경우 ④ 회원의 모집 시기, 모집방법 및 모집절차를 위반한 경우 (다) 법 제18조에 따른 회원의 보호에 관한 사항을 위반하여 시정명령을 받고 이를 이행하지 아니하는 경우 ① 회원의 자격제한 기준에 해당되지 아니하는 경우임에도 양도양수를 제한한 경우 ② 회원자격의 양도양수에 따른 비용을 실비 수준이상 징수한 경우 ③ 회원 탈퇴자에게 입회금을 반환하지 아니한 경우 ④ 회원증을 발급하지 아니하거나 회원증의 확인 발급방법을 준수하지 아니한 경우 ⑤ 회원의 요구가 있음에도 운영위원회를 두지 아니하거나 회원의 권익에 관한 사항을 운영위원회와 미리 협의하지 아니한 경우 (라) 법 제22조에 따른 체육시설업자의 준수 사항을 위반하여 시정명령을 받고 이를 이행하지 아니하는 경우 ① 법 세22조 제1항 제1호의 준수 사항 위반 ② 법 제22조 제1항 제2호의 준수 사항 위반 ③ 법 제22조 제1항 제3호의 준수 사항 위반 ④ 법 제22조 제2항의 준수 사항 위반 (마) 법 제24조 제1항에 따른 안전위생 기준을 위반하여 시정명령을 받고 이를 이행하지 아니한 경우 (바) 법 제26조에 따른 보험에 가입하지 아니하여 시정명령을 받고 이를 이행하지 아니한 경우	영업정지 3일 영업정지 10일	영업정지 10일 영업정지 1개월	영업정지 20일 영업정지 2개월	영업정지 1개월 영업정지 3개월

10. 체육 지도자 연수, 목적 자격부여

현행 체육 및 스포츠지도자 양성제도의 목적은 국가가 공인자격을 부여하여 엘리트체육과 국민체육 진흥에 부합할 수 있는 체육 및 스포츠지도자를 양성하는 데 있다.

스포츠 지도자 양성은 문화관광부에서 주관하고 있는데 국민체육진흥업 제11조, 동법 시행령 제22조 내지 제25조, 체육지도자 연수 및 자격 검정에 관한 규칙에 의하여 실시되고 있으며, 경기지도자 (제23조)와 생활지도자 (제24조)로 구분 하절기를 이용하여 1년에 1회 실시하고 있다. 경기지도자는 1~2급, 생활체육지도자는 1~3급으로 구분한다.(한국체육과학연구원)

체육지도자의 양성과정은 일반과정, 특별과정, 자격부여, 추가취득의 과정으로 구분되며, 각 과정별로 응시자격을 구분하고 있다. 체육지도자 자격증 취득을 위한 연수는 체육과학연구원과 각 지역별로 지정된 연수원에서 실시하고 있으며, 특정종목 연수원은 국기원(태권도), 한국프로골프협회(골프)에서 연수를 운영한다.

체육지도자 자격검증은 문화체육관광부의 위임을 받아 체육과학연구원에서 실시하고 있으나 경기지도자 2급과 생활체육지도자 3급은 체육과학연구원의 지도, 감독하에 지정된 연수원에서 실시하고 있다.

1) 경기지도자

(1) 2급 경기지도자

2급 경기지도자는 우리나라의 엘리트스포츠 지도자의 중추적인 역할로 대부분 직장팀의 코치, 감독으로 활동하고 있다. 연수과정 중에는 선수 훈련지도에 필요한 체육이론을 수강한다. 경기지도자 자격 취득 후에는 소속팀의 경기력 향상에 많은 이바지를 하고 있으며, 국가대표 코치로도 다수 활약하고 있다. 각급 체육 단체의 직원 또는 체육시설 업소의 지도자로서도 활동하고 있다.

① 자격취득절차

자격취득은 일반과정, 자격부여 및 추가취득 등에 따라 조금은 차이가 있다. 신청대상자에 따라 아래와 같은 절차를 거치게 된다.

- 일반과정의 취득절차

원서접수 → 서류전형 → 실기 및 구술 → 연수 → 필기검정시험

- 자격부여 및 추가취득절차

원서접수 → 서류전형 → 실기 및 구술시험

② 연수생 선발

- 응시자격

자격 구분	응시 자격	
2급 경기 지도자	일반과정	① 대학졸업(예정)자 또는 이와 동등 이상의 학력이 있는 자로서 4년 이상의 경기경력이 있는 자 ② 체육 분야에 관한 학사 학위를 취득한 자 ③ 전문대학졸업자 또는 이와 동등 이상의 학력이 있는 자로서 5년 이상의 경기경력이 있는 자 ④ 고등학교 졸업자 또는 이와 동등 이상의 학력이 있는 자로서 6년 이상의 경기경력이 있는 자 ⑤ 고등학교 이상의 하교졸업자 또는 이와 동등 이상의 학력이 있는 자로서 국가대표선수의 경력이 있는 자 ⑥ 제1호 내지 제5호에 규정된 자와 동등 이상의 자격이 있다고 문화체육부 장관이 인정한 자
	자격부여	① 2005년 이전 입학한 대학의 경기지도학과 졸업자로서 대학의 교과 성적이 평균 70/100 이상인 자 ② 대학졸업(예정)자로서 2급 경기지도자 필기시험 과목을 이수하고 대학의 교과 성적이 평균 80/100 이상인 자 ③ 학교 체육교사로서 해당 전공 종목의 경기지도 경력이 3년 이상인 자 ④ 경기지도 분야 종사자로서 해당 전공 종목의 경기지도 경력이 3년 이상인 자
	추가취득	2급 경기지도자 자격 소지자

※ 경기지도 관련학과는 경기지도(학)과, 태권도(학)과, 유도(학)과임.

③ 응시 종목

자격구분	응시 종목
1~2급 경기지도자 (50종목)	검도, 골프, 궁도, 근대 5종, 농구, 당구, 럭비, 레슬링, 루지 봅슬레이, 바이애슬론, 배구, 배드민턴, 보디빌딩, 복싱, 볼링, 빙상, 사격, 사이클, 산악, 세팍타크로, 소프트볼, 수상스키, 수영, 스쿼시, 수중스키, 승마, 씨름, 아이스하키, 야구, 양궁, 역도, 요트, 우슈, 유도, 육상, 인라인 롤러, 정구, 조정, 체조, 축구, 카누, 탁구, 태권도, 테니스, 펜싱, 하키, 핸드볼, 트라이애슬론, 컬링

- 제한된 응시 종목

종 목	필 수 요 건	비 고
검도, 우슈, 유도, 태권도, 공수도	대한검도회, 대한우슈협회, 대한유도회, 국기원, 대한공수도연맹 무도원에서 발행하는 4단 이상의 단증 및 사범(지도자)자격증 소지 필수	실기 및 구술시험 면제
골프	한국프로골프협회 정(준)회원	실기시험만 면제
축구	대한축구협회 지도자 자격증 소지자	
스키	대한스키협회 지도자 자격증 (레벨2, 레벨3-정(주)지도자 자격증 소지자)	

④ 선발인원 및 일정(2010년도 기준)

구분	2급 경기지도자		
	1차		2차
	일반과정, 자격부여, 추가취득		자격취득, 추가취득
연수기관	한국체육대학교, 충남대학교, 전남대학교, 동아대학교, 신라대학교	국기원	한국체육대학교 (국기원)
선발인원	720명 내외		500명 내외
원서교부 및 접수	5/31~6/4	5/6~5/14	10/12~10/19 (10/27~11/4)
전형일	6/19	5/20	11/6(11/25)
전형방법	서류전형		실기 및 구술
합격자발표	7/1	5/28	11/16(12/8)

⑤ 전형방법

자격검증 대상자의 응시자격 기준은 해당 연수 수료자 및 기 수료자 중 자격 및 취득자로 한정하고 있다.

- 평가방법 : 전공 종목 실기시험 (기초기술, 응용기술) 및 구술시험(면접)
- 합격 기준 : 부분 (실기, 구술)별 점수의 각각 7할 이상 득점, 전공과목 실기시험 점수와 구술시험 점수를 각각 구분하여 심사위원의 평균점수로 결정.

실기 및 구술시험에서 합격한 후 연수원에서의 이론 교과목은 아래 표와 같으며, 연수원에서의 자격검정시험 (필기)는 매 과목 만점의 4할 이상, 전교과목 평균 6할 이상 득점하여야 합격이 된다.

이론 교과목

지격구분	교 양	체육 일반
1급 경기지도자	영어, 컴퓨터, 체육논문작성법	스포츠심리학Ⅱ, 스포츠생리학Ⅱ, 스포츠생체역학Ⅱ, 스포츠사회학Ⅱ, 트레이닝론Ⅱ, 코칭론Ⅱ, 스포츠의학
2급 경기지도자	영어, 한국체육사	스포츠심리학Ⅰ, 스포츠생리학Ⅰ, 스포츠생체역학Ⅰ, 스포츠사회학Ⅰ, 트레이닝론Ⅰ, 체력측정평가,코칭론Ⅰ, 스포츠의학개론

(2) 1급 경기지도자

1급 경기지도자는 국민체육진흥법 제2조에 의하여 명실상부한 우리나라의 최고의 지도자로서 국가대표팀 감독, 코치, 학교 · 직장팀의 감독, 코치로 활동하고 있으며, 가자의 숙련된 경기지도 경력과 연수기간 중 습득한 최신 스포츠 과학 이론을 접목하여 국가대표 선수를 비롯한 소속팀 선수들의 경기력 향상에 이바지하고 있다.

① 자격취득절차

원서접수 → 서류전형 → 면접시험 → 연수 → 필기시험 검정

② 응시자격

자격구분	응시자격
1급 경기지도자 자격증	① 2급 경기지도자 자격을 가진 사람으로서 1년 이상의 경기지도 경력이 있는 사람 ② 체육 분야에 관한 석사학위 이상의 학위를 취득한 사람으로서 경기경력이 있거나 1년 이상의 지도경력이 있는 사람

- 제한 응시종목

종목	응시자격
검도, 우슈, 유도, 태권도, 공수도	대한검도회, 대한우슈협회, 대한유도회, 국기원, 대한공수도연맹 무도원에서 발행하는 4단 이상의 단증 및 사범(지도자)자격증

※ 택견 : 세계 택견 본부의 3단 이상 단증 및 지도자자격증 필수

③ 선발인원 및 일정

연수기관은 체육과학 연구원에서 하며 선발인원은 70명 내외로 한다. 원서교부 및 접수는 3월 초순에 실시하여 3월 말일경에 전형하여 합격자 발표는 4월 초순에 실시한다. 전형은 서류전형과 면접으로 시행한다.

④ 연수시간 및 방법

연수시간

과정	연수시간	교육시간
교양	80	매주 토요일 09:30~18:50, 12시간
체육 일반 I	266	
체육 일반 II	158	
특강	6	
계	510	

※ 현장적용 연구보고서 80시간 별도

연수방법

구분	집중강의(%)	재택학습(%)	계
총 연수시간	272시간(46%)	318시간(54%)	590시간
주당 시간	12시간	9시간	21시간

2) 생활체육지도자

(1) 3급 생활체육지도자

3급 생활체육지도자는 국민체육진흥법 시행령 제8조 1항에 명시된 명실상부한 우리나라 최고의 생활체육지도자로서 체육시설 등 생활체육의 일선에서 국민건강의 증진을 위하여 힘쓰고 있다. 최근 여가의 활용과 건강에 대한 국민적 관심이 증대됨에 따라 그 역할이 기대되는 분야이다.

① 자격취득절차

자격취득은 일반과정, 자격부여 및 추가취득 등에 따라 조금은 차이가 있다. 신청대상자에 따라 아래와 같은 절차를 거치게 된다.

- 일반과정의 취득절차
  원서접수 → 서류전형 → 실기 및 구술 → 연수 → 필기 검정시험
- 특별과정의 취득절차
  원서접수 → 서류전형 → 실기 및 구술 → 연수
- 자격부여 및 추가취득 절차
  원서접수 → 서류전형 → 실기 및 구술시험

② 연수생 선발

응시자격

자격구분		응시자격
1급 생활체육지도자 (운동처방)	특별과정	운동처방 전공의 박사학위를 취득하고, 운동처방 분야의 종사기간 또는 연구, 교육경력이 3년 이상인 자
	일반과정	① 2급 생활체육지도자 자격을 가진 자로서 선수 또는 체육에 관한 행정 · 연구 · 지도 분야의 경력이 3년 이상인 자 ② 체육분야에 관한 박사 또는 석사학위를 취득(예정)한 자 ③ 운동처방 전공의 석사학위를 취득(예정)한 자

자격구분		응시자격
2급 생활체육지도자 (운동지도)	자격부여	① 2005년 이전 입학한 대학의 사회(생활) 체육 관련 학과 졸업(예정)자로서 대학의 교과 성적이 평균 70/100 이상인 자 ② 대학 졸업(예정)자로서 2급 생활체육지도자 필기시험 과목을 이수하고 그 대학의 교과성적이 평균 80/100 이상인 자
	특별과정	① 1급 경기지도자 자격 소지자 ② 학교 체육교사로서 해당 전공 종목의 지도경력이 3년 이상인 자
	일반과정	① 2005년 이전 입학한 대학의 체육 관련 학과 및 전문대학의 사회(생활)체육학과 졸업(예정)자로서 전 교과 성적이 평균 70/100 이상인 자 ② 3급 생활체육지도자 필기시험 과목을 이수한 대학교 또는 전문대학 졸업(예정)자로서 전 학년 교과성적이 평균 80/100 이상인 자
	추가취득	2급 생활체육지도자 자격 소지자(타 종목 추가취득)
3급 생활체육지도자 (운동지도)	자격부여	① 2005년 이전 입학한 대학의 체육 관련 학과 및 전문대학의 사회(생활)체육학과 졸업(예정)자로서 전 교과성적이 평균 70/100 이상인 자 ② 3급 생활체육지도자 필기시험 과목을 이수한 대학교 또는 전문대학 졸업(예정)자로서 전 학년 교과성적이 평균 80/100 이상인 자
	특별과정	2급 경기지도자 자격 소지자 체육에 관한 연구지도 분야 종사자로서 해당 자격 종목의 종사기간이 10년 이상인 자
	일반과정	만 18세 이상인 자
	추가취득	3급 생활체육지도자 자격증 소지자(타 종목)

사회(생활)체육 관련학과 인정 범위

- 사회(생활) 체육(학)과, 사회(생활) 체육(학) 전공
레저스포츠(학)과, 레저스포츠 전공, 레크리에이션(학)과, 레저 · 레크리에이션 전공
- 생활 · 레저스포츠 전공, 생활스포츠과, 생활레포츠과, 스포츠레저학과,
생활스포츠지도학 전공
- 레저항공스포츠학과, 해양스포츠학과, 해양체육학과

③ 응시종목 (전공분야)

자격구분	응 시 종 목
1급 생활체육지도자	운동처방 분야
2.3급 생활체육지도자 (42종목)	게이트볼, 골프, 농구, 럭비, 레크리에이션, 인라인롤러, 리듬체조, 배구, 배드민턴, 보디빌딩, 볼링, 빙상, 사이클, 산악, 세팍타크로, 수상스키, 수영, 수중, 씨름, 야구 에어로빅, 오리엔티어링, 윈드서핑, 유도, 정구, 축구, 탁구, 태권도, 테니스, 행글라이딩, 승마, 조정, 카누, 검도, 권투, 레슬링, 우슈, 당구, 스쿼시, 요트, 라켓볼, 스키

제한 응시종목

종 목	필 수 요 건	비 고
검도, 우슈, 유도, 태권도	대한검도회, 대한우슈협회, 대한유도회, 국기원 등에서 발행하는 4단 이상의 단증 및 사범(지도자)자격증 소지 필수	실기심사 면제 (구술시험만 실시)
행글라이딩	한국활공협회 자격증 소지자로서 비행일지 및 연수일지 제출 필수	
리듬체조	대한체조협회에서 인정하는 고등학교부터 전국규모대회 3위 이내 입상 필수	
골프	한국(여자)프로골프협회 정(준)회원	
축구	대한축구협회 지도자 자격증 소지자	
스키	대한스키협회 지도자 자격증 (레벨2, 레벨3-정(주)지도자 자격증 소지자)	
오리엔티어링	대한오리엔티어링연맹에서 발급하는 3급 이상의 지도자 자격증 (생활체육지도자 3급의 경우 의무사항)	

※ 대한체육회 가맹경기단체에서 인정하는 고등학교부터의 전국규모대회 3위 이내 입상자

④ 선발인원 및 일정 (2010년 기준)

자격구분		연수기관	선발인원	전형방법	원서교부 및 접수	전형일	합격자 발표
1급 생활 지도자	특별과정	체육과학연구원	10명 내외	서류전형, 논문심사	6.21~6.25	6.30	7.2
	일반과정	체육과학연구원	50명 내외	서류전형, 선발시험 (운동생리학, 운동처방, 기능해부학)	4.26~5.3	5.10	5.14
2급 생활 지도자	특별과정	체육과학연구원	10명 내외	서류전형	6.1~6.5	6.7	6.8
	특별과정 (체육교사)	체육과학연구원	40명 내외	서류전형	5.24~6.4	6.10	6.15
	일반과정 추가취득 자격부여	연구원, 원광대	350명 내외	서류전형, 실기 및 구술	8.24~8.31	9.8~9.15	9.24

※ 2급 생활체육자 과정 중 체육교사를 위한 특별과정은 전국 단위 특수 분야 직무연수이므로 중,고등학교 교사만 응시 가능하며 연수 이수 시 학점인정(4학점)
※ 2급 생활체육지도자 실기심사는 체육과학연구원에서 통합하여 시행함.

3급 생활 지도자	1차	일반과정 특별과정	21개 연수원 (국기원, KPGA별도)	5,500명 내외	서류전형 실기 및 면접	5.7~5.13	5.24~5.29	6.7
	2차	자격취득 추가취득	(추후산정)	400명 내외	서류전형 실기 및 면접	10.22~10.29	11.10~11.16	11.30

※ 제1차 3급 생활체육지도자 일정 중 국기원과 한국프로골프협회의 경우 해당 연수원에 문의
※ 제2차 3급 생활체육지도자 자격부여 시행 연수원은 추후에 선정할 계획임

⑤ 전형방법

실시시험 합격 기준은 다음과 같다.

- 평가방법 : 전공종목 실기시험 (기초기술, 응용기술) 및 구술시험 (면접)
- 합격 기준 : 부분 (실기, 구술) 별 점수의 각각 7할 이상 득점, 전공과목 실시 시험 점수와 구술시험 점수를 구분하여 심사위원의 평균점수로 결정

구분	만점	합격 기준	비고
실기시험	50점	35점(7할) 이상	실기심사면제자는 해당 없음
구술시험	30점	21점(7할) 이상	

⑥ 자격검증과목

자격구분		검정과목
1급 생활 체육 지도자	특별과정 (운동처방전공의 박사학위 취득자)	운동처방론
	일반과정 (운동처방전공의 석사학위 취득자 포함)	운동생리학, 운동심리학, 운동영양학, 기능해부학, 병리생리학, 심전도원리, 운동부하검사, 체력 및 건강검사, 체육육성지도법, 운동처방론, 심폐소생법
2급 생활체육지도자 (일반과정)		건강교육, 운동생리학, 스포츠사회학, 스포츠심리학, 운동역학, 트레이닝론, 체력검사, 인체해부학, 운동상해, 운동역학
3급 생활체육지도자 (일반과정)		생활체육론, 운동생리학, 스포츠심리학, 스포츠사회학, FP 크리에이션, 트레이닝방법론, 구급 및 안전관리

※ 합격 기준 :매 과목 만점의 4할 이상, 전 과목 평균 6할 이상 득점

⑦ 연수원

3급 생활체육지도자 연수원

지역	연수원	연락처	지역	연수원	연락처
서울	한국체대	02) 410-6666	광주	조선대	062) 230-7404
	경희대	02) 959-9050~1	전남	순천대	061) 750-5210
	연세대	02) 2123-6582	전북	전북대	063) 270-3590
강원	강원대	033) 250-6026		군산대	063) 469-4641
인천	인천대	032) 835-8580	대구	계명대	053) 580-6211
경기	용인대	031) 8020-2561	경북	안동대	054) 820-7380
대전	충남대	042) 821-6451	부산	동아대	051) 200-6350
충남	공주대	041) 850-8330		부경대	051) 629-5633
충북	충청대학	043) 850-2400		신라대	051) 999-5574
	건국대	042) 840-3900	경남	한국국제대	055) 751-8440
전국(태권도)	국기원	02) 567-1058	제주	제주대	064) 754-3580
전국(골프)	한국프로골프협회		02) 414-8855		

※ 1급과 2급 생활체육연수원은 체육과학연구원 생활체육지도자 연수원에서 실시 (전화 : 02-970-9518)

(2) 2급 생활체육지도자

2급 생활체육지도자는 국민체육진흥을 위한 체육지도자의 양성과 자질향상에 이바지하기 위하여 국민체육진흥법 제11조(체육지도자의 양성)에 근거하여 명실상부한 우리나라 최고의 생활체육 리더로서 공공(직장)체육, 대규모 체육시설업 등 생활체육의 일선에서 생활체육 지도자로 종사하고 있다. 최근 여가의 활용과 건강에 대한 국민적 관심이 증대됨에 따라 그 역할이 기대되는 분야이다.

① 자격취득 절차

- 일반과정

 원서접수 → 서류전형 → 실기 및 구술 → 연수 → 필기 검정시험

- 특별과정

 원서접수 → 서류전형 → 연수

- 자격부여 및 추가취득

 원서접수 → 서류전형 → 실기 및 구술

② 전형방법

실기시험 합격 기준은 다음과 같다.

- 평가방법 : 전공 종목 실기시험 (기초기술, 응용기술) 및 구술 시험(면접)
- 합격 기준 : 부분 (실기, 구술)별 점수의 각각 7할 이상 득점, 전공과목 실기시험 점수와 구술시험 점수를 구분하여 심사위원의 평균점수로 결정

구분	만점	합격 기준	비고
실기시험	50점	35점(7할) 이상	실기심사면제자는 해당 없음
구술시험	30점	21점(7할) 이상	

(3) 1급 생활체육지도자

1급 생활체육지도자는 국민체육진흥법 시행령 제8조 1항에 명시된 명실상부한 우리나라 최고의 생활체육지도자로서 국민체력센터, 시 · 도 체력센터, 종합스포츠센터, 종합병원의 스포츠의학센터 (운동처방클리닉) 등에서 운동처방 분야 업무종사자로서 근무하게 되며, 1급 생활체육지도자는 의료인에 의한 의학적 검진 결과, 의료인의 치료가 필요하지 않다고 인정되는 사람을 대상으로 그 개인의 체력적 특성에 적합한 운동 종목, 강도, 빈도, 시간 등의 운동수행법을 구체적으로

작성, 제시하는 업무를 담당하게 된다.

또한, 국민건강증진법에서는 1급 생활체육지도자가 보건교육을 하도록 규정하고 있다. 이에 따라 1급 생활체육지도자(운동처방 분야 종사자)의 수요가 많이 증가하고 있지만, 현실적으로 아직 활용도가 아주 않다는 것이 아쉽다.

① 자격취득 절차

- 일반과정

  원서접수 → 서류전형 → 선발시험(필기) → 연수 → 필기시험검정

- 특별과정

  원서접수 → 서류전형 → 논문심사 → 연수 → 필기검정시험

②선발방법

구분	전형	평가내용	비고
일반과정	서류심사 필기시험	운동처방론, 운동심학, 기능해부학	과목별 20문항씩 총 60문항 (객관식)
특별과정	서류심사 필기시험	논문심사부합 여부	

③ 선발기준

구분	전형방법
일반과정	필기시험 만점의 6할 이상 득점자 중 고득점자순으로 선발
특별과정	(논문심사기준) 사람을 대상으로 운동 처치를 하며 건강 관련 요소의 변화를 관찰하거나 비교, 분석한 연구

3) 종목별 경기지도자 및 생활체육지도자 양성현황

종목별 경기지도자의 양성 현황을 2008년 3월 말 기준으로 하였을 경우 1급은 636명, 2급은 17,920명으로 모두 18,556명이 배출되었다.

종목별로 비교하여 보면 태권도가 4,680명으로 가장 많으며 다음으로는 야구, 육상, 축구, 수영 순으로 나타나고 있다. 생활체육지도자는 1급 581명, 2급 8,122명, 3급 106,048명으로 모두 114,751명이 배출되었다.

보디빌딩이 23,974명, 태권도가 16,474명으로 높게 나타나고 있으며 그다음이 수영, 에어로빅 순으로 높게 나타나고 있다.

① 경기지도자 연도별 양성현황 (54종목)

구분		계	74~08년	09년	10년	11년	12년	13년
경기 지도자 (74~12)	소계	28,646	20,646	1,709	1,874	2,233	2,080	1,290
	1급	998	712	56	76	66	88	70
	2급	27,544	19,934	1,653	1,798	2,167	1,992	1,220

② 생활체육지도자 연도별 양성현황 (43종목)

구분		계	86~08년	09년	10년	11년	12년	13년
생활체육 지도자 (86~12)	소계	168,703	125,567	9,412	11,600	10,811	11,356	8,870
	1급	877	638	61	70	57	51	70
	2급	8,224	6,964	369	319	281	291	300
	3급	159,602	117,965	8,982	11,211	10,430	11,014	8,500

4) 앞으로 체육지도자 자격제도 어떻게 진화하나?

지난 2013년 4월 19일 서울 올림픽파크텔에서는 체육지도자 자격제도 개편을 위한 연구협약 위촉식이 열렸다. 이날 행사에는 체육과학연구원 정동식 원장과 문화체육부 및 체육회 등 관계 연구진 등이 참석하여 자격제도 개편에 관한 진행결과를 공유하고 앞으로 내실 있는 개편방안을 마련하기 위해 의견을 교환하며 뜻깊은 시간을 가졌다.

지난 40년간 운영되어온 체육지도자 자격제도는 빠르게 변화하는 체육환경과 시장수요에 적절하게 대응하지 못하여 지속해서 제도개선 요구가 제기되었다.

이에 체육지도자 국가자격제도 개선방안 연구용역(08년도) 등이 수행되었고, 연구결과에 따라 2012년 2월에 국민체육진흥법이 개정되었다.

2015년 1월 1일부터는 스포츠지도사, 건강운동관리사, 장애인스포츠지도사, 유소년스포츠지도사, 노인스포츠지도사 총 5종류의 새로운 체육지도사 자격제도가 시행될 예정이다.

2015년 1월 1일부터 새롭게 시행되는 체육지도자 자격제도의 개편을 위한 첫걸음으로 체육시도자 자격제도 개편위원회가 시산 3월 구성되었으며, 5개 분과위원회의 연구진들이 세부 개편방안에 대한 연구를 진행하여 최종 발표할 예정이다. (출처 : KSPO 국민체육 21)

11. 청소년지도사에 관하여

1) 청소년지도사란?

현재 우리나라 청소년들이 지식편중의 교육풍토 아래 다양해져 가는 상황을 개선하여 지 · 덕 · 체 · 예의 균형 있는 성장이 가능하게 하려고 청소년 수련활동의 여건과 환경을 조성해 줌으로써 힘차고 유능한 후계세대로 자리하는 데 그 목적이 있다. 그 때문에 태권도 지도자들도 관심을 가지고 자격공부에 도전해 보시길 바라는 마음으로 수록합니다. 미래에 유능한 직업에 추천된 자격증입니다.

(1) 개요

- 급격한 사회변화에 따라 심각해지고 있는 청소년 문제를 적극적으로 해결하고 체계적인 청소년 활동을 위해서는 청소년수련활동에 대한 전문지식과 지도기법 및 자질을 갖춘 청소년 지도사의 양성이 필요함.
- 청소년지도사의 체계적이고 전문적인 양성을 위해 청소년기본법에서는 청소년지도사의 양성 및 배치에 관한 내용을 규정하여 1993년부터 국가공인 청소년지도사의 양성 해오고 있음.
- 청소년지도사는 1, 2, 3급으로 구분되며, 청소년 관련 분야의 경력, 기타 자격을 갖춘 자로서 자격 검정에 합격하고 소정의 연수를 마친 자에게 국가자격을 부여함.
- 청소년지도사는 청소년활동(수련활동, 문화활동, 교류활동)을 전담하여 학생, 근로, 복무, 무직 청소년 등 전체 청소년의 신체단련, 정서함양, 자연체험, 예절수양, 사회봉사, 전통문화활동 등을 지도함.

(2) 소관 부처명

- 여성가족부(청소년 활동 진흥과)

(3) 수행직무

- 청소년 수련시설 및 단체, 사회복지시설 및 단체, 학교 등 청소년 관련해 모든 활동현장에서 청소년활동 지원, 청소년복지증진, 청소년보호와 관련된 직무수행

(4) 실시기관명

- 한국산업인력공단(2011년부터 시행)

(5) 진로 및 전망

● 청소년수련시설(청소년수련관, 청소년수련원, 유스호스텔, 청소년야영장, 청소년문화집, 청소년특화시설 등) 및 청소년 육성을 목적으로 한 청소년 단체로 진출 가능

2) 청소년지도사와 청소년상담원에 대한 자격제 도입

(1) 청소년지도사

① 정의

- 법 제3조 : 수련시설, 청소년단체, 기타 청소년 관련 기관 등에서 청소년 육성에 종사하는 자로서 대통령령이 정하는 자
- 영 제2조 : 청소년지도사 양성기관에서 소정의 과정을 이수하고 검정에 합격하여 청소년 지도자 자격을 취득한 자.

② 구분 : 3등급(1급, 2급, 3급 청소년지도사) 〈영 제20조, 규칙 별표〉

등급	역활	자격(등록요건)
1급 청소년 지도사	수련활동의 교육과정이나 프로그램의 계획, 편성, 실천 평가에 이르는 전 과정의 운영관리	2급 청소년지도사 자격 취득 후 청소년활동 등 청소년육성업무에 종사한 경력이 3년 이상인 사람
2급 청소년 지도사	소속기관의 수련활동기획, 편성, 운영 또는 구체적, 개별적인 수련활동 운영관리	1. 대학 졸업(예정)자 또는 이와 같은 수준 이상의 학력이 있는 사람으로서 2급 청소년지도사 자격검정에 필요한 과목 모두를 전공과목으로 이수한 사람 2. 2005년 12월 31일 이전에 졸업하였거나 이와 같은 수준 이상의 학력을 취득한 사람으로 별표 1의 2에 따른 과목을 이수한 사람 3. 대학원의 학위과정 수료(예정)자로서 2급 청소년지도자 자격검정에 필요한 과목 모두를 전공과목으로 이수한 사람 4. 2005년 12월 31일 이전에 대학원의 학위과정을 수료한 사람으로서 별표 1의 2의 규정에 따른 과목 중 필수영역 과목을 이수한 사람 5. 대학 졸업 또는 이와 같은 수준 이상의 학력이 있다고 다른 법령에서 인정받은 후 청소년활동 등 청소년육성업무에 종사한 경력이 2년 이상인 사람 6. 전문대학 졸업 또는 이와 같은 수준 이상의 학력이 있다고 다른 법령에서 인정 받은 후 청소년활동 등 청소년육성업무에 종사한 경력이 3년 이상인 사람 7. 3급 청소년지도사 자격 취득 후 청소년활동 등 청소년육성업무에 종사한 경력이 2년이상인 사람 8. 고등학교 졸업 또는 이와 같은 수준 이상의 학력을 인정받은 후 청소년활동 등 청소년육성업무에 종사한 경력이 8년 이상인 사람

등급	역활	자격(등록요건)
3급 청소년 지도사	일정규모 이상 수련시설의 구체적 수련활동이나 교육을 직접담당	1. 전문대학 졸업(예정)자 또는 이와 같은 수준 이상의 학력이 있는 사람으로서 3급 청소년지도사 자격검정에 필요한 과목 모두를 전공과목으로 이수한 사람 2. 2005년 12월 31일 이전에 전문대학을 졸업하였거나 이와 같은 수준 이상의 학력을 취득한 사람으로 별표 1의 2에 따른 과목을 이수한 사람 3. 전문대학 졸업 또는 이와 같은 수준 이상의 학력이 있다고 다른 법령에서 인정 받은 후 청소년활동 등 청소년육성업무에 종사한 경력이 2년 이상인 사람 4. 고등학교 졸업 또는 이와 같은 수준 이상의 학력을 인정받은 후 청소년활동 등 청소년육성업무에 종사한 경력이 3년 이상인 사람

※ 실시기관 : 한국산업인력관리공단(2011년부터)
※ 소관부서 : 여성가족부(청소년활동 진흥과)
※ 합격 기준 : 매 과목 100점을 만점으로 하여 매 과목 40점 이상 전 과목 평균 60점 이상 득점한 자

등급	이수과정		검정과목
	이수과목	이수시간	
1급 청소년지도사	10과목	30시간 이상	5과목
2급 청소년지도사	8과목	30시간 이상	8과목
3급 청소년지도사	9과목	30시간 이상	7과목 종합시험

※ 자격검정 : 연 1회 실시, 필기시험 및 면접시험※ 자격증교부 : 문화체육관광부 명의, 여성가족부장관 명의

③ 청소년지도사 양성현황

1993년부터 2012년까지 1급 청소년지도사 1,470명, 2급 청소년지도사 19,645명, 3급 청소년지도사 8,977명 등 30,092명의 전문지도자를 양성함.

④ 청소년지도사의 배치 · 활용

- 청소년지도사 배치(전문지도자 30,092명 대상)
- 청소년지도사 양성기관에서 소정의 과정을 이수하고 국가자격을 취득한 청소년지도사는 청소년수련시설 및 청소년단체 등에 의무(권장)적으로 배치한다.
- 청소년지도사 배치는 의무배치 대상인 청소년수련시설부터 연차적, 단계적으로 배치 활용하고, 청소년단체는 배치권장 대상이나 창의적, 체계적 수련활동 지도를 위해 필수적인 최소인원을 배치토록 행정지도를 강화할 계획이다.

※ 청소년기본법시행규칙 부칙 제1조의 규정에 의하여 '95. 1. 1부터 의무배치

- 청소년지도사 배치기준

구분	배치기준
청소년수련관	1급 청소년지도사 1명, 2급 청소년지도사 1명, 3급 청소년지도사 2명 이상을 두되, 수용인원이 500명을 초과하는 경우에는 500명을 초과하는 250명당 1급, 2급 또는 3급 청소년지도사 중 1명 이상을 추가로 둔다.
청소년수련원	2급 청소년지도사 및 3급 청소년지도사를 각각 1명 이상을 두되, 수용인원이 500명을 초과하는 경우에는 1급 청소년지도사 1명 이상과 500명을 초과하는 250명당 1급, 2급 또는 3급 청소년지도사 중 1명 이상을 추가로 둔다. 지방자치단체에서 폐교시설을 이용하여 설치한 시설로서 특정 계절에만 운영하는 시설의 경우에는 청소년지도사를 두지 않을 수 있다.
유스호스텔	청소년지도사를 1명 이상 두되, 숙박정원이 500명을 초과하는 경우에는 2급 청소년지도사 1명이상을 추가로 둔다.
청소년야영장	청소년지도사는 1명이상 둔다. 다만, 설치 운영자가 동일한 시도안에 다른수련 시설을 운영하면서 청소년야영장을 운영하는 경우로서 다른 수련시설에 청소년지도자를 둔 때에는 그 청소년야영장에 청소년지도사를 별도로 두지 아니할 수 있다. 국가, 지방자치단체, 그 밖에 공공 법인이 설치 운영하는 청소년야영장으로서 청소년 수련거리의 실시없이 이용 편의만 제공하는 경우에는 청소년지도사를 두지 아니 할 수 있다.
청소년문화의집	청소년지도사를 1명 이상 둔다.
청소년특화시설	2급 청소년지도사 및 3급 청소년지도사를 각각 1명 이상 둔다.
청소년단체	청소년회원 수가 2천명 이하인 경우에는 1급 청소년지도사 또는 2급 청소년지도사 1명 이상을 두되, 청소년회원 수가 2천명을 초과하는 경우에는 그 초과하는 2천명 마다 1급 청소년지도사 또는 2급 청소년지도사 1명 이상을 추가로 두며, 청소년회원 수가 1만명 이상인 경우에는 청소년지도사의 5분의 1이상은 1급 청소년지도사로 두어야 한다.

(2) 청소년지도위원

① 지도위원 수 : 읍 · 면 · 동별로 10인 이내 〈영 제24조②〉

② 지도위원의 임기 : 3년(연임 가능) 〈영 제24조⑤〉

③ 위촉기준 〈영 제24조①〉

- 청소년기본법 제21조 규정에 의한 청소년지도사
- 청소년육성 등에 관한 전문지식이 있거나 그 경험이 있는 자
- 청소년지도에 관한 지도능력과 평소 그 열의가 큰 자

④ 위촉절차 〈영 제24조①〉

- 관할지역의 청소년단체의 장, 당해 읍 · 면 · 동장 또는 경찰관서의 장 추천으로
- 시장, 군수, 구청장(자치구의 장)이 위촉

⑤ 지도위원의 임무 〈영 제24조③〉

- 청소년의 보호 · 선도 및 건전생활의 지도
- 수련활동의 여건조성, 장려 및 지원
- 청소년단체의 육성 및 활동지원
- 청소년을 위한 지역사회의 유익한 환경의 조성 및 유해환경의 정화활동

(3) 청소년상담원

① 구분 : 3등급(1급, 2급, 3급) 〈영 제65조①〉

※ 1급(박사학위소지자), 2급(석사), 3급(학사) 기준

② 이수과목 및 이수기간 : 8과목 500시간 기준〈규칙 제36조〉

③ 자격시험 : 필기시험(5과목 이상) 및 면접시험 → 여성가족부장관 명의 자격증 발급〈영 제66조〉

3) 청소년 지도자 자격 검정과목(청소년기본법 시행규칙 제8조 관련)

<table>
<tr><th>구분</th><th>검정과목</th><th colspan="2">검정방법</th></tr>
<tr><td>1급(5과목)</td><td>청소년연구방법론, 청소년인권과 참여, 청소년정책론, 청소년기관운영, 청소년지도자론</td><td colspan="2">주,객관식 필기시험
(면접 없음)</td></tr>
<tr><td>2급(8과목)</td><td>청소년육성제도론, 청소년지도방법론, 청소년심리 및 상담, 청소년문화, 청소년활동, 청소년복지, 청소년프로그램 개발과 평가, 청소년문제와 보호</td><td>객관식
필기시험</td><td>면접
(3급 청소년지도사 자격증 소지자는 면접시험 면제)</td></tr>
<tr><td>3급(7과목)</td><td>청소년육성제도론, 청소년지도방법론, 청소년심리 및 상담, 청소년문화, 청소년활동, 청소년복지, 청소년프로그램 개발과 평가, 청소년문제와 보호</td><td>객관식
필기시험</td><td>면접</td></tr>
</table>

※ 청소년기본시행령 ㅈ20조 제3항에 의거, 검정과목 전공이수[졸업(예정)자 대상] 관련으로 응시자격 요건을 갖춘 자는 필기시험에 한해 면제되면, 면접시험은 응시해야 함.
※ 검정과목명이나 인정범위 과ㅗㄱ명에 "~론", ~학", "~연구", "~과정", "~세미나", "~이론"으로 포함된 경우도 인정함.
※ 대학졸업 + 청소년지도사 검정과목을 전공학점으로 이수한 경우 응시가 가능합니다.
※ 만약 청소년지고자2급에 응시하기 위해서는 4년제 학위 학력과 청소년지고자 검정과목 8이수과목으로 인정됨)
※ 원서정수는 한국산업인력공단 큐넷 청소년지도사로 접수, 보통 1년 1회 실시하며 7~8월 사이에 접수함.

	주요 면접 내용	면접방법	면접대상
면접시험	- 청소년지도자로서의 가치관 및 정신자세 - 용모,예의,품행 및 성실성 - 의사발표의 정확성 및 논리성 - 청소년에 관한 지식과 그 응용능력 - 창의력과 의지력, 지도력 등	집단면접 (응시자 3~5명씩 1조로 하여 3인의 면접위원이 채점) (면접위원 , 평점점수 합계가 모두 15점 만점 중 10점 이상자 합격)	2급, 3급 시험응시자

※ 필기 + 면접 합격자 자격연수
면접시험기간 최종 합격하신 분은 국립중앙청소년수련원(충남)이 주관하는 합격자 자격연수를 가게 됩니다. 3박4일(30시간) 이상 연수 끝으로 청소년지도사자격증을 취득하게 됩니다.

문화체육관광부 공고 제 2013-36호

2013년도 체육지도자 연수 및 자격검정 시행계획 공고

「국민체육진흥법 제11조, 동법시행령 제8조 내지 제11조에 의거 2013년도 경기 · 생활체육 지도자 연수 및 자격검정 시행계획을 아래와 같이 공고합니다.

2013. 3. 4

문화체육관광부장관

· 국민체육진흥공단 체육과학연구원 경기 · 생활체육지도자연수원장
· 국민체육진흥공단 체육과학연구원 경기 · 생활체육지도자자격검정원장
[한국체대, 충남대, 조선대, 동아대, 신라대, 국기원 경기지도자연수원장]
[원광대, 경희대, 명지전문대학, 연세대, 중앙대, 한국체대, 숭실대, 인천대, 용인대, 강원대, 관동대, 충남대, 공주대, 호서대, 건국대(충주), 충청대학, 전북대, 군산대, 조선대, 순천대, 계명대, 안동대, 동아대, 부경대, 신라대, 한국국제대, 경남대, 제주대, 국기원, 한국프로골프협회 생활체육지도자연수원장]

경기지도자

1. 응시자격 및 자격종목

■ 응시자격(공통사항 : 만18세 이상인 사람)

자격구분		응시자격
1급 경기지도자		① 2급 경기지도자 자격을 가진 사람으로서 1년 이상의 경기지도경력이 있는 사람 ② 체육 분야에 관한 석사 이상의 학위를 취득한 사람으로서 경기경력이 있거나 1년 이상의 지도경력이 있는 사람
2급 경기지도자	일반과정	① 대학교 졸업(예정)자이거나 이와 같은 수준 이상의 학력이 있는 사람으로서 4년 이상의 경기경력이 있는 사람 ② 체육 분야에 관한 학사학위를 취득(예정)한 사람 ③ 전문대학 졸업자이거나 이와 같은 수준 이상의 학력이 있는 사람으로서 5년 이상의 경기경력이 있는 사람 ④ 고등학교 졸업자이거나 이와 같은 수준 이상의 학력이 있는 사람으로서 6년 이상의 경기경력이 있는 사람 ⑤ 고등학교 이상의 학교 졸업자이거나 이와 같은 수준 이상의 학력이 있는 사람으로서 국가대표선수 경력이 있는 사람
	자격부여	① 2006년 이전(06학번 인정)입학한 대학교의 경기지도 관련학과를 졸업(예정)한 사람으로서 대학교의 교과 성적이 평균 70/100 이상인 사람 ② 대학교 졸업(예정)자로서 2급 경기지도자 필기시험 과목을 이수하고 대학교의 교과 성적이 평균 80/100 이상인 사람 ③ 학교체육교사로서 해당 자격종목의 경기지도경력이 3년 이상인 사람 ④ 경기지도 분야 종사자로서 해당 자격종목의 경기지도경력이 3년 이상인 사람
	추가취득	① 2급 경기지도자 자격을 가지고 있는 사람

※ 경기지도 관련 학과 : 경기지도(학)과, 태권도(학)과, 유도(학)과

■ 자격종목

자격구분	자격종목
1~2급 경기지도자 (54종목)	검도, 골프, 궁도, 근대5종, 농구, 당구, 럭비, 레슬링, 루지, 봅슬레이스켈레톤, 바이애슬론, 배구, 배드민턴, 보디빌딩, 복싱, 볼링, 빙상, 사격, 사이클, 산악, 세팍타크로, 소프트볼, 수상스키, 수영, 수중, 스쿼시, 스키, 승마, 씨름, 아이스하키, 야구, 양궁, 역도, 요트, 우슈, 유도, 육상, 인라인롤러, 정구, 조정, 체조, 축구, 카누, 컬링, 탁구, 태권도, 테니스, 트라이애슬론, 펜싱, 하키, 핸드볼, 공수도, 댄스스포츠, 택견

2. 실기(구술) 검정 및 연수과정

■ 선발인원 및 일정

자격구분			연수기관	선발인원	원서접수/서류심사	검정료 납부	검정일	검정방법	결과발표	연수등록	연수기간
1급 경기지도자			체육과학연구원	70명 내외	3.4~3.15	3.4~3.18	3.21~3.22	서류전형, 면접시험	3.29	4.2~4.5	4.13~11.2
2급 경기지도자	1차	일반과정	한국체육대학교 충남대학교 조선대학교 동아대학교 신라대학교 국기원	720명 내외	5.8~5.14	5.20~5.23	5.27~6.1	서류전형, 실기 및 구술시험	6.12	6.21~6.25	7.1~8.11
		자격부여 추가취득								-	-
	2차	자격부여 추가취득	한국체육대학교 국기원	500명 내외	10.7~10.11	10.16~10.21	10.29~11.2	〃	11.20	-	-

※ 골프, 궁도, 수중, 스키, 승마, 인라인롤러, 트라이애슬론 종목의 실기(구술)검정은 해당 경기·체육단체에서 별도 일정으로 실시함.
※ 1급 경기지도자 연수는 주말반(토요일)으로 운영됨.

3. 필기 검정

■ 응시자격

자격구분	응시자격
1~2급 경기지도자	○ 2013년도 해당 연수과정 수료자 ○ 해당 연수과정 가수료자 중 자격 미취득자

■ 검정과목

자격구분	과목
1급 경기지도자(9과목)	영어, 컴퓨터, 스포츠심리학Ⅱ, 스포츠생리학Ⅱ, 스포츠생체역학Ⅱ, 스포츠사회학Ⅱ, 트레이닝론Ⅱ, 코칭론Ⅱ, 스포츠의학
2급 경기지도자(8과목)	영어, 한국체육사, 스포츠심리학Ⅰ, 스포츠생리학Ⅰ, 스포츠생체역학Ⅰ, 스포츠사회학Ⅰ, 트레이닝론Ⅰ, 체력측정평가

■ 검정일정

자격구분	원서접수	검정일자	결과발표
1급 경기지도자	12.4~12.6	12.13	12.20
2급 경기지도자(일반과정)	8.16~8.21	8.30	9.11

생활체육지도자

1. 응시자격 및 자격종목

■ 응시자격(공통사항 : 만18세 이상인 사람)

자격구분		응시자격
1급 생활체육지도자 (운동처방)	일반과정	① 2급 생활체육지도자 자격을 가진 사람으로서 선수 경력 또는 체육에 관한 행정 · 연구 · 지도 분야의 경력이 3년 이상인 사람 ② 체육 분야에 관한 박사나 석사학위를 취득(예정)한 사람 ③ 운동처방전공의 석사학위를 취득(예정)한 사람
	특별과정	① 운동처방전공의 박사학위를 취득하고 운동처방분야의 종사기간 또는 연구 · 교육경력이 3년 이상인 사람
2급 생활체육지도자 (운동지도)	일반과정	① 3급 생활체육지도자 자격을 가진 사람으로서 선수 경력 또는 체육에 관한 행정 · 연구 · 지도 분야의 경력이 3년 이상인 사람 ② 체육 분야에 관한 학사학위를 취득(예정)한 사람 ③ 대학교 또는 전문대학 체육 관련학과를 졸업하고 선수 경력 또는 체육에 관한 행정 · 연구 · 지도 분야의 경력이 2년 이상인 사람
	특별과정	① 1급 경기지도자 자격을 가지고 있는 사람 ② 학교체육교사로서 해당 자격종목의 지도경력이 3년 이상인 사람
	자격부여	① 2006년 이전(06학번 인정) 입학한 대학교의 사회(생활)체육 관련학과를 졸업(예정)한 사람으로서 대학교의 교과 성적이 평균 70/100 이상인 사람 ② 대학교 졸업(예정)자로서 2급 생활체육지도자 필기시험 과목을 이수하고 대학교의 교과 성적이 평균 80/100 이상인 사람
	추가취득	① 2급 생활체육지도자 자격을 가지고 있는 사람
3급 생활체육지도자 (운동지도)	일반과정	① 만18세 이상인 사람
	특별과정	① 2급 경기지도자 자격을 가지고 있는 사람 ② 체육에 관한 연구 · 지도 분야 종사자로서 해당 자격종목의 종사기간이 10년 이상인 사람
	자격부여	① 2006년 이전(06학번 인정) 입학한 대학교의 체육 관련학과 또는 전문대학의 사회(생활)체육 관련학과를 졸업(예정)한 사람으로서 대학(교)의 교과 성적이 평균 70/100 이상인 사람 ② 대학교 또는 전문대학 졸업(예정)자로서 3급 생활체육지도자 필기시험 과목을 이수하고 대학(교)의 교과 성적이 평균80/100이상인 사람
	추가취득	① 3급 생활체육지도자 자격을 가지고 있는 사람

■ 자격종목 또는 전공분야

자격구분	자격종목 또는 전공분야
1급 생활체육지도자	운동처방분야
2~3급 생활체육지도자 (42종목)	검도, 게이트볼, 골프, 복싱, 농구, 당구, 라켓볼, 럭비, 레슬링, 레크리에이션, 리듬체조, 배구, 배드민턴, 보디빌딩, 볼링, 빙상, 사이클, 산악, 세팍타크로, 수상스키, 수영, 수중, 스쿼시, 스키, 승마, 씨름, 야구, 에어로빅, 오리엔티어링, 요트, 우슈, 윈드서핑, 유도, 인라인롤러, 정구, 조정, 축구, 카누, 탁구, 태권도, 테니스, 행글라이딩

2. 실기(구술) 검정 및 연수과정

■ 선발인원 및 일정(1, 2급 생활체육지도자)

자격구분		연수기관	선발인원	원서접수/서류심사	검정료 납부	검정일	검정방법	결과발표	연수등록	연수기간
1급 생활체육지도자	일반과정	체육과학연구원	60명 내외	4.18~4.24	4.18~4.26	5.4	서류전형, 선발시험	5.10	5.14~5.16	5.25~8.11
	특별과정	〃	10명 내외	6.13~6.19	6.13~6.20	6.26	서류전형, 논문심사	7.3	7.3~7.5	7.13~7.28
2급 생활체육지도자	일반과정	체육과학연구원, 원광대	60명 내외	8.28~9.3	8.28~9.5	9.12~9.16	서류전형, 실기 및 구술시험	9.26	9.26~9.30	10.5~11.17
	추가취득 자격부여	체육과학연구원	190명 내외						-	-
	특별과정 (체육교사, 1급 경기)	체육과학연구원, 원광대	50명 내외	6.3~6.7	6.3~6.10	6.14	서류전형	6.21	7.1~7.5	7.29~8.9

■ 선발인원 및 일정(3급 생활체육지도자)

자격구분			연수기관	선발인원	원서접수/서류심사	검정료 납부	검정일	검정방법	결과발표	연수등록	연수기간
3급 생활체육지도자	1차	일반과정 특별과정	29개 연수원	5,500명 내외	5.1~5.7	5.8~5.13	5.20~5.27	서류전형, 실기 및 구술시험	6.5	6.10~6.17	6.22~7.7
	2차	자격부여 추가취득	29개 연수원	3,000명 내외	10.17~10.22	10.23~10.28	11.6~11.12	서류전형, 실기 및 구술시험	11.26	-	-

※ 골프, 스키, 수중, 인라인롤러, 승마 종목의 실기(구술)검정은 해당 경기·체육단체에서 별도 일정으로 실시함.
※ 1급 생활체육지도자(일반과정, 특별과정) 연수는 주말반(토, 일요일)으로 운영됨.
※ 원광대학교 생활체육지도자연수원은 2급 생활체육지도자 일반과정 및 특별과정(체육교사)만 운영함.

3. 필기 검정

■ 응시자격

자격구분	응시자격
1~3급 생활체육지도자	○ 2013년도 해당 연수과정 수료자 ○ 해당 연수과정 가수료자 중 자격 미취득자

■ 검정과목

자격구분		과목
1급 생활체육지도자	일반과정 (12과목)	운동심리학, 생체역학, 심폐소생법, 운동생리학, 운동영양학, 기능해부학, 병리생리학, 심전도원리, 운동부하검사, 체력 및 건강검사, 체력육성지도법, 운동처방론
	특별과정	운동처방론
2급 생활체육지도자 (9과목)		건강교육, 운동생리학, 스포츠사회학, 스포츠심리학, 운동역학, 트레이닝론, 체력검사, 인체해부학, 운동상해
3급 생활체육지도자 (8과목)		생활체육론, 건강관리, 운동생리학, 스포츠심리학, 스포츠사회학, 레크리에이션론, 트레이닝론, 구급 및 안전관리

■ 검정일정

자격구분		원서접수	검정일자	결과발표
1급 생활체육지도자	일반과정	8.12~8.14	8.21	8.27
	특별과정	7.29~7.31	8.7	8.14
2급 생활체육지도자(일반과정)		11.18~11.21	11.27	12.4
3급 생활체육지도자(일반과정)		7.10~7.16	7.27	8.9

연수비 및 검정료

자격구분		실기검정료	연수비	연수시간	필기검정료
1급 경기지도자		30,000원	375,000원	590시간 이상	18,000원
2급 경기지도자		30,000원	144,000원	160시간 이상	18,000원
1급 생활체육지도자	일반과정	30,000원	375,000원	230시간 이상	18,000원
	특별과정	30,000원	247,000원	60시간 이상	18,000원
2급 생활체육지도자	일반과정	30,000원	240,000원	160시간 이상	18,000원
	특별과정	-	168,000원	60시간 이상	-
3급 생활체육지도자	일반과정	30,000원	144,000원	60시간 이상	18,000원
	특별과정	30,000원	144,000원	60시간 이상	-

유의사항

■ 일반사항

○ 동일 자격등급에 한하여 연간 1인 1종목만 취득 가능함(경기·생활체육지도자 공통).
○ 2급 경기지도자 및 2급, 3급 생활체육지도자 자격종목 중 골프, 궁도, 수중, 스키, 승마, 인라인롤러, 트라이애슬론 종목 실기(구술)자격검정은 해당 경기·체육단체에서 별도의 일정을 지정하여 시행함(세부내용은 추후 체육지도자연수원 및 해당 경기·체육단체 홈페이지에 공지 예정).
○ 별도종목 응시자는 불합격 시 동일 과정의 일반종목에 중복 응시할 수 없음.
○ 대학교 및 전문대학 졸업예정자가 지원할 경우 졸업 후 구비서류(졸업증명서 및 성적증명서 등)를 제출하여야 자격증을 발급함.
○ 3급 생활체육지도자 필기자격검정장소는 추후 체육지도자연수원 홈페이지에 공지 예정임(지정 연수원에서 중·고등학교 등 다른 장소로 변경될 수 있음).
○ 하반기에 실시하는 3급 생활체육지도자 자격부여 및 추가취득과정 시행 연수원은 추후 선정 · 발표함.
○ 원광대학교 생활체육지도자연수원은 2급 생활체육지도자 일반과정 및 특별과정(체육교사)만 운영함.

■ 합격기준

○ 체육지도자(경기지도자 및 생활체육지도자) 자격검정 합격기준
· 실기 · 구술시험 : 실기시험 만점의 7할 이상 및 구술시험 만점의 7할 이상 득점
· 필기시험 : 과목별 만점의 4할 이상 및 전과목 만점의 6할 이상 득점

■ 기타사항

○ 2급 경기지도자, 2급 및 3급 생활체육지도자 자격부여 지원자 중 제②항 과목 이수 해당자는 '체육지도자연수원 홈페이지-필기검정과목 및 유사과목 확인'에서 이수과목 확인 가능함.
○ 체육지도자자격 응시와 관련하여 모든 지원 및 등록 절차는 체육지도자연수원 홈페이지(www.insports.or.kr)를 통하여 인터넷으로 확인 가능함.

연수기관

■ 1급 경기지도자연수원, 1급 생활체육지도자연수원 : 체육과학연구원(02-970-9600)
■ 2급 생활체육지도자연수원 : 체육과학연구원, 원광대학교(063-850-6095)
■ 2급 경기지도자연수원

연수원	한국체대	충남대	조선대	동아대	신라대	국기원
연락처	(02)410-6666	(042)821-6441	(062)230-7404	(051)200-6351	(051)999-5574	(02)3469-0163

■ 3급 생활체육지도자연수원

연수원	경희대	연세대	한국체대	인천대	용인대	강원대	충남대	공주대
연락처	(02)959-9050	(02)2123-6582	(02)410-6663	(032)835-8570	(031)8020-2561	(033)250-6780	(042)821-6451	(041)850-8330

연수원	건국대(충주)	충청대학	조선대	순천대	전북대	군산대	계명대
연락처	(043)840-3900	(043)230-2400	(062)230-7404	(061)750-5210	(063)270-3590	(063)469-4641	(053)580-6211

연수원	안동대	동아대	부경대	신라대	한국국제대	제주대	국기원
연락처	(054)820-7380	(051)200-6350	(051)629-5633	(051)999-5574	(055)751-8440	(064)754-3580	(02)3469-0163

연수원	한국프로골프협회	중앙대	명지전문대학	관동대	호서대	경남대	숭실대
연락처	(02)414-8865	(02)820-6478	(02)300-3981	(033)649-7950	(041)540-5860	(055)249-6381	(02)820-0045

실기(구술)검정 지정단체

자격종목	검정단체	연락처	자격종목	검정단체	연락처
골프	한국프로골프협회	02)414-8855	트라이애슬론	대한트라이애슬론연맹	02)3431-6798
스키	대한스키협회	02)420-4220	궁도	대한궁도협회	02)420-4261
수중	대한수중·핀수영협회	02)420-4293			
인라인롤러	대한롤러경기연맹	02)420-4277	승마	대한승마협회	02)422-7563

■ 홈페이지 안내

◈ 문화체육관광부(www.mcst.go.kr)
◈ 체육과학연구원(www.sports.re.kr)
◈ 서울올림픽기념국민체육진흥공단(www.kspo.or.kr)
◈ 체육지도자연수원(www.insports.or.kr) : 검정원서접수, 연수등록, 결과발표 등

12. 초등학생 학년별 심리특성 (태권도 수련의 초등학생 심리와 접근에 대하여)

태권도수련생의 90% 정도를 차지하는 유치부와 초등학생들의 학년별 심리특성, 행동, 신체적 특징을 파악하여 현장 지도 및 운영 등에 참고 반영하고자 기록합니다. 지도자의 많은 활용 및 응용 바랍니다.

태권도수련과 학교체육과의 연계성을 고려하여 아래와 같은 교육의 목적을 두고 학교 체육에 접근하여 봄으로써 현재의 태권도 지도자의 역할이 더욱 중요함을 인식하면서 참고 바랍니다.

① 태권도 수련을 통하여 강한 체력과 강인한 의지력을 길러서 왕성한 활동력과 실행력을 가진 수련생으로 자라게 한다.
② 운동(태권도)을 통하여 규칙과 질서를 지키며 주어진 수련부에서 책임을 다하고 서로 힘을 모아 끝까지 노력하는 태도를 길러서 올바른 경쟁심과 협동단결력이 강한 수련생으로 자라게 해야 한다.
③ 개인위생과 공중보건에 필요한 기초지식을 이해하고 이를 실천할 수 있는 능력과 태도를 길러서 건강하고 안전한 생활을 할 수 있는 수련생으로 자라게 된다.
④ 운동(태권도)을 생활화하여 정서를 순화하고 여가를 선용하는 태도와 미적 표현의 상상력을 길러서 명랑하고 활발한 성격을 지닌 수련생으로 자라게 하는 데 목적을 두고자 한다.

※위 내용은 태권도교육 및 학교체육과의 일치성을 고려하여 서술되었음.

※ 지도상의 유의점

① 태권도 지도에서는 신체활동의 목표를 달성함에 힘쓸 것
② 태권도 교재는 그 특징을 살려 이를 고르게 지도하고 일부 교재에만 치우치지 말 것.
③ 수련생의 개인차를 고려하고 수련생 본인의 소화능력을 고려하여 지도할 것.
④ 수련생들 지도성과의 평가와 수련생들이 자기 평가를 살려서 지도하며 신체의 성장이나 습관의 교정에 힘쓸 것
⑤ 수련생의 생활 지도 면에 유의하여 체육관의 정리정돈 기구의 처리 등 실천 활동에 힘쓸 것
⑥ 모든 내용은 수련생의 개인차와 남녀의 특성을 고려하여 정도에 맞는 수련부를 조절하고 자율적 수련에 힘써야 한다.

⑦ 수련생의 수련평가는 주관적인 방법을 지양하고 합리적이고 신뢰도가 높은 객관성 있는 방법으로 평가돼야 한다.
⑧ 태권도 수련 시 보조운동기구는 기성상품에만 의존하지 말고, 지도의 창의성을 발휘하여 규격에 맞게 고안 제작하고 이를 활용하도록 한다.

1) 1학년의 심리 · 행동 특성

(1) 지도자를 무서워하는 아이

지도자를 무서워하는 이유 중 하나는 지도자의 말투에 있다.

일을 저질러도 조금도 꾸짖지 않는 가정, 말로 타이르는 가정, 말을 안 들으면 즉시 매로 다스리는 가정들의 수련생 또래들이 한곳에 모이기 때문이다. 어떤 아이는 태권도 구경만 해도 크게 겁을 먹고 체력 훈련 및 개인 지적만 받아도 겁먹는 아이들이 많은 또래가 1학년이다. 또한, 수련시간 혹은 놀이시간에 정신없이 뛰어논 저학년 수련생들의 이야기를 들어보라. 매우 재미있는 반응이 나올 것이다.

술래잡기하던 아이는 잡혔을 때 어떻게 몸을 피하고 도망을 잘 칠 수 있는가? 술래가 되었을 때 여러 사람을 보지 않고 자기에게 자신 있는 한 사람을 점찍어 두었다가 그 사람을 쫓는 편이 유리하다든가 여러 내용으로 이야기들을 한다.

이처럼 어린이들은 놀면서 하나하나 새로운 사실을 배우고 알게 된다. 그런 점에서 1학년은 제3자의 말투를 조심하고 맨몸 놀이를 제일 중요시 하여 피로하지 않고 다치지 않고 매일 즐겁게 수련에 임하게 하는 것을 목표로 삼도록 한다.

(2) 동작이 느린 1학년

지나치게 보호를 받고 자란 아이에게 이런 경우가 많다. 이런 아이는 본디 무슨 일을 시켜도 느리게 하는 일이 많다. 느려서 시간이 걸리니까 집에서는 더욱 못한 부모나 어른들이 거들어 주게 된다. 만약 2번 거들어 준다면 그로 인해 아이는 2번이나 자신이 경험할 기회를 잃게 되어 더욱 동작이 느리게 된다. 자신이 할 일을 어른들이 다해주니까 더욱 느긋해한다.

이런 아이들은 되도록 자기 일은 자기가 하도록 하고 지도자는 간단한 일과 심부름도 시키면서 운동도 시켜야 하며 처음에는 무엇을 가르치고 시켜도 서툴러 지도자의 마음에 차지 않겠지만 까다롭지 않은 쉬운 일과 운동을 시키면서 점차 자신감을 갖도록 매일 반복하여 지도하고 동작이 느린 사실에 대해서 꾸지람을 하기보다는 느리지만 확실하게 해나가는 방향으로 지도해 나가도록 지도해야 하겠다.

(3) 질문을 적극적으로 장려하라

저학년 아이들 중 체육관에 익숙한 아이들은 질문이 많다. 그들의 질문은 간단명료하다. 길어봐야 5분 이내로 질문이 해결된다. 지도자가 대답해 줄 수 있는 한계 이상으로 질문을 해오더라도 회의하는 정신이 곧 창조적인 정신임을 잊지 말고 수련생들이 좀 더 건설적이고 구체적인 질문을 던지는 법을 익히도록 도와줘라. 저 학년기에 지적 호기심이 가장 왕성한 시기이다.

(4) 태권도 교육과 학교 체육의 접근 (1학년)

수련생의 다양함과 연령 및 학력 수준과 가정환경 등의 다양한 조건으로 태권도 수련을 통해서 학교 체육과 학년별 지도에 대하여 접근하고자 한다.

태권도교육은 부모와 떨어져 넓은 세계에 진출하는 시기이다. 1학년 아이들은 집 이외의 장소에 가는 것을 좋아하게 된다. 처음 가본 곳에서 여러 가지도 보고 듣고 하는 일이 즐거워지는 것이 이 나이 또래의 특징이다.

① 성장 발달에 알맞은 재미있는 놀이운동(태권도)을 경험하여 기초 체력에 치중한다.
② 놀이와 운동(태권도)을 할 때에는 차례와 규칙을 지켜 친구들과 사이좋게 놀고 서로 힘을 모아 즐겁게 놀이와 운동하는 태도를 가르친다.
③ 깨끗한 몸과 바른 자세로 생활할 수 있는 습관과 안전하게 태권도 수련에 임하는 태도를 가르친다.

(가) 보건 교육

① 편식하지 않고 골고루 꼭꼭 씹어 먹는 습관을 가르친다.
② 깨끗하고 단정한 몸가짐을 가르친다.
③ 변소 및 급수 시설을 바르게 사용하도록 가르친다.

◎ 기초체력 운동

어려운 고비를 참으면서 끝까지 노력하는 태도를 재치있고 힘있게 운동한다.
① 소걸음 걷기 ② 제자리 뛰어 발바닥 치기 ③ 뛰뛰어 돌기
④ 평균대 걷기 ⑤ 전력으로 달리기 ⑥ 줄넘기 ⑦ 가볍게 달리기

◎ 맨손 체조

온몸의 동작을 부드러우면서도 강하게-강하면서도 부드럽게 운동한다.

① 팔 굽혀 펴기 ② 팔 들어 흔들기 ③ 팔 휘돌리기

④ 다리 굽혀 펴기 ⑤ 다리 벌리기 ⑥ 몸통 굴리기

◎ 질서 운동

씩씩한 태도로 늠름하게 바른 자세로 운동한다.

① 앞줄 맞추기 ② 바른 걸음걸이, 차렷, 경례 ③ 손 올려 경례하기 등.

2) 2학년의 심리 · 행동 특성

(1) 놀고 싶어서 어느 곳에 집중하지 못하는 시기

아이들에 따라서는 단 30분도 집중적으로 수련시키기 어려운 아이들도 있다. 1학년 때는 학교가 첫 경험이지만 2학년은 학교생활이나 체육관 생활로 다소 익숙해져 가는 시기이다. 생활환경에 익숙해지고 자신감을 갖게 되며 전체적으로 안정감이 생긴다.

그 외에 나타나는 특징적인 내용으로는 경쟁심이 생긴다. 잘하려고 노력하고 이기면 좋다는 것도 알고 있고 이기거나 일 등을 했을 때는 사범님께 칭찬을 받을 수 있기 때문이며 단점으로는 주어진 시합인 경우 조건이 똑같아야 한다. 조금이라도 상대편이 커 보이면 이기는데 힘이 들 것으로 생각하며 이런 경쟁심으로 활동도 활발해진다. 그렇다고 진다고 마음 언짢은 것도 아니며 다만 이기는 것만이 아주 기쁘기 때문이다.

이 연령대는 아직 상대방의 실력이 어느 정도인가 하는 것을 예견을 못 한다. 그러므로 누구와도 경쟁을 해보려 한다. 가끔 선배들이 져주면 정말로 자신의 힘이 센 줄 생각하는 시기이다. 무척 안정감 있고 그늘이 없으며 즐거운 생활을 하게 되는 시기가 2학년이다.

(2) 놀이 공간이 없는 아이들

초등학생들이 갖는 놀이에 대한 욕구는 지극히 당연하고 정상적이며 소중한 것이다. 다만 우리의 교육 현실과 사회적 인식과 가정교육이 그것을 키워주고 인정해 줄 만한 여건을 갖추지 못했기 때문이다. 무조건 억누르고 무시하다 보니 음성적으로 성장함이 문제가 되고 있을 뿐이다.

어린이들에게 합법적으로 허용된 체육 공간은 학교뿐이다. 그러나 학교에서는 체육 공간기능을 잃은 지 이미 오래되었다. 오히려 학교나 가정에서는 어떻게 하면 효과적으로 놀리지 않고 더욱 많은 학습을 시킬 수 있을까? 에 대해서만 신경을 쓴다.

또한, 일주일에 2~3시간 정도 배정된 체육 시간마저도 전문지도자의 부족과 도구 부족 혹은 여자 선생님(기혼)에게 맡겨져 버린 체육 시간의 운영 현실 또는 일요일이나 공휴일에도 아이들은 부모의 가시권 안에서 TV를 보거나 컴퓨터게임 공부를 해야 안심이 되는 부모라면 아이들의 스트레스 해소와 에너지 발산에 큰 문제가 있다. 아이들에게 태권도 시간만을 통해서 땀 흘리는 순수한 기쁨을 알게 해야 한다. 또한, 부모님들께도 태권도 수련의 필요성과 효과 등도 함께 노력해야 한다.

(3) 어린이에게 성공의 기회를 자주 부여해 주라

어린 저학년들에는 무엇인가 성공하는 경험을 자주 부여해 주자 태권도 수련 중 동작 완성 품새 완성의 기회, 발차기 성공의 기회 등을 주고 성공 시 칭찬도 함께해 주어야 한다. 단 아이가 망설이거든 아직 강요하지 마라. 그러나 수련시간에 하는 동작은 무엇이든 해보고 싶어 한다.

아직 자신감이 없기 때문이다. 그러나 참가하여 성공할 시에는 의도적으로 여러 수련생 앞에서 칭찬의 표현을 자주 이야기해 준다. 이렇게 하면 수련생들은 지도자에게 선심을 끌려고 맡겨진 일을 더 빨리해내는 것을 여러 차례 쉽게 볼 수 있다.

(4) 태권도 교육과 학교 체육의 접근 (2학년)

학교생활이나 태권도 생활에 익숙해져 가는 시기이다. 그다지 긴장은 하지 않고 귀에 잘 들어온다. 초등 2학년 특징으로는 경쟁심이 생긴다. 간단한 놀이를 좋아하며 자기 몸에 대하여 관심이 많으며 튼튼하고 강해지고 싶어하는 시기이다.

(가) 태권도교육

① 성장에 알맞은 태권도 수련을 통하여 고루 경험시켜 운동과 조정력을 가르친다.

② 몸과 옷차림을 항상 깨끗이 하며 바른 자세로 생활할 수 있는 습관과 안전에 유의하며 태권도 수련에 열중하는 태도를 가르친다.

③ 태권도 교육을 통하여 인내와 끈기 독립심 향상과 발표력 지도에 힘쓴다.

(나) 보건 교육

① 올바른 태도, 행동, 언어, 식사 습관을 지닌다.

② 외출입시 손, 발, 이를 청결하게 하기.

◎ 기초체력 운동

① 개걸음 달리기 ② 뛰뛰어 돌기 ③ 구름사다리 매달려 옮겨가기

④ 정글짐으로 빠져나가기

◎ 맨손 체조

① 팔 굽혀 펴기 ② 팔 휘돌리기 ③ 몸통 젖히기 ④ 다리 굽혀 펴기

◎ 육상 운동

① 있는 힘을 다하여 끝까지 달리는 운동을 한다. (30~50m 달리기)

② 자기 능력을 지켜 끝까지 끈기 있게 오래 달리는 운동을 한다. (1분간 같은 속도로 달린다.)

③ 규칙을 지키고 끝까지 빨리 이어달리기 운동을 한다. (반환점 이어 돌아오기)

3) 3학년의 심리 · 행동 특성

(1) 꾸중을 들어도 예사롭다.

3학년은 모든 면에 상당히 적극적이다. 체육관에 와서도 이것저것 마구 만지고 기구를 이용하고 다소 마음이 흐트러져 집중력이 상당히 약해져 보인다. 이 나이 또래는 내 할 일을 다 하고 친구들과 어울린 다기보다 서로 친구 하자는 대로 하는 수가 많다. 공부도 운동도 적당히 해버리려 한다.

이 시기에 나타나는 특징적 경향은 저에게 불리한 일은 입을 다물고 싸움을 하고도 이유를 물으면 자기에게 유리한 점만 말하게 된다. 이때에는 되도록 잘못된 점부터 이야기하도록 유도한다. 또한, 잘못한 점을 분명히 말했을 적엔 그 용기를 인정해 주고서 앞으로 주의할 점을 일러준다.

(2) 힘 있는 사람은 위대하다고 생각한다.

이 시기에 학년은 힘이 있는 사람을 절대적으로 존경하게 된다. 축구를 좋아하는 아이는 골을 많이 넣는 사람이 제일 훌륭한 줄 알 것이고 태권도를 좋아하는 아이는 훌륭한 태권도인을 특별히 존경한다. 이러한 영향은 대개는 TV에서나 게임, PC방

등에서 얻는 지식이다.

반면 반에서 수학이나 음악을 잘하는 아이는 훌륭하다고 생각하지 않는다. 그 대신 운동을 잘하는 아이나 힘이 센 아이는 존경의 대상이 된다. 행동적으로 표현 가능한 것을 선호하며 무슨 일이건 부딪히려 한다.

(3) 하찮은 일에도 반항이 따른다.

아이가 가정에서 지나치게 구속이 심한 경우 그 반항적 요소를 어려서부터 지니게 된 경우가 있다. 또한, 지나치게 보호를 함으로써 어린이가 순종하는 관념을 알지 못하고 자라게 되어 결국 이것도 반항의 한 요소가 된다. 이밖에 부모나 지도자가 말과 행동에 일관성이 없이 변덕스러울 때 어린이는 혼란에 빠져 부모나 지도자가 바라는 행동과 바라지 않는 행동의 구별도 하지 못하게 된다.

또한, 반항의 적극적인 형태로는 말대답한다든지 투덜대거나 비난한다든지 한다. 소극적인 형태로는 침묵을 지키고 있다든지 지도자의 말을 무시해버린다든지 토라져 있다든지 하는 경우가 있다. 이러할 때에는 그 아이와 일대일 면담이 필요하다. 아이의 문제점을 조용히 물어보면 대부분 자기 생각을 말하고 지도자는 잘 들어만 주어도 문제는 해결된다.

(4) 태권도 교육과 학교 체육의 접근 (3학년)

차분하고 명랑 시기이다. 어느 면에서 보면 까분다 싶을 정도로 명랑해진다. 이 무렵부터 지식욕이 왕성해져서 아무것이나 만지고 싶고 해보고 싶어 잠시도 가만히 있지 못하는 시기이다.

(가) 태권도교육

① 성장에 알맞은 규칙적인 태권도 수련을 통해서 조정력과 유연성을 높인다.
② 몸과 옷차림, 주위환경을 항상 청결하게 하고 여가 선용하여 명랑하고 바른 자세로 수련할 수 있도록 한다.
③ 어려운 고비를 참고 견디면서 끝까지 노력하는 태권도 정신을 기른다.

(나) 보건 교육

① 음식물의 중요성을 알고 바른 식사 방법을 습관화한다.
② 치아의 발달과 충치의 원인을 알고 충치를 예방한다.
③ 교통안전 및 보행과 관련된 교통신호 표지 및 안전수칙을 알고 지키는 습관을 길러준다.

◎ 기초체력 운동

① 발목 잡고 걷기 ② 토끼 뜀뛰기 ③ 뜀뛰어 옮겨가기

④ 왕복 달리기 ⑤ 외나무다리 걷기

◎ 맨손 체조

① 목 돌리기 ② 몸통 젖히기 ③ 다리 굽혀 펴기

④ 연속 앞구르기 ⑤ 뒤 구르기

◎ 육상 운동

① 있는 힘을 다하여 끝까지 달리는 운동을 한다. (40~50m 달리기)

② 오래달리기 운동을 한다. (2분간 같은 속도로 달린다.)

③ 규칙을 지키고 서로 도와 배턴을 주고받으며 이어달리기 운동을 한다.(원형 이어 돌아오기)

4) 4학년의 심리 · 행동 특징

(1) 개인차가 심해지는 시기이다.

일률적으로 지도하기 힘든 학년이다. 왜냐하면, 개인차가 심해지기 때문이다. 신체발달 면에서도 그렇고 학습 면에서도 그러하다. 운동습득 면에서도 개개인의 조건에 따라 습득력에 차이가 난다. 이때부터 아이의 개개인의 경향이란 게 분명해지게 된다. 학교 과목도 잘하는 과목은 잘하고 못하는 것은 뚜렷이 차이가 난다. 이러한 점으로 4학년이란 좋은 성격을 만드는 기초가 되는 습관을 허물어지지 않게 해주고 나쁜 습관이나 행동이 자라지 못하도록 해줘야 하는 학년이다.

그리고 이 학년이 되면 놀랄 만큼 글씨를 깨끗하게 쓰려 한다. 그동안 옷이 자신에게 크거나 적어도 입었지만, 이 학년에는 입으려 하지 않고 몸에 맞게 해달라고 한다. 그리고 옷 색깔과 디자인에 대해서도 신경을 쓴다. 즉 멋에 대한 관심을 두게 되는 시기이다.

이성에 대해서도 표현하지 못하는 관심을 두기 시작하는 시기이며 멋과 아름다움에 대해서도 깊이는 없지만 관심을 두기 시작하는 시기이다. 동시에 남의 복장이 이상한 것도 알게 되는 시기이다. 좋은 의미에서의 멋을 가르치기가 꼭 알맞은 시기이다. 멋이란 입는 옷뿐만 아니라 이도 손톱, 발톱도 깨끗이 하며 단정한 옷차림과 걸음걸이도 반듯하도록 정신교육을 하기에 가장 좋은 학년이다.

(2) 빠른 성장과 나쁜 버릇도 생기는 시기이다.

초등학교 4·5학년 즉 11·12세 정도가 되면서부터 빠른 성장이 시작된다. 물론 개인차에 따라서 영양 상태, 생활습관, 규칙적인 운동 등을 통해 성장한다고 말하는데 이때가 되면서 우리 머리의 뇌하수체라는 곳에서 호르몬이 분비된다.

균형 있는 몸의 성장을 위해서는 음식을 골고루 잘 먹어야 영양공급을 충실히 하여야 함을 교육할 시기이며 규칙적인 태권도 수련으로 기초체력의 향상과 민첩성과 유연성 발달을 위한 지도 프로그램도 적응시켜야 할 시기이다. 또한, 이 무렵부터 자기 보호본능이 생기는 시기이다. 서툰 변명이 시작된다.

저학년 때는 자기에게 불리한 일은 입을 다물고 있다. 그러나 이 시기는 자기에게 유리하게 또는 꾸중을 듣지 않게 변명이나 발뺌을 하게 된다. 변명인 발뺌은 자신의 실수를 남의 탓으로 돌리는 것으로서 나쁠 때는 늘 그 원인을 남에게서 찾으려 하기 때문이다. 이런 시기에 수련생 지도에는 남자다운 용기와 멋진 남자로서의 정정당당한 행동에 대해 남녀 간의 신체적 구조차이 이성 간의 역할 등에 관해서도 이해능력 수준에 따라 간단하게 대답하되 사실을 알려 주어야 한다는 것이다.

(3) 태권도 교육과 학교 체육의 접근 (4학년)

개인차가 심하여 일률적으로 지도하기 힘든 학년이다. 신체 발달 면에서도 그렇고 수련학습 면에서도 그러하며 청소년기에 이르기 전의 시기이므로 이 학년은 개인적인 관심이 가장 중요한 시기라고 생각된다.

(가) 태권도교육

① 운동할 때는 규칙을 정해서 스스로 규칙을 지키며 주어진 수련부에서 책임을 다하여 협력하고 끝까지 최선을 다하는 태도를 가르친다.
② 주위 환경을 생각하고 항상 청결하고 바른 자세로 생활할 수 있도록 한다.
③ 주위를 집중하여 자기 역할을 다하면서 서로 협력하고 민첩하고 정확한 동작으로 늠름하게 운동하도록 가르친다.

(나) 보건 교육

① 유행성 질병과 원인 증세 및 예방법을 알고 이를 실천한다.
② 안전 생활의 방법을 알고 이를 실천한다.
③ 인간의 필수 5대 영양소(탄수화물, 지방, 단백질, 비타민, 무기질)의 중요성을 알게 하고 올바른 식생활을 습관화시킨다.

◎ 기초체력 운동

어려운 고비를 참으면서 끝까지 노력하는 자세로 재미있고 멋있게 운동한다.

① 거위 걸음걸이 ② 뛰뛰어 옮겨가기 ③ 왕복 달리기

④ 무거운 공 위로 던지기 ⑤ 늑목 오르내리기

◎ 육상 운동

① 온 힘을 다하여 끝까지 빨리 달리는 운동을 한다. (50~70m 달리기)

② 자기 능력을 지키면서 오래 달리는 운동을 한다.

③ 100m를 10~30초 정도 빠르기로 600m 달리기

④ 규칙을 지키며 주저함이 없이 재미있고 날쌔게 장애물 달리기 운동을 한다.

5) 5학년의 심리 · 행동 특성

(1) 공부나 머리가 좋거나 지명도 있는 사람을 좋아한다.

5학년 아이들은 갑자기 공부에 관심을 두게 된다. 이때는 운동 잘하고 힘센 사람보다는 힘이 없고 키가 작아도 공부 잘하고 말 잘하는 사람의 의견을 따르려 한다. 그리고 경쟁심이 생겨서 친구에게 지지 않으려고 공부도 운동도 열심히 한다. 그리고 이 학년이 되면 또래끼리 자기들만의 그룹을 만든다.

서로 마음에 맞는 그룹끼리 편이 되어 몰려다니는 시기이다. 이 시기에는 서로가 권리와 의무를 지키는 책임 있는 의식적 방식을 가르쳐 나가야 한다. 체육관 생활은 안정적이며 지금까지 해보지 못한 것에 반응을 가진다. 서서히 태권도의 멋진 기술교육을 가르칠 수 있는 시기이다.

(2) 꾀병을 부린다.

이 시기에는 학교나 체육관에 가지 않으면 안 된다는 것을 본인도 잘 알고 있으므로 다른 형태로 행동한다. 자신이 가기 싫으면 첫째가 꾀병이다. 체육관에 갈 시간에 배가 아프다거나 머리가 아프다고 한다. 몸이 아프다면 부모는 두말하지 않고 체육관을 쉬게 한다. 그런데 아무리 서둘러도 체육관에 갈 시간이 지나면 차차 기운이 나며 멀쩡해진다.

어른들과 달리 온종일 꾀병으로 누워있지는 못한다. 그리고 정해진 요일만 꾀병을 부리면 그 요일에 수련시간에 친구나 지도자 수련내용이 마음에 들지 않음이다. 원인을 빨리 파악해야 한다. 그리고 집에서나 체육관에서 꾀병이 통할 수 없다고 생각하는 아이들은 이럴 때 방랑벽이 시작된다.

집에서 체육관 갈 시간에 맞추어 나오지만, 체육관은 가지 않고 어디엔가 적당히 시간만 보내고 다른 아이들이 끝나고 돌아올 때 저도 돌아오는 것이다. 이런 일은 체육관에서 몹시 엄한 지도자(사범, 관장) 명령 일변도인 지도에 적응하지 못한 경우이다. 이럴 경우 지도자는 그 아이의 신체조건을 고려하여 너무 많은 운동량을 시키거나 무섭거나 혹은 친구들 간에 문제가 있을 수 있으므로 즉시 확인 파악하여 상담해 해결해야 한다.

(3) 유머가 풍부한 어린이

농담을 잘하는 아이, 잘 웃기는 아이, 놀이로 리드하는 아이 그래서 어딜 가나 인기 있는 좋은 아이는 예외 없이 머리가 좋은 아이이다. 순간적인 센스, 기민한 판단력, 상황을 읽어내는 정확한 분위기 등 종합적인 두뇌 회전이 빨라야 하는 고도의 지적 기능이다.

열심히 놀기도 잘하는 아이는 우수한 두뇌를 가진 인기 있는 아이라는 사실도 확인시키기 위해서라 일부 수련생 중에 태권도에만 모든 정열을 집중하고 공부를 등한시하여 큰 걱정을 호소하는 부모님을 접하게 된다. 그러나 크게 걱정할 것 없다. 문제는 태권도와 놀이에 쏟는 정열을 어떻게 조절해 가면서 공부로 연결하느냐 하는 균형 잡기 교육이다. 운동 잘하는 아이는 공부도 잘하며 공부 잘하는 아이는 태권도도 잘한다.

(4) 태권도 교육과 학교 체육의 접근 (5학년)

5학년 수련생은 갑자기 공부에 관심을 두게 된다. 이때 운동 잘하는 사람의 말보다 공부 잘하는 아이를 보면 힘이 없고 키가 작은 친구라 해도 그 아이의 의견을 따르려 한다. 그리고 경쟁심이 생겨서 친구에게 지지 않으려고 열심히 한다.

(가) 태권도 교육

① 자기의 신체 발육과 정신 발달 지식에 필요한 기초 지식을 이해하고 안전한 생활을 할 수 있는 기본 능력과 태도로 가르친다.

② 소신 있고 예의 바른 태도와 정확한 동작으로 날쌔고 힘차게 태권도 수련에 임하게 가르친다.

③ 온 힘을 다하여 끝까지 빨리 달리는 운동을 반복 지도한다.

(나) 보건 교육

① 호흡기와 소화기의 질병에 대한 원인과 예방을 알고 이를 예방한다.
② 신체의 발달과 건강진단의 중요성을 가르친다.
③ 수련생의 물놀이와 산행 및 야외 활동 시에 발생하기 쉬운 안전사고의 종류와 원인을 알게 하고 예방에 힘쓰도록 한다.

◎ 기초체력 운동

어려운 고비를 참으면서 끝까지 노력하는 자세로 재치 있고 멋있게 운동한다.
① 물개 걸음 걷기 ② 쪼그려 앉았다 뛰기 ③ 높이 멀리 뛰기
④ 짐 나르기 ⑤ 몸통 휘돌리기

◎ 육상 운동

① 앉은 자세로 출발하여 70~90m 달리기
② 100m를 30초 정도 빠르기로 500~800m 달리기
③ 규칙을 지키며 협력하여 빠르게 이어달리기 운동을 한다. (200m 이어달리기)

6) 6학년의 심리 · 행동 특성

언어나 행동에 조심해야 한다. 폭풍전야의 고요함과도 같은 시기에 해당한다. 머지않아 닥칠 청소년기라는 커다란 변화 앞에 서 있어 신체와 정신 양면에서 이미 내부에서는 그 변모가 시작되고 있는 시기이다. 다만 겉으로는 뚜렷한 특징이 드러나지 않고 있을 따름이다.

이때부터 지적으로 놀라운 진보를 보인다. 말을 해도 이치로 따져서 하는 것과 이치에 맞지 않는 것을 이해하지 않는다. 그러므로 지도자의 말이 사리에 맞지 않으면 끝까지 따지고 덤빈다. 그러나 주의 깊게 관찰해 보면 그 이치라는 것은 아직 나름대로 생활 범주에 속한 것 같다. 더욱 추상적인 것에 이르면 모르게 된다. 지도자와 부모가 많은 대화가 절실히 필요한 시기이다. 그 외의 내외형상 특성 사항으로는

① 기억력도 우수해지며
② 자신의 능력을 알게 된다.
자신의 능력으로 도저히 맞설 수 없다고 생각되는 사람에게는 대결하지 않으려 한다.

③ 생활 속에 임기 응변술이 등장한다.
자기 본심을 그대로 드러내지 않고 임기응변식의 수단을 터득하게 된다. 이제 6학년은 어린이로 생각하면 곤란하다. 그러면서 어른으로 취급하면 불안한 어정쩡한 시기이다.
④ 좋지 못한 버릇이 생길 수 있다.
⑤ 남에게 시키는 버릇 → 최고 학년으로 후배들을 거느리며 책임을 갖게 되므로 시키는 버릇이 생긴다.
⑥ 투정이 많아진다. → 규칙이란 것에 흥미를 느끼게 된다. 체육관에 규칙을 어떻게 활용할 것인가 하는 것이다. 머리 회전이 빠른 아이는 그 규칙 중에서 빠져나갈 길을 발견하고 내심 의기양양해진다. 그리고 규칙을 구실삼아 해서는 안 되는 것을 일부러 해본다. 이러한 현상도 이 무렵부터 싹이 트는 버릇이다.
⑦ 집단행동을 좋아한다. → 놀이에서도 집단으로 하는 게임을 좋아한다. 단체로 몰려다니며 여기저기 점포 등을 기웃거리며 쓸데없이 지껄이면서 돌아다닌다.

이것은 일종의 그들에게는 레크레이션일지 모른다. 책을 보아도 알 수 있듯이 모험을 좋아한다. 스릴을 느낀다는 게 더없이 즐거운 시기이다. 이런 아이들은 남을 위해 배려하는 것과 선과 악의 구분도 가르쳐야 한다. 실수는 안 하는 게 좋지만 저지른 이상 거기에 대한 사후 수습은 자기가 책임을 지고 해결해야 한다는 것을 가르쳐 주어야 할 시기이다.

(1) 태권도 교육과 학교 체육의 접근 (6학년)

폭풍전야의 고요함과도 같은 시기에 해당한다. 머지않아 닥칠 청소년기라는 커다란 변화 앞에 서 있어 신체와 정신 양면에서 이미 내부에서는 그 변모가 시작되고 있는 시기이다. 다만 겉으로는 뚜렷한 특징이 드러나지 않고 있을 따름이다. 이때부터 지적으로 놀라운 진보를 보인다. 말을 해도 이치로 따져서 하는 것과 이치에 맞지 않는 것을 이해하지 않는다.

(가) 태권도 교육

① 수련의 동기만 주어지면 자발적인 연습을 통해서 조정력과 유연성을 높인다.
② 조직된 운동(태권도)를 좋아하며 공명정대한 판단을 원하는 시기이다.
③ 진정한 태권도인의 페어플레이 정신을 가르친다.

(나) 보건 교육

① 준비운동과 정리운동을 효과적으로 하게 한다.
② 수면과 휴식의 중요성을 익히고 간단한 구급 처치 요령을 가르친다.
③ 우리 신체의 뼈의 구조와 명칭을 가르친다.
④ 공중 보건의 중요성 및 보험제도, 보건 기관 공중 보건에 대하여 가르친다.

◎ 기초체력 운동

어려운 고비를 참으면서 끝까지 노력하는 자세로 재치 있고 힘 있게 운동한다.

① 자벌레 걸음 걷기 ② 쪼그려 앉았다 뒤로 뛰기 ③ 높이 멀리 뛰기
④ 장벽 넘어 뛰기 ⑤ 고(高) 저(低) 곡선 유종목 걷기 ⑥ 줄넘기

◎ 질서 운동

주위를 집중하여 민첩하고 정확한 동작으로 늠름하게 운동한다.

① 옆줄 맞추기 ② 번호 부르기 ③ 발걸음 맞추기 ④ 발맞추어 뛰어가기

◎ 육상 운동

① 앉은 자세로 출발하여 80~100m 달리기
② 자기 능력을 지키면서 600~1,000m 달리기
③ 장애물 달리기 (50~60㎝ 정도의 높이)
④ 200~400m 이어달리기

13. 태권도 수련생 모집지도

1) 광고(수련대상자와의 의사전달 수단)

- 상품 광고(내용) : 태권도 교육서비스의 가치부각(수련참여 자극)
- 이미지 광고 : 체육관 이미지, 신뢰도 향상을 목적
  (A 체육관 우수내용, 성실, 전문성, 차별성 등)

2) 광고 대상 선정 : 수련생 - 유아 체육 초등, 중등부 등

학부모 : 부모, 기타

3) 매체 결정 - 지역 여건 비용, 계정, 매체(전단, 선물 등)특성

4) 문안작성 - 광고대상에 적합 상품내용에 충실, 운동특성 고려

사회이슈와 연관성 강조(왕따, 체력 저하문제 등)

5) 효과부각 측면

① 태권도수련이 좋은 이유(IQ, EQ 향상, 신체발육, 집중력, 예절, 인성교육 등)
② 계절별 다양한 체계적 교육, 각종 행사 안내 등
③ 차별화 전략, 운동의 미래가치 부각 등

6) 광고전략

- 고정(시설)방법 - 현수막, APT 관리비 영수증, 지역정보지, 학교 앞 간판
- 판촉물 방법 - 열쇠고리, 달력, 필통, 문구류, 풍선 등등

※ 체육관에서의 상담이란?

상담이란? : 상담자와 내담자 간에 수용적이고 구조화된 관계를 형성하고 이 관계 속에서 내담자가 자기 자신과 환경에 대해서 올바르게 이해하도록 하여 공통점을 발견하고 내담자 스스로 효율적으로 의사 결정을 하고 여러 가지 심리적 특성을 긍정적인 방향으로 변화하도록 도와주어 내담자의 성장발달 및 적응을 촉진하는 심리적 조화과정이다.

① 상담실 공간적인 조건

ⓐ 내담자가 편안해야 한다.

ⓑ 내담자가 방해받지 않는 환경이어야 한다.

ⓒ 체육관 사무실답게 잘 정리된 품위를 보일 수 있도록 한다.

② 면담을 방해하는 5가지 태도

ⓐ 평가적 태도 : 도덕적, 규범적, 충고나 경고 언어 → 내담자의 반작용 → 열등감, 반감, 고민, 억제

ⓑ 해석적 태도 : 상담자가 중요하다고 생각되는 것에 관점을 고정함 → 내담자 반작용 → 이해받지 못했다는 느낌, 저항, 면접의욕 상실

ⓒ 감정적으로 지지하는 태도 : 격려, 위로 보상을 주려는 시도 → 내담자의 반작용 → 의존적인 태도, 동정을 절대적으로 거부

ⓓ 질문적인 태도 : 상담자가 필요하다고 생각되는 정보요구 → 내담자의 반작용 → 감정표현 중단, 상대방의 호기심에 대한 기대감.
최선의 이미지를 위한 사회적 반응

ⓔ 해답 제공적 태도 : 상담자 나름의 해결방법만 제시 → 내담자반작용 → 감정적으로 거부당했다는 느낌, 문제 해결의 책임을 상담자에게 미룸.

이상의 5가지 태도의 공통점은 상담자가 지시적으로 되고 권위를 사용하려 한다는 점이다. 상담은 내담자 스스로 문제를 다루어 가도록 돕는 과정임을 명심해야 한다.

※ 상담자의 좋은 마음가짐

① 수용은 하되 주도권을 잡지 말자. 집에 손님을 맞는 것처럼 받아들이는 태도를 가져야 한다. 그러나 주도권을 잡고 상대방으로 하여금 답만 하게 해서는 안 된다.

② 말보다 경험에 집중하라. 그가 경험한 것, 사건에 느끼는 방식에 집중하라. 객관적 사실에는 집착하지 마라.

③ 문제 자체보다 사람에게 관심을 가져라. 내담자의 관점으로부터 문제에 접근해 가도록 하라.

④ 내담자를 존경하고 그에 대한 진정한 관심을 표현하라. 우월감에 의한 통찰력을 보이지 말고 내담자가 보는 방식 살아가는 방식 이해하는 방식을 존중하라.

⑤ 대화를 촉진하되 해석은 하지 마라. 자기 나름의 해석체계로 분류하지 말고 그의 무의식의 설명 해주려고도 하지 말고 내담자가 스스로 대화하고 문제를 명료화는 기회를 주자.

ⓐ 중요한 것은 말을 부드럽게 하는 것이 아니라 올바른 마음가짐(수용)을 갖추는 일이다.

ⓑ 세상에서 가장 훌륭한 상담은 상대가 원하는 답을 주는 것이다.

ㅇ 휴게실에 비치할 수련생 바인더 내용

① 태권도 월간지 및 예절 발표문
② 학교에서 배우는 노래와 시조
③ 행사 안내문
④ 태권도 관련 서적과 신문
⑤ 태권도 관련 신문 사진 스크랩

ㅇ 사무실에 비치할 학부모님 용 바인더 내용

① 수련시간표
② 관장 지도사범님의 경력, 이력, 현재 활동 중인 내용 및 사진 등
③ 심사장 사진
④ 국기원 사진
⑤ 캠프 행사 사진 등
⑥ 자격증
⑦ 표창장, 각종 상장 등
⑧ 인가, 허가증
⑨ 세무신고증
⑩ 보험가입증
⑪ 기타사항

ㅇ 시설의 현대화

① 냉난방기, 냉온수기, 비디오 관람 시설 설치
② 공기청정기로 청결관리 철저
③ 보호구와 현대감각에 맞는 용품 구비 철저
④ 간판과 선팅의 현대화 등

○ 학부모 상담에 필요한 자료 준비

① 도장 안내 자료 : 교육목표, 연간계획 프로그램, 시간표, 비디오 등

② 과학적 체계적 진단 도구 : 인성진단 시트, 체격, 체력 측정도구 등

③ 내담자의 불만, 염려처리(잘못된 상식) 자료 : 각종 태권도와 연관논문, 교육정보, 신문스크랩

예시)

ⓐ 먼저 자신을 소개하고 안녕하세요.(자리배석, 아이 이름 확인 - 긍정표현)

ⓑ 아이에 대한 첫인상 칭찬(긍정 - 긴장감 해소)

ⓒ 학부형의 신상발언 - 공감의 표현 + 기대효과 기대 + 신뢰형성

ⓓ 지도 프로그램제시 - 도장안내(교육시간 등)

학부형이 모르고 있었던 태권도의 가치 효용성, 정보제공(학부형 눈높이에 맞추어서) - 쌍방의 관심표현 약속

○ 상담기법

① 10초간의 첫 만남이 90%의 마음(이미지)을 결정한다.

② 대화의 1 · 2 · 3 원칙

- 1분간 이야기하고(질문)
- 2분 이상 화답하게 하고
- 3분 이내에 3회 이상의 공감을 표현하여 내담자의 태도를 긍정적인 방향으로 돌려야 한다.

③ 적극적 청취

사람을 움직이는 가장 중요한 무기는 입이 아니라 귀다. 적극적 청취란 상대방이 전달하고자 하는 말의 내용은 물론 그 내면에 깔린 동기나 정서에 귀를 기울여 듣고 이해한 바를 전달하는 것이 아니다. 상대방이 의미하는 것 자체가 무엇인가를 이해하며 듣는 것이다.

※ 신체적인 주의 집중력의 5가지 지침

① 상대방을 정면으로 바라보라. 대화할 의사가 있음을 전달해 준다.

② 개방적인 자세를 취하라. 손이나 다리를 꼬지 않는 자세는 상대방에게 마음을 열어놓고 있다는 표시이다.

③ 가끔 상대방 쪽으로 몸을 조금씩 기울여라. 상대방의 이야기를 열심히 듣고 있음을 전달해 준다.

④ 신체적 언어로 공감을 표현해라. 고개를 끄덕인다든지 얼굴표정 또는 손짓 등으로 답례해준다.
⑤ 편안한 자세를 취하라. 전문가다운 여유를 보여주고 상대방으로 느긋하게 하는 데 도움이 된다.

○ 행사
- 체육관 연중행사 : 심사, 시합, 시범, 캠프, 합숙. 미니올림픽 등을 통한 행사 안내
- 대외 행사를 통한 방법 : 구청행사 시범, 운동회, 이웃돕기, 환경보호 등

○ 체육관 수련 업무 시작 전 점검사항
① 차량 운행에 기능적인 문제점임.
② 운행 시 지역주민으로부터 이질감(차량 청결, 외모, 운행매너에 대한 준비)
③ 체육관 환경 및 정리정돈(체육관 바닥청소, 정수기, 거울, 운동기구, 각종 비품)
④ 정신교육에 대한 기획과 구상(동기부여)
⑤ 운동 중 안전사고에 대한 가능성 및 예방조치
⑥ 초급자 및 저 기능자에 대한 관심과 배려
⑦ 오늘의 중점관리 수련생
⑧ 요일별 지도프로그램 활용 방향과 순서 숙지
- 공통으로 칭찬과 격려는 반드시 만들어서라도 해야 합니다. 칭찬은 여러 사람 앞에서 구체적으로 지적은 개인적으로 면담을 통해 협조요청 식으로

○ 업무 마치고 퇴근 전 점검사항
① 수련 중 권태를 느끼는 수련생
② 결석생과 그 이유
③ 수련 중 문제가 발생한 경우(싸움, 부상, 전화 등등)
④ 지도자 본인이 안고 있는 취약점(리더쉽, 지도력 등)에 대한 고민과 원인 분석 및 해결책
⑤ 태권도 지도에 대한 지식, 기능, 태도에 관한 자기 계발을 하고 있는가.
⑥ 체육관 경영, 지도교육의 개선점에 대한 제안점
⑦ 수련생 개개인의 특성 파악기록하고 새로운 지도방법에 대한 기록
⑧ 기타건의 사항(입관, 퇴관, 휴관) 행운도 기회도 내일을 준비하는 자에게 만이 뿐이다.

※ 체육관 차량운행 원칙

체육관에 있어서 절대적으로 차량운행이 필요하다. 안전하게 수련생들을 수송하기 위해서 도장구역에 맞게 무리한 운행이 되지 않도록 운행되어야 한다. 사회적으로 학원과 유치원 체육관 운행 차량 시간 등이 빈번히 발생하여 2012년부터 후사경 설치 및 3년에 한 번씩 도로교통공단에서 통학차량 안전 교육을 3시간 이상 받고 확인서를 차량 앞에 부착해야 하는 의무 사항이 발효 되었습니다.

운전자가 운행시간에 쫓기어 급하게 운행되지 않도록 항상 여유롭게 운전하고 살펴가면서 차량점검과 수리, 관리하고 세차해야 합니다. 차량의 이동은 하나에 움직이는 체육관 이미지가 운행되고 있음을 잊지 마시길 바랍니다.

ㅇ 체육관 차량 관리 및 준수사항

① 차량 기록 카드를 작성하여 수시로 확인하고 정기검사(연 2회) 부품교환 (배터리, 타이어 점검 등) 기타오일(엔진, 브레이크 등)

② 차량 내, 외관상 청결에 특히 신경 써야 한다. 차량은 지도자의 얼굴로 생각한다.

③ 수련생 운송 시 반드시 교통신호를 지켜야 한다. 또한, 안전을 위해 급제동 급출발을 절대적으로 삼가 안전운전하세요.

④ 귀가를 위한 탑승 시 나중에 내리는 수련생은 뒤로 앉히고 선배에게 차량 입구를 통제를 지도해야 합니다.

⑤ 출발 전 차량 문이 완전히 닫힌 상태를 확인하고 주위를 확인 후 서서히 출발해야 합니다.

⑥ 법 규정상 수련생 승, 하차 시 인솔자는 문으로 가서 수련생이 안전하게 승, 하차하도록 도와주어야 합니다. 위반 시 범칙금이 부과됩니다.

⑦ 차량운행 중 창밖으로 손, 머리, 물건 등은 절대로 내밀지 않도록 하고 승하차 시 도복 띠 가방 기타 물건 등이 차량 문에 끼었는지 확인하고 출발해야 합니다.

ㅇ 태권도 지도자의 정보 수집 방법은.

지도자는 정보를 찾아 현대의 정보사회에서는 정보가 곧 자본이고 무기라고는 하지만 정작 그 속에서 사는 많은 우리 태권도 지도자들은 정보에 대부분 무관심하게 살아간다.

이제 핸드폰 안에도 상당한 수준의 정보통신매체로 사용하면서도 그 의미를 생각하지는 않는다. 그저 사용하면 그만인 것이다. 이른바 정보사회는 이처럼 정보가 일상화되는 사회이다. 정보의 일상화는 누군가 정보를 주겠지! 라는 막연한 기대감에서 오히려 정보에 대한 무관심에 빠지게 하고 있다.

또한, 정보의 바다라는 인터넷도 정보가 풍부하다는 의미와 함께 인터넷 기술을 장 다루지 못하는 사람에게는 망망대해에서 기관 고장으로 표류할 수 있다는 의미도 함께 가지고 있다. 그러나 보기 좋은 정보는 아무리 많이 만들고 또 열심히 제공하려고 노력해도 정보의 수요자들은 무관심하거나 방황하게 된다.

그리고 자신이 정보의 제공자가 될 수 있다는 생각을 못 하고 누군가 주기만 바라는 수동적인 존재가 된다. 우리 지도자는 누군가 정보의 수요자인 동시에 제공자가 되어야 한다. 우리 태권도 지도 및 운영에 관한 정보에는 극히 한계가 있으며 인터넷으로만 해결되지 않는다는 점에도 유념하고 이제 실제 책과 세미나를 통해서 더욱 유용한 현장 정보가 더욱 필요한 실정이다.

① 널려 있으면 휴지. 그러나 잘 모으면 보물이다.

우리 속담에 "XX로 약에 쓸려면 없다"는 말이 있다. 오늘 필요 없다고 내일도 필요 없는 것은 아니다. 우리 종목과 연관된 신문기사 하나라도 언젠가는 쓸 일이 있다. 아무리 비싸고 좋은 책이라도 누렇게 변색하도록 꽂혀 있으면 휴지와 다를 바 없다. 하지만 중요한 것 하나라도 적고 모아두면 정보가 된다.

② 정보는 구하면 구할 수 있다.

"필요한 정보가 없어서, 알 수가 없어서"라는 핑계로만 버틸 수만은 없다. 내가 궁금한 것을 그리고 내가 알 필요 있는 것은 다른 사람도 궁금하고 필요한 것이다. 알아볼 생각도 없이 그저 정보가 필요 없다고 하면 그만큼 뒤처질 수밖에 없다.

③ 좋은 정보는 찾은 지도자에게 보인다.

구슬로 꿰어야 보배라는 말이 있다. 아무리 좋은 책과 교육을 받았어도 잘 활용하지 못하면 장식품에 불과하다. 아무 자료나 교육이 정보가 되는 것은 아니다. 적극적으로 찾으려는 지도자에게만 보인다. 정보를 찾아라.

④ 정보는 찾다가 길을 잃을까 염려할 필요는 없다.

길을 잘못 찾아갔다면 시간이 더 걸릴 뿐이다. 하지만 잘못 들어갔던 길도 잘 기억해두자 다시 안 들어갈 수도 있지만, 거기에도 언젠가는 필요한 정보가 있다. 지금은 solo의 시대가 아니라 hyper-link의 시대이다.

⑤ 누구나 정보 요리사가 될 수 있다.

우리의 정보는 특별한 사람만 만들 수 있는 것이 아니다. 누군가에게 의미가 있다면 그것은 정보가 된다. 받으려고만 하면 줄어들지만 나도 열심히 주면 더 좋은 것으로 받게 된다. 그리고 다른 지도자들이 맛있게 먹을 수 있도록 자료는 잘 다듬어 가공하면 금상첨화일 것이다. 하지만 재료는 같아도 요리사의 능력과 경험과 노력에 따라 다른 맛을 낸다.

⑥ 마당발 지도자를 친구로 두어라

지도자마다 성격이야 여러 가지가 있지만 그중에서도 유난히 여기저기 많은 사람도 알고 또 다른 사람을 잘 사귀는 사람도 있다. 이른바 마당발을 가진 사람이다. 혹시 내가 부족한 부분이 있다면 주위에서 "마당발"을 찾아 친구가 되자. 정보를 얻는 데 있어서 사람만큼 풍부한 자원을 가진 재산은 없다.

※ 나만의 자료 스크랩(교육자료) 방법을 만들자.

신문이나 잡지 또는 다른 책에서 본 자료를 스크랩하는 것은 여전히 중요한 정보 수집방법이 될 것이다. 그런데 여기에서 가장 중요한 원칙이 있다면 자기 자신에게 가장 잘 맞는 방법을 개발해내야 한다는 것이다.

① 나름대로 분류 방식을 정하라.

여기서 어려운 점은 모든 자료가 하나의 주제로 되어 있지 않다는 점이다. 하지만 가장 중요한 내용을 주제로 분류해야 한다. 그렇지 않으면 아예 일자별 순서로 하는 방법도 있을 것이다.

② 자료의 목록을 만들어 보관하라.

분류한 자료마다 목록을 만들어 놓아야 한다. 잡지 기사 목록이라면 잡지면 호수 연도 자료 보관파일 번호를 함께 입력하면 된다.

③ 새로운 보존방법을 연구하라

그러나 이렇게 모으기만 한다면 너무 오래된 자료는 점차 짐이 될 수 있다. 그리고 바쁜 시간 중에 이렇게 시간을 내는 것도 쉬운 일은 아니다. 보통 정성으로 기사 스크랩을 할 수는 없다. 정말 중요한 기사는 혹시 스캐닝할 수 있다면 스캐닝하여 파일로 보관하는 방법도 있을 수 있다.

○ 태권도 신입 및 견학생 맛보기 수련 프로그램

수련생들이 처음 태권도장에 찾아왔을 때 지속해서 태권도 수련에 참여할 수 있도록 참여를 유도하고 적응하도록 하는 단기 프로그램이다.

현재 태권도 참여 계층은 1차 대상은 초등학교 저학년(1~3학년) 2차 대상자는 유아(5~7세)들이며 처음에는 태권도에 대해 잘 모르고 체육관에 들어와서 참여를 두려워하고 망설이는 초보 수련생들을 위한 한시적으로 특별한 프로그램이 준비되어야 한다.

태권도를 권하는 부모들은 대부분 자녀가 체격이 왜소하거나 내성적이며 소심하여 수동적인 성격과 또래 친구들과 잘 어울리지 못하여 태권도 수련참여를 통하여 얻고자 하는 성과를 알고 있기 때문이다.

이들을 위해서는 체육관과 지도자에 대한 두려움에서 벗어나 편안한 환경과 안전하게 잘 적응 할 수 있도록 특별히 마련하여 즐겁고 안전하게 수련할 수 있다는 기대감을 높여주어야 한다.

첫째 날 :

① 사범의 동료소개 및 인사, 적응하도록 협조사항 안내.
② 태권도 기본동작 + 놀이체육
③ 지도자와 부모님 RP 인사방법 교육

둘째 날 :

① 놀이체육을 통한 태권도 동작 가미
② 첫날 배운 것. 반복 인사법 교육
③ 단체운동. 관람 및 태도 교육(자세)

셋째 날 :

① 기초체력(달리기 및 장애물 뛰어넘기)
② 태권도 기본동작 + 놀이체육
③ 발동작 기초방법 지도

넷째 날 :

① 놀이체육(게임 · 점프동작)
② 태권도 지르기 동작 발차기 기본교육

마지막 날 :

① 기초체력(맨손체조, 음악을 이용한 운동들 - 줄넘기/달리기 등)
② 태권도 기본동작 + 놀이체육(게임식으로)
③ 상담(칭찬+적응력+가능성 등)

⊙ **수련생 수련체크 해놓고 부모와 상담하기**

① 수요자중심의 프로그램 개발이다.

우리 태권도 활동 프로그램에 있어 수요자는 수련 참여자들이다. 즉 이것은 수요자인 수련생들이 무엇을 할 것인가를 선택함을 의미한다. 비록 그동안은 체육관 중심의 지도 편리성 및 수익성으로 인하여 수련생의 개별성이 무시되어 왔으나 앞으로는 소집단 개별적인 수련활동을 더 많이 선호 이용하게 될 것이다.

② 태권도 활동 프로그램 특성화이다.

이는 지금까지 프로그램이 이를 제공하는 주체(회사)에 따라 다양화되는 것이 아니라 오히려 획일화됨으로써 영역별 수련 활동이 균형적으로 이루어지지 못하고 있다. 따라서 체육관 지역과 다양한 대상별 영역별 지도 프로그램의 특성화 전문화된 공인지도 프로그램의 개발이 시급하다.

③ 프로그램 개발 주체들 간의 연계성이다.

현재 지도 프로그램은 관심 있는 일선 지도자나 전문연구회사 등에서 주로 개발되어 현장에 보급되고 있다. 이것은 지금까지 일선 현장에서 수련 프로그램을 개발할 수 있는 여건이 갖추어지지 않아서이다. 이 결과 개별 보급된 지도 프로그램이 현장과의 연계성이 낮아 그들의 다양한 여건이나 요구를 탄력적으로 고려하지 못함으로써 현장성이 떨어지고 이에 대한 불만도 높아가는 설정이다.

④ 다양한 지도 프로그램 영역별 전문적인 태권도 연구원의 양성이다.

체육관 지도프로그램을 운영하는 것은 우리 태권도지도자들이다.

아무리 좋은 프로그램을 개발하여도 이를 운영할 수 없으면 의미가 없다.

따라서 태권도지도자를 프로그램의 영역에 맞게 연수하고 프로그램에 대한 시범운영에 지속해서 참여시킴과 동시에 태권도 지도자들이 자발적으로 필요한 자질을 함양할 수 있도록 국가 및 협회의 연구원지원과 체계 그리고 조직 책임자의 관심과 지원이 요구된다.

⑤ 지도프로그램의 개발과 데이터베이스 구축이다.

이는 질적으로 우수하고 다양한 프로그램의 개발과 더불어 필요한 프로그램을 현장에서 적재적소에 활용하는 데 반드시 필요하다. 즉, 수련활동 프로그램에 대한 기초조사를 통하여 특성과 지도대상. 난이도 내용 등에 대한 구분을 통하여 그 결과를 데이터베이스 함으로서 새로운 프로그램의 개발과 기존 프로그램에 대해 재편성하여 활용하는 데 도움이 될 것이다. 이상과 같은 체육관 지도프로그램의 개발방향은 수요자. 현장중심의 다양화. 지역화 특성화를 통한 개발과 이론 모든 수련생이 체험할 수 있도록 개방적으로 제공되어야 할 것이다.

※ 태권도 단체, 활성화를 기대하며

태권도 수련은 평생교육이란 측면에서 중시되고 있으면 교육의 궁극적인 목적인 전인교육 인격개발에 있음을 고려할 때 태권도 단체활동의 전인적 의미는 아주 중요하다. 수련생들은 건전한 성인으로 육성하는 문제는 과거처럼, 가정이나 정규교육 기간에만 국한되지 않고 점차 전 사회적인 과제로 확산하고 있다.

이에 따라 태권도 수련활동도 어느 특정한 분야나 특수한 집단만을 위한 태권도 지도자들의 조직 활동으로 부각되기 시작하였다. 즉, 학교 교육에서 나타나는 가장 큰 문제인 교과서 중심의 지식교육을 보완할 수 있는 신체적, 정서적 발달을 도모하는 사회 체육적인 측면에서 우리 태권도 지도자들의 활동은 그 중요성이 있다. 일선 태권 체육지도자는 수련활동의 핵심 요소이다.

다음으로 우리 수련생들이 스스로 참여하는 활동 프로그램 개발보급이 지속해서 추진되어야 하며 이는 바로 수련생 확보와 직결된다. 수련생의 다양한 요구를 외면하는 태권도 지도 프로그램은 수련생들이 없는 체육관은 더 이상의 존재가치가 없다.

수련생들을 확보하고 운영하는 것. 역시 중요한 과제지만 수련생들만을 위한 단체의 폐쇄성에서 벗어나 비 수련생들이 참여시킬 수 있는 다양한 체험활동을 위해서는 다수의 활동 프로그램 개발 역시 중요한 과제이지만 체육관 시설이나 전문적인 전담 연구 지도자의 등의 확보 문제와 수련생을 위한 서비스를 위한 전문 연구소 및 인력체계 확충 또한 극복되어야 할 과제이다.

이를 위해서는 국기태권도 생활 체육으로서 국가적인 차원에서의 지원과 사회의 관심이 쏠려야 할 것이다.

○ 태권도지도자의 친절한 언어

지도자는 항상 품위유지 관리를 위해 친절한 언어를 사용해야 한다.
지도자의 언어 행동 표정 등 모두 교육의 모델이 되기에 언제 어디서나 믿음직하게 행동해야 한다.

① 전화 및 상담 시 응대 용어 선별사용
② 체육관에 딱딱한 이미지를 탈피하여 어린 학생들이 지도하는 사람답게 부드럽고 쉬운 용어 선택
③ 수련생 부모 및 지역 주민과도 지도자로서의 용어 선택사용
④ 관련 협회 행정관청과도 서로가 태권도인의 모델로서 친절하고 협조적인 자세로 임해야 한다.

○ 태권도 지도자 외형(복장)유지

① 지도자는 수련시간(도복) 복장 차량운행복장 등 때와 장소에 알맞은 복장과 헤어 위생상태 등을 철저히 관리한다.
② 출퇴근 및 지역 내 외출 시에도 청결한 태도(헤어스타일, 위생, 복장, 신발 등) 유지
③ 태권도 지도자로서 전문가다운 이론교육관 기능수련 등을 겸비하여야 한다.
④ 지도자도 태권도계의 전반적인 정보와 교육에 적극적으로 참여하는 모습과 스스로 노력하고 공부하는 모범적인 문무를 겸비하는 자세 필요함.
⑤ 수련생과 학부형과의 약속 등은 반드시 체크하고 기록하여 실천하고 신뢰할 수 있도록 행동해야 한다.

14. 태권도장 경영에 필요한 등록절차와 양식

도장 단체등록필증 재발급 신청서

1. 관 장 명	
2. 주민등록번호	
3. 체 육 관 명	
4. 등 록 일 자	
5. 등 록 번 호	
재 발 급 사 유	

________________ 체육관 (직인)

________________ 구지회장 (직인)

서울특별시태권도협회장 귀중

도장 단체등록(변경)신청서

<table>
<tr><td rowspan="3">신청인</td><td>성 명</td><td>(인)</td><td>주민등록번호</td><td></td><td rowspan="4">사 진
3×4
(3매)</td></tr>
<tr><td>자택주소</td><td colspan="3">☎(　　)</td></tr>
<tr><td>단번호</td><td>단　　　번</td><td>사범자격증</td><td>급　　　번</td></tr>
<tr><td rowspan="3">체육관</td><td>명 칭</td><td colspan="3"></td></tr>
<tr><td>체육관
신주소</td><td colspan="4">☎(　　)　　　휴대폰(　　)</td></tr>
<tr><td>시 설</td><td colspan="4">층, (자가, 전세, 월세)　수련장　평,　사무실　평,　탈의실　평</td></tr>
<tr><td colspan="2">◉신규신청</td><td>설립목적</td><td></td><td>등록NO
년.월.일</td><td>. . .</td></tr>
<tr><td colspan="2">◉위치변경</td><td>체육관
구주소</td><td></td><td>◉명칭변경
舊도장명칭</td><td></td></tr>
<tr><td colspan="2" rowspan="2">◉명의변경
(인계자)</td><td>성 명</td><td>(인)</td><td>주민등록번호</td><td></td></tr>
<tr><td>주 소</td><td colspan="3">☎(　　)</td></tr>
</table>

귀 협회 도장 단체등록 규정에 의하여 등록(1.신규등록 2.명의변경 3.위치변경 4.명칭변경)을 신청합니다.

20　　년　　월　　일

신청인　　　　　　　　(인)

태권도협회장 (직인)

<table>
<tr><td>구비서류</td><td>①신청서(소정양식) 1부.
②이력서(반명함판 사진 3매) 1부.
③단증 및 사범지도자 자격증 사본 각1부.
④호적등본(가족, 부모님, 처부모님) 각1부.
⑤구청 체육시설업 신고필증 사본 1부.
⑥상조회 가입신청 카드 1부.
⑦체육관 직인(단체등록 필증 수령시 제출)
⑧단체등록필증 반납</td><td>◉신규등록시- ①②③④⑤⑥⑦ 제출.
◉위치변경시- ①⑤⑧ 제출.
◉명의변경시- ①②③④⑤⑥⑧ 제출.
◉명칭변경시- ①⑤⑦⑧ 제출.
※수수료 1.신규등록 200,000원.
2.위치변경 100,000원.
3.명의변경 100,000원.
4.명칭변경 25,000원.</td></tr>
</table>

※ 기재사항은 빠짐없이 상세하게 작성하여 주시기 바랍니다.

단체등록 복지회원 카드

성 명		성 별	남 / 여	사진 3×4
현 단	단: No:	주민등록번호	–	
본 적		사범자격증	급 No.	
현주소		자 택☎		

체육관	명 칭		단체등록No.	
	주 소		등록년월일	
	연락처	☎ fax.	수련장 평, 사무실 평, 탈의실 평	

가족사항	관계	성 명	주민등록번호	수혜년월일	수혜금액	비 고
	부					
	모					
	빙부					
	빙모					
	본인					
	처					
	자녀1					
	자녀2					
	자녀3					

지도사범	성 명	주민등록번호	(단)번호	비고	성 명	주민등록번호	(단)번호	비고
			( )				( )	
			( )				( )	
			( )				( )	
			( )				( )	
			( )				( )	
			( )				( )	

◎ 첨부서류 : 호적등본, 주민등록등본(부모, 빙부모, 본인가족 각1부)

심 사 신 청 서

1. 품(단)번호 : ______________

2. 현 주 소 : ______________ 연락처: ______________

3. 성명 (한글) : ______________ (한문) ______________ (영문) ______________

4. 주민등록번호 : ______________ E-mail: ______________

5. 현품 (단) : ________ 품(단) (발급일자 : 년 월 일) 응심품(단) : ___ 품(단)

상기 본인은 국기원 승품 · 단 심사에 응심 하고자 신청서를 제출합니다.

(심사 진행중 발생한 사고에 대하여는 국기원 심사규정 제7조(심사이행) 7항에 따른다)

신청인 :______________(인)

상기자는 국기원 승품 · 단 심사에 응시할 자격이 인정되기에 추천합니다.

증명사진 2매
* 선에 맞춰
잘라 붙이세요.

20 년 월 일

추 천 인 : ______________ (인) ________ 단, 고유번호 : ______________

체육관명 : ______________ (직인) ☎ ______________

★

국기원 원장 귀하 서울특별시태권도협회

* 기재시 주의사항 1) 1란은 2품 - 단이상 응심자란 기재 2) 추천인의 단번호 허위기록사실이 발견시 접수치 않음
3) 2,3,4란은 주민등록초본에 의거 정확히 기재 (단, 외국인은 2란 기재시 국적까지 명시)
4) 신청인란은 승품 - 단 응심자의 성명을 기재하고 실인을 날인 5) 양식의 ★ 표란은 시 ·도협회에서 협회장 관인날인

* 심사규정 제 7조(심사이행) 7항 : 심사진행중 발생한 응심자의 상해 및 사망에 대하여 본원 및 심사주관단체에서는 법적 (민,형사상)책임을 지지 아니한다.

(　　　　　) 체육관

(전화:　　　　　　)

발급일자 :

수　　신 : 0 0 구 태권도협회장

참　　조 : 사무국장

제　　목 : 상장발급신청

당 (　　　　　)체육관에서는 심사대회 응심자 중에서 모범 수련생을 다음과 같이 엄선하여 상장 발급을 선정합니다.

다　음

1. 대상자 인적사항

심사대회명	성명	응심번호	신청구분	학교명	심사일자	비 고

추천인 :　　　　　　(인)

0 0 구 태 권 도 협 회

< 양식 1 >

사유서

· 성 명 :
· 품 (단) :
· 응심번호 :
· 체육관명 :
· 관 장 명 : (인)

상기자는 서울시태권도협회 주최, 0 0 구태권도협회 주관하는 국기원 제( )회 승품.단 심사대회를 ( )사유로 인하여 연기 신청에 의한 사유서를 제출합니다.

20 년 월 일

위 작성자 (인)

0 0 구태권도협회장 귀하

폐 쇄 신 고 서

성　　명 :
체육관명 :
등록번호 :

상 기 체육관 경영부진으로 인하여　　년　월　일 부로 폐쇄 하기에 신고 합니다.

20　.　.　.

구 태권도협회

신고인　　　　　　　　인

추 천 서

성 명: ____________

생년월일: ____________

연 락 처: ____________

위의 사람은 본관에서 사범으로 재직하고 근면 성실하기에 이에 00구 태권도 협회 심사 진행 위원으로 추천합니다.

20 년 월 일

____________체육관

추천관장: ____________

00구태권도협회

체육시설업신고(변경신고)서

<table>
<tr><td rowspan="2">신
고
인</td><td colspan="2">① 성명(대표자)</td><td></td><td>② 주민등록번호</td><td colspan="2"></td></tr>
<tr><td colspan="2">③ 주 소</td><td colspan="4">(전화)</td></tr>
<tr><td rowspan="4">영
업
소</td><td colspan="2">④ 상 호</td><td></td><td>⑤ 전 화 번 호</td><td colspan="2"></td></tr>
<tr><td colspan="2">⑥ 소 재 지</td><td colspan="4"></td></tr>
<tr><td colspan="2">⑦ 종 류</td><td colspan="4"></td></tr>
<tr><td colspan="2">⑧ 규 모</td><td colspan="4"></td></tr>
<tr><td colspan="2" rowspan="2">⑨체육지도자</td><td>성 명</td><td></td><td>자격종류 및 번호</td><td colspan="2"></td></tr>
<tr><td>주 소</td><td colspan="4"></td></tr>
<tr><td colspan="3">⑩회원모집계획총인원</td><td colspan="4">명</td></tr>
<tr><td rowspan="3">⑪
변경
신고
사항</td><td colspan="2">신고번호</td><td>제 호</td><td>신고일자</td><td colspan="2">년 월 일</td></tr>
<tr><td colspan="3">변 경 전</td><td colspan="3">변 경 후</td></tr>
<tr><td colspan="3"></td><td colspan="3"></td></tr>
</table>

「체육시설의설치·이용에관한법률」 제22조의 규정에 의하여 위와 같이 신고합니다.

년 월 일

신고인 (서명 또는 인)

<table>
<tr><td rowspan="2">구
비
서
류</td><td>신고인(대표자) 제출서류</td><td>담당공무원 확인사항
(부동의 하는 경우 해당 서류 제출)</td></tr>
<tr><td>1. 부동산의 타인소유인 경우에는 부동산임대계약서 등 사용권을 증명할 수 있는 서류사본 1부
2. 시설 및 설비개요서 1부
3. 변경내용을 증명할 수 있는 서류(변경신고에 한합니다.)1부
4. 임시사용중인 건축물인 경우에는 임시사용승인서 사본 1부</td><td>법인등기부등본
(법인인 경우에 한합니다.)</td></tr>
</table>

본인은 이 건 업무처리와 관련하여 「전자정부구현을 위한 행정업무 등의 전자화 촉진에 관한 법률」 제21조제1항에 따른 행정정보의 공동이용을 통하여 담당공무원이 위의 담당공무원 확인사항을 확인하는 것에 동의합니다.

신청인(대표자) (서명 또는 인)

<table>
<tr><td rowspan="2">공
부
확
인</td><td>구 비 서 류</td><td>확 인 일 자</td><td>확 인 결 과</td><td>확 인 자</td><td>비 고</td></tr>
<tr><td>건축물관리대장
토 지 대 장</td><td></td><td></td><td></td><td></td></tr>
</table>

변 경 등 록 신 청 서

<table>
<tr><td>①성명(대표자)</td><td colspan="2"></td><td>②주민등록번호</td><td></td></tr>
<tr><td>③영업소소재지</td><td colspan="4"></td></tr>
<tr><td rowspan="2">변경
등록

신청
내용</td><td colspan="2">④ 당초 등록된 내용</td><td colspan="2">⑤ 변경하고자 하는 내용</td></tr>
<tr><td colspan="2"></td><td colspan="2"></td></tr>
<tr><td colspan="5">체육시설의설치·이용에 관한 법률 제21조 제1항, 같은법시행령 제20조 제5항 및 제21조 제2항의 규정에 의하여 위와 같이 변경등록을 신청합니다.

년 월 일
신청인 (서명 또는 도장)

구 청 장 귀하</td></tr>
<tr><td>구비서류</td><td colspan="4">당해 행정기관이 행정정보 공동이용을 통하여 확인가능 시에는 제출 생략
1. 변경내용을 증명할 수 있는 서류 1부</td></tr>
<tr><td>처리요령
및
유의사항</td><td colspan="4">1. 변경등록을 한 후 처리기관으로부터 등록증의 변경등록란에 변경등록한 내용의 기록과 확인을 받으시기 바랍니다 (시행령 제20조 제3항 및 제5항)
2. 허위 기타 부정한 방법으로 변경등록을 하거나 변경등록을 하지 아니한 때에는 6월이내의 영업정지 등의 처분을 받을 수 있습니다 (법 제35조 제2항)</td></tr>
</table>

<table>
<tr><td colspan="6">체육시설업등록신청서</td></tr>
<tr><td rowspan="8">등
록
신
청
내
용</td><td>① 성명(대표자)</td><td colspan="2"></td><td>② 주민등록번호</td><td></td></tr>
<tr><td>③ 업 종</td><td colspan="2"></td><td>④ 상 호</td><td></td></tr>
<tr><td>⑤ 영업소소재지</td><td colspan="4">(전화:)</td></tr>
<tr><td>⑥ 부 지 면 적</td><td>㎡</td><td>⑦ 건 축 물</td><td colspan="2">동수 : 동, 연면적 : ㎡</td></tr>
<tr><td>⑧ 시설설치내역</td><td colspan="4">별지와 같음</td></tr>
<tr><td>⑨ 회원모집계획
총 인 원</td><td colspan="4">명</td></tr>
<tr><td>⑩ 체육 지도자</td><td colspan="4"></td></tr>
<tr><td colspan="6">체육시설의설치 · 이용에관한법률 제21조 제1항 · 제2항, 동법시행령 제20조 및 제21조의 규정에 의하여 위와 같이 등록을 신청합니다.

년 월 일

신청인 (서명 또는 인)</td></tr>
<tr><td>구비서류</td><td colspan="5">민원인 제출서류
1. 부동산 등기부등본과 그 부동산의 임대계약서 등 사용권을 증명할 수 있는 서류 1부(타인 소유의 부동산인 경우로서 사업계획승인 또는 변경승인을 얻을 당시와 비교하여 변동이 있는 경우에 한합니다.)
2. 시설의 평면도 및 배치도 1부
3. 다른 법률에 의하여 허가 · 인가 등을 얻거나 신고 등을 한 경우에는 그 허가 · 인가 등의 내용을 이행하였음을 증명할 수 있는 서류 사본 1부
담당공무원 확인사항, 민원인 제출생략
1. 법인등기부등본 1부(법인인 경우에 한함)</td></tr>
</table>

태권도 사범 및 3급 생활 체육지도자과정 연수지원서

<table>
<tr><td colspan="7"></td><td>※접수번호</td></tr>
<tr><td rowspan="9">신
청
인</td><td colspan="2">종 목</td><td>태 권 도</td><td>성 별</td><td colspan="2">남 · 여</td><td rowspan="5">사 진
3cm × 4cm
3 매</td></tr>
<tr><td rowspan="3">성
명</td><td>한 글</td><td></td><td>생년월일</td><td colspan="2">. . .</td></tr>
<tr><td>한 자</td><td></td><td>연 령</td><td colspan="2">만 세</td></tr>
<tr><td>영 문</td><td colspan="4"></td></tr>
<tr><td colspan="2">주민등록번호</td><td colspan="4">—</td></tr>
<tr><td rowspan="2">주
소</td><td>직 장</td><td colspan="5">(전화 :)</td></tr>
<tr><td>자 택</td><td colspan="5">(전화 :)</td></tr>
<tr><td colspan="2">직 업</td><td></td><td>현 단</td><td></td><td>승단년월일</td><td></td></tr>
<tr><td colspan="2">직 장 명</td><td></td><td>현 단 번 호</td><td colspan="3"></td></tr>
<tr><td rowspan="3">학
력</td><td colspan="3">. . ~ . .</td><td colspan="4"></td></tr>
<tr><td colspan="3">. . ~ . .</td><td colspan="4"></td></tr>
<tr><td colspan="3">. . ~ . .</td><td colspan="4"></td></tr>
<tr><td rowspan="3">경
력</td><td colspan="3">. . ~ . .</td><td colspan="4"></td></tr>
<tr><td colspan="3">. . ~ . .</td><td colspan="4"></td></tr>
<tr><td colspan="3">. . ~ . .</td><td colspan="4"></td></tr>
<tr><td rowspan="3">자격
연수
및
훈련</td><td colspan="3">. . ~ . .</td><td colspan="3">자격증</td><td>No.</td></tr>
<tr><td colspan="3">. . ~ . .</td><td colspan="3">자격증</td><td>No.</td></tr>
<tr><td colspan="3">. . ~ . .</td><td colspan="3">자격증</td><td>No.</td></tr>
</table>

본인은 제 기 태권도 사범 및 3급 생활체육지도자 연수과정을 이수하고자 소정의 서류를 갖추어 지원합니다.

년 월 일

지원자 (인)

상기인을 태권도 사범지도자 연수에 자격을 갖추었기에 추천합니다.

협 회 장 (인)

국기원 태권도지도자 연수원장 귀하

태권도 2급 경기지도자 자격부여과정 지원서

접수번호

지원자	종목		태권도	① 일반과정 ② 자격부여	성별	남 · 여		사진 3×4 3매
	성명	한글		주민등록번호				
		한문						
		영문						
	주소	거주지				전화( ) -		
		직장				전화( ) -		
학력	년 월 일							
	. . .							
	. . .							
	. . .							
경력	년 월 일							
	. . .							
	. . .							
	. . .							
표창서훈	년 월 일							
	. . .							
	. . .							
	. . .							
자격연수 및 훈련	년 월 일	제 기 사범자격 №.		무력	단	승단번호	승단년월일	
	. . .	№.			1			
	. . .	№.			2			
	. . .	№.			3			
외국훈련 및 시찰	년 월 일				4			
	. . .				5			
	. . .				6			
	. . .				7			

본인은 20 년도 태권도 2급 경기지도자 자격부여과정에
소정의 서류를 갖추어 지원합니다.

20 년 월 일

지원자 성명 ㊞

태권도지도자연수원장 귀하

절취선

수 험 표

• 수험번호		※ 접수번호	
성명		성별	남 · 여
지원과정			
일반	대학관련	학교교사	경기지도분야

사진
3㎝ × 4㎝
이 규격에 맞게 하되
떨어지지 않게 붙일것.

국기원 태권도 지도자 연수원

접 수 증

※ 접수번호	
성명	
지원종목	태권도

20 년도 2급 경기지도자 자격부여과정 지원서를 접수함.

20 년 월 일

국기원태권도지도자연수원

주 : 수험표 교부시 본접수증 제출

영 수 증

※ 접수번호	
성명	
전형료	15,000 원

상기 금액을 20 년도 2급 경기지도자 전형료로 영수함.

20 년 월 일

국기원태권도지도자연수원

위 임 장

【위임받은사람】

성　　　명 :
주민등록번호 :
주　　　소 :
연　락　처 :

본인은 　　　　　　　　　　　　　　　　에 대한 행위일체를
위 사람에게 위임합니다

20　　년　　월　　일

위임하는 사람 : 　　　　　　　　　　(인)

【위임하는사람】

성　　　명 :
주민등록번호 :
주　　　소 :
연　락　처 :

[별지 제2호 서식]<개정2000.3.28, 2005.9.15>

사업계획승인신청서

※제2면 및 제3면의 작성방법과 안내문을 읽고 작성하시기 바랍니다.

신청인	① 성 명(대표자)		② 주민등록번호	
	③ 주 소			
사업계획	④ 업 종		⑤ 상 호	
	⑥ 시설설치장소	(전화번호:)		
	⑦ 부 지 면 적	㎡	⑧ 건 축 물	동수: 동, 연건축면적: ㎡
	⑨ 주요시설 규모·규격			
	⑩회원모집계획 총 인 원 수	명		
	⑪ 시설설치기간	착공예정일: 년 월 일, 준공예정일: 년 월 일		

체육시설의설치·이용에관한법률 제12조 본문 및 동법시행령 제10조 제1항의 규정에 의하여 위와 같이 사업계획의 승인을 신청합니다.

년 월 일

신청인 (서명 또는 인)

<table>
<tr><th colspan="4">사업계획승인신청 안내</th></tr>
<tr><td>수수료</td><td>시·도 조례가 정하는 금액</td><td>처리기간</td><td>45일</td></tr>
<tr><td>관련법규</td><td colspan="3">· 체육시설의설치 · 이용에관한법률 제12조 및 같은법시행령 제10조 1항
· 사업계획 승인의 제한 : 법 제13조, 시행령 제12조, 시행규칙 제12조</td></tr>
<tr><td>구비서류</td><td colspan="3">담당공무원 확인사항, 민원인 제출 생략
1. 법인등기부등본(법인의 경우에 한한다)

민원인 제출서류
1. 총용지면적 및 토지이용계획
2. 토지명세서
3. 부동산등기부등본과 그 부동산의 임대계약서 등 사용권을 증명할 수 있는 서류(타인소유의 부동산인 경우에 한합니다)
4. 건축물의 층별면적 및 시설내용
5. 공사계획 및 소요자금의 조달방법
6. 주요설비· 기기· 기구 등 설치계획
7. 운영계획서(체육지도자 배치·보험가입 등)
8. 법 제31조 제1항의 규정에 의하여 다른 법률에 의한 허가 · 해제 등을 받은 것으로 보는 내용이 포함되는 경우에는 법 제31조 제2항의 규정에 의한 협의에 필요한 서류</td></tr>
<tr><td>처리요령
유의사항</td><td colspan="3">1. 사업계획서 중 회원모집 계획은 총투자사업비의 범위를 초과하여 회원을 모집할 수 없음
2. 허위 기타 부정한 방법으로 사업계획의 승인 또는 변경승인을 얻은 때에는 사업계획 취소처분을 받을 수 있습니다 (법 제34조 제1항)
3. 사업계획승인을 얻지 아니하고 체육시설을 설치한 자는 3년이하의 징역 또는 1천만원 이하의 벌금에 처하게 됩니다(법 제42조 제1항)</td></tr>
</table>

등록증 분실사유서

□ 상　　　호 :
□ 등 록 번 호 :
□ 대　표　자 :
□ 주민등록번호 :
□ 영업 소재지 :　　　　　　　　　　　　(☎　　　　　)
□ 업　　　종 :
□ 분실사유(6하원칙에 의거 기재)

위 내용은 사실과 다름이 없고 분실로 인한 모든 법적 책임은 본인이 질 것이며, 차후 분실된 등록증을 회수하게 될 때에는 지체없이 등록청에 반환할 것을 서약합니다.

년　　월　　일

서약인 :　　　　　　(인)

구청장 귀하

계 약 서 (예시)

상기 본인은 200 년 1월 1일부로 월 급여 및 특별수당을 다음과 같이 계약합니다.

1) 기본급 : 100

2) 특별 수당 : 평균인원(100명) × 3개월 = 300명 기준으로
초과 시 1인당 3만원 특별 수당지급.
3개월 분을 명월 15일에 정산 후 그 달 급여일 에 합산하여 지급.

3) 수당 지급일 : 4월, 7월, 10월, 1월.

20 년 월 일

관장 ______________서명

사범 ______________서명

입 관 원 서

해동태권도장에서는 최선을 다한 최고의 교육으로 수련생에게 알맞은 프로그램과
전인교육으로 올바른 인격함양에 최선을 다할것을 약속드립니다.
본 신상명세서를 성의껏 작성하여 주시기 바랍니다.

성 명		주민번호	
주 소			
전 화		혈 액 형	
학교, 학년		비상연락	
입 관 일		E-Mail	

가 족 사 항							
관 계	성 명	연 령	직 업	관 계	성 명	연 령	직 업
부							
모							
특기사항							

- 준 수 사 항-

◇ 개인의 부주의로 인하여 발생하는 모든 사고에 대하여는 본인이 책임진다.
(단, 수련시간에 발생한 사고에 대하여 본 체육관이 최초 진료비만 부담한다.)
◇ 체육관의 사범, 관장의 정당한 지시에 순응한다.

소중한 만남이 이루어 졌습니다. 이작은 만남이 큰 성공으로 이어지길 간절히
바라며 사랑과 존경이 함께하는 배움터가 되도록 하겠습니다.

20 년 월 일

입관자 인
보호자 인

태 권 도 0 0 체 육 관

0 0 체육관 수련비 금액표(예시)

입관비	유치부, 초등부	중,고생 및 대,일반	도복비
30,000원 (상해보험가입)	90,000원	100,000	35,000원
특 별 지 도	250,000원 (6개월 후 국기원심사)		35,000원
개 인 지 도	500,000원 (3개월 후 국기원심사)		35,000원

수강료 선납시 할인 혜택

분 류	수 강 료
유치부 ,초, 중, 고	90,000원
6개월 선납시	500,000원
12개월 선납시	950,000원

국기원 승품(단)금액표 (예시)

승 품 심 사 내 역				승 단 심 사 내 역			
1품	2품	3품	4품	1단	2단	3단	4단
100,000원	100,000원	100,000원	200,000원	100,000원	100,000원	200,000원	200,000원

1. 수련비 및 국기원 심사비 금액을 위와 같이 징수 합니다.

2. 본 체육관은 사회교육 윤리 강령을 준수하는 협회등록 정식인가 체육관임.

서울시 0 0 구 태권도 협회 0 0 체육관

수련시간 안내문

1 부: 2 : 30 ~ 3 : 30

2 부: 4 : 00 ~ 5 : 00

3 부: 5 : 30 ~ 6 : 30

4 부: 7 : 00 ~ 8 : 00

5 부: 8 : 30 ~ 9 : 30

6 부: 9 : 30 ~ 10 : 30

우리의 아이들을 사랑과 정성으로
항상 가르치겠습니다.

서울시 0 0 구 태권도 협회 0 0 체육관

♣ 태 권 도 인의 삶 ♣

- ▣ 10대에 태권도를 하면 자신감이 생기고
- ▣ 20대에 태권도를 열심히 한 사람은
- ▣ 30대에 당당하다.
- ▣ 30대에 태권도를 한 사람은
- ▣ 40대에 늠름하다.
- ▣ 40대에 태권도를 해둔 사람은 초라하지 않은
- ▣ 50대를 맞을 수 있다.
- ▣ 50대에 태권도를 게을리 하지 않은 사람은
- ▣ 60대가 되어도 두려워하지 않는다.
- ▣ 60대에 쉬지 않고 태권도를 수련한 사람은
  누가 위로해 주지 않아도 당당하게
- ▣ 70대를 맞을 수 있다.
- ▣ 70대에 태권도의 진미
  인간의 존중을 할 수 있으며
- ▣ 80대에 평온을 찾을 수 있다.

청찬과 격려를 아끼지 않는 체육관…….
어린이들의 밝은 미래를 먼저 생각하는…….

태권도전문체육관

태권도 5대 정신...

1. **예의;**
   웃어른을 공경하는 것
2. **염치;**
   부끄러움을 아는 것
3. **인내;** 참고 견딤
4. **극기;**
   자기 자신과 싸워 이김
5. **백절불굴;**
   백 번 꺾여도 굴하지 않음

효 · 공동체 · 도전 · 책임의식의 배움터!

도 장 규 칙

☞ .도장에서는 관장님 지시에 순종한다.

☞ .도장 내에서는 특별한 경우 외에는 음식을 먹거나 군것질을 할 수 없다.

☞ .결석, 지각 조퇴를 하지 않는다.
(단 부득이한 사정이 있는 경우 반드시 관장님께 연락을 한다.)

☞ .아무런 이유없이 결석 지각이 많을 경우 징계를 할수 있다.

☞ .징계 후에도 같은 행위를 계속 할 경우 제적 처리 하며, 제적 처리된 사람은 다시 수련을 하고자 해도 받아 들이지 않는다.

☞ .수련 시간에는 반드시 도복이나 지정된 운동복을 입어야 한다.
(도복 및 지정된 운동복을 입지 않는 경우 수련에 참가할수 없다.)

☞ .심사 불참시에는 무조건 불합격 처리된다.

☞ .도복은 항상 소중하게 간수하고 도복을 입고 아무곳이나 돌아다녀서는 않된다.

☞ .수련시간에는 화장실에 가거나 개인 용무로 돌아 다니는 일이 없도록 한다.

☞ .수련 시간에 큰소리로 웃거나, 잡담을 하거나 수련에 방해 되는 행위를 하지 않는다.

☞ .관장님. 지시없이 후배들을 함부로 가르치는 일이 없도록 한다.

☞ 도장의 명예를 훼손하는 일체의 행위를 하지 않는다.

☞ 도장을 쉬게 될 경우 사유를 밝히고 관장님 인사를 드리고, 그만둔 후에도 각종행사에 참여하고 체육관에 찾아보도록 한다.

☞ .도장 규칙을 지키지 않는 사람은 누구를 막론하고 규칙에 따라 처리한다.

태권도 경영 정보 연구소

道 場 訓

하나.

우리는 심신을 연마하고 확고불발의 심기(心技)를 탐구할 것.

둘.

우리는 무의 신수(神髓)를 알아 기를 포착하고 느낌에 빠를것.

셋.

우리는 착실 강건하게 자기의 정신을 함양할 것.

넷.

우리는 예절을 존중하고 어른을 공경하며 난폭한 행동을 삼가할 것.

다섯.

우리는 덕망을 중시하고 양보의 미덕을 잊지 않을 것.

여섯.

우리는 지성(智性)과 체력(體力)을 향상시켜 소망을 이룰 수 있도록 할 것.

일곱.

우리는 평생의 수업으로 태권도와 공부에 통달하여 극진(極眞)의 도를 다할 것.

태권도 경영 정보 연구소

결심 합니다

하나.

나는 일단 배우기 시작했으니 능숙해질 때까지 포기하지 않겠습니다.

둘.

나는 일단 배우기 시작했으니 남이 한번의 노력으로 성공하면, 나는 열번의 노력으로 성공하고 남이 열번의 노력으로 성공하면, 나는 백번의 노력으로 성공하겠습니다.

셋.

나는 학교생활과 도장생활에 충실하고 항상 예절바른 어린이가 되겠습니다.

넷.

나는 부모님과 스승의 은혜에 대한 보답의 길이 착하고 튼튼하게 열심히 공부하는 것임을 명심하겠습니다.

태권도 경영 정보 연구소

학원교육비(수강료)영수증

1. 신 청 인

성 명		주민등록번호	
주 소			

2. 수강학원

학 원 명	체육관	사업자등록번호	
소 재 지			
1일 수업시간	1 시간	1주간 수업일수	5 일

3. 수강료 납입금액

월 별	납 입 금 액	월 별	납 입 금 액
1 월		7 월	
2 월		8 월	
3 월		9 월	
4 월		10 월	
5 월		11 월	
6 월		12 월	
연간합계액		용 도	소득공제 제출용

소득세법 제52조 및 소득세법 시행령 113조 1항 규정에 의하여 교육비 공제를 받고자 하오니 위와 같이 학원교육비(수강료)를 납입하였음을 증명하여 주시기 바랍니다.

년 월 일 신청인 서명 또는 인

위와 같이 학원교육비(수강료)를 납입하였음을 증명합니다.

태권도 체육관 (인)

소득세법 제52조 에 의한 특별공제를 받을 수 있는 학원의 수강료는 초등학교 취학전 아동이 학원의 설립운영 법률에 의한 학원에서 1일 3시간이상, 주5일이상 교육을 실시하는 교육과정의 교습을 받고 지출한 수강료만 해당됩니다

(따라서 1일 1시간 수강하는 태권도장은 특별공제에서 제외됨을 알려드립니다)

첨부

각 부별 체급현황

구분	체중								
	초등부	남자 중등부	여자 중등부	남자 고등부	여자 고등부	남자 대학부	여자 대학부	일반부	비고
핀급	33까지	41까지	40까지	54까지	47까지	54까지	47까지	54까지	
플라이급	33초과 35까지	41초과 45까지	40초과 43까지	54초과 58까지	47초과 51까지	54초과 58까지	47초과 5까지	54초과 58까지	
밴텀급	35초과 37까지	45초과 49까지	43초과 46까지	58초과 62까지	51초과 55까지	58초과 62까지	51초과 55까지	58초과 62까지	
페더급	37초과 39까지	49초과 53까지	46초과 49까지	62초과 67까지	55초과 59까지	62초과 67까지	55초과 59까지	62초과 67까지	
라이트급	39초과 41까지	53초과 57까지	49초과 52까지	67초과 72까지	59초과 63까지	67초과 72까지	59초과 63까지	67초과 72까지	
L-웰터급	41초과 44까지	57초과 61까지	52초과 55까지						
웰터급	44초과 47까지	61초과 65까지	55초과 58까지	72초과 78까지	63초과 67까지	72초과 78까지	63초과 67까지	72초과 78까지	
L-미들급	47초과 50까지	65초과 69까지	58초과 62까지						
미들급	50초과 53까지	69초과 73까지	62초과 66까지	78초과 84까지	67초과 72까지	78초과 84까지	67초과 72까지	78초과 84까지	
L-헤비급	53초과 56까지	73초과 77까지	66초과 70까지						
헤비급	56초과	77초과	70초과	84초과	72초과	84초과	72초과	84초과	

“ㅇㅇㅇ 이가 국기원 1품(단) 심사 자격이 되었습니다”(예시)

학부모님 안녕하세요?

부모님의 관심과 배려속에 태권도를 시작한 자랑스런 ㅇㅇ 이가 오늘도 저희 태권도 체육관에서 많은 친구들을 형제처럼 사귀면서, 열심히 구슬땀을 흘리며 몸과 마음의 수련과 자기와의 싸움에서 이기는 진정한 승리자가 되기 위하여 단체생활에 잘 적응하고, 선배들과 잘 어울리어 열심히 수련하고 있습니다.

이번에 ㅇㅇ 이가 그동안 열심히 수련한 결과로 기초과정을 마치고, 중급과정을 수련하기 위하여, 국기원에서 공인으로 인정하는 1품(단)심사에 응시하여 좋은 성적으로 합격할 수 있는 실력이 인정되기에 국기원 승품심사 과정에 적합한 실력과 심사에 응시하는 자세를 배양하고자 앞으로 강도 높은 수련을 실시하고자 하오니, 학부모님들의 적극적인 관심과 협조를 부탁드립니다. 지금까지는 동작이 조금은 부족하여도 격려하고 칭찬하며 즐거운 운동이 되도록 하였으나, 기능 향상과 용기와 담력 배양을 위하여, 더욱 강하게 지도할 것입니다. 간혹 소수의 수련생들은 국기원에 가고 싶어하나, 국기원 심사대상이 되면 훈련받기를 두려워 하여 권태를 내고 꾀를 부리는 경우도 있습니다. 그러나 국기원 공인 승품심사에 합격한 후에는 자신들도 어려운 관문을 통과함과 자신과의 싸움에서 승리했다는 자부심과 성취감으로 인하여 대부분의 아이들이 자신감을 갖고 능동적으로 행동하는 것을 볼때 지도자로서 큰 보람을 느낍니다.

ㅇㅇ 이가 합격할 수 있는 실력이 인정되기에 추천하오니, 사랑스런 자녀가 이번 기회를 통한 수련으로 실력이 향상되고, 정신적으로 강해지는 좋은 기회가 되리라 확신합니다. 귀 자녀가 낙오되지 않고 자랑스런 1품(단)심사에 꼭 합격하고, 지속적인 수련을 통하여 건강하고 열심히 공부하며, 착하고 훌륭한 자녀로 성장할 수 있도록 적극 협조하여 주시기를 당부 드립니다. 귀여운 자녀의 정신력, 신체발달, 예의 바른 행동지도를 위하여 최선을 다 하겠습니다.

태권도 경영 정보 연구소

국기원 심사안내(예시)

1. 행 사 명	국기원 승품 심사 대회	2. 심사 장소	국 기 원
3. 심사일시	0000년 0월 00일	4. 응심 품(단)	2품(단)
5. 제출서류	1. 주민등록 초, 등본 각1통 2. 응시자 도장 3. 증명사진 0장 (Size : 2.5×3)		
6. 심사접수 마감일	0000년 00월 00일	7. 승품・단 심사비	0000 원
8. 심사복장	깨끗한 하얀 도복 및 띠 착용 (속옷은 입지 않는다.)		
9. 심사과목	1. 서류심사 2. 면접(본인확인) 3. 기본동작 4. 정신력 5. 품새 2가지 6. 자유 겨루기 7. 예의범절		
*** 참 고 사 항 ***			
1. 2품(단)은 태권도장의 사범님이 추천하는 1품1급 품띠 이상인자로서 관장님의 승인이 있어야 태권도 협회에 접수된다. 2. 승단은 만 15세 이상이 되어야 응심할 수 있는 자격이 주어집니다. 3. 승품은 만 5세 이상으로써 만 15세까지 한시적인 이름이며 만 15세가 넘으면 자동적으로 품이 단으로 바뀝니다. 4. 본 체육관은 서울시 및 00구 태권도협회 등록도장이며, 태권도 전문 도장입니다. 5. 완비된 제출서류만 국기원 인터넷 등록 접수합니다.			

* 2품(단)심사는 4품까지의 태권도 과정 중 기술 중급자 과정을 마무리하고 고급 기술적 과정으로 가기 위하여 반드시 거쳐야할 과정입니다. 아울러 품 심사는 그 동안 열심히 수련한 자녀에게는 아주 중요하고도 기억에 남을 중요한 날이므로 학부모님께서는 꼭 참석하시어 자녀를 격려하여 주시기 바랍니다.
감사합니다.

태권도 경영 정보 연구소

시 장 기 대 회 참 가 신 청 서

◆ 소속(학교)명 : ◆대표전화 :

◆ 감독명 : ◆휴대전화 :

◆ 코치명 : ◆휴대전화 :

◆ 참가부 :

※ 주민등록번호를 반드시 기재 / 남 · 여 구분하여 작성

구분	체 급	성명(한글)	성별	주민등록번호	학년	사진1매부착	비 고

20 년 월 일

학 교 장(소속장) (직인)

0 0 태 권 도 협 회 귀 중

15. 태권도 국내 현황 및 조직과 사업

1) 국내 태권도 보급현황

(2007년도 태권도 · 중장기 발전방안 P11~P12-문광부)

국내 태권도의 생활체육 부문은 일선 태권도장에서 담당하고 있는데 이는 대한태권도협회 소속 16개 시도협회에서 관할하고 있으며, 전국의 유단자 수는 2006년 현재 500,760명에 이르고 있음.

(1) 생활체육 부문

ㅇ 전국 등록 · 신고 체육시설업 현황 (문화관광부, 2006)에 따르면 국내 태권도장은 2005년 총 10,121개로 전체 체육도장의 85.9%에 달하고 있음

ㅇ 이중 경기지역이 2,545개, 서울지역이 1,882개로 최고 순위를 기록함.

〈표 15-1 전국 태권도 도장 현황〉 단위 : 개 ㎡

구분	도장수(개)	면적(㎡)	시설규모	지도자배치(명)	
				대상수	배치수
2001년	7,868	988,702	698,381	7,853	8,009
2002년	8,391	1,120,746	1,085,323	8,229	8,380
2003년	9,119	1,179,751	951,989	9,121	9,165
2004년	9,701	1,282,560	987,156	9,497	9,628
2005년	10,121	1,334,364	1,103,117	10,147	10,143

① 유품 및 유단자의 수

〈표 15-2 국내 승품단심사 세부현황〉

지역	1품	2품	3품	4품	품계	1단	2단	3단	4단	5단	6단	단계	합계
서울	65164	42690	15535	2948	125337	3417	1908	1762	1021	485		8647	133984
부산	11640	7771	3385	540	23336	854	527	411	78	43		1913	25249
대구	11266	8108	3682	684	23740	757	550	492	174	74		2047	25787
인천	10200	7152	3442	617	21411	551	328	348	159	64		1450	22861
광주	4763	3517	1187	129	9328	578	381	244	91	42		1336	12243
대전	5297	3579	1422	191	10681	918	501	258	112	27		1816	12243

울산	5201	22895	1639	262	65635	226	121	128	42	33		550	11231
충북	4390	2989	1252	177	8808	438	253	196	39	15		941	9749
경남	12334	8352	3412	516	24614	995	611	444	141	65		2256	26870
경북	10525	6662	2225	178	19590	1145	611	370	73	26		2225	21815
전남	5500	3239	1174	155	10068	564	357	246	98	35		1300	11368
전북	7199	4925	1917	281	14322	1203	823	363	135	66		446	4190
제주	1989	1272	419	65	3744	241	84	73	32	16		446	4190
경호실						210	172	141	45	6		574	574
국정원						48	29	19	13			109	109
국기원											964	994	994
경철일						335	313	169	116	142		1075	1075
일반계	199718	132653	52497	8096	392964	17145	10127	7628	3315	1671	964	40880	433844
경청전						678	404	187	107			1376	1376
국방부						62165	2273	713	329	60		65540	65540
합계	199718	132653	52497	8096	392964	79988	12804	8528	3751	1731	964	107796	500760

ㅇ 국기원의 분석을 따르면 2006년 12월 기준 유품자의 수는 392,964명 유단자는 107,796명임

ㅇ 전체 유품 및 유단자의 숫자 중에서 1품 및 1단이 차지하는 비율이 60% 이상임

② 수련인구의 감소

ㅇ 대한태권도협회(2005)는 현재 태권도장의 상황을 위기로 규정하고 있는데 이는 수련생이 줄어듦에도 불구하고 도장은 느는 추세 때문임

ㅇ 대한태권도협회의 자료로는 태권도장은 1994년 3,465개 이후, 2004년 7,712개로 점진적으로 증대되고 있음

〈표15-3 연도별 태권도장의 증감〉

년도	1994년	1996년	1999년	2002년	2004년	2006년
도장수(개)	3,469	5,249	5,810	7,073	7,712	8,136
전기대비 증감률(%)		51.31	10.69	21.74	9.0.	5.50

○ 한편 대한태권도협회의 자체자료에 의하면, 승품 및 승단 피심사 인구는 80년대 이후 90년대 말까지 매년 10% 이상 증대하다가, 이후 하향세로 진입하였으며, 2005년 최초로 3.3% 감소함.

〈표15-4 전국 피심사자 증감 현황〉

년도	2001년	2002년	2003년	2004년	2005년
도장수(개)	350,490	401,330	440,156	445,942	431,092
전기대비 증감률(%)		13	10	1	-3.3

○ 또한, 비교적 신규수련생이라 할 수 있는 1품·단의 피심사자 층은 이미 04년도에 -11%, 05년도에 -6%를 기록하여 2년 연속 급격한 하향추세를 보이고 있어서 이는 수련생의 기반부터 붕괴하고 있다는 사실을 극명하게 보여주고 있음.

〈표15-5 전국 피심사자 증감 현황〉

년도	2001년	2002년	2003년	2004년	2005년
신규수련생	210,466	230,571	254,055	228,216	216,270
전기대비 증감률(%)		9	9	-11	-6
1품 수련생	195,259	215,589	223,701	210,697	199,718
1단 수련생	15,207	14,982	16,663	17,517	16,552

○ 이런 수치는 현재 도장의 수련생의 90%를 차지하는 유소년층의 감소가 가시화됨에 따라, 일선 도장은 장기불황에 따른 위기감이 날로 심화하고 있음.

〈표15-6 전국 유소년(4~12세) 증감현황〉

년도	2001년	2002년	2003년	2004년	2005년
도장수(개)	6,133,527	6,114,533	6,114,533	6,047,046	5,932,402
전기대비 증감률(%)		0.14	-0.45	-1.10	-1.90

③ 수련프로그램의 낙후

○ 지금까지 태권도수련 프로그램은 전통적 승단・급의 체계 아래, 승단심사 평가과정에만 상부조직의 지도가 있었을 뿐, 도장운영은 운영자의 책임하에 자율적으로 운영됐음.

○ 이에 대해 일선에서는 체계적인 교육과정의 부재로 인한 문제점을 지속해서 제기하였는데, 전문가 면접결과, 현재 수련프로그램의 문제점은 다음과 같음.

○ 태권도수련에 있어 교육의 목적, 내용, 과정, 평가 등을 체계화하지 못했음.

○ 수련 프로그램의 근원적 원칙이라 할 수 있는 교육철학 및 태권도에 대한 이론적 근거가 부재함.

○ 이러한 상황에서 도장의 경영 활성화를 위해 마케팅기법만이 확산하여 도장교육의 본질 자체를 흐리고 있음.

○ 결국, 도장교육의 위기는 태권도 중장기발전의 토대가 되는 건전한 태권도 문화의 형성을 저해할 뿐만 아니라, 태권도 문화콘텐츠의 개발과 확산의 공간적 매개인 도장의 위기로 이어져 태권도 산업의 발전 저변을 약화하는 주요 위협요인임.

④ 도장의 불황에 대한 태권도계의 대응

○ 이 같은 문제 제기에 대해 대한태권도협회 역시 현재 도장교육프로그램 체계의 원시성, 단일성, 폐쇄성 등의 문제를 지적하고 다음과 같은 대안을 제시하고 있음(류호윤b 2006년: 46~47)

○ 태권도 교육목적을 재 정의하고, 이를 통해 기존의 인성교육 차원을 넘어 현대사회가 희구하는 가장 바람직한 인간상 구현을 목표로 설정하여, 교육방법을 다양화・고도화시킴.

○ 급, 단별 교육의 목적과 정의를 차별화하고 세부내용을 재정비하여 수련자의 동기를 유발하고 교육의 질을 제고함.

○ 지도자의 자질향상을 위한 평생교육제도를 시행함으로써 교육의 질을 지속해서 향상하고, 태권도계의 인적수준 향상을 통해 고급문화로 진입함.

○ 수련대상과 목적에 맞는 맞춤형 프로그램과 그에 적합한 교육방법을 연구・개발함으로써 교육프로그램을 다양화함.

○ 이런 위기감으로 대한태권도협회는 다음과 같은 발전방향을 제시하고

있으나 그 실현 가능성은 미지수라 할 수 있음.
ㅇ 시장점유율 확대 및 수련기간의 장기화 유도
ㅇ 신규 수련층 타겟의 확대
ㅇ 본격적인 미디어 스포츠 종목으로의 변신을 통한 대중화 추구
ㅇ 그러나 이 같은 문제 제기와 해결 방향성 사이의 간극을 연계할 방안의 도출은 태권도계가 시급히 해결해야 할 사안으로 평가받고 있음.

2) 태권도 조직분석(2007년 태권도 · 중장기 발전방안 P17~P25, 문광부)

(1) 조직현황

ㅇ 2005년 현재 태권도 관련 조직은 25개에 이르고 있음(문화관광부, 2006년)
ㅇ 이는 태권도와 관련된 인적, 조직적 인프라의 잠재력이 매우 강하다는 사실을 입증하는 자료이지만, 한편으로 조직의 혼란상을 시사하고 있는 수치이기도 함
ㅇ 본 장에서는 태권도의 전통적 조직인 국기원, 대한태권도협회, 세계태권도연맹과 태권도진흥재단을 중심으로 이들의 현황을 검토하고자 함

〈표 11-8 태권도 관련 조직(문화관광부, 2006년)〉

법인명	설립일자	허가기관	비고
재)국기원	1974.08.09	문화관광부	강남구청으로 이관
사)대한태권도협회	2004.10.28	문화관광부	대한체육회가맹경기단체
사)세계태권도연맹	1978.02.30	문화관광부	국제단체
사)대한프로태권도연맹	1990.12.26	서울특별시	
사)세계태권도청소년연맹	2001.09.06	서울특별시	청소년단체
사)태권도원	2001.11.02	경기도	
사)태권도문화연구원	2001.11.20	경기도	단증발행
사)대한태권도연맹	2001.12.04	서울특별시	
사)세계태권도연맹	1978.01.30	문화관광부	국제단체
사)대한프로태권도연맹	1990.12.26	서울특별시	
사)태권도문화연구원	2001.11.20	경기도	단증발행
사)세계태권도선교협회	2002.11.15	서울특별시	
사)대한무학태권도연맹	2003.03.20	서울특별시	
사)국기태권도세계연맹	2003.03.21	경기도	
사)대한태권도지도자연맹	2003.04.29	제주도	
사)왕호태권도협회	2003.05.09	서울특별시	

법인명	설립일자	허가기관	비고
사)한국태권도협회	2003.11.28	서울특별시	
사)한국태권도교육개발원	2004.04.09	서울특별시	
사)세계태권도협회	2004.04.09	서울특별시	
사)인태재단	2004.06.22	인천광역시	태권도연구
사)대한국기태권도협회	2004.10.07	서울특별시	
사)세계실전태권도연맹	2004.12.16	경기도	
사)코리아세계태권도협회	2005.04.25	서울특별시	
사)세계프로태권도연맹	2005.07.19	서울특별시	격투기관련
사)대한민국태권도종합무예연맹	2005.11.15	서울특별시	
사)대한민국초등학교태권도연맹	2006.06.15	서울특별시	
재)세계태권도국기원	2006.06.01	경상남도	
사)세계경찰태권도협회	2011.08.15	서울특별시	국제단체
사)대한경찰태권도협회	2013.12.30	세종특별시	

3) 국기원

(1) 설립목적

ㅇ 고유한 한국문화의 소산인 태권도의 범국민화와 세계인의 운동화를 추구하여 체력향상과 건전한 사회 기풍을 진작시켜 인류 평화 유지에 공헌함

ㅇ 범세계적으로 태권도의 전통적인 정신과 기술을 올바르게 보급해 세계무도로서 계승과 발전을 도모 태권도 문화발전(참고: 국기원 홈페이지)

(2) 정관상 주요사업

① 태권도 전통의 유지계승 및 범국민과 세계인의 운동화에 관한 기본 방침 수립 결정

② 태권도에 관한 기술연구, 지도, 교육, 승품・단 심사, 해외 보급사업

③ 태권도에 관한 자료모집, 조사통계, 선전계몽 및 출판사업

④ 태권도 관련 기구 및 단체에 대한 후원사업

⑤ 태권도 지도자 연수원 설치 운영

⑥ 태권도 공로자를 위한 복지 사업

⑦ 국내・외 태권도 관련 대회 및 행사 개최 사업

⑧ 태권도 보급과 국기원의 원활한 운영을 위한 각국에 지부(원) 설립사업

⑨ 기타 법인의 목적 달성에 필요한 사업

4) 대한태권도 협회

(1) 설립목적

○ 태권도를 국민에게 널리 보급하여 국민 체력 향상에 이바지하며 건전하고 명랑한 사회 기풍을 진작시킴

○ 태권도인 및 관련 단체를 지원 · 육성하고 우수한 태권도인을 양성함으로써 국위 선양을 도모함은 물론 국민체육 발전에 이바지함(참고 : 대한태권도 협회 정관)

(2) 주요사업

① 태권도에 관한 기본방침의 결정
② 태권도 경기에 관한 자문 및 건의
③ 국제 태권도 경기대회의 개최 및 참가
④ 국제 태권도 경기대회의 개최 및 주관
⑤ 지부단체의 지도 · 감독 및 지원
⑥ 일선 태권도 등록도장의 관리
⑦ 태권도 교육내용의 개발
⑧ 지도자 육성 및 선수의 양성
⑨ 태권도 기술의 연구 및 향상에 관한 사업
⑩ 태권도 시설 및 용품 · 용구에 관한 연구개발
⑪ 태권도에 관한 자료수집 및 조사통계
⑫ 태권도의 홍보 및 계몽
⑬ 국기원에서 위임받은 전국 승품 · 단 심사사업
⑭ 기타 본 회의 목적달성에 필요한 사업

5) 세계태권도 연맹

(1) 설립목적

○ 한국 고유의 호신무도인 태권도를 스포츠화하여 세계에 보급함.

○ 태권도의 국제경기 종목으로 정식 채택을 도모함(문화관광부, 2006년)

(2) 주요사업

○ 경기개최 및 인력양성 세계선수권대회 · 지역선수권대회 · 국제친선대회 개최

○ 국제지도자강습회 · 국제심판강습회
○ 시범경기 등 개최
○ 연맹조직 및 관리
○ 유럽 · 아메리카 · 남아프리카 · 중동 등지에 태권도연맹의 조직 · 관리.

(3) 조직
○ 총재와 5명의 부총재를 중심으로 자문위원회 · 운영위원회 · 사무국 및 회원국협회가 있음

6) 태권도진흥재단

(1) 설립목적
○ 태권도공원의 성공적 조성 및 효율적 관리 · 운영을 통한 태권도의 진흥
○ 태권도진흥을 위한 각종 지원사업을 통해 태권도발전과 국제적 위상 재고

(2) 조직

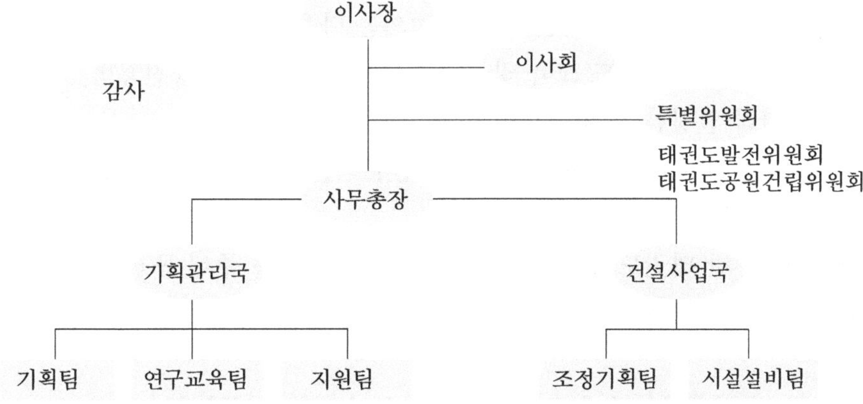

(3) 정관상의 사업과 2007년도 실제 사업계획
○ 2007년도 사업추진의 방향
- 목표 : 성공적인 태권도공원 건립 기반조성을 통한 태권도 진흥
- 기본방향
○ 태권도공원 조성의 안정적인 법적 기반 마련
○ 성공적인 태권도공원 조성을 위한 마스터플랜 수립

○ 태권도공원의 다양한 홍보활동 전개
○ 태권도공원을 조성하여 이를 효율적으로 관리 · 운영하여 태권도 진흥사업을 수행하기 위함
○ 이로써 태권도발전과 국제적 위상을 재고함으로써 국가발전에 이바지하고자 함.

16. 태권도 진흥 및 태권도공원 조성 등에 관한 법률

[시행 2012.4.15] [법률 제10599호, 2011.4.14, 타법개정]

제1장 총칙
제1조(목적) 이 법은 우리 민족 고유 무도(武道)인 태권도를 진흥하고 전 세계 태권도인들의 성지인 태권도공원을 조성하여 국민의 심신단련과 자긍심을 고취시키고 나아가 태권도를 세계적인 무도 및 스포츠로 발전시켜 국위선양에 이바지함을 목적으로 한다.

제2조(정의) 이 법에서 사용하는 용어의 정의는 다음과 같다.
1. "태권도지도자"란 태권도 교육 및 경기를 위하여 「국민체육진흥법」 제11조제2항에 따라 일정한 자격이 부여된 자를 말한다.
2. "태권도시설"이란 태권도 수련 · 경기 · 연구 · 전시 등 태권도 활동에 이용되는 시설과 그 부대시설물을 말한다.
3. "태권도단체"란 태권도의 발전 · 교육 · 국제교류 등을 주된 목적으로 설립된 국제기구 · 법인 또는 단체를 말한다.

제3조(국가 및 지방자치단체의 책무) ① 국가 및 지방자치단체는 태권도 진흥을 위하여 필요한 시책을 강구하여야 하며, 국민의 자발적인 태권도 활동을 보호하여야 한다.
② 국가 및 지방자치단체는 국민이 태권도 교육을 받을 수 있도록 교육기회의 확대에 노력하여야 한다.

제4조(다른 법률과의 관계) 태권도 진흥에 관하여는 다른 법률에 특별한 규정이 있는 경우를 제외하고는 이 법으로 정하는 바에 따른다.

제2장 태권도진흥기본계획의 수립 · 시행 등

제5조(진흥기본계획의 수립 · 시행 등) ① 문화체육관광부장관은 태권도의 체계적인 보존 및 진흥을 위하여 태권도진흥기본계획(이하 "진흥기본계획"이라 한다)을 수립 · 시행하여야 한다. 〈개정 2008.2.29〉

② 진흥기본계획에는 다음 각 호의 사항이 포함되어야 한다.

2. 태권도 진흥을 위한 조사 · 연구 등에 관한 사항
3. 학교 태권도교육의 진흥에 관한 사항
4. 태권도지도자의 교육 · 양성에 관한 사항
5. 태권도시설 및 태권도단체의 지원에 관한 사항
6. 태 권도 국제교류 · 협력 및 국제행사 개최 등에 관한 사항
7. 태권도 진흥에 필요한 재원 확보에 관한 사항
8. 그 밖에 태권도 진흥을 위하여 필요한 사항으로서 대통령령으로 정하는 사항

제6조(협조) 진흥기본계획의 수립 · 시행에 관하여 문화체육관광부장관의 요청이 있을 때에는 지방자치단체, 관계 기관, 법인 또는 단체는 이에 협조하여야 한다. 〈개정 2008.2.29〉

제7조(태권도의 날) ① 태권도에 대한 국민의 관심을 제고하고 태권도 보급을 도모하기 위하여 매년 9월 4일을 태권도의 날로 정한다.

② 태권도의 날에 관하여 필요한 사항은 대통령령으로 정한다.

제8조(태권도단체 및 태권도시설의 지원 등) 국가 및 지방자치단체는 태권도 진흥을 위하여 필요하다고 인정하는 경우 태권도단체와 태권도시설에 대하여 행정적 · 재정적 지원을 할 수 있다.

제3장 태권도공원의 조성 및 운영

제9조(태권도공원의 조성) ① 국가는 태권도종주국의 위상 제고, 태권도 성지로서의 역할, 태권도의 보급 · 연구 · 전시 · 수련 및 지도자 양성 등을 위하여 전라북도 무주군에 태권도공원(이하 "공원"이라 한다)을 조성한다.

② 국가 및 지방자치단체는 공원의 조성과 효율적인 운영 · 관리를 위하여 필요한 경비 등을 지원할 수 있다.

제10조(공원조성사업의 시행자) 공원조성사업의 시행자는 제20조에 따라 설립된 태권도진흥재단, 공원조성사업의 해당 지역을 관할하는 지방자치단체의 장(전라북도지사 또는 무주군수) 및 그 지방자치단체장의 승인을 받은 민간사업자로 한다.

제11조(기본계획의 승인 등) ① 제20조에 따른 태권도진흥재단과 지방자치단체의 장(전라북도지사 또는 무주군수)은 공원조성기본계획(이하 "기본계획"이라 한다)을 수립하여 문화체육관광부장관의 승인을 받아야 한다. 승인된 기본계획을 변경(대통령령으로 정하는 경미한 사항의 변경은 제외한다)하고자 할 때에도 또한 같다. 〈개정 2008.2.29〉
② 민간사업자가 제10조에 따라 공원조성사업에 참여하고자 할 때에는 공원개발계획(이하 "개발계획"이라 한다)을 수립하여 전라북도지사의 승인을 받아야 한다. 승인된 개발계획을 변경(대통령령으로 정하는 경미한 사항의 변경은 제외한다)하고자 할 때에도 또한 같다.
③ 기본계획 및 개발계획에는 다음 각 호의 사항이 포함되어야 한다.
1. 사업구역의 명칭 · 위치 · 면적 및 시행자
2. 사업의 시행기간
3. 인구수용 · 토지이용 · 교통처리 및 환경보전에 관한 계획
4. 재원조달계획 및 연차별 투자계획
5. 도로, 상 · 하수도 등 주요 기반시설의 설치계획
6. 사업체의 설치 및 이전에 관한 사항 또는 입주 시설물에 관한 사항
7. 제14조제1항에 따라 수용 또는 사용하려는 경우에는 그 세부목록
8. 그 밖에 대통령령으로 정하는 사항
④ 전라북도지사가 개발계획을 승인 또는 변경승인 하고자 할 때에는 미리 문화체육관광부장관과 협의하여야 한다. 〈개정 2008.2.29〉
⑤ 문화체육관광부장관과 전라북도지사가 기본계획 또는 개발계획을 승인 또는 변경승인한 때에는 대통령령으로 정하는 바에 따라 이를 관보에 고시하여야 한다. 〈개정 2008.2.29〉

제12조(실시계획의 승인 등) ① 제11조에 따라 기본계획 또는 개발계획의 승인을 받은 자는 기본계획 또는 개발계획에 따른 실시계획(이하 "실시계획"이라 한다)을 수립하여 제20조에 따른 태권도진흥재단과 지방자치단체의

장(전라북도지사 또는 무주군수)은 문화체육관광부장관의, 민간사업자는 전라북도지사의 승인을 받아야 한다. 승인된 실시계획을 변경(대통령령으로 정하는 경미한 사항의 변경은 제외한다)하고자 할 때에도 또한 같다. 〈개정 2008.2.29〉

② 실시계획에는 다음 각 호의 서류 및 도면을 첨부하여야 한다.

1. 자금계획서(연차별 자금투입계획 및 재원조달계획을 포함한다)
2. 사업시행지의 위치도 및 지적도
3. 계획평면도 및 개략 설계도서
4. 단계별 조성계획서(사업 여건상 단계적으로 개발사업의 시행이 필요한 경우에 한한다)
5. 그 밖에 대통령령으로 정하는 사항

③ 전라북도지사가 민간사업자의 실시계획을 승인 또는 변경승인 하고자 할 때에는 미리 문화체육관광부장관과 협의하여야 한다. 〈개정 2008.2.29〉

④ 문화체육관광부장관과 전라북도지사가 실시계획을 승인 또는 변경승인한 때에는 대통령령으로 정하는 바에 따라 이를 관보에 고시하여야 한다. 〈개정 2008.2.29〉

제13조(민자유치 등) ① 전라북도지사는 다음 각 호의 사항이 포함된 민자유치추진계획서를 작성하여야 한다.

제1장 체육관 경영론 111

1. 민자유치 대상사업의 범위
2. 민자유치 지원에 관한 사항

② 전라북도지사는 제1항에 따른 민자유치추진계획서를 공고하고 공원조성사업에 참여하고자 하는 자에 대하여 설명회를 개최하여야 한다.

③ 국가는 전라북도의 민자유치추진계획의 원활한 시행을 위하여 행정적 · 재정적 지원을 할 수 있다.

④ 민자유치추진계획의 심의 및 민자유치 활동의 지원 등을 위하여 전라북도에 민자유치위원회를 두며, 전라북도지사 소속으로 민자유치본부를 설치할 수 있다.

⑤ 제4항의 민자유치위원회 및 민자유치본부의 구성과 운영에 관하여 필요한 사항은 조례로 정한다.

제14조(토지 등의 수용 및 사용) ① 공원조성사업의 시행자는 공원조성사업의 시행을 위하여 필요한 때에는 「공익사업을 위한 토지 등의 취득 및 보상에 관한 법률」 제3조에 따른 토지 · 물건 또는 권리(이하 "토지등"이라 한다)를 수용 또는 사용(이하 "수용등"이라 한다)할 수 있다.
② 제1항을 적용함에 있어서 제11조 제5항에 따라 기본계획 또는 개발계획을 고시한 때에는 「공익사업을 위한 토지 등의 취득 및 보상에 관한 법률」 제20조제1항 및 제22조에 따른 사업인정 및 그 고시가 있은 것으로 본다.
③ 재결의 신청은 「공익사업을 위한 토지 등의 취득 및 보상에 관한 법률」 제23조제1항 및 제28조제1항에도 불구하고 공원조성사업의 시행기간 이내에 할 수 있다.
④ 토지등의 수용등에 관한 재결의 관할 토지수용위원회는 중앙토지수용위원회가 된다.
⑤ 토지등의 수용등에 관하여 이 법에 특별한 규정이 있는 경우를 제외하고는 「공익사업을 위한 토지 등의 취득 및 보상에 관한 법률」을 준용한다.

제15조(인 · 허가 등의 의제) ① 공원조성사업의 시행자가 제11조에 따라 문화체육관광부장관과 전라북도지사로부터 기본계획 또는 개발계획의 승인이나 변경승인을 받은 경우에는 다음 각 호의 허가 · 인가 · 승인 · 협의 · 해제 · 결정 · 신고 · 수리 · 지정 등을 받거나 한 것으로 본다. 〈개정 2008.2.29, 2009.6.9, 2010.5.31, 2011.4.14〉
1. 「산지관리법」 제14조 및 제15조에 따른 산지전용허가 및 산지전용신고, 같은 법 제15조의2에 따른 산지일시사용허가 · 신고
2. 「산림자원의 조성 및 관리에 관한 법률」 제36조 및 제45조에 따른 입목벌채등의 허가 및 신고
3. 「농지법」 제31조제1항에 따른 농업진흥지역의 변경 및 해제, 같은 법 제34조에 따른 농지의 전용허가 · 협의 및 같은 법 제36조에 따른 타용도 일시사용허가 · 협의
4. 「수도법」 제4조에 따른 수도정비기본계획의 수립 승인 및 같은 법 제17조에 따른 일반수도사업의 인가, 같은 법 제52조 및 제54조에 따른 전용수도 설치인가
5. 「도로법」 제8조에 따른 도로관리청과의 협의 또는 승인, 같은 법 제25조에 따른 도로구역의 결정, 같은 법 제34조에 따른 도로공사의 시행허가, 같은 법 제

40조에 따른 도로점용의 허가 및 같은 법 제54조의6제2항에 따른 도로의 연결 허가

6. 「국토의 계획 및 이용에 관한 법률」 제30조에 따른 도시 · 군관리계획의 결정, 같은 법 제32조제2항에 따른 지형도면의 승인, 같은 법 제56조에 따른 개발행위 허가, 같은 법 제86조에 따른 도시 · 군계획시설사업시행자의 지정 및 같은 법 제88조에 따른 실시계획의 인가

7. 「하수도법」 제6조에 따른 하수도정비기본계획의 승인 및 같은 법 제16조에 따른 공공하수도 공사시행의 허가

8. 「장사 등에 관한 법률」 제27조에 따른 분묘의 개장 허가

9. 「도시개발법」 제3조에 따른 도시개발구역의 지정승인 및 같은 법 제17조에 따른 도시개발사업에 관한 실시계획의 인가

10. 「초지법」 제21조의2에 따른 토지의 형질변경 등의 허가 및 같은 법 제23조에 따른 초지전용 허가

11. 「사도법」 제4조에 따른 사도개설의 허가

12. 「농어촌정비법」 제23조에 따른 농업생산기반시설의 목적 외 사용의 승인

13. 「소하천정비법」 제10조에 따른 소하천공사의 시행허가 및 같은 법 제14조에 따른 소하천의 점용허가

14. 「관광진흥법」 제15조에 따른 사업계획의 승인, 같은 법 제51조에 따른 권역별 관광개발계획의 승인, 같은 법 제52조에 따른 관광지 및 관광단지의 지정 및 같은 법 제54조에 따른 조성계획의 승인

15. 「건축법」 제8조에 따른 허가, 같은 법 제9조에 따른 신고, 같은 법 제10조에 따른 허가 · 신고 사항의 변경, 같은 법 제15조에 따른 가설건축물의 허가 · 신고 및 같은 법 제25조에 따른 건축 협의

16. 「에너지이용 합리화법」 제8조에 따른 에너지 사용계획의 협의

17. 「주택법」 제16조에 따른 사업계획의 승인

18. 「측량 · 수로조사 및 지적에 관한 법률」 제86조제1항에 따른 사업의 착수 · 변경 또는 완료의 신고

19. 「폐기물관리법」 제29조에 따른 폐기물처리시설의 설치승인 또는 신고

20. 「지역균형개발 및 지방중소기업 육성에 관한 법률」 제9조에 따른 개발촉진지구의 지정, 같은 법 제14조에 따른 국가지원사업계획의 승인 · 변경 및 같은 법 제17조에 따른 실시계획의 승인

21. 「전기사업법」 제62조에 따른 자가용전기설비의 공사계획의 인가 또는 신고
② 문화체육관광부장관 또는 전라북도지사는 제1항 각 호에 해당하는 내용이 포함되어 있는 기본계획 또는 개발계획을 승인 또는 변경승인 하는 경우에는 관계 행정기관의 장과 미리 협의하여야 한다. 이 경우 협의를 요청받은 행정기관의 장은 요청받은 날부터 30일 이내에 의견을 제출하여야 한다. 〈개정 2008.2.29〉

제16조(성금 및 기부금) 제20조에 따른 태권도진흥재단은 태권도진흥사업 및 공원의 조성 · 운영에 필요한 재원을 확보하기 위하여 성금 및 기부금품을 받을 수 있다.

제17조(국 · 공유재산의 대부 · 사용 등) ① 국가 및 지방자치단체는 공원의 조성 및 운영을 위하여 필요하다고 인정하는 경우에는 「국유재산법」 또는 「공유재산 및 물품 관리법」에도 불구하고 국유재산이나 공유재산을 제20조에 따른 태권도진흥재단에 무상으로 대부 · 사용 · 수익하게 하거나 매각할 수 있다
② 제9조에 따라 조성된 공원의 시설물 일부를 태권도단체가 이용하는 경우 문화체육관광부령으로 정하는 바에 따라 이를 무상으로 할 수 있다. 〈개정 2008.2.29〉

제18조(공공시설의 우선 설치) 도로, 교량, 상 · 하수도, 그 밖에 대통령령으로 정하는 공공시설을 주관하는 관계 행정기관의 장은 공원 조성사업의 원활한 시행을 위하여 교통시설, 전력 및 상수도시설 등 공공시설을 우선적으로 설치할 수 있다. 다만, 관계 행정기관의 장은 필요하다고 인정하는 때에는 해당 공공시설의 설치를 공원이 소재한 지방자치단체의 장에게 위임하거나 공공기관에 위탁하여 시행하게 할 수 있다.

제4장 태권도단체
제19조(국기원) ① 태권도 진흥에 관한 다음 각 호의 사업과 활동을 하기 위하여 문화체육관광부장관의 인가를 받아 국기원을 설립한다. 〈개정 2008.2.29〉
1. 태권도 기술 및 연구 개발
2. 태권도 승품 · 승단 심사 및 태권도 보급을 위한 각종 교육사업

3. 태권도지도자 연수 · 교육 등을 통한 태권도지도자 양성 및 국외 파견
4. 태권도 시범단 육성 및 국내외 파견
5. 태권도 관련 국제교류 사업
6. 태권도인의 복지향상에 관한 사업
7. 그 밖에 문화체육관광부장관이 인정하는 사업
8. 제1호부터 제7호까지의 사업에 부대되는 사업
② 국기원은 법인으로 한다.
③ 국기원은 제1항에 따른 목적사업을 달성하기 위하여 필요한 경우 문화체육관광부령으로 정하는 바에 따라 수익사업을 할 수 있다. 〈개정 2008.2.29〉
④ 국기원은 정관으로 정하는 바에 따라 해외 지원 또는 지부를 둘 수 있다.
⑤ 국기원에는 정관으로 정하는 바에 따라 임원과 필요한 직원을 둔다.
⑥ 국기원은 임원으로서 이사장 · 원장 · 이사 및 감사를 두고, 임원의 정원 · 임기 및 선출방법 등은 정관으로 정하며, 이사장은 이사 중에서 선임하되, 문화체육관광부장관의 승인을 받아 취임한다. 다만, 「국가공무원법」 제33조 각 호의 어느 하나에 해당하는 자는 임원이 될 수 없다. 〈개정 2008.2.29, 2010.3.17〉
⑦ 국기원에 관하여 이 법에서 규정한 것을 제외하고는 「민법」 중 재단법인에 관한 규정을 준용한다.

제20조(태권도진흥재단) ① 공원의 조성 · 운영 및 태권도 진흥을 위한 다음 각 호의 지원 사업 등을 효율적으로 수행하기 위하여 문화체육관광부장관의 인가를 받아 태권도진흥재단(이하 "재단"이라 한다)을 설립한다. 〈개정 2008.2.29〉
1. 공원의 조성 및 운영에 관한 사업
2. 태권도 진흥을 위한 조사 · 연구 사업
3. 태권도 보존 · 보급 · 홍보에 관한 사업
4. 태권도 진흥을 위한 각종 지원 사업
5. 공원시설 임대에 관한 사업
6. 태권도 용품 · 콘텐츠 개발 등 관련 산업 육성 지원
7. 그 밖에 문화체육관광부장관이 인정하는 사업
8. 제1호부터 제7호까지의 사업에 부대되는 사업
② 재단은 법인으로 한다.

③ 재단은 제1항에 따른 목적사업을 달성하기 위하여 필요한 경우 문화체육관광부령으로 정하는 바에 따라 수익사업을 할 수 있다. 〈개정 2008.2.29〉
④ 재단에는 정관으로 정하는 바에 따라 필요한 직원을 둔다.
⑤ 재단은 임원으로서 이사장 1인, 감사 1인 및 25인 이내의 이사를 두고, 임원의 임기는 3년으로 하되, 연임할 수 있으며, 이사장 및 감사는 문화체육관광부장관이 임면하고, 이사는 문화체육관광부장관의 승인을 받아 이사장이 임명한다. 〈개정 2008.2.29〉
⑥ 재단에 관하여 이 법에서 규정한 것을 제외하고는 「민법」 중 재단법인에 관한 규정을 준용한다.

제21조(휘장사업) ① 공원이나 재단을 상징하는 표지 · 도안 · 표어 또는 이와 유사한 것을 영리를 목적으로 사용하고자 하는 자는 재단의 승인을 받아야 한다.
② 국기원을 상징하는 표지 · 도안 · 표어 또는 이와 유사한 것을 영리를 목적으로 사용하고자 하는 자는 국기원의 승인을 받아야 한다.
③ 국기원과 재단은 제1항과 제2항에 따라 사용승인을 받은 자에 대하여 대통령령으로 정하는 바에 따라 사용료를 징수할 수 있다.

제5장 보칙
제22조(권한의 위임 · 위탁) 문화체육관광부장관은 대통령령으로 정하는 바에 따라 이 법에 따른 권한의 일부를 특별시장 · 광역시장 · 도지사 · 특별자치도지사에게 위임하거나 관계 행정기관 또는 단체에 위탁할 수 있다. 〈개정 2008.2.29〉

제23조(유사 명칭의 사용 금지) ① 문화체육관광부장관의 승인을 받지 아니하고는 태권도공원 또는 이와 유사한 명칭을 사용할 수 없다. 〈개정 2008.2.29〉
② 이 법에 따라 설립된 법인을 제외하고는 국기원과 태권도진흥재단 또는 이와 유사한 명칭을 사용할 수 없다.

제 2 장

태권도 지도론

1. 지도자의 자세
2. 수련생 지도 포인트
3. 의욕을 갖게하는 태권도 지도방법
4. 학교체육
5. 미트 발차기
6. 스텝의 종류
7. 체력훈련
8. 태권도 기본동작 및 발차기의 연구
9. 호신술 지도
10. 실버태권도(노인태권도) 지도
11. 유아태권도 지도

제2장 태권도 지도론

1. 지도자의 자세

(1) 공과 사를 분명하게 구분한다.
(2) 지도자는 태도가 명백해야 한다.
(3) 항상 꿈과 이상을 갖도록 해야 한다.
(4) 예의에 어긋난 말이나 행동을 삼간다.
(5) 지도자는 근면, 검소한 생활을 보여야 한다.
(6) 거짓말과 순간적인 기교를 부리지 말아야 한다.
(7) 지역사회 개발에 앞장선 실천자가 되어야 한다.
(8) 동료나 윗사람을 수련생 앞에서 험담이나 비방을 하지 말아야 한다.
(9) 지도자는 수련생에게 언제나 존경받는 모범이 된 인격을 갖추어야 한다.
(10) 수련생은 지도자의 언행 하나하나를 본보기로 행동하기에 특별히 주의해야 한다.
(11) 도덕적 의협심과 정의 겸양, 의리를 실천할 수 있는 교육과 자세를 실천해 나아가야 한다.

2. 수련생 지도 포인트

현재 지도자들께서 다양하고 훌륭한 프로그램과 매뉴얼을 만들어 사용하고 있기에 지도할 때 필요한것을 정리해본다.

(1) 무엇보다 도장에 들어와서 국기에 대한 경례, 신발 정리, 지도자에 대한 예의, 동료 간에 인사가 선행될 수 있도록 지도해야 한다.
(2) 수련생의 생활지도면에 유의하여 도복 정리, 체육관 정리정돈, 기구의 처리 등 실천 활동을 교육해야 한다.
(3) 주관적인 방법을 지양하고 합리적이고 신뢰도가 높은 객관성 있는 방법으로 지도하며

과학적이고 의학적으로 설명이 가능해야 한다.

(4) 지도자는 수련시간에 부지런하게 움직여야 한다.

- 움직이면서 수련생의 잘못된 부분적인 동작이나 습관을 반복적으로 지적하여 교정에 힘써야 한다.
- 정중앙보다 대각선에서 서는 것이 잘 보인다.
- 뒤편에 서서 수련생의 움직임을 관찰하는 것도 도움이 된다.

(5) 운동신경이 떨어지거나 내성적인 수련생에게 아주 작은 것도 놓치지 않고 칭찬과 격려를 해주어야 한다.

(6) 동작을 교정할 때 수련생의 한 동작을 마치 카메라 필름처럼 여러 컷으로 나누어 볼 수 있는 연습을 하면 잘못된 부분을 교정하는 데 도움이 된다.

(7) 유급자, 유품, 단(1, 2, 3, 4품, 단)의 체계적이고 차별화된 단계별 매뉴얼이 있어야 한다.

(8) 기본적인 암기 - 마음가짐, 수련상 십계중점, 신조, 관훈, 관장지도방침, 태권도정신, 관장님 사범님 성함 등

(9) 예의범절 - 부모님의 대한예절, 스승에 대한 예절, 도장에서의 예절, 공중도덕의 예절, 전화예절, 말하는 예절 등

(10) 품새(교본의 기본적인 것은 생략함)

동작의 원리와 품새의 뜻과 진행선 등 이해하기 쉽게 설명을 하고 암기할 것은 암기한 후 품새 교육을 한다. (인터넷, 빔프로젝터 등의 시청각 교육도 큰 도움이 된다.)

(11) 겨루기

요즘 도장에서 어린 수련생들이 부딪치고 멍들고 아픈 것을 참지 못하여 겨루기 수련을 소홀히 하는 곳이 많다. 품새도 가상의 적과 기본동작, 발차기기를 이용한 겨루기인 것처럼 위험에서 적과 마주 쳤을 때 겨루기의 필요성을 충분히 설명하고 이해시켜 교육한다.

- 겨루기에 앞서 스텝(스텝을 이용한 발차기), 밋트차기(받아차기, 다양한 발차기)을 연습한 후
- 상대를 앞에 두고 약속겨루기를 통해 다양한 발차기와 거리감각을 키움
- 개인장비를 구매하여 부상을 최소화해서 겨루기를 즐겁게 배울 수 있도록 유도한다.

(12) 수련에 필요한 보조운동기구는 기성상품에만 의존하지 말고 지도자의 창의성을 발휘하여 규격에 맞게 고안 제작하여 활용하도록 한다.

(13) 호신술은 물론 지도자가 한가지 정도 무기술도 필요하다.

3. 의욕을 갖게하는 태권도 지도방법

(1) 한 가지 수련을 오래 끌지 마라.
(2) 수련방법을 될 수 있으면 바꾸어 본다.
(3) 못하는 사람과 못하는 사람을 경쟁시킨다.
(4) 열 가지 중 하나를 잘하였으면 반대로 9가지를 칭찬하여 점차 바로잡아라.
(5) 건의할 수 있는 분위기를 만들어 준다.
(6) 응용력을 길러준다.
(7) 수련의 목표를 정하여 준다.
(8) 연구심을 길러줄 수 있는 과제를 준다.
(9) 쉽고 빠르게 숙달하는 요령을 알려준다.
(10) 과학적 이론을 시청각으로 쉽게 설명하여 준다.

이상의 방법은 기술면에 치중한 것이며 정신적 측면에서의 인격을 도야할 수 있는 방법은?

(1) 통솔력을 발휘케 한다.
(2) 협동심을 길러준다.
(3) 어떠한 지표를 설정하여 준다.
(4) 위대한 인물의 전기를 들려준다.
(5) 의협심을 갖도록 한다.
(6) 근면의 가치성을 알려준다.
(7) 자립정신을 길러준다.
(8) 올바른 가치기준과 판단력을 느끼게 한다.
(9) 태권도 수련의 보람을 느끼게 한다.
(10) 솔선수범하는 사람의 보람을 일깨워야 한다.

수련장에서뿐만 아니라 가정, 학교에 까지도 미치는 영향을 고려하여야 하며 수련장인 도장의 의무와 사명은 부모로서 선생님으로서의 이중적인 역할을 함께 담당하고 있다는 것을 지각하여야 한다.

따라서 가정에 있을 때의 일이나 학교에서의 성적, 품행까지도 주의 깊게 관심을 가지고 올바르게 이끌어 줘야 하고 지도자(사범)는 수련생의 사회생활에 책임을 지고 있다는 것을 인식하여야 한다. 수련 중이나 수련이 끝나서 가정의 보호자 앞으로 돌아갈 때까지의 수련생의 안전과 보호를 담당하여야 한다.

4. 학교체육

(1) 구르기 : 앞구르기, 뒤구르기, 다리벌려 구르기, 무릎 펴고 구르기, 뒤로 굴러 물구나무서기
(2) 뜀틀 : 손 짚고 뛰어넘기, 손 짚고 앞구르기
(3) 줄넘기 : 1단 뛰기, 2단 뛰기, 가위뛰기, 발 바꿔 뛰기, 2인 같이 뛰기
(4) 물구나무서기 : 2인 1조 물구나무서기, 머리대고 물구나무서기, 스스로 물구나무서기
(5) 멀리뛰기 : 제자리멀리뛰기, 달려와 멀리뛰기
(6) 높이뛰기
(7) 왕복 달리기 : 지그재그 달리기, 반환점 돌아 달리기
(8) 공놀이 : 피구, 야구, 축구, 농구, 볼링, 하키
(9) 윗몸 일으키기
(10) 훌라후프 돌리기
(11) 팔굽혀 펴기

5. 미트 발차기

(유급자-예시)

① 앞차기 : 앞차기 1회, 앞차기 2회, 앞차기 3회, 앞차기 10회, 앞차기 중단 상단
② 발바꿔 가며 앞차기 : 1회(양쪽 발 교대로), 2회(오른발 2번, 왼발 2번), 3회(오른발 3번, 왼발 3번), 앞차기 중단 상단(양쪽 발 교대로)
③ 돌려차기 : 앞차기의 1, 2번과 같은 방법으로
④ 내려찍기
⑤ 뒤 후리기
⑥ 앞차고 뒤후리기
⑦ 앞차고 내려찍기
⑧ 앞차고 뒤차기

⑨ 돌려차고 뒤후리기
⑩ 돌려차고 돌개차기

(유품자-예시)

① 앞차기 : 유급자 앞차기와 동일
② 돌려차기 : 앞차기와 동일 → 빠른 발 돌려차기 → 앞발 돌려차기 → 품바꿔 돌려차기 → 한걸음나가 돌려차기
③ 내려찍기 : 한걸음나가 내려찍기 → 뛰어 내려찍기 → 품바꿔 내려찍기 → 발 바꿔 내려찍기
④ 뒤후리기 : 돌려차고 뒤후리기 → 앞차고 뒤후리기 → 품바꿔 뒤후리기 → 한걸음나가 뒤후리기 → 빠른발차고 뒤후리기 → 돌려찬발 뒤로 뺐다 뒤후리기 → 돌려차고 돌개차고 뒤후리기
⑤ 뒤차기 : 돌려차고 뒤차기 → 앞차고 뒤차기 → 품바꿔 뒤차기 → 한걸음나가 뒤차기 → 빠른발차고 뒤차기 → 돌려찬발 뒤로뺐다 뒤차기 → 돌려차고 돌개차고 뒤차기
⑥ 돌개차기 : 돌려차고 돌개차기 → 품바꿔 돌개차기 → 한걸음나가 돌개차기 → 한걸음 뒤로물러 돌개차기 → 양발 동시에 물렀다 돌개차기
⑦ 앞후리기 : 앞차고 앞후리기 → 돌려차고 앞후리기 → 빠른발차고 앞후리기 → 끌어 앞후리기
⑧ 나래차기
⑨ 주먹지르기

◎ 엇서기 받아차기

(1) 뒷발 공격

① 돌려차기 : 발바꿔 받아차기, 뒤차기, 양발물러 빠른 발차기, 양발물러 돌개차기
② 내려찍기 : 발바꿔 받아차기, 양발물러 빠른 발차기, 양발물러 돌개차기, 양발 옆으로 45도 빠져 받아차기
③ 옆차기 : 발바꿔 받아차기, 양발물러 뒤차기, 빠른 발차기, 양발물러 돌개차기, 앞발 옆으로 45도 빠져 받아차기
④ 앞밀기 : 발바꿔 받아차기, 양발물러 뒤차기, 빠른 발차기, 양발물러 돌개차기, 앞발 옆으로 45도 빠져 받아차기
⑤ 뒤후리기 : 발바꿔 받아차기, 뒤차기, 뒤후리기, 앞발뒤로 뺐다 돌개차기
⑥ 뒤차기 : 앞발뒤로 뺐다 받아차기, 양발물러 빠른 발차기, 앞발옆으로 45도 빠져 받아차기

(2) 앞발 공격

① 앞발 돌려차기 : 바로 받아차기, 내려찍기, 발바꿔 뒤차기, 발바꿔 뒤후리기, 앞발뒤로 뺐다 빠른 발차기

② 걸어나가 찍기 : 바로 받아차기, 내려찍기, 발바꿔 뒤차기, 발바꿔 뒤후리기, 양발 물렀다 돌려차기

③ 옆차기 : 옆으로 45도 빠져 받아차기, 앞발뒤로 뺐다 빠른 발차기, 나래차기, 옆으로 45도 빠져 내려찍기

④ 앞밀기 : 옆으로 45도 빠져 빠른 받아차기, 앞발뒤로 뺐다 빠른 발차기, 나래차기, 옆으로 45도 빠져 내려찍기

⑤ 걸어나가 뒤후리기 : 바로 받아차기, 뒤차기, 뒤후리기, 앞발뒤로 뺐다 빠른 발차기

⑥ 걸어나가 뒤차기 : 양발 물렀다 받아차기, 뒤차기, 옆으로 45도 빠져 받아차기, 옆으로 45도 빠져 내려찍기, 앞발 뒤로 뺐다 빠른 발차기, 나래차기

◎ 받아차기

(1) 뒷발 공격시

① 돌려차기 : 바로 받아차기, 내려찍기, 옆차기, 앞밀기, 품바꿔 뒤차기, 앞발뒤로뺐다 받아차기

② 내려찍기 : 바로 받아차기, 앞발뒤로 뺐다 뒤차기, 양발뒤로 물러 받아차기, 좌우로 45도 빠져 받아차기

③ 앞차기 : 바로 받아차기, 앞발뒤로 뺐다 뒤차기, 양발뒤로물러 받아차기, 좌우로 45도 빠져 받아차기

④ 앞밀기 : 바로 받아차기, 앞발뒤로 뺐다 뒤차기, 양발뒤로 물러 받아차기, 좌우로 45도 빠져 받아차기

⑤ 뒤후리기 : 바로 받아차기, 뒤후린발이 떨어진 후 뒤차기, 뒤후리기

⑥ 뒤차기 : 바로 받아차기, 뒤찬 발이 떨어진 후 뒤차기, 뒤후리기, 좌우로 45도 빠져 받아차기, 양발뒤로물러 받아차기

(2) 앞발 공격시

① 앞발 돌려차기 : 발바꿔 받아차기, 뒤차기, 뒤후리기, 앞발찍기, 앞발 앞밀기, 앞발 옆차기, 앞발뒤로 뺐다 받아차기

② 걸어나가 내려찍기 : 발로 뒤차기, 뒤후리기, 양발뒤로 물러 빠른 발차기, 좌우로 45도 빠져 받아차기

③ 앞발 옆차기 : 양발 뒤로물러 뒤차기, 뒤후리기, 빠른 발차기, 좌우로 45도 빠져 받아차기

④ 앞발 앞밀기 : 양발 뒤로물러 뒤차기, 뒤후리기, 빠른 발차기, 좌우로 45도 빠져 받아차기

⑤ 걸어나가 뒤후리기 : 앞발 받아차기, 뒤차기, 뒤후리기, 앞발 뒤로물러 빠른 발차기, 양발뒤로 물러 빠른 발차기

⑥ 걸어나가 뒤차기 : 양발뒤로 물러 받아차기, 앞발뒤로 뺐다 받아차기, 좌우로 45도 빠져 받아차기, 앞발뒤로 뺐다 뒤차기

6. 스텝의 종류

(1) 기본발 바꾸기 - 몸은 정면 앞뒤 어깨너비로 뒤꿈치를 들고 발 바꾸기(교차할 때 발과 발이 스쳐 지나가야 한다.) 겨루기자세에서 발 바꿀 때 원심력에 의해 발이 벌어지는 것을 막아준다.

(2) 포워드, 백 스텝 - 겨루기자세에서 어깨너비 간격으로 전, 후 스텝(전진 2회, 후진 2회 등 응용)

(3) 원스텝 - 겨루기 자세에서 뒷발을 발차기하듯 모션을 주면서 한발 앞으로 내딛는다.(앞발을 자연스럽게 뒤로 빼며 백스텝)

(4) 투스텝 - 겨루기 자세에서 뒷발을 발차기하듯 모션을 주면서 딛고 다음 발을 다시 내딛음.

(5) 사이드스텝 - 정면을 보고 11자로서 어깨너비 간격으로 좌, 우 45° 방향으로 좌, 우 제자리 순으로 스텝을 밟는다.

(6) A자형 사이드스텝

① 겨루기 자세에서 오른쪽 1번 라인으로 어깨너비 간격만큼 비스듬히 빠진다. (오른발 받아차기)반대 자세는 2번 라인으로 동일

② 겨루기 자세에서 앞발(왼)을 2번 라인 뒤편에 놓고 뒷발(오른)은 자연스럽게 방향을 틀어 2번 라인 앞에 옮겨놓는다. (상대의 공격을 몸을 바꿔 받아찬다)반대 자세는 1번 라인으로 동일

7. 체력훈련

(1) 순발력

① 앉아뛰며 돌기

② 쪼그려 뛰기

③ 앉았다 일어나기

④ 무등태워 앉았다 일어나기

⑤ 점프 무릎 가슴닿기

⑥ 점프 발등닿기

⑦ 점프 360도 돌기

⑧ 뛰어 넘기

(2) 전신 지구력

① 팔벌려 뛰기

② 버피 테스트

③ 왕복 달리기

④ 무릎높여 제자리 달리기

⑤ 스텝밟기

⑥ 뜀틀 뛰어넘기

(3) 배근력

① 윗몸 일으키기

② 윗몸 일으키기 좌.우로

③ 옆으로 윗몸 일으키기

④ 누워서 무릎 가슴닿기

⑤ 누워서 손. 발등 닿기

⑥ 누워서 다리 들어 올리기

⑦ 엎드려 상체 일으키기

(4) 팔근력

① 팔굽혀 펴기

② 배밀기

③ 팔굽혔다 박수치기
④ 물구나무서서 팔굽혀펴기

8. 태권도 기본동작 및 발차기의 연구

태권도는 양적으로 엄청난 발전을 이루었다. 전 세계 180여 개국에서 무려 남한의 인구와 맞먹는 4천만이라는 엄청난 사람들이 오늘도 태극기를 걸어두고 한국식의 인사와 예절을 지키며 한국어로 된 태권도 용어를 사용하는 등 태권도는 전 세계 곳곳에서 한국의 위상을 높이고 있다. 2000년 시드니 올림픽에 정식종목으로 채택되었을 뿐 아니라 한국을 상징하는 10가지 상징물 중 하나로 선정되기도 하였다. 또한, 전 세계 무술의 각축장이랄 수 있는 미국에서 70% 이상이 태권도 도장이며 현재 계속 증가하고 있다고 한다.

이러한 엄청난 발전을 이루어왔지만, 양적 발전보다 질적으로 많은 문제점을 가지고 있다. 특히 국내에서 넘쳐나는 태권도장에서 제대로 수련을 하지 못하고 일부만 익혀 쉽게 승단하여 전체적으로 태권도의 질을 떨어뜨리는 일들이 허다하며 역사적 정통성 등에서도 많은 문제점을 안고 있다고 할 수 있다.

태권도 기본기술은 이심전심으로 사범으로부터 사범 그리고 제자로 전수해왔으며 논리적인 방법으로 연구되지 않고 경험에 의한 방법으로 주로 의존해 왔다고 하겠다. 태권도 기본동작을 운동 생리와 역학적 측면에서 고찰한다는 것은 어려운 일이며 본인 스스로에 있어서 결단과 용기가 필요했다. 이것은 지금까지의 기본동작에 대한 인식의 사고의 영역에서 벗어나는 것과 동시에 현재까지 이것들에 대한 깊은 연구논문이 없었을 뿐만 아니라 오랜 세월 동안 인습과 관습의 반성과 재고 없이 반복해왔기 때문일 것이다.

태권도는 작금 세계적 무도 스포츠로서 또 올림픽 정식 종목으로서 주목을 받으며 특히 한국이 낳은 세계적인 상품이며 이것과 아울러 과학적이며 체계적인 연구와 분석이 뒷받침되고 창의적이며 독창적이 되었을 때 경쟁시대에 살아남을 수 있으며 더욱 빛나는 한국의 국기가 될 수 있을 것이다.

솔직히 우리 태권도인들 모두는 지난 과거의 태권도를 깊이 이해하고 앞으로 나아가는 것이 진정한 태권도를 위한 길이라는 가르침을 생각해야 할 것이다. 잘 알고 있듯이 누구나 태권도에 처음 입문해 배우는 동작이 바로 주춤서기 지르기이다. 입문할 때의 초발심은 대단했으리라 믿으며, 경솔하게나마 하루빨리 유단자가 되고 싶은 심정일 것이다.

우리는 왜 처음 입문해 이 주춤서기 지르기를 해야 하는지 스스로 의문을 가질 때가 있다. 주춤서기 자세는 낮은 자세로서 고통과 움직이지 않는 동작으로 인해 지루함과 싫증을 유발해 태권도인으로서 필요 불가결한 여러 가지 기초 요소를 배우지 못하고 특별히 얻는 것 없이 중요한 기초시기를 보내고 만다겠다.

무엇이거나 처음이 가장 중요하다는 것을 알고 있듯이 우리는 주춤서기 지르기에서 이것을 찾지 않으면 안 되겠다. 맹목적인 반복연습은 자칫 태권도 전체에 대한 싫증을 유발해 태권도의 한계를 낳게 할 것이다.

반복연습은 운동 계획 원칙의 일부이지만 첫걸음이니만큼 주춤서기 지르기에 대한 자상한 설명과 이해로서 초보자를 지도하면 태권도에 관한 새로운 세계관이 확립되어 배우는 자가 지녀야 할 자세가 확립될 것이다.

1) 신체의 사용부위

태권도의 무기는 신체로서 상대에게 타격을 가하는 힘의 근원은 몸통이라 할 수 있으며 그 이용도구로서는 팔과 다리이며 그중에서도 주로 손과 발의 사용이 크다 할 수 있다. 태권도는 손끝에서 발끝까지 사용하지 않는 부위가 없으며 손과 발의 변화로 인해 만들어지는 태권도 동작에 대해 살펴보도록 하자.

(1) 주먹

주먹은 태권도에서 권(拳)을 의미하며 다섯 개의 손가락의 끝을 힘 있게 구부려 말아 쥔 다음 엄지를 안쪽으로 구부려 인지와 중지 위에 놓으므로 만들어지는 공격의 무기로써 지르기에 가장 많이 사용된다.

공격의 목표는 인중 · 얼굴 · 턱 · 가슴 · 명치 · 복부 등이며 공격부위는 검지와 중지 뿌리의 첫째 관절이 튀어나온 부분으로 한다.

(가) 주먹을 쥐는 방법

① 손가락을 모두 편다.

② 엄지손가락을 제외한 네 손가락을 붙이고 끝 마디부터 말아 쥔다.

③ 엄지손가락을 집게손가락과 가운뎃손가락의 둘째 마디에 놓고 단단히 쥔다.

(나) 주의점

① 주먹을 쥐면 손목이 꺾여서는 안 되며 팔뚝과 손등은 일직선을 이룬다.

② 집게손가락과 가운뎃손가락의 연장선과 팔뚝은 일직선 상에 있어야 한다.

③ 손등과 구부린 손가락의 첫마디가 직각이 되게 한다.

(다) 주먹의 종류

① (바른)주먹

보통 주먹이라 함은 손가락을 오므려 쥔 모양을 말하며 상대를 '지르기'의 공격 기술에만 사용되며 팔굽을 쭉 뻗으며 일직선으로 지른다.

② 등주먹

손등 쪽의 집게손가락과 가운뎃손가락의 첫 관절이 튀어나온 부분을 말하며 주로 앞(인중)이나 옆(턱)을 공격할 때 사용된다. 특히 팔굽을 완전히 펴지 않고 근접 거리의 치기 기술에 적당하다.

③ 메주먹

주먹과 같은 방법으로 쥐어서 새끼손가락과 손목 관절의 근육이 많은 부분을 사용한다. 위에서 아래(머리)로, 혹은 안쪽에서 바깥쪽(어깨, 옆구리)으로 칠 때 주로 사용되며 등주먹과 같이 치기 기술에만 사용된다.

④ 편주먹

손가락의 관절을 모두 펴고, 네 손가락을 꼭 붙이고 손가락 끝마디부터 둘째 마디까지 완전히 오므리고 엄지손가락을 집게손가락의 골절 부분에 힘있게 구부려 붙인다. 제일 앞에 나와 있는 둘째 마디의 관절로 사용하며 주로 인중이나 목, 복부(명치)를 공격하는데 사용된다. 주먹과 같이 지르기, 손끝과 같이 훑기(긋기) 기술에 쓰인다.

⑤ 밤주먹

주먹에 밤톨을 쥔 모양으로 집게손가락이나 가운뎃손가락의 관절을 내밀어 쥐어 뾰족한 끝 부분으로 공격하며, 주로 관자놀이 · 인중 · 명치 · 늑골 사이 등을 공격하는데 사용된다. 지르기에 쓰이며 주먹보다 깊이 뚫고 들어가므로 치명적인 타격을 가할 수 있다.

⑥ 집게주먹

엄지손가락과 집게손가락을 벌려 아귀 손과 같이하고 나머지 손가락은 주먹을 쥐듯 힘 있게 말아 쥔다. 집게주먹은 지르기 기술로 사용되며 주로 목젖(식도)을 지르고 집게로 목젖을 뜯는다.

⑦ 제친주먹

주먹의 응용으로 주먹을 지를 때 상대가 가까이 있는 상대를 공격할 때 사용하는데 이를 제쳐 지르기라 한다.

⑧ 세운주먹

주먹의 응용으로 주먹을 세워서 약간 멀리 있는 상대를 공격할 때 사용하는데 이를 세워 지르기라 한다.

(2) 손

공격과 방어 기술에 필수적인 부위로 태권도에 있어 손이란 손가락을 두 마디 이상 오므리지 않고 펴져 있는 상태를 말한다. 사용부위가 주먹보다 상당히 크며 공격 목표에 따라 사용 부위도 달라진다.

① 손날

새끼손가락과 팔목 관절 사이의 $\frac{2}{3}$ 되는 부분의 근육을 사용하며, 주로 막기나 치기에 쓰인다. 손날은 주먹과는 달리 엄지손가락을 뺀 나머지 네 손가락을 모두 붙이되, 끝마디를 약간 안으로 구부리고, 엄지손가락도 끝 마디를 약간 오므려 집게손가락 첫마디 부분 옆에 붙인다. 새끼손가락 쪽으로 손목부터 새끼손가락 첫마디까지 사용하며 목 동맥, 인중, 관자놀이 등을 공격할 때 사용한다.

② 손날등

손날과 같이 쥐되 엄지손가락을 첫마디부터 손바닥 안쪽으로 깊이 파묻고 구부려 붙인다. 엄지손가락 첫마디부터 집게손가락 첫마디 옆 부분이 사용 부위며 손날의 반대쪽으로 목・턱・옆구리 등을 공격할 때 사용하며 때에 따라서는 상대의 공격을 막는데도 쓰인다.

③ 손등

손날과 같은 방법으로 쥐며 다섯 손가락을 힘을 주어 서로 꼭 붙지 않아도 되며 사용부위는 손등부터 손가락 등까지 전부를 이용한다. 주로 치기 기술로 짧은 거리에서 순간적인 공격에 사용된다. 상대의 얼굴에 순간적인 손등의 튕김으로 공격하여야 한다.

④ 편 손끝

네 손가락을 모아서 손끝을 나란히 하고 가운뎃손가락과 약손가락은 약간 구부리며 엄지손가락은 힘을 주어 안으로 붙인다. 이때 집게, 가운데, 약손가락의 끝이 같도록 하며 손끝을 이용한다. 찌르기와 훑기 기술에 사용된다. 편 손끝은 세운 편 손끝(편 손끝 세워 찌르기), 제친 편 손끝(편 손끝 제쳐 찌르기), 엎은 편 손끝(편 손끝 엎어 찌르기)으로 구분된다.

⑤ 가위손끝

집게손가락과 가운뎃손가락을 약간 벌려서 편 다음, 넷째와 새끼손가락은 말아 쥐고, 엄지손가락으로 넷째 손가락을 누른다. 집게손가락과 가운뎃손가락의 끝을 사용하며 주로 눈을 공격하는 찌르기 기술에 사용한다.

⑥ 한 손끝

주먹을 쥔 상태에서 집게손가락을 곧게 펴서 그 끝을 이용하여 주로 눈이나 목을 공격할 때 사용한다.

⑦ 모듬 손끝

다섯 손가락 끝을 모두 모아 뭉친다. 사용부위는 모은 다섯 손가락 끝이며 이는 찌르기보다 가까운 거리에서 사용하며 찍기 기술에 이용된다.

⑧ 모은 두 손끝

집게손가락 위에 가운뎃손가락을 포개고 나머지 넷째와 새끼손가락, 엄지는 가위 손끝 때와 같은 모양으로 쥔다. 사용부위는 모은 두 손가락 끝이다.

⑨ 곰손

편 주먹과 같이 쥐되 편주먹보다 엄지를 제외한 네 손가락을 더 오므린다. 사용부위는 손바닥 쪽 셋째 마디를 이용한다. 곰이 앞 발바닥으로 훑는 형식으로 안으로 치기 기술에 사용된다.

⑩ 바탕손

손목을 뒤로 제치면서 모든 손가락을 손바닥 쪽으로 구부려서 사용하며, 턱이나 얼굴, 옆구리를 공격할 때, 그리고 막기에도 사용된다. 사용부위는 손바닥 밑 부분(손목 쪽)을 이용한다.

⑪ 굽힌 손목

바탕 손 쥐는 법과 반대로 손목을 손바닥 쪽으로 바짝 굽히며 다섯 손가락은 가볍게 모은다. 사용부위는 굽힌 손등 쪽의 손목을 사용한다. 주로 올려치기에 많이 사용되며 막기에도 사용된다.

⑫ 아귀손

손날과 같은 방법으로 쥐고 엄지손가락과 집게손가락을 벌린 다음 네 손가락의 끝 마디를 약간 굽혀 둥그스름하게 만든다. 사용부위는 엄지와 집게손가락 상이 오목한 곳이 이용된다. 주로 목을 칠 때에 사용되며 때에 따라 상대에게 공격할 때도 사용한다. 아귀손으로 아래턱을 내려치면'낙 턱'이라 하며 아귀손으로 치는 동작을'칼재비'라 한다.

(3) 팔

팔은 팔굽과 팔목으로 나눌 수 있으며, 팔굽은 공격에, 팔목은 방어에 주로 쓰인다.

① 팔굽

팔을 굽혔을 때 튀어나온 부분을 사용하며 주로 공격을 할 때에 사용한다. 팔굽치기에는 돌려치기, 올려치기, 내려치기, 옆치기, 뒤치기가 있으며 근접 거리에서 쓰인다.

② 팔목

팔목은 바깥팔목, 안팔목, 등팔목, 밑팔목으로 구분되며 주로 막는 데 쓰인다. 상황에 따라서는 팔목으로 공격할 수도 있다. 바깥팔목은 차려자세로 섰을 때 새끼손가락 쪽의 관절 부위를 말하며, 안팔목은 엄지손가락 쪽의 관절 부위를 말한다. 등팔목은 손등 쪽의 관절부위를 말하고, 밑팔목은 손바닥 쪽의 관절 부위를 말한다. 이 팔목들은 변화에 따라 여러 가지 막기 형태를 이룬다.

(4) 발

발은 파괴력이 강하며 멀리서도 깊이 공격할 수 있는 장점이 있다. 주로 공격 무기로 사용되며 고도의 기술과 묘기는 이 발에서부터 나온다. 발의 위력은 손보다 4배가 크므로 사용부위를 정확히 알고 단련해야 한다.

① 앞 축

발가락을 위로 제쳐 올리고 발바닥의 앞부분을 사용하며 주로 돌려차기, 앞차기, 비틀어차기, 반달차기 등을 할 때 쓰인다.

② 뒤 축

발뒤꿈치 쪽을 사용하며 짓찧기, 옆차기, 뒤차기, 뻗어차기 등에 사용된다.

③ 발등

발가락에서부터 발목마디의 윗부분과 중간 부분 등 전체를 사용하며 주로 올려차기, 돌려차기할 때 쓰인다.

④ 발끝

발가락을 똑바로 편 발가락의 끝 부분을 말하며 주로 낭심을 차는 데 사용된다.

⑤ 발날

발뒤꿈치 바깥 모서리로 사용하며 주로 옆차기, 막기(차올리기), 받아차기를 할 때 쓰이며 때에 따라서 공격과 방어에도 사용한다.

⑥ 발날등

발날의 반대쪽(발바닥 안쪽)뒤축부터 앞축 전까지로 표적차기와 막기 기술에 사용된다.

⑦ 뒤꿈치

발의 뒤쪽 아랫부분으로 내려차기, 몸돌려차기, 낚어차기에 사용된다.

⑧ 발바닥

발가락의 밑 부분부터 바닥 전체가 되며, 주로 몸돌려차기, 찍어차기, 밀어차기 등에 쓰인다.

(5) 다리

방골관절 밑에서 발목까지를 말하며 다리는 길고 단단하여 막기 기술에 쓰인다. 반면 공격을 당하기도 쉬운 부위이다. 정강이는 막기 기술에 사용되며 무릎은 구부리면 단단해지므로 치기 기술에 사용된다. 주로 올려치기를 하며 다리의 사용부위는 무릎과 정강이이다.

① 무릎

다리를 구부렸을 때 튀어나온 무릎 부분을 사용하며 주로 얼굴, 명치, 복부 낭심 등을 공격할 때 쓰인다.

② 정강이

발목 위에서부터 무릎부위 아랫부분으로 주로 발차기 공격을 해올 때 막기에 사용된다.

2) 공격기술

태권도의 공격기술에는 지르기, 치기, 찌르기, 차기, 후리기, 찍기, 꺾기 등이 있다.

(1) 지르기

태권도의 공격 동작에 있어서 주먹으로 목표를 지르는 것은 매우 중요하다. 따라서 주먹을 최대한 단단하게 쥐고 어깨에 힘을 뺀 다음 허리를 틀어 주먹을 회전시키며 지른다. 이때 주먹이 목표에 닿는 순간 전신의 힘을 주먹에 모아야 하며 지른 후 재빨리 당기도록 한다.

첫째, 허리에서부터 주먹이 나가는 것이 원칙(原則)이다.

둘째, 손목에 힘을 주어 팔의 선과 주먹 등이 직선이 되어야 한다.

셋째, 팔굽 관절은 완전히 펴도록 한다.

넷째, 당기는 주먹과 지르는 주먹의 힘이 같게 동작(動作)한다.
다섯째, 주먹을 지를 때는 손바닥이 위로 보게 한 주먹을 허리에서부터 몸통 방향으로 회전시키며 나가다가 목표 지점에 와서는 주먹의 등 쪽이 위를 향하게 하며 지른다.
여섯째, 시선은 공격 목표를 주시하며 정확하게 지른다.

(가) 지르기의 개요 및 유의사항

지르기는 상대의 위치와 공격 부위에 따라 방법이 다르다. 공격 부위에 따라 얼굴, 몸통, 아래 지르기가 있고, 공격 방향에 따라 옆, 내려, 돌려 지르기, 공격 자세에 따라 앞굽이, 뒷굽이, 주춤서 지르기, 발과 주먹의 위치에 따라 바로지르기, 반대지르기가 있다.

(나) 지르기의 종류

① 몸통 지르기

공격부위와 명치 높이에 주먹이 닿으며, 중앙에 와야 한다. 몸통 지르기는 보통 바로, 반대 지르기가 있고 자세는 모든 서기에서 공격할 수 있다.

② 얼굴 지르기

자기의 인중 높이로 지르는 것을 말하며, 상대의 신장에 따라 높낮이가 달라질 수가 있다.

③ 아래 지르기

상대의 하복부, 허벅지를 지르는 것으로 낮은 위치의 공격을 하는 데 주목적이 있다.

④ 옆 지르기

몸을 정면에서 옆 방향으로 지르는 주먹 공격의 기술로 공격목표는 얼굴, 몸통, 옆구리가 된다. 허리에서부터 주먹을 어깨 바깥쪽 옆으로 지르는 방법이다.

⑤ 제쳐 지르기

두 주먹으로 복부 또는 양 옆구리를 공격하는 주먹기술로써 가까이 있는 상대와 떨어져 있는 상대를 유효 적절하게 공격하며 모든 서기의 자세에서도 공격할 수 있다.

⑥ 치 지르기

상대의 턱밑에서 주먹을 틀면서 치 지르는 것으로, 자세는 앞굽이, 앞서기, 나란히 서기, 편히 서기 등에서 사용된다.

⑦ 금강 지르기

금강 앞지르기는 얼굴 공격을 막는 동시에 몸통이나 얼굴을 지르는 것이다. 금강 옆지르기는 얼굴 공격을 막는 동시에 옆 방향으로 얼굴, 몸통, 옆구리를 공격하는 것으로 공격과 방어동작이 동시에 이루어진다.

⑧ 첫다리 지르기

몸통의 두 급소를 동시에 공격할 때 지르는 방법으로, 한쪽 팔은 펴지고, 다른 팔은 직각이 되도록 구부려서 두 팔은 평행이 되어야 한다. 주로 앞굽이, 뒷굽이에서 이용되며, "오른 첫다리 지르기"와 "왼 첫다리 지르기"가 있다.

⑨ ㄷ자 지르기

한 손으로 얼굴을 지르고 다른 한 손으로 몸통을 지르는 것이다. 얼굴을 지르는 주먹은 주먹등이 위로 향하고 몸통을 지르는 주먹은 주먹등이 아래로 향하게 지르며, 앞굽이, 뒷굽이에서 사용된다. 두 주먹을 아래위로 동시에 지르는 것을 말하며 위팔의 주먹은 얼굴이나 몸통을 지르고 아래팔의 주먹은 몸통이나 그 아래를 지르는 방법이다. 이때 아래에 있는 팔굽 관절은 허리에 붙게 한다.

⑩ 뒤 지르기

어깨너머로 상대의 얼굴을 공격하는 것을 말하며, 상대가 가까이에 있을 때 팔굽을 뒤로 치고 다른 주먹은 얼굴을 지른다. 주로 주춤서기에서 사용된다.

⑪ 당겨 턱 지르기

상대의 가슴을 잡아당기며 다른 한 손으로 상대의 턱을 지르는 것으로 상대가 근접거리에 있을 때 공격한다. 주먹을 턱 아래에서 위로 지르는 것으로 가까운 거리에서 사용하며 주먹 등이 상대쪽으로 향하게 한다.

⑫ 바로 지르기

주로 앞굽이 자세에서 사용하며 왼발이 앞에 있을 때 오른주먹, 오른발이 앞에 있을 때 왼주먹을 지르는 것을 말한다.

⑬ 반대 지르기

바로 지르기의 역으로 왼발이 앞에 있을 때 왼주먹, 오른발이 앞에 있을 때 오른주먹을 지르는 것을 말한다.

(2) 치기

치기는 등주먹치기, 손날치기, 팔굽치기, 무릎치기로 분류되고 이 치기가 공격 시 변칙적인 치기로 다양하게 응용된다. 손은 인간의 신체에서 가장 잘 듣는 곳으로 인간의 치밀한 생산 활동을 뒷받침해주고 있다. 따라서 손에 의한 공격과 막기의 기술이 발보다 종류가 많고 그 기술도 복잡하며 응용 범위도 대단히 넓다. 치기에는 손날과 손날등치기, 등주먹과 메주먹치기가 있다.

(가) 치기의 종류

① 등주먹치기

등주먹으로 상대를 공격하는 것을 말하며 등주먹 앞치기, 등주먹 옆치기가 있다. 주먹의 높이는 자기 인중의 높이가 되어야 하며 자세는 상황에 따라 편리하고 안전한 자세를 취한다. (앞서기, 앞굽이, 꼬아서기 등) 등주먹 앞, 옆 치기를 인중, 관자놀이 등 얼굴부위와 복부를 공격한다. 주먹의 등쪽 인지와 첫마디 끝 부분에 돋은 곳을 사용하여 관자놀이, 인중, 턱 및 하복부를 주로 공격하는 데 사용한다.

② 손날치기

편 손날로 상대를 공격하는 공격법으로 제친 손날 안치기, 제친 손날등 바깥치기, 엎은 손날 바깥치기, 엎은 손날등 안치기, 제비품 목치기, 아금손 목치기가 있으며 자세는 편히, 앞, 나란히, 주춤서기가 있으며 주로 상대의 목, 얼굴, 옆구리 등을 공격한다. 네 손가락을 힘있게 펴서 붙인 다음 끝을 약간 구부리고 엄지는 약간 오므려 인지 쪽으로 붙여서 친다. 공격 부위는 주로 인중 · 관자놀이 · 목동맥 등이다.

③ 메주먹치기

주먹날로 상대를 공격하는 것으로 메주먹 내려치기, 메주먹 옆치기이며, 상대의 머리와 인중, 턱, 얼굴과 복부를 타격한다. 자세는 앞서기와 주춤서기가 있다.

주먹을 쥔 채 새끼손가락과 팔목 사이의 살이 많은 쪽을 사용하는 것으로 부딪치는 면적이 커서 날카롭지는 않지만, 둔기와 같이 무겁게 압박하는 힘이 있으며 머리, 어깨, 후두부를 주로 공격한다.

④ 팔굽치기

팔목을 안으로 구부린 팔굽으로 공격하는 것으로 팔굽 돌려치기, 팔굽 옆치기, 팔굽 뒤치기로 구분되며 상대의 턱과 복부, 옆구리를 공격하며 자세는 주춤서기와 앞굽이 자세이다.

⑤ 무릎치기

무릎으로 상대방을 공격하는 것으로 무릎 올려치기가 있다. 주로 복부와 낭심을 공격한다. 머리를 당겨 무릎으로 치는 경우도 있다.

⑥ 손날등치기

목동맥, 옆구리, 턱을 주로 공격하며 손날치기와 같은 방법으로 치되 엄지를 손바닥 쪽으로 깊이 구부려 붙인 인지 중수골과 기저골 마디를 사용한다.

(3) 찌르기

단련된 손끝 부위를 사용하여 인체의 급소(미간, 명치 등)를 공격하는 기술로 그때의 상황에 따라 다르지만 수련할 때 주로 허리에서부터 공격한다. 찌르기에서는 주먹과 달리 손가락 관절이 중요하며 주관절과 수관절을 곧게 펴고 공격 시 손가락이 구부러져서는 안 된다.

(가) 찌르기의 종류

주로 손가락을 사용하여 약한 부위를 질러 깊은 상처를 내는 위험한 공격이다. 이 기술을 사용하려면 오랫동안의 손가락 단련이 필요하다. 단련 방법으로는 콩이나 모래를 통속에 넣고 계속 찌르는 방법이 있다.

① 편 손끝 세워지르기

손날이 아래로 가게하여 손을 세워서 주로 명치를 찌른다. 공격할 때는 상대의 주먹 손을 눌러막고 다른 손으로 명치를 찌른다. 오른편 손끝 세워찌르기와 왼편 손끝 세워찌르기가 있다.

② 엎은 손끝 찌르기

손등을 위로 향하게 하여 찌르며, 주로 눈, 늑골, 복부 등을 공격하는 데 쓰이며 앞굽이, 뒷굽이, 주춤서기 등의 자세에서 쓰인다.

③ 편 손끝 제쳐찌르기

허리에서 엎은 편 손을 제쳐서 상대의 복부, 명치, 치부를 공격하는 기술로 어떤 자세에서도 가능하다. "오른 편손끝 제쳐찌르기"와 "왼 편손끝 제쳐찌르기"가 있다.

④ 한 손끝 찌르기

인지로 눈 또는 쇄골을 공격하며, 한 손끝으로 찌르므로 강하게 공격해야 하고 주로 앞굽이 자세에서 사용한다.

⑤ 가위 손끝 찌르기

인지와 중지의 손가락을 "V"자로 벌려 상대의 눈을 공격하며, 어떤 자세에도 공격할 수 있다. "오른 가위 손끝 찌르기"와 "왼 가위 손끝 찌르기"가 있다. 인지와 중지의 두 손가락을 펴고 엄지손가락으로 약손가락(넷째 손가락)을 눌러서 사용하며 눈을 찌를 때 주로 사용한다.

⑥ 편손끝 찌르기

네 손가락을 펴서 붙이고 엄지손가락을 안쪽으로 구부린 다음 전 관절에 힘을 주어 손가락끝 관절을 약간 굽게하여 사용하며 방법에 따라 세워찌르기, 엎어찌르기, 제쳐찌르기 등이 있으며 상대의 복부나 겨드랑이를 공격한다.

⑦ 한손 끝 찌르기

집게손가락을 펴서 끝 관절을 약간 안으로 굽히고 엄지손가락을 중지에 갖다 댄다. 손등을 회전시키며 공격하되 인중, 명치, 눈을 공격하는 데 주로 사용한다.

3) 방어기술(막기)

태권도에서 막기란 자신의 신변을 위험으로부터 보호받을 수 있고 적의 투쟁심과 경멸하는 심정을 억제하게 하는 방법이 되기도 한다. 태권도를 잘하는 사람이란 상대를 헤제치는 공격 기술보다 방어 기술이 뛰어난 사람을 말한다. 완전한 방어는 곧 공격의 한 방법이 되며 진정한 무예인은 어떤 경우도 싸워서는 안 되며 수치를 당하고 넘어갈 일이라면 한사코 참아서 싸움을 피하는 것이 좋으며 정당방위를 위한 어쩔 수 없는 싸움이라면 필연적으로 승리를 거두어야 한다. 방어기술에는 피하기와 막기가 있고 막기에서 크게 얼굴막기, 몸통막기, 아래막기 세 가지로 나눌 수 있다.

(1) 막기의 개요 및 유의사항

공격을 받을 때의 방어 동작으로 공격자의 발 공격과 주먹 공격의 자세에 따라 방어 형태가 달라진다. 방어에는 막기와 피하기로 구분되며 손과 발을 함께 사용하나 막기는 주로 손을 사용한다. 막기에서 몸을 이동할 때 항상 균형을 잡아(준비자세) 기회가 포착되었을 때 즉시 반격할 수 있도록 상대의 움직임을 잘 살펴야 한다. 막기에는 사람의 신체를 얼굴, 몸통, 아래로 나누며 다음과 같은 유의 사항이 있다.

첫째, 막는 부위는 초점이 벗어나서는 안 된다.
둘째, 공격자의 손, 발을 막기 위해 팔굽을 구부리거나 뻗을 수도 있다.
셋째, 막는 부위를 단련하여 충격이 완화되도록 완전히 막아야 한다.

(2) 아래막기

팔목과 손날을 사용하여 막는 것이며 바깥 팔목으로 막는 것을 아래막기라고 한다. 이는 막는 팔을 몸통 바깥쪽으로 틀어 반대편 목동맥까지 올렸다가 내리면서 아래를 막는 방법이다. 여기에는 손날 또는 한손날 아래막기, 손목 엇걸어 막기 등이 있다.

(가) 팔목아래막기

상대가 복부 밑의 급소를 공격해 올 때 바깥 팔목으로 막아내는 기술로 손날과 팔목으로 방어하지만, 어느 자세에서도 가능하다. "왼팔목 아래 막기"와 "오른팔목 아래 막기"가 있다.

(나) 손날 아래막기

① 한 손날 아래막기
② 팔목 거들어 막기
③ 팔목 엇걸어 아래막기
④ 손날 엇걸어 아래막기
⑤ 두 팔목 아래 헤쳐막기
⑥ 두 손날 아래 헤쳐막기
⑦ 팔목 아래 옆막기
⑧ 팔목 거들어 아래 옆막기
⑨ 손날 금강 아래막기

(3) 몸통막기

주로 팔목을 사용하여 막는 것으로서 팔굽을 구부려 주먹을 어깨 뒤쪽으로 비틀며 가져갔다가 몸통 앞으로 와서 막는 방법이다. 이때 주먹을 올렸을 때 주먹과 어깨 사이의 내각이 약 45°가 되게 하고 몸통을 막았을 때는 주먹과 어깨 사이의 내각이 90° 정도로 하며 팔굽과 몸통과의 내각은 45° 정도로 한다.

(가) 팔목 몸통 막기

상대가 발이나 손으로 몸통 부위를 공격해 올 때 팔목으로 막는 기술이다. 막았을 때 주먹의 높이는 어깨높이가 되고 앞굽이, 뒷굽이, 범서기, 주춤서기, 앞서기에서 가능하며 종류로는

① 안팔목 몸통 바깥막기
② 바깥팔목 몸통 안막기
③ 바깥팔목 몸통 바깥막기가 있다.

(나) 한 손날 몸통막기

상대가 발이나 손으로 몸통 공격을 해 올 때 한 손날로 몸통을 막는 기술이다. 막았을 때 손끝 높이는 어깨높이로 손날 등을 사용하고 어떤 서기에서도 가능하며 종류로는

① 한손날 몸통막기
② 한 손날 몸통 안막기가 있다.

(다) 팔목 거들어 몸통 바깥막기

상대가 몸통을 공격해 올 때 한 팔목은 몸통을 막고, 한 팔목은 막는 팔목을 거들어 주면서 막는 기술이다. 막는 부위는 안팔목, 거들어 주는 팔목은 직각이 되도록 하며 막았을 때 주먹 높이는 어깨높이다. 모든 서기에서 가능하며 안팔목 거들어 몸통 바깥막기와 바깥팔목 거들어 몸통 바깥 막기가 있다.

(라) 손날 몸통막기

상대가 손이나 발등으로 공격해 올 때 한 손날로 몸통막고 다른 손날로 막는 손을 거들어 막는 기술이다. 손날로 막을 때 손끝을 어깨높이가 되게 하고 손등을 자기 가슴 쪽을 향하게 하며, 거들어 주는 팔목은 직각이 되며 손목이 구부러져서는 안 된다. 손날 몸통막기와 손날등 몸통막기가 있다.

(마) 바탕손 몸통막기

상대가 몸통을 주먹이나 발로 공격해 올 때 바탕손으로 허리 쪽에서 몸 안쪽으로 몸통을 막는 기술로 눌러막거나 옆으로 쳐서 막는다. 막았을 때 바탕손으로 복부앞 중앙에 있도록 하며 손등을 위로 향하게 한다. 모든 자세에서 가능하며 바탕손 몸통막기와 바탕손 몸통 안막기가 있다.

(바) 몸통 헤쳐 막기

상대가 두 손으로 어깨 또는 목을 잡거나 양 주먹으로 공격을 할 때 두 팔목을 엇걸어 몸통 헤쳐막기 기술로 주먹은 어깨높이, 자세는 앞굽이 주춤서기에서 많이 쓰인다. 종류로는

① 바깥팔목 몸통 헤쳐막기
② 안팔목 몸통 헤쳐막기
③ 손날등 몸통 헤쳐막기가 있다.

(사) 금강 몸통막기

상대가 얼굴과 몸통부위를 공격해 올 때 한 팔목으로 몸통을 막고, 다른 팔목으로 얼

굴을 동시에 막는 기술이다. 막을 때 자기 뒤쪽에서 시작과 동시에 막도록 하고 방법은 몸통막는 방법과 같으며, 주로 뒷굽이 자세에서 많이 사용하고 손날 금강 몸통막기도 있다.

정면과 옆쪽에서 동시에 공격해 오는 것을 막는 기술이다. 보통 뒷굽이로 서서 두 팔목으로 앞(얼굴)과 옆(몸통)을 함께 막는다. 응용 동작으로 금강손날 몸통막기가 있다.

(4) 얼굴막기

막은 팔의 주먹은 아래를 향하고 반대 팔은 막는 목동맥을 향하게 하여 동시에 반대 주먹은 대각선을 잇는 허리로 오게 하며 막는 팔은 허리를 스쳐 몸통 앞으로 해서 바깥 팔목을 이마 위로 튕겨 올리면서 막는 방법이다. 이때 팔목은 이마와 주먹 하나 사이로 하고 주먹은 팔굽보다 22.5° 정도 높게 하여 반대편 귀를 벗어나지 않게 한다.

(가) 팔목 얼굴막기

상대가 손 또는 어떤 기구를 가지고 공격할 때 팔목을 허리 밑에서부터 이마 위로 비틀며 얼굴을 막는 기술이다. 막았을 때 이마와 팔목은 주먹 하나 정도이고 어떤 자세에서나 가능하며 종류로는

① 바깥팔목 얼굴 바깥막기
② 팔목 엇걸어 얼굴막기
③ 안팔목 거들어 얼굴 바깥막기가 있다.

(나) 손날 얼굴막기

상대가 손, 발, 또는 다른 도구로 얼굴 부위를 공격해 올 때 손날로 밑에서 얼굴 위로 막는 기술로 앞굽이, 뒷굽이 등 모든 서기에서 사용할 수 있다. 종류로는

① 한 손날 얼굴막기
② 한 손날 얼굴 바깥막기
③ 손날 엇걸어 얼굴막기
④ 손날 얼굴 바깥막기가 있다.

(5) 기타 막기

(가) 가위막기

동시에 한 손으로는 아래를 막고, 다른 손으로는 몸통막기하는 기술로 아래막는 팔 부위는 바깥팔목이 되고 몸통막기를 하는 부위는 안팔목이 된다. 주로 앞굽이에서 많이 사용되며 동시에 두 가지를 막는데 효과적이다.

(나) 산틀막기

상대가 얼굴 부위를 공격해 올 때 엇걸어서 좌, 우 바깥쪽으로 헤쳐막는 것과 몸을 틀며 안팔목과 바깥팔목으로 동시에 막아내는 엇걸어 산틀막기도 있다. 좌우에서 공격을 동시에 막는 데 효과적이며 주춤서기에서 많이 사용된다.

(다) 외산틀막기

바깥팔목으로 아래를 막고, 안팔목으로 얼굴을 막는 기술이다. 얼굴 막는 쪽의 팔굽은 어깨와 수평이 되게 하고 손바닥이 자기의 얼굴로 향하며, 앞굽이, 뒷굽이, 주춤서기에서 사용하며 손날 외산틀 막기도 있다.

(라) 손날 금강막기

손날로 얼굴과 아래를 동시에 막으며, 아래막기는 한 손날 아래막기와 같이 반대 어깨쪽에서 시작하여 막으며 얼굴 막기도 한 손날 얼굴막기와 같은 방법으로 반대쪽 옆구리에서 위로 얼굴을 막게 된다. 주로 주춤서기, 뒷굽이에서 많이 사용하며 팔목으로도 막을 수 있다.

(마) 손바닥 거들어 막기

상대가 강한 공격을 했을 때 팔의 바깥팔목에 손바닥을 대어 막는 기술이다. 막는 부위는 안팔목에 대고 팔높이는 어깨높이다. 주로 뒷굽이에서 많이 쓰이며 왼손바닥 거들어 막기와 오른손바닥 거들어 막기가 있다.

(바) 손날 막기

손날 몸통 막기가 기본이며 손날 아래 막기, 한손날 옆막기 등 응용동작이 있다. 한 손날을 반대편 목동맥까지 오게 하고 그 반대 손날은 팔굽을 약간 구부려 손등을 위로 향하게 하여 같은 쪽의 허리로 이동시켜 동시에 목동맥에 있던 손날은 공격을 막고 허리에 있던 손날은 명치 앞에서 팔굽을 들며 멈춘다. 이때 공격을 막는 손날과 어깨 사이의 각도를 90° 정도로 하고 손날은 얼굴 앞에서 멈추되 손등의 $\frac{2}{3}$ 정도가 눈으로 보이게 한다.

(사) 옆막기

안 팔목으로 옆에서부터 오는 공격을 막는 방법으로 바깥팔목 몸통 옆막기와 한손날 몸통 옆막기 등의 응용동작이 있다. 두 팔목을 가슴 앞에서 교차시켜 동시에 한 팔목은 옆으로 한 팔목은 허리로 오게 하여 막는 것이며 이때 주먹과 어깨 사이의 각도는 90°, 팔굽과 옆구리 사이의 각도는 22.5° 정도 되게 하는 것을 옆막기라고 한다.

(아) 엇걸어막기

두 팔목을 엇걸어 막는 것으로 아래막기와 얼굴막기 두 가지가 있다.

(자) 헤쳐막기

상대가 두 손으로 어깨와 가슴을 잡을 때 안 팔목이나 바깥팔목 또는 손날로 헤쳐 막는다.

(차) 산틀막기

좌우에서 동시에 공격하는 것으로써 주춤 서기로 서서 두 팔목으로 한꺼번에 막아내는 것이다. 팔굽을 직각으로 구부리고 머리와 두 팔의 모양은 (山)자 모양이 된다. 응용동작으로 외산틀 막기가 있다.

(카) 금강몸통막기

정면과 옆에서 동시에 공격해 오는 것을 막는 기술이다. 보통 뒷굽이로 서서 두 팔목으로 앞(얼굴)과 옆(몸통)을 함께 막는다. 응용 동작으로 금강 손날 몸통 막기가 있다.

4) 기본동작

태권도의 기초라 할 수 있는 기본동작은 대략 13가지로 분류한다. 단계별로 보자면...

1단계 : 기본준비서기, 주춤서 몸통지르기, 아래막기, 몸통반대지르기, 앞차기

2단계 : 손날바깥치기, 몸통막기, 옆차기, 손날막기

3단계 : 얼굴막기, 손날목치기, 돌려차기, 몸통바로지르기로 보통 분류한다.

이상의 기본동작들을 효과적으로 수련하기 위해서는

첫째, 동작의 변화를 하지 않아야 한다.

둘째, 한 동작을 완전히 몸에 익힌다.

셋째, 오랫동안 반복 연습하여 숙달시킨다.

넷째, 동작들을 정확한 자세로 수련하여야 한다.

다섯째, 동적(動的)인 수련도 효과적이다.

5) 차기

(1) 차기의 개념

'차기'란 무릎을 굽혔다가 펴는 힘 또는 다리를 움직여서 생기는 힘을 휘두르거나 순간적으로 내뻗어 힘을 내는 움직임을 뜻한다.

(2) 차기의 명칭

태권도의 차기는 상대가 위치한 공격 방향과 차는 모양을 본떠서 명칭이 지어진다.

① 상대가 위치한 공격 방향 앞, 옆, 뒤의 방향을 붙여서 앞차기, 옆차기, 뒤차기 등으로 부르고

② 차는 모양을 본떠서 돌리는 식으로 움직이면 돌려차기, 올렸다가 내리면서 차면 내려차기, 후리듯이 차면 후려차기 등으로 부른다. 여기에 추가로 몸 중심의 움직임에 따라 뛰어차기, 몸돌려차기 등으로 확장되기도 한다.

(3) 차기의 원리

① 끊어 차기의 원리 : 최소의 힘으로 최대의 위력을 발휘한다. 차기를 수행하는 과정에서 힘을 뺀 상태에서 순발력을 발휘하여 타격하는 순간에 힘을 집중시켜서 찬다. 끊어차기에 의해 힘의 낭비를 줄이고 속도를 증가시키며 타격력을 집중시킬 수 있다. 힘이 들어가는 느낌을 '0%(이완)~10%(발사)~100%(타격 시 완전 집중) - 10%(회수) - 0%(원상태)' 이런 식으로 해야 한다.

② 무릎 반동의 원리 : 스프링처럼 무릎을 접었다가 순간적으로 펴는 탄력으로 찬다. 모든 무술에서 발차기는 무릎의 반동을 중요시하지만, 태권도는 더욱더 중요하게 여긴다. 무릎의 반동을 이용하면 힘을 절약하면서 상대가 예측하기 어려운 변화무쌍한 기술을 구사할 수 있다는 장점이 있다. 그뿐만 아니라 상대와 맞붙은 좁은 공간에서도 차기를 할 수 있다. 차고 나서는 무릎을 펴는 탄력을 이용하여 재빨리 준비자세로 돌아가

도록 해야 한다. 첫 번째 끊어차기의 원리는 무릎 반동의 원리에 의해서 이루어지며 두 개의 원리를 통합적으로 이용해야 할 것이다.

③ 체중 이용의 원리 : 허리를 틀고 디딤발을 이동하여 체중을 실어서 강하게 찬다. 첫 번째, 두 번째 원리를 이용한 무릎 반동을 이용한 끊어차기의 타격력만으로는 강한 차기를 할 수가 없다. 마치 야구에서 투수가 손과 팔만 이용해서 공을 던져서는 빠른 공을 던질 수 없는 것과 같다. 즉 투수가 공을 던질 때 온몸의 회전을 이용하여 체중을 실어서 던지는 것처럼 차기에서도 허리를 틀어 주어 체중을 실어주면서 차야 한다.

④ 단축된 반경의 원리 : 목표물까지 최단거리로 움직여서 가장 빠르게 찬다. 공격 성패의 첫 번째 요인은 스피드라고 할 수 있다. 즉 가장 빠르게 찰 수 있는 것이 중요하다고 할 수 있겠다. 공격을 성공하는 빠른 차기를 하기 위해서는 움직이는 반경이 가장 짧아야 한다. 따라서 차기를 할 때 동작을 크게 하기보다는 자신의 발과 공격 목표와의 연장 선상에서 크게 벗어나지 않도록 동작을 취해야 한다.

⑤ 중심 이동의 원리 : 찬 발을 앞으로 디디면서 체중을 실어서 강하게 찬다. 중심 이동의 원리는 세 번째 체중을 이용하는 원리와 같은 이치에서 이루어진다. 즉 중심 이동과 허리를 트는 동작으로 체중이 실려 강한 힘을 발휘할 수 있다. 어떤 차기를 하든지 상대의 몸을 차야 하므로 다리가 앞으로 나가기 마련이다. 즉 속임발이나 스텝을 위한 차기가 아니라 상대를 가격하는 차기라면 당연히 상대의 몸에 맞도록 최대한 뻗어서 차고 자연스럽게 앞으로 나가면서 디뎌야 한다.

⑥ 실전과 같은 준비자세의 원리 : 연습은 실전처럼 실전은 연습처럼 한다. 빠르고 강한 차기는 정확한 준비자세에서 나온다. 그뿐만 아니라 상대의 공격을 피하거나 상대를 공격하기 위한 다리의 움직임도 정확한 준비자세에서만 빠르고 효과적으로 나올 수 있기 마련이다. 특히 혼자서 연습을 할 때도 가상의 적을 만들어 겨루고 있다는 느낌으로 연습하도록 한다.

⑦ 시선의 원리 : 상대의 모든 움직임을 보아야 한다. 훈련되지 않은 시각은 상대의 일면밖에 볼 수 없다. 그래서 상대의 공격을 알기 위해 다리를 쳐다보게 되는데 이것은 상대의 속임에도 넘어가기 쉬울 뿐만 아니라 상대의 페이스에 말려 자신의 기량을 제대로 발휘할 수 없게 된다. 시선은 상대의 마음을 읽기 위해 상대의 눈을 보는데, 굳이 눈을 보아야 할 필요는 없다. 그보다는 자신의 시선을 확장해서 상대의 온몸을 보아야 한다. 즉 상대의 눈에 초점을 맞추다가는 다리의 움직임을 파악할 수 없으므로 상대의 한 부분에 초점을 맞추지 말고 전체를 파악할 수 있는 시선을 유지해야 한다.

⑷ 차기시 발의 사용 부위

태권도는 신체의 단단한 부분인 뼈나 관절을 이용한 공격법으로 이루어져 있다. 차기에서도 별다른 훈련 없이도 사용할 수 있는 신체 부분을 공격수단으로 동원하여 그 효과를 극대화한다. 발뒤꿈치, 발바닥, 발앞꿈치, 발끝, 발날, 발등, 발목, 정강이, 무릎 등이 딱딱한 뼈와 살갗으로 되어 있어서 그 부분을 이용하여 강한 타격력을 낼 수 있다. 예전에는 발의 강한 부분인 앞꿈치, 뒤꿈치, 발날 등이 많이 사용되었으나 근육을 긴장하게 하여 차기의 속도가 떨어진다는 단점을 가지고 있었다. 그런데 최근에는 태권도가 경기화가 되면서 빠른 속도를 내기 위해 주로 발등이나 발바닥을 이용한 차기가 많이 이용되고 있다.

⑸ 차기를 할 때에는

① 정확한 동작으로 해야 한다.
② 빠른 동작으로 해야 한다.
③ 타격력을 증가시키도록 해야 한다.

⑹ 차기의 과정

발차기를 잘하려면 인체 골격의 가동범위 내에서 자연스럽게 움직이며 힘을 가해야 한다. 발차기에서 발은 디딤발과 차는 발로 나눌 수 있으며, 발차기시 디딤발의 바닥이 지면에 닿아 고정되어있는 상태에서는 발차기가 어려우며 설령 찬다 해도 가격거리가 짧고 힘을 제대로 전달하기가 어렵다. 디딤발을 고정한 채 차는 발차기는 상대의 낭심을 올려 차는 앞차기 외에는 없다고 할 수 있다.

① 중심이동과 체중이용- 발차기를 할 때는 디딤발의 뒤꿈치를 약간 들어 앞꿈치로 중심을 잡고 안쪽으로 틀어주면서 디딤발쪽의 골반을 넣어주며 중심을 유지하면서 차면 허리의 회전력과 디딤발 쪽의 고관절이 나아가는 힘과 대퇴부의 회전력 그리고 무릎의 스냅을 이용하여 빠르면서도 강한 발차기를 할 수 있다. 야구에서도 손목과 팔굽의 스냅만을 이용하는 경우와 전신을 이용하는 투구는 엄청난 힘의 차이가 있는 것처럼 발차기에서도 온몸을 효과적인 운동 방향과 운동 강도로 이용하면 더욱 강한 힘을 낼 수 있다.
② 균형 - 발차기를 할 때는 차는 발쪽의 어깨가 나가며 몸의 균형을 잡으며 얼굴과 상체가 앞뒤로 흔들림 없이 곧게 서서 차야 한다. 물론 겨루기 시에는 상황에 맞추어 다르게 응용이 될 수 있다.

③ 관통 - 발차기 연습 시에는 목표를 정확하고 빠르고 강하게 가격을 하며 목표를 약간 관통해서 차도록 한다. 파괴력을 높일 수 있고 옆으로 피하는 경우에도 가격을 할 수 있다.

④ 몸 돌려차기 - 몸을 뒤로 돌려차는 발차기에서는 디딤발이 돌아갈 때 상체도 같이 따라 돌게 되며 차는 발은 디딤발의 무릎 안쪽을 스쳐 지나가며 차는 발쪽의 엉덩이가 다리와 함께 나가며 발을 차게 된다. 회전 앞돌려차기처럼 몸을 앞으로 돌려서 차는 발차기는 디딤발이 돌아갈 때 몸을 똑바로 세운 채로 빠르게 약 200도 정도를 돈 후에 몸을 띄워서 차도록 한다. 몸을 돌기도 전에 뛰어서 차는 것은 동작이 크고 느리며 빠르게 몸을 돈 후에 몸을 띄워서 차는 발차기는 빠르고 정확하게 찰 수 있다. 몸을 뒤로 돌려차는 발차기나 몸을 앞으로 돌려차는 발차기 모두 빠르고 정확한 회전이 중요한데, 이를 위해 몸을 세우고 발을 돌면서 상체를 돌리는데 이때 도는 쪽으로 어깨를 빠르게 당겨주며 차게 되면 회전이 빠르며 중심이 틀어져 흔들리지 않고 찰 수 있다.

(7) 발차기할 때의 유의할 점

사람은 대개 오른쪽이나 왼쪽 중 한 부분을 다른 부분보다 잘 사용한다. 그래서 자기가 잘 사용하는 발이 있으며 그 발을 주로 연습하게 된다. 잘 되니까! 하지만 짝발(한쪽만 잘 차는 불균형 상태) 이 되기 쉬우며 그로 인한 불균형 상태는 그 다리와 그쪽의 허리와 등부분 심지어는 목에까지의 이상 발달과 척추를 둘러싼 근육의 불균형으로 인한 척추의 이탈은 척추로 통과하여 각 장기로 흐르는 신경선이 압축을 유발할 수 있다. 이것은 운동을 오래 할 수 없을 뿐만 아니라 갖가지 신체의 질병을 가져올 수 있다. 그러므로 항상 몸을 이완된 상태에서 순간적으로 힘을 가하여 연습하여 몸이 굳지 않고 유연하게 유지하여야 하며 왼발 오른발 돌아가면서 균형적인 연습을 해야 할 것이다.

◎ 발차기의 실제 연구

(1) 앞차기

① 차는 방법, 사용부위, 공격목표

앞차기는 무릎관절을 완전히 오므렸다가 쭉 펴서 차며, 찰 때의 높이는 무릎의 높이로 조절한다.

ⓐ 몸의 움직임에 따라 : 앞차기의 움직임은 디딤발의 움직임이 없이 몸이 완전히 정면을 향한 채 차는 것과 디딤발이 돌아가 몸이 앞으로 나가면서 차는 두 가지의 움직임이 있다. 첫 번째의 앞차기는 가까운 거리에서 낭심이나 턱을 올려 찰 경우에 쓰이지만, 골반이 앞으로 나가지 않기 때문에 타격 거리가 짧아 조금 떨어진 상대를 차기

는 어렵다. 그러나 두 번째의 앞차기는 낭심이나 턱을 올려 찰 수 있을 뿐만 아니라 몸통을 내질러(올려차기와 밀어차기의 중간형태) 찰 수도 있으며 골반과 몸이 앞으로 나가며 차므로 조금 떨어진 상대에게도 가격을 할 수 있다.

-동작방법 : 올려차기, 내질러차기

ⓑ 차는 방식에 따라서

앞차기는 무릎을 펴면서 발등으로 낭심이나 턱을 수직으로 올려차는 방법과 다리를 들어올려 발바닥으로 상대의 몸을 밀어차는 밀어차기 이 둘의 중간형태인 앞꿈치로 복부나 명치에 내질러차는 (올려차기와 밀어차기가 결합한) 방식이 있다. 전통적인 앞차기는 디딤발의 움직임 없이 무릎의 반동으로 올려차는 형태의 발차기였으나 발차기의 사정거리나 타격력에 디딤발을 움직여 중심을 이동하면서 올려차거나 내질러차는 형태의 앞차기가 더 발전한 형태라고 생각한다. 물론 상황에 맞게 선택해서 사용해야 할 것이다.

② 태권도 겨루기에서는 몸을 측면으로 돌려서 서기 때문에 앞차기의 짧은 타격 거리와 올려차는 타격 방식으로 인해 거의 사용되지 않는다.

③ 유의할 점 : 차는 발이 몸의 바깥쪽으로 벗어나지 않도록 한다.

④ 변화 및 응용 :

ⓐ 뛰어 앞차기 : 오른발 뛰어 앞차기의 경우 왼발을 먼저 들어올린 후 차려는 발로 뛰어올라 몸을 공중에 띄운 다음에 뛰어 오른발로 찬다.

ⓑ 두발당성 앞차기 : 뛰어 앞차기와 같은데, 먼저 앞차기를 하고 그 발이 땅에 떨어지기 전에 땅에 있는 발로 뛰어올라서 찬다.

ⓒ 무릎 굽혀 앞차기 : 가까이에 붙어 있는 상대를 무릎을 굽히고 발앞꿈치를 세운 채 빠르게 들어 올려 찬다.

⑤ 타 무술에서는 : 가라테에서는 첫 번째 방식인 디딤발을 완전히 땅에 밀착한 채 무릎의 반동을 이용해서 차며 짧은 사정거리와 약한 타격력 때문에 적극적인 공격보다는 견제를 위한 차기로 사용된다고 할 수 있겠다. 무에타이에서는 태권도의 밀어차기와 유사하게 앞차기를 사용한다. 이것은 태권도가 측면으로 서서 겨루지만, 무에타이는 정면으로 서서 겨루기 때문에 상대의 공격을 저지하기 위한 카운터 공격으로 주로 사용된다고 생각한다.

(2) 앞돌려차기

① 사용부위와 공격목표

앞꿈치, 발등, 발목, 정강이로 몸통(아랫배, 명치, 옆구리), 머리(목, 턱, 관자놀이)를 찬다. 강한 돌려차기를 위해서 발을 쭉 핀 발등과 정강이의 사이가 적당하다고 생각한다. 보통은 발등으로 찬다는데 샌드백을 발등으로 차보면 발목에 상당한 무리가 갈 뿐 아니라 발등에는 강한 뼈나 근육이 별로 없어서 약간의 충격에도 모세혈관들이 파열해서 멍이 들기 쉽다는 것을 알 수 있을 것이다. 가격 부위가 머리처럼 차기의 반작용이 약한 부위는 상관없지만, 몸통의 경우에는 가격한 사람의 발목이 다칠 수도 있으므로 정강이와 발등의 사이 즉 발목에 걸쳐서 차는 것이 강한 힘을 내면서 안전하게 찰 수 있다고 생각한다. 앞꿈치로 차는 것처럼 차는 방법도 있는데 정강이 앞쪽의 근육이 수축하여 있어서 근육이 이완된 발을 편 상태의 차기보다는 스피드는 느린 편이지만 머리의 관자놀이나 몸통의 옆구리, 갈비뼈 등에 맞으면 아주 치명적으로 생명을 앗아갈 수도 있는 발차기가 될 수 있다.

② 차는 방법 :

ⓐ 앞차기처럼 무릎관절을 완전히 오므려 올린 다음

ⓑ 몸을 비틀어 허리를 넣으면서 다리를 쭉 펴서 찬다. 이때 디딤발은 앞꿈치를 축으로 약 150도 정도 앞으로 나가 몸을 앞쪽으로 이동시켜 사정거리와 타격 시의 힘을 증가시킨다. 발을 쭉 뻗으며 찰 때는 차는 동시에 잡아당기는 기분으로 차면 더욱 빠르고 강하게 찰 수 있다. (E=mc2 에너지의 크기는 무게와 속도 제곱의 곱이므로 속도가 매우 큰 부분을 차지한다고 할 수 있다.)

전통적인 돌려차기는 위에서 설명한 앞차기처럼 들어 올리지 않고 무릎을 옆으로 들어 올린 후에 회전하여 찬다. 하지만 예비동작을 통해 미리 무슨 차기인지 예측하기 쉬우며 (일명 텔레폰 킥킹) 스피드 또한 느리다. 파워도 상당히 강할 것 같으나 앞에서의 발차기는 디딤발의 이동과 허리의 비틀림 그리고 무릎의 스냅으로 빠르고 순간적인 힘을 낼 수 있지만, 몸의 회전력을 이용하여 타격력을 높이기는 하나 빠르고 순간적인 힘을 내기는 힘들다는 특징이 있다.

본인의 생각은 이 두 가지 발차기의 장점인 타격력과 스피드를 살릴 수 있는 다리를 들어 올릴 때 옆으로 약간 들어 올린 상태에서 차기를 실시하여 회전력과 디딤발의 이동과 허리의 비틀림 그리고 무릎의 반동을 이용하는 것이 좋겠다. 타격 시에는 목표를 조금 더 관통하여 차야만 타격력이 높아지며 상대가 옆으로 약간 피했을 경우에도 가격을 할 수 있다.

③ 변화 및 응용 :

ⓐ 뛰어 앞돌려차기 : 뛰어 앞차기와 유사하게 다리를 들어 올린 후 땅에 있는 발로 뛰어 몸을 띄어 공중에서 앞돌려차기를 한다.

ⓑ 나래차기 : 두발 당성 돌려차기라고도 하며 먼저 돌려차기를 한 발이 땅에 떨어지기 전에 바로 돌려차기를 한다. 아주 빨리 차도록 한다.

ⓒ 돌개차기 : 몸 돌려 앞돌려차기라고도 하며 몸을 돌려 회전력을 이용해서 뛰어 앞돌려차기를 한다.

④ 다른 무술에서의 앞돌려차기 :

무에타이에서는 정강이로 돌려차는 데 힘의 동력은 발을 휘감아 돌리는 원심력이다. 원심력을 극대화 시키기 위해 몸의 중심이 디딤발이 아닌 타격해나가는 발에 실리게 되며, 또한 원의 반지름을 길게 해서 원심력을 강화하기 위해 무릎을 조금만 접은 채로 나간다. 정강이의 뼈가 마치 도끼처럼 날이 서 있어서 막기를 하는 팔이나 다리를 부러뜨릴 정도로 강력하지만 타격 거리가 짧고 느리고 상대가 공격을 피했을 때 자신의 중심이 공격하는 발에 있으므로 중심을 잃기 쉽다. 가라테에서는 타격부위는 주로 앞축을 이용하고 힘의 동력은 무릎의 반동이며 앞축에 힘이 집중되므로 파괴력이 강하지만 허리를 깊이 넣지 않기 때문에 사정거리가 짧고 연결동작이 상대적으로 느리다는 단점이 있다.

(3) 옆차기

다른 차기에 비해 비교적 속도가 느려 겨루기에서 많이 사용되지는 않지만 가장 멋있고 강한 차기라고 할 수 있다.

① 사용 부위와 공격목표

발날, 발뒤꿈치 그리고 발바닥을 사용하여 가격한다. 발날은 가격 부위가 작은 만큼 파괴력도 강하다. 가격을 하는 순간 발날을 세우면 종아리와 허벅지 뒷부분 그리고 차는 다리쪽의 등근육과 목근육이 강하게 수축하게 되며 그로 인해 강한 힘을 낸다. 그러나 무겁거나 단단한 것을 발날로 가격할 경우엔 발목이 다치기 쉽다. 실제 이준구씨로부터 태권도의 발차기를 배워 옆차기의 달인이라 불리는 이소룡의 경우도 발바닥으로 매우 강하게 타격을 한다.

② 차는 방법

무릎을 접어 가슴쪽으로 많이 끌어당긴 후 허공을 강하게 밟듯이 내지르며 마지막 가격 순간에는 발날을 세우되 뒤꿈치가 조금 위쪽으로 가도록 하여 찬다. 이때 시선은 가격하는 상대를 보고 있어야 한다. 차는 순간 무릎이 최대한 펴지게 뻗어야 하며 허리를 틀어서 차도록 한다. 앞에서 보면 두 발끝을 잇는 몸의 자세가 일직선이 되도록 엉덩이 부위가 튀어나오지 않게 한다.

③ 공격목표

몸통(배, 명치 및 옆구리) 및 얼굴을 공격한다.

④ 변화 및 응용기술

한걸음 옆차기, 뛰어 옆차기, 뛰어모둠발옆차기

(4) 내려차기

내려차기의 명칭은 찍기, 내려찍기 등 다양하지만 여기서는 내려차기를 사용하도록 하겠다. 이 내려차기는 돌려차기 뒤차기와 함께 다른 무술에 비해 태권도에서 훨씬 자주 쓰이며 독특한 발차기이다. 내려차기는 위헤서 아래로 공격하기 때문에 상대가 막기가 어렵다는 장점이 있지만 들어 올리고 내리는 두 동작으로 이루어져 있어서 스피드가 느리고 상대가 예측하기 쉽다는 단점이 있다. 하지만 상황에 따라 잘 사용한다면 아주 위력적인 발차기가 될 수 있다.

① 공격목표 : 얼굴, 어깨(쇄골부분)을 차며 무게가 실렸을 경우 쇄골이 부러지는 매우 강한 위력을 가지고 있다.

② 사용부위 : 발바닥이나 발뒤꿈치로 차며 발뒤꿈치로 차는 경우 매우 강한 타격력을 낼 수 있지만 보통 경기에서는 발바닥으로 찬다.

③ 차는 방법

내려차기는 차는 움직임 따라.....

ⓐ 접어서 들고 펴서 접으면서 차는 방법

ⓑ 접어서 들고 펴서 내려차는 방법

ⓒ 펴서 들고 그대로 내려차는 방법

이렇게 세 가지 정도로 나눌 수 있으며 정확하게 어떻게 찬다고 이야기가 힘들다. 이것은 태권도가 실전으로의 태권도와 경기로의 태권도로 이분화되는 과정에서 파워나 스피드 중 하나를 더욱 중시하는 과정에서 예전 즉 겨루기가 지금처럼 발달하기 이전의 전통적인 발차기와 스피드를 좀 더 내기 위해 연구되어 시행되는 겨루기식의 발차기로 나뉘어 있으므로 힘과 속도를 조화롭게 내는 방법을 몸에 익혀야 할 것으로 생각한다.

본인이 생각하기엔 ⓑ번과 ⓒ번의 혼합된 상태 즉, ⓓ 들어 올릴 때는 무릎에 힘을 빼고 자연스럽고 빠르게 들어 올려서 ⓔ 최정상의 지점에서 힘을 폭발시키면서 쭉 뻗어서 내려찬다.

무릎을 뻣뻣하게 펴고 들면 힘만 들고 스피드도 파워도 약해지며, 들어 올릴 땐 힘을 빼고 자연스럽게 들어 올리면 다리가 약 45도 정도 구부러진 상태로 들어 올려지게 되어있다. 다리를 들어 올릴 때는 앞차기처럼 빠르게 들어올려야 예비동작으로 인해 상대로 예측되지 않을 것이며 차고 나서의 동작은 발이 땅바닥에 철퍽하고 떨어지지 않도록 강하게 내려 차다 상대의 허리 이하의 지점에서는 힘을 빼며 부드럽게 발을 내려주도록 한다. 그렇지 않으면 발차기 후에 상대에게 반격을 당하기가 쉽다.

④ 변화 및 응용

내려차기를 할 때 앞차기에서처럼 디딤발을 이동하지 않고 차기도 하지만 디딤발을 돌리면서 몸을 앞으로 나가면서 찰 수도 있다. 이것은 상대의 반격을 어렵게 하며 (몸이 정면서기에서 측면서기로 전환) 타격거리가 늘어나며 몸이 앞쪽으로 나가기 때문에 힘도 더욱 실을 수 있으나 앞으로 나가면서 차는 동작이 다 그렇듯이 차고 난 후에 바로 움직이지 못해 반격을 당하기가 쉽다. 하지만 위에서 설명했듯이 허리 이하를 지날 때는 힘을 빼서 가볍게 내려놓으며 대비를 한다면 상대의 반격에 다시 반격할 수도 있다.

⑤ 타 무술에서의 내려차기

내려차기는 태권도만의 독특한 차기라고 할 수 있지만 요즈음에는 다른 무술들에서도 내려차기를 많이 받아들여 사용하고 있다. 각 무술의 독특한 품격을 지키면서 다른 무술들의 좋은 기술들을 들여와 자기 무술화하는 것은 무술의 발전에서 아주 중요한 것이라 할 수 있다.

(5) 뒤차기

국기 태권도 교본에서는 마치 말이 뒤를 차는 것처럼 강하게 차며 몸은 앞쪽을 향하는 것으로 설명되어 있다. 적이 뒤에서 공격해올 경우가 아닌 앞의 적을 찰 경우 몸을 돌려 즉 앞쪽의 상대를 자신의 몸을 돌려 뒤쪽으로 위치하게 한 다음 뒤차기를 실시한다.

① 사용부위와 공격 목표

뒤꿈치와 발바닥으로 몸통이나 얼굴을 가격한다.

② 차는 방법

ⓐ 먼저 머리와 몸을 돌리며 다리를 접어들어 올린다. 이때 상대가 뒤에 위치하게 된다.

ⓑ 들어올린 발을 쭉 펴서 찬다. 이때 시선은 상대를 바라보는 것이 바람직하며 디딤

발은 약 200도 정도의 회전을 하며 몸과 함께 앞쪽으로 조금 나아간다. 디딤발이 약 200도 정도 회전하는 것은 몸이 자연스러운 상태에서 차게 되도록 하며, 앞쪽으로 나아가는 것은 차는 힘과 체중이 함께 앞으로 작용하게 하기 위해서이다. 뒤차기는 빠르고 강하게 찰 수 있어서 겨루기에서 받아차기로 많이 쓰이며, 뛰어오르며 뒤차기를 하는 것 또한 자주 사용된다. 뒤차기는 뒤돌아 옆차기 구별이 되기도 하지만 혼용되어 쓰이기도 한다. 하지만 힘의 정확한 전달을 위해서는 뒤차기를 정확하게 사용해야 할 것이다.

③ 유의할 점

차는 발이 이동할 때 디딤발의 옆을 스칠 듯이 나가면서 찬다. 이때 차는 발의 발가락 부분이 아래쪽으로 45도 비스듬히 되도록 한다. 시선은 어깨너머로 상대를 주시해야 한다.

④ 타 무술에서의 뒤차기

무에타이에는 뒤차기가 없으며 가라테에서는 뒤에 있는 상대를 차는 뒤차기가 있다. 태권도가 경기화가 되면서 상대의 공격을 받으면서 차기 위해 뒤차기가 많이 사용되었으며 실제 가장 강하고 위력적인 발차기로 발전하였다.

(6) 후려차기

① 사용부위와 공격목표는 발바닥으로 얼굴을 공격한다.

② 차는 방법

ⓐ 차는 발의 무릎을 접었다가 원을 그리듯 펴면서 찬다.

ⓑ 펴면서 찬 발을 가격 후 무릎을 접어 힘을 더한다. 마치 발로 따귀를 때리는 것과 유사하며 다른 차기들에 비해 강한 타격을 하기는 어렵다.

(7) 뒤후려차기

뒤후려차기는 회축, 뒤후리기 등으로 불리며 가장 정확한 명칭은 몸돌려 뒤후려차기이다.

① 사용부위와 공격목표

뒤쪽 다리의 발바닥 및 뒤꿈치로 상대의 얼굴을 주로 공격한다. 몸통이나 상대의 다리를 걸어서 넘어뜨릴 수도 있다.

② 차는 방법

ⓐ 몸을 돌리며 다리를 쭉 펴서 차는 방법과

ⓑ 몸을 돌리며 다리를 접어서 들어 뒤차기처럼 쭉 뻗은 후 확 감아서 차는 방법이 있다. 이때 빠르게 차기 위해서는 머리와 몸을 먼저 돌린 후 다리를 들어올려야 몸의 중심을 잘 잡을 수 있으며 빠르게 찰 수도 있다.

첫 번째 방법은 강한 힘을 발휘할 수 있으나 동작이 커서 속도가 느리고 상대가 알아차리기 쉬우며, 두 번째 방법은 빠르고 정확하게 찰 수 있으나 타격력은 조금 떨어진다고 할 수 있다. 앞후려차기와 차기의 원리는 같으며 몸을 뒤로 돌리는 회전력을 이용하기 때문에 아주 강한 타격력을 가지고 있으며 상대의 공격에 대한 받아차기로 많이 사용된다.

몸을 돌릴 때는 시선, 고개, 어깨 그리고 몸통, 허리가 순식간에 돌며 다리는 옆차기처럼 들어 올려 목표에 도달하기 전 지점으로 뒤차기를 하듯이 펴서 회전력과 다시 무릎을 접는 힘으로 찬다. 물론 꼭 이렇게 해야 한다고 정해진 것은 아니지만, 다리를 펴서 후려 차는 뒤후려차기의 힘과 뒤차기처럼 차서 무릎을 접어서 차는 뒤후려차기의 스피드를 적당히 조절해서 사용해야 할 것이다.

③ 유의할 점

몸을 뒤로 돌려찬다는 점에서 뒤차기와 유사한 면이 있는데, 돌 때 몸을 기울이지 않고 세워서 돈 후에 차야 할 것이다. 빠르게 돌면서 균형을 잃지 않게 하려고 이처럼 하도록 한다.

④ 변화 및 응용

ⓐ 뛰어 뒤후리기

ⓑ 540도 뛰어 뒤후리기

태권도 겨루기에서는 하단 공격이 허용되지 않지만 뒤후려차기를 몸을 낮춰 상대의 다리를 공격한다면 단번에 쓰러트릴 수도 있다.

◎ 응용발차기

응용발차기는 기본발차기에서

① 몸의 이동방향

② 발딛기

③ 뛰어차기 유무

④ 두발거듭차기 등

위와 같은 요인들에 의해 수많은 응용발차기로 확장된다. 특히 겨루기에서의 발딛기(스텝)과 관련해서는 엄청나게 많은 응용발차기가 된다.

(1) 두발 당상 앞차기-두발 거듭앞차기 등..

앞차기의 응용기술로 공중에 뛰어올라 땅에 떨어지기 전에 앞차기를 두 번 한다.

(2) 나래차기-두발거듭돌려차기 등..

차는 방법:

① 돌려차기의 응용기술로 돌려차기한 후 찬 발이 땅에 떨어지기 전에 아주 빠르게 다른 발로 돌려차기를 한다.

② 위로 뛰어오르는 것이 아니라 앞쪽을 나가며 거리를 조절하여 두발 모두 찰 수도 있고, 첫발은 속임, 두 번째 발이 실제 차기가 되도록 찰 수도 있다.

③ 거의 땅을 스치듯이 나아가면서 찬다.

④ 나래차기 후에 바로 다른 차기를 연속으로 할 수 있어야 한다.

(3) 돌개차기-몸돌려 뛰어 앞돌려차기, 뛰어 360도 회전 돌려차기, 턴차기 등

돌개차기는 몸을 돌려 뛰어서 회전력을 이용하여 돌려차는 것으로 이루어지는 형태에 맞게 많은 이름이 있지만 마치 돌개바람이 부는 것처럼 돌아서 찬다고 돌개차기라고 한다. 돌개차기는 겨루기에서 몸통 뒤후리기 후 그 발이 떨어지기 전에 다른 발로 돌려차기를 하는 기술에서 뒤후리는 동작을 생략하고 빨리 몸을 돌아서 돌려차는 기술로 발달한 차기라고 한다. 상대가 멀리 떨어져 있을 때 사용할 수 있지만 한번 몸을 돌린 후 차기 때문에 조심해서 사용해야 한다.

차는 방법:

① 뒤후리기를 하듯이 무릎을 접어들어서 몸을 돌린 후

② 접어 들어 올린 발을 땅에 내려놓으면서 땅에 있던 발로 차고 나가 돌려차기를 한다.

9. 호신술 지도

1) 호신술이란?

태권도 수련을 통하여 배운 기본동작과 발차기의 기술, 품새의 실전적인 응용동작 등의 기술들을 고도의 집중력과 빠른 순발력, 자신감으로 우리의 일상생활 가운데 언제나

뒤따르는 외부로부터의 여러 가지 위해로 자기의 몸을 능동적으로 보호하기 위한 수단이며 태권도를 수련하는 과정에서 습득한 기술과 인체의 해부학적인 근거에 따라 가장 쉽고 가까운 곳에서 가장 합리적인 방법으로 자기의 몸을 보호하고 나아가서는 상대를 제어하는 방법이며 태권도의 한 기술체계라 할 수 있겠다.

2) 호신술의 목적

생존경쟁 속에 살아가는 우리의 일상생활 속에 끊임없는 싸움과 정당하면서도 폭력에 의하여 억울하게 침해당하는 경우 등 외부로부터 공격이나 위험에서 자기 자신을 보호하고 방어하며 나아가 상대를 제압하여 자신을 지켜내며 가족과 위기에 처해있는 타인을 구할 수 있는 태권도 정신에 따라 심신을 수련하는 데 있다.

3) 호신술의 역할과 기능

① 위험으로부터의 전신적인 자신감
② 실전과 같은 집중력과 스피드, 정확한 판단력 수련
③ 상대의 힘을 이용할 줄 아는 중심의 이동, 힘의 응용력
④ 다양한 공격에 빠르게 대응할 수 있는 반응감각
⑤ 폭력으로부터의 자기방어 능력

4) 태권도 호신술을 위한 기본과정

(1) 유형별 종류

① 한번겨루기
② 세번겨루기
③ 앉아겨루기
④ 자유겨루기
⑤ 무기겨루기

(2) 주의점

호신술을 지도할 때 처음엔 구분된 동작으로 상대와 맞추어 충분히 연습이 된 후 점차적으로 숙달이 되면 호흡을 맞추어 실전과 같이 빠르게 연습한다. 특히 연습 시 공격자는 무리하게 찬다든지 꺾는 다는지 하면 부상에 위험이 따른다. 또한, 상대도 안 넘어지려고 무리하게 버티지 말고 부드럽게 흐름과 타이밍을 맞출 수 있도록 주의를 기울여야 한다.

■ 초급

≪주먹몸통공격≫

① 공격자 - 오른발 뒤로 빼며 아래막기(기합)
반격자 - 기합(공격하라는 신호)
공격자 - 뒷발 전진하며 앞굽이 몸통반대지르기
반격자 - 오른발 45도 옆으로 빠지면서 주춤서기 왼손날 막고 몸통지르기 2회(기합)

② 공격자 - 오른발 뒤로 빼며 아래막기(기합)
반격자 - 기합(공격하라는 신호)
공격자 - 뒷발 전진하며 앞굽이 몸통반대지르기
반격자 - 오른발 45도 옆으로 빠지면서 주춤서기 오른손날 안막기 왼, 오른주먹 2회(기합)

③ 공격자 - 오른발 뒤로 빼며 아래막기(기합)
반격자 - 기합(공격하라는 신호)
공격자 - 뒷발 전진하며 앞굽이 몸통반대지르기
반격자 - 오른발 45도 옆으로 빠지면서 주춤서기 왼손날막고 오른손날 목치고 왼주먹 몸통 오른주먹 얼굴(기합)

≪주먹얼굴공격≫

④ 공격자 - 오른발 뒤로 빼며 아래막기(기합)
반격자 - 기합(공격하라는 신호)
공격자 - 뒷발 전진하며 앞굽이 얼굴반대지르기
반격자 - 오른발 45도 옆으로 빠지면서 주춤서기 왼주먹 몸통지르고 동시에 왼손날 손목막고 오른주먹 인중공격(기합)

⑤ 공격자 - 오른발 뒤로 빼며 아래막기(기합)
반격자 - 기합(공격하라는 신호)
공격자 - 뒷발 전진하며 앞굽이 얼굴반대지르기
반격자 - 왼발 뒤로 뒷굽이 오른 한손날 몸통막기 왼발 뒤로 돌아 왼 팔굽 뒤치기(기합)

≪발차기이용≫

⑥ 공격자 - 오른발 뒤로 빼며 아래막기(기합)
반격자 - 기합(공격하라는 신호)
공격자 - 뒷발 전진하며 앞굽이 얼굴반대지르기
반격자 - 오른발 45도 옆으로 빠지면서 주춤서기 왼 바탕손 안막기 오른발로 상대의 앞발 옆 무릎을 옆차기로 찧듯이 찬다.(기합)

⑦ 공격자 - 오른발 뒤로 빼며 아래막기(기합)
반격자 - 기합(공격하라는 신호)
공격자 - 뒷발 전진하며 앞굽이 얼굴반대지르기
반격자 - 오른발 뒤로 왼 앞굽이 왼 얼굴막기 오른발 앞차기(기합)

⑧ 공격자 - 오른발 뒤로 빼며 아래막기(기합)
반격자 - 기합(공격하라는 신호)
공격자 - 뒷발 전진하며 앞굽이 얼굴반대지르기
반격자 - 왼발을 뒤로 공격을 흘리고 뒤로 돌아 뒤차기(기합)

⑨ 공격자 - 오른발 뒤로 빼며 아래막기(기합)
반격자 - 기합(공격하라는 신호)
공격자 - 뒷발 전진하며 앞굽이 얼굴반대지르기
반격자 - 오른발 45도 옆으로 빠지면서 공격을 피하고 오른발 돌려차고 오른발 이어서 내려찍기(기합)

⑩ 공격자 - 오른발 뒤로 빼며 아래막기(기합)
반격자 - 기합(공격하라는 신호)
공격자 - 뒷발 전진하며 앞굽이 얼굴반대지르기
반격자 - 오른발 45도 옆으로 빠지면서 왼 한손날 막고 상대손목 잡고 오른주먹 지르고 팔굽 돌려치기를 몸통, 얼굴연속 3~4회 공격(기합)

※ 응용 : 위의 방법을 왼 주춤서기로도 연습하고 다른 기본동작도 활용

※ 주의 : 키나 체형에 따라 보폭이 달라지므로 거리조정에 초점을 두어 지도한다. 공격자보다 예측하여 동작하지 않도록 주의하며 반격이 시작되면 신속하고 정확하게 동작이 이루어지도록 지도 바람.

▣ 중급

≪공-주먹몸통공격, 반-팔굽치기≫

① 공격자 - 오른발 뒤로 빼며 아래막기(기합)

반격자 - 기합(공격하라는 신호)

공격자 - 뒷발 전진하며 앞굽이 몸통반대지르기

반격자 - 왼발 뒤로 오른손날 몸통 막고 상대팔목 잡아당기며 뒷발이 등 뒤로 돌아 팔굽 뒤치기(기합)

≪공-주먹몸통공격, 반-반달차기≫

② 공격자 - 오른발 뒤로 빼며 아래막기(기합)

반격자 - 기합(공격하라는 신호)

공격자 - 뒷발 전진하며 앞굽이 몸통반대지르기

반격자 - 왼발 뒤로 오른앞발 반달차기 뒷발 뒤후려차기(기합)

≪공-몸통지르기, 반-무릎치기≫

③ 공격자 - 오른발 뒤로 빼며 아래막기(기합)

반격자 - 기합(공격하라는 신호)

공격자 - 뒷발 전진하며 앞굽이 몸통반대지르기

반격자 - 오른발 45도 옆으로 빠지면서 왼 손날 막기 오른손 손날목치기 후 머리잡고 당겨 무릎치기(기합)

≪공-얼굴공격, 반-비틀어차기≫

④ 공격자 - 오른발 뒤로 빼며 아래막기(기합)

반격자 - 기합(공격하라는 신호)

공격자 - 뒷발 전진하며 앞굽이 얼굴반대지르기

반격자 - 준비자세에서 왼발 비틀어차기 오른발돌려차기(기합)

≪공-얼굴공격, 반-넘어뜨리기≫

⑤ 공격자 - 오른발 뒤로 빼며 아래막기(기합)

반격자 - 기합(공격하라는 신호)

공격자 - 뒷발 전진하며 앞굽이 얼굴반대지르기

반격자 - 오른발 뒤로 앞굽이 얼굴막기 손목잡고 오른발 전진상대앞발을 걸어오른 팔굽돌려 치고 넘어뜨린 후 주먹공격(기합)

⑥ 공격자 - 오른발 뒤로 빼며 발차기 준비(기합)
반격자 - 기합(공격하라는 신호)
공격자 - 뒷발 돌려차기
반격자 - 오른발 45도 옆으로 빠지면서 왼손으로 상대발차기 걸어 올려 잡고 오른발로 상대의 발을 걸어 넘어뜨려 발차기로 낭심 공격(기합)

⑦ 공격자 - 오른발 뒤로 빼며 발차기 준비(기합)
반격자 - 기합(공격하라는 신호)
공격자 - 뒷발 앞발에 붙여나가며 오른주먹 지르기
반격자 - 오른발 나가며 몸을 숙이고 상대의 오금을 잡아 넘어뜨리고 주먹공격(기합)

⑧ 공격자 - 오른발 뒤로 빼며 아래막기(기합)
반격자 - 기합(공격하라는 신호)
공격자 - 뒷발 전진하며 앞굽이 얼굴반대지르기
반격자 - 오른발 뒤로 상대공격 흘려보내며 두 손으로 상대 팔목을 잡아당겨 왼발을 축으로 회전하며 넘어뜨린다.(기합)

≪공-돌려차기, 반-몸회전공격≫
⑨ 공격자 - 오른발 뒤로 빼며 발차기 준비(기합)
반격자 - 기합(공격하라는 신호)
공격자 - 뒷발 돌려차기
반격자 - 오른발 45도 빠지면서 왼발을 옮기며 몸을 회전하여 오른손날로 목치고 왼발 돌려차기(기합)

≪공-앞차기, 반-하단후리기≫
⑩ 공격자 - 오른발 뒤로 빼며 아래막기(기합)
반격자 - 기합(공격하라는 신호)
공격자 - 뒷발 앞차기
반격자 - 오른발 뒤로 왼 바탕손 막고 신속하게 앉으며 상대의 하단을 후려 찬다(기합)

※ 응용 : 마지막 공격에 다양한 동작들을 이용한다.

※ 주의 : 반격자의 공격에 상해를 입지 않도록 주의한다.

연결되는 공격에 중심의 이동이 정확히 이루어지도록 연습이 필요하다. 피하는 동작에서 거리를 너무 멀리 가지 않도록 주의를 시킨다.

▣ 고급

≪공-몸통지르기, 반-발걷어내기≫

① 공격자 - 오른발 뒤로 빼며 아래막기(기합)

반격자 - 기합(공격하라는 신호)

공격자 - 뒷발 전진하며 앞굽이 몸통반대지르기

반격자 - 오른발 뒤로 왼 한손날 얼굴 막고 막은 손으로 상대의 손을 당기며 상대앞발을 안으로 걷어낸다(기합)

≪공-얼굴지르기, 반-목, 가슴밀어내기≫

② 공격자 - 오른발 뒤로 빼며 아래막기(기합)

반격자 - 기합(공격하라는 신호)

공격자 - 뒷발 전진하며 앞굽이 얼굴반대지르기

반격자 - 왼발이 전진하여 상대 앞발 뒤에 놓고 왼손날 바깥 막기와 같이 오른손으로 상대의 목, 가슴을 밀어 넘기고 주먹공격(기합)

≪공-얼굴지르기, 반-목감아꺽기≫

③ 공격자 - 오른발 뒤로 빼며 아래막기(기합)

반격자 - 기합(공격하라는 신호)

공격자 - 뒷발 앞발에 붙여나가며 오른주먹 지르기

반격자 - 왼발 뒤로 조금 빼고 오른 바탕손 안막기 빠르게 왼발 뒤후리면서 오금으로 상대의 목을 감아 꺽고 주먹공격(기합)

≪공-발차기, 반-금강지르기≫

④ 공격자 - 오른발 뒤로 빼며 발차기준비(기합)

반격자 - 기합(공격하라는 신호)

공격자 - 뒷발 앞발에 붙여나가며 오른주먹 지르기

반격자 - 왼발 45도 빠져 앉으며 금강지르기로 하복부, 낭심공격(기합)

≪공-얼굴찍기, 반-연속차기≫

⑤ 공격자 - 오른발 뒤로 빼며 발차기준비(기합)
반격자 - 기합(공격하라는 신호)
공격자 - 뒷발 얼굴 찍기
반격자 - 왼발 45도 후방으로 살짝 빠지면서 오른 앞발로 신속하게 낭심 공격 후 충격에 상체를 숙이면 얼굴돌려차기 연속공격(기합)

≪공-얼굴지르기, 반-잡아던지기≫

⑥ 공격자 - 오른발 뒤로 빼며 발차기준비(기합)
반격자 - 기합(공격하라는 신호)
공격자 - 뒷발 앞발에 붙여나가며 오른주먹 지르기
반격자 - 왼발 뒤로 주춤서기 실전과 같이 공격해오는 상대의 힘을 이용하여 왼손으로 상대의 손목을 잡고 당기면서 오른손으로 상대 다리사이를 잡아 올리듯 던진다 (기합)

≪공-얼굴지르기, 반-박치기, 밀어치기≫

⑦ 공격자 - 오른발 뒤로 빼며 발차기준비(기합)
반격자 - 기합(공격하라는 신호)
공격자 - 뒷발 앞발에 붙여나가며 오른주먹 지르기
반격자 - 왼손 얼굴바깥 막으며 빠르게 박치기하고 뒷발 밀어치기(기합)

≪공-나래차기, 반-잡아 넘어뜨리기≫

⑧ 공격자 - 오른발 뒤로 빼며 발차기준비(기합)
반격자 - 발차기준비 (기합)
공격자 - 나래차기
반격자 - 앞으로 접근하면서 첫발의 무릎을 들어 올리듯 막으며 잡아 넘어뜨리고 발차기로 낭심 공격(기합)

≪공-발차기, 반-무릎공격≫

⑨ 공격자 - 오른발 뒤로 빼며 발차기준비(기합)
반격자 - 발차기준비 (기합)

공격자 - 돌려차고 돌아서 등주먹치기

반격자 - 왼발 오른발 뒤로 빠지며 왼손날 막고 오른 주먹 몸통공격 후 무릎으로 얼굴 공격(기합)

≪공-얼굴지르기, 반-연결공격≫

⑩ 공격자 - 오른발 뒤로 빼며 발차기준비(기합)

반격자 - 발차기준비 (기합)

공격자 - 뒷발 앞발에 붙여나가며 오른 주먹 휘두르기

반격자 - 오른발 45도 빠지며 왼손날막고 오른손끝 겨드랑이공격 후 오른손으로 상대 팔목을 오른쪽 방향으로 꺽어뜨려 (상대의 오른발도 같이 따라간다) 오른발로 상대의 오른발오금을 밟아 굽히고 오른발 앞 후리기로 공격(기합)

※ 주의 : 상대방의 부상에 대한 각별한 주의가 필요. 스피드와 타이밍의 적절한 연습과 상대 또한 정확한 자세로 호흡을 맞추는 자세가 중요하다. 상대방의 중심을 무너뜨리고 힘을 이용하는 방법을 지도한다.

10. 실버 스포츠(노인태권도) 지도

요즈음은 과학과 의학이 발달하여, 노인들의 수명이 연장되고 고령화 시대에 접어들었기 때문에, 노인들이 노인의 건강에 있어 기능적 능력을 보존하고 신체적 허약함을 감소시키는 데 있어서의 신체활동의 역할에 대한 인식이 높아져 가고 있다. 노년기에 나타나는 신체적인 특징은 일반적인 노화현상이라고 볼 수 있다. 체력의 저하로 운동기능이 둔화되고, 심폐기능과 면역능력이 저하되어 쉽게 병이 걸리고 주위환경에 대한 적응력이 저하되는 현상이 나타난다. 정신적인 노화도 나타나는데 일반적으로 감각, 지각, 지능 등과 같은 정신 및 신경기능의 저하와 불안 또는 우울 등의 정서 및 성격의 변화를 나타내기도 한다.

노령화가 되어가면서 최대 유산소성 운동량, 지구력, 골격근이 양과 근력의 감소, 유연성과 민첩성, 속도와 균형 감각이 저하되는 것은 잘 알려진 사실이다. 그러나 이러한 변화는 노화과정에서 초래되는 것이라기보다는 젊더라도 운동을 거의 하지 않는 사람들에게도 똑같이 일어나고 있다. 따라서 노화현상이라기보다는 불용성 위축으로 초래되는 것이기에 적절한 운동으로 예방 또한 가능하다. 노년기 운동의 효과로는 심장과 폐의 기능이 좋아지고 근육이 기능의 향상을 도모한다. 또한, 노인성 질환을 예방하고 노년기에 급속히 진전되는 노화현상을 방지하며 그 진전속도를 늦추는 효과를 얻을 수 있다. 그뿐만 아니라 정신적인 안정감을 갖게 하고 건강하고 적극적인 일상생활을 보내는 촉매 역할을 제공한다.

운동은 규칙적으로 지속해서 해야 신체에 도움을 줄 수 있다. 규칙적인 운동을 통해서 심장 및 호흡기계 건강을 증진하고 관상동맥질환을 예방할 수 있다. 근력, 지구력, 유연성을 길러 주는 활동은 신체를 균형 있게 발육시키며 상해를 예방할 수 있다. 에너지를 발산하는 운동은 체중조절에 유효하며 육체적 활동은 고혈압, 관상동맥질환, 당뇨병 등의 예방 및 관리에 도움이 되는 혈압, 혈중지방, 혈액응고, 혈당조절능력의 변화를 일으킬 수 있다. 따라서 노년기의 운동은 질병의 예방뿐만 아니라 급속한 노화현상을 방지할 수 있는 효과가 있다. 그러나 지나친 운동량을 갖는 경우엔 오히려 사망률이 높아질 수 있다.

최근 조사에서 운동선수와 일반인의 사망률이 차이가 없음이 밝혀지면서 건강과 장수를 위하여 필요한 것은 운동선수와 같은 최상의 체력을 유지하는 것이 아니라 적절한 운동을 규칙적으로 하는 것이 강조되고 있다. 여기서 적절한 운동이란 지구력, 근력, 유연성과 조화감 등이 어우러진 운동이어야 하며 규칙적으로 반복되는 프로그램에 따르는 것이다.

◎ 운동종목 선정에는 다음의 요소가 고려되었습니다.

- 심장과 호흡기계 건강을 증진하고 근육기능을 향상하는 운동
- 노인성 질환의 예방과 노화현상을 가능한 한 늦출 수 있는 운동
- 정신적 안정감과 주위환경에 대한 적응력을 높일 수 있는 운동
- 상해 위험이 적고 체력에 맞게 운동량을 쉽게 조절할 수 있는 운동

◎ 다음과 같은 운동과 종목이 권장되고 있습니다.

① 유산소성 운동

- 걷기
- 달리기
- 에어로빅
- 수영

- 자전거 타기
- 정적근력 운동

② 체조

③ 실버세대에 알맞은 운동
- 등산
- 게이트볼
- 배드민턴
- 리듬운동

※ 운동 시 유의사항

운동할 때는 먼저 자신의 신체상태를 점검한다. 추운 날씨에는 준비운동을 평소보다 오래 한다. 고령자나 고혈압이 있는 사람은 기온이 상승하면 운동을 시작한다. 복장은 가볍고 습기를 잘 흡수하고 공기가 잘 통하는 것이 좋다. 일반적으로 순면 제품이 좋다. 신발은 대체로 가볍고 굽이 낮은 것을 신으며 종목에 맞는 신발을 선택한다.

일반적으로 세는 방법으로는 10 또는 15초간의 맥박수를 재고 그것을 6 또는 4배 한 것을 1분간의 맥박수로 한다. 운동종료 후 자신의 맥박수를 측정해 본다. 5분 후에 맥박수 120회 이상, 10분 후에 맥박수 100회 이상이면 그 운동은 과부하 되고 있다고 보고 다음부터는 운동량을 약간 가볍게 조절할 필요가 있다.

○ 운동 전 주의사항

- 발열, 감기 증상, 설사, 피로, 숙취, 자율신경제 복용, 관절 부상 시에는 운동을 삼가고 가벼운 체조로 그친다.
- 충분한 준비운동을 한다. 갑자기 운동을 시작해서는 안 된다. 정지 상태에서 급하게 강한 운동이 시작되면 체내의 모든 기관에 급격한 변화를 주어 사고의 원인이 될 수 있다. 반드시 준비운동을 한 다음 동적 운동으로 바꾸고 점차 운동량을 늘려 호흡, 순환계에 자극이 가도록 마음을 쓴다.

○ 운동 중 주의사항

- 운동초기에 오는 고통

운동을 생활화하지 않던 사람이 운동을 시작하면 5분 이내에 고통스러워 운동을 지속할 수 없는 경우가 가끔 일어난다. 이러한 현상은 몸의 기능이 갑작스러운 운동을 받아들이지 못하기 때문이다. 이러한 때에는 먼저 하던 운동을 중지하고 휴식을 취한 다음

보다 가벼운 운동을 시작해 본다.

- 앞가슴의 동통

운동 중의 통증에는 찬 공기가 기관지를 자극하는 기관지통과 심근의 산소부족에 의한 협심통이 있다. 기관지통의 경우에는 우려할 정도가 아니면 마스크를 하고 운동을 한다. 협심통의 경우에는 인근 병원을 찾아 의사의 처방에 따른 운동을 한다.

- 복통

달리기 운동 중에 복통이 발생하면 달리기를 중지하고 보행으로 바꾼다. 정도가 나아지면 달리기를 계속해 본다.

- 근육통

오랜만에 운동을 갑자기 하거나 운동 강도를 평소보다 높였을 경우 다음날 나타나는 현상으로 가벼운 통증인 경우엔 지속하고 통증의 정도에 따라 운동을 중지하든지 운동량을 줄인다.

- 관절통

운동 1~2주 후 서서히 오는 관절통은 뼈나 관절에 과다한 부하가 반복되어 일어나는 것이므로 운동을 중단한다. 수일이 지난 후 상태가 나아지면 운동 강도를 가볍게 하는 것이 좋다. 재발할 경우 무릎관절에 부하가 가벼운 수영이나 자전거 타기 등으로 바꾼다. 돌발적인 경우 운동을 즉시 중지하고 전문의 치료를 받는다.

○ 운동 후 주의사항

- 정리운동

땀을 흘릴 정도 이상의 운동을 한 경우에는 반드시 정리운동을 한다. 본 운동이 끝난 다음 곧바로 완전히 운동을 중지해 버리면 구역질, 현기증, 냉한, 저혈압 서맥 등의 혈관성 미주신경반사에 의한 증상을 일으켜 중대한 사고를 초래할 수 있다. 운동 후 안정 상태에 들어가기 위해서는 5분 정도 걷거니 또는 느린 속도로 뛰는 것이 좋다.

- 샤워나 목욕

운동 후 샤워는 기분을 상쾌하게 하고 피로회복을 촉진한다. 목욕은 피부를 깨끗이 하고 혈액순환을 왕성하게 하여 몸속 노폐물의 배설을 촉진한다. 그러나 운동 직후의 냉수 샤워나 뜨거운 샤워는 체내의 급격한 온도 변화를 가져오므로 하지 말아야 한다. 샤워나 목욕은 10분 정도의 휴식을 취한 후에 심박수가 안정 시의 정상상태로 되돌아오는 시기를 기다렸다가 약간 미지근한 물로 하는 것이 좋다.

- 운동 후의 식사와 수면

운동 후 음식을 바로 섭취하면 위장에 부담을 주무로 운동의 강도에 따라서 적어도

10~20분 정도의 시간이 지난 뒤 식사를 한다. 수면은 피로회복에 가장 좋으며 수면이 부족하면 피로회복도 늦어지고 신체조절이 어려울 수도 있으므로 운동량이 많은 날은 충분한 수면을 취한다.

※ 준비운동과 정리운동

○ 준비운동

준비운동은 본 운동을 시작할 때 매우 중요한 운동이다. 운동을 시작하면 심박수 및 혈압의 증가, 활동근의 혈액 공급증가, 교감신경 긴장 등 호흡 순환계와 자율신경계의 급격한 변화가 일어난다. 이러한 현상은 운동 중에 사고의 원인이 될 수 있으므로 준비운동으로 이를 예방할 수 있다.

준비운동은 신체의 제 기능을 안정 상태로부터 운동하기에 적합한 상태로 서서히 유도해 주는 일련의 준비 과정이다. 준비운동은 가벼운 러닝과 스트레칭 그리고 본 운동과 같은 동작을 짧게 하면서 곧 쓰일 근육을 활성화하는 순서로 진행되며 마지막으로 실제 본 운동에서 하게 될 운동을 낮은 강도로 한다.

유연성 향상을 목적으로 한 스트레칭은 근육 온도가 높아졌을 때가 효과적이기 때문에 준비운동 때보다 정리운동 시 수행할 것을 적극적으로 권장한다. 준비운동의 시간은 5~15분이 적당하다.

○ 정리운동

정리운동의 목적은 인체를 안정된 상태로 안전하게 만들어 주는 데 있다. 운동을 중지하면 때에 따라 구토감, 현기증, 심한 피로가 남을 수 있다. 운동하다가 갑자기 중지할 경우 빠르게 진행되었던 혈류의 이동이 급격히 감소하여 심장에서의 혈액공급 기능이 약화하면서 뇌빈혈과 현기증을 일으킬 수 있다.

이러한 현상은 운동으로 활발해진 생체기능이 안정 시 수준으로 돌아오는 과정에서 상호 간의 유기적 기능의 조화가 상실되어 자율신경계의 평형이 흐트러지는 데서 비롯되는 것이 주된 원인으로 볼 수 있다. 따라서 운동 후 정리운동을 할 때 활발해진 신체기능을 서서히 낮춰 마무리하고 스트레칭으로 피로를 풀어주면 좋다. 근육 온도가 높을 때의 스트레칭은 유연성 향상에 효과적이며 정리운동은 준비운동처럼 5~15분이 적당하다.

고령화 사회와 더불어 치매 노인이 증가하고 있다. 이것은 평균수명의 연장으로 인해 노인 안구가 급격히 증가하고 있기 때문일 것이다. 따라서 치매 노인을 모시고 사는 가족들의 고통을 심화하여 가고 있다. 현대적 가족구조인 핵가족화의 진전과 여성의 사회진출 등이 가족부양 기능약화로 인해 건강하지 못한 노인을 돌보는 문제의 심각성이 사회문제로 제기되었다.

치매 문제는 노인과 가족뿐만 아니라 사회적으로 대비해야 할 과제이며 노년기를 아름답고 보람차게 살아가기 위한 목표이기도 하다. 따라서 노인성 치매에 대한 적절한 사회적 지지와 대책 마련이 시급하다.

노인성치매는 일단 발병된 후에는 비가역적인 특성을 나타낸다. 그리고 병이 진전함에 따라 자가 간호능력의 저하로 인해서 결국 치매 노인의 신체기능을 유지하기 위해서는 타인의 도움이 필요한 케어(CARE)의 대상이 되기 때문이다. 이처럼 노인성 치매가 환자 자신에 국한되지 않고 가족들의 삶 속에 깊이 개입되어 가족들의 삶의 질을 위협하기 때문이다.

〈치매 측정지 참고〉

1) 노인을 살려라! - 응급처치

전문적인 의료치료를 받기 전까지 적절한 처치와 보호를 해주어 고통을 경감시켜주고 생명을 구할 수 있도록 해주는 모든 활동. 그래서! 응급처치는 나도 할 수 있습니다. 하지만 원칙을 지키지 않으면 오히려 내 친구의 생명이 더 위험할 수 있습니다. 센터에서 응급환자를 발견하였어요!!!

- 여보게! 괜찮은가!(의식 확인)
- 이봐! 내가 여기를 지킬 테니 빨리 직원을 불러오게!!!
- 코와 입에 손을 살짝 대고 숨을 쉬는지 확인! (시계보기!!!)
- 숨쉬기 편하게 기도 유지!!
- 혹시! 심장이 안 뛰지는 않겠지? (맥박확인!)
- 간호사!! 내가 있는 동안 내 친구가 이랬어! (상태보고)

응급상황은 누구에게나 발생할 수 있습니다. 주변 관심이 중요!

가장 빠르게!! 전문의료인에게 연결될 수 있도록 하는 것이 가장 중요!

2) 노인 주요질환에 따른 건강관리

(1) 노년기에 흔한 심혈관계 질환

① 관상동맥질환 (70세 이상 유병↑)

- 협심증 : 관상동맥 폐쇄 → 혈액감소 → 산소량이 부족 → 핍혈 상태→ 왼쪽 팔로 퍼지는 흉통

- 심근경색증 : 관상동맥이 완전히 막히게 되면 발생 → 호흡곤란, 흉통, 혼돈, 기절, 발한 등의 증상이 나타남.

② 울혈성 심부전

- 증상 : 약간의 호흡곤란, 기좌호흡, 발작성 야간 호흡곤란 등
- 급성 심부전 : 심장성 쇼크에 빠지면 빠르게 사망으로 진행
- 만성 울혈성 심부전 : 스트레스를 받으면 급성 심부전으로 변화될 수 있음
- 소금 섭취를 줄이고 활동을 제한

③ 고혈압 (65세 이상 50% 유병)

- 일차성 : 원인 불확실, 높은 빈도/유전적 소인, 식이 비만, 스트레스 흡연, 콜레스테롤 수준 등 영향
- 치료 : 휴식, 금연, 스트레스 감소기술 활용, 체중감소, 소금섭취 제한, 약물투여, 지속적인 혈압관찰

(2) 노년기에 흔한 호흡기계 질환

① 만성 폐쇄성 폐질환

- 천식, 폐기종, 만성 기관지염이 같이 발생
- 주 대상자 : 흡연, 환경오염 물질에 노출이 많았던 사람
- 주 증상 : 가래가 심한 기침, Wheezing, 청색증, 운동 시 호흡곤란증
- 주의사항 : 폐감염, 폐부전발생 위험

② 독감

- 독감 바이러스 : 공기 중에서 전파, 같이 살거나 일하는 사람들 사이에서 신속하게 퍼짐
- 잠복 기간 : 노출 후 1~3일
- 독감으로 인한 사망 : 90% 이상이 65세 이상 노인
- 예방 : 매년 독감 예방주사 접종(가을) → 70~80% 예방 효과
- 예방주사 접종 시 유의사항 : 달걀 알레르기가 있는 사람은 독감 예방주사를 맞지 않도록 함.

(3) 노년기에 흔한 근골격계 질환

① 골다공증

- 주 대상자 : 칼슘을 불충분하게 섭취하는 사람, 폐경기 후 여성, 운동을 안 하고 활동이 부족한 사람

- 특징 : 부러지기 쉬운 뼈, 가벼운 낙상에도 골절
- 골절부위 : 척추골, 고관절, 갈비뼈, 빗장뼈, 팔

② 퇴행성 관절질환 - 골관절염
- 원인 : 관절 사이의 연골 마모로 발생
- 특징 : 무게를 받는 관절(척추, 고관절, 무릎, 발목)에 문제를 일으킴. 문제가 있는 관절을 움직이면 아프고 심리적 스트레스를 받으면 더욱 심해짐 류머티스성 관절염
- 자가 면역으로 발생하는 결합 조직 질환
- 골관절염보다 일찍 발생, 여성에 더 흔함
- 근육위축이나 연조직 변화, 뼈와 인대의 변화에 의해서도 발생
- 치료 : 열, 부목, 부신피질호르몬 전신투여

(4) 비뇨생식기계의 노화
- 방광조절기전의 문제 → 실금 → 노인의 독립성, 자아개념에 영향
- 노년기 요로감염의 증가

(5) 노년기에 흔한 신경계 질환
- 기능상의 변화
  → 건망증 증가, 어휘력 및 통합, 판단력은 변화 없음, 새로운 정보를 받아들이는 데 장애가 있어 반복 교육이 필요함
  → 동작이 전반적으로 느려짐
- 수면변화 : 깊은 잠을 못 자고, 잠드는데 시간이 오래 걸림

① 파킨슨씨병

증상 : 진전이 심해지고 신체가 뻣뻣해지며 행동이 느림. 표정이 없어져 마스크를 쓴 것 같은 표정 말은 느려지고 알아듣기 힘듦. 걷기에서는 앞으로 넘어질 듯이 걷고 걷기 시작하면서 걸음이 점점 빨라져서 달리듯이 걸음. 심한 경우 거동이 불가능. 50% 정도의 환자에서 치매가 나타나기도 함. 성격변화나 우울증이 흔히 나타남

② 치매
* 기절적인 뇌 손상으로 인한 영구적이고 점차적인 인지기능의 장애
* 증상 : 성격변화, 혼돈, 기억력장애, 판단 장애
* 원인 : 약물중독, 상해 혹은 다른 질병

ⓐ 혈관성 치매

* 원인 : 뇌 일부분에 출혈이나 폐합 상태로 인해 나타남

* 주 발명 대상자 : 남성 70세 이후, 고혈압이나 뇌혈관 질환자

* 위험요인 : 우울 증상이 때로 자살을 시도

ⓑ 알츠하이머

* 주 대상자 : 60세 이상 노인

* 특징 : 진행적이고 만성적으로 퇴행하며 많은 수의 뇌세포장애에 의해 나타남. 뇌의 신경전달 물질이 감소 → 판단 장애와 정보 기억에 장애

③ 뇌혈관질환

ⓐ 뇌졸중

* 원인 : 뇌에 혈액공급의 장애로 발생

* 주 대상자 : 65세 이후에 발생이 현저히 증가

* 관련요인 : 죽상경화성 변화, 고혈압, 당뇨 등

ⓑ 뇌경색

* 원인 : 색전이나 혈전

* 뇌혈관부전 : 죽상경화성 변화, 혈액순환에 제한이 생기는 경우

ⓒ 뇌출혈

혈관이 약화하거나 혈관기형 → 혈관파열

▶ 뇌졸중의 치료

기도를 유지하고 상해를 예방, 6개월 이후에도 남아있는 장애는 영구적인 장애가 되기 쉬움. 반복될수록 많은 장애를 남김. 대개는 편측에 마비나 약화가 생김.

(6) 노년기에 흔한 감각계 질환

* 시각 - 눈꺼풀의 위축, 눈물생성 감소, 시력저하, 암소 적응이 느려짐, 주변시야 감소

* 청각 - 소리에 대한 예민성 감소, 언어 구분 능력저하, 평형감각 저하

* 노인성 난청 : 65세 이상의 60%, 고음을 듣는데 어려움

① 백내장

- 렌즈가 혼탁해지는 노년기 질환. 75~83세 사이 발생률 46%
- 반사되는 빛이나 매우 밝은 빛에 특히 시력장애 심함
- 수술 : 입원하지 않고 외래에서 수술 후 퇴원, 4주 이상 주의

② 노인성 난청

- 65세 이상 전체 노인의 13%
- 특징 : 높은 주파수(high frequency)의 소리를 듣는데 장애가 발생

(7) 피부계의 노화

주름살 증가, 피하 층이 얇아짐, 습기 감소로 피부가 뻣뻣하며 감소함

(8) 노화와 관련된 정신 심리적 변화

- 신체에 대한 민감한 반응, 내성적 경향
- 전반적으로 우울증이 증가
- 사회적 활동이 점차 감소, 사물의 판단과 활동방향을 내부로 돌림
- 경직성의 증가 - 옛날 것을 고집하는 경향
- 조심성의 증가 - 확신이 설 때까지 행동하지 않음
- 친근한 사물에 대한 애착심이 커짐
- 의존성의 증가
- 지적 능력의 변화
- 노년 초기엔 변화 없다가 사망 5년 전에 지능감소 커짐
- 노년기에 흔한 정신장애 : 뇌 기능 손상, 우울, 정신분열증, 신경증

11. 유아태권도 지도

유아태권도 교육의 효과는 교사가 프로그램과 유아의 학습 방법을 어떻게 끌고 나가느냐에 따라서 달라질 수 있다. 유아들의 발달과 심리에 적합한 태권도, 유아 체육교육 프로그램과 수많은 접목을 시도해 다양한 신체활동을 추구하는 태권도라면 그 교육적 효과는 유아 체육교육이 가지고 있는 전체적 효과를 드러낼 수 있을 것이다.

1) 유아 발달영역에서의 유아태권도교육의 효과

유아들은 다음의 5대 영역이 발달하지 못하면 제대로 생활을 수행해 나가기가 어려워진다. 인지적 측면의 발달이 온전하지 못하면 정신지체, 정신장애 등의 판명을 받을 수도 있다.

이것은 그 판명보다도 정상적인 정신생활을 할 수 없다는 데 더 큰 아쉬움이 있을 것이다. 이럴 경우 정서장애라는 호칭을 얻을 수도 있을 것이다. 또 사회적 측면에서 문제가 발생하면 사회성발달장애 현상이 나타나 정상적인 사회생활 및 사회적 관계를 맺기가 어려울 것이다.

언어적 발달에 문제가 있다면 의사소통에 많은 어려움을 겪게 될 것이다. 신체적인 측면에 문제가 발생한다면 이는 여러 가지 행동에 제약을 받게 될 것이다. 인간은 이 5대 영역의 발달이 제대로 이뤄져야만 정상적인 생활을 영위해 갈 수 있다.

인지적 측면의 발달은 정서적, 사회적, 언어적, 신체적 측면의 발달과 밀접한 관련을 맺고 있다. 또한, 사회적 측면의 문제가 있으면 또 다른 발달의 영역에도 문제가 발생함을 발견할 수 있다. 이처럼 발달의 영역들은 상호 관련을 맺고 있다. 유아 체육교육을 통해서 유아의 정신적, 정서적, 사회적, 신체적, 언어적 발달과 건강을 유지하는 일은 너무도 중요한 일이다.

우리 신체의 건강 원리 또한 적정한 운동을 해주면 건강을 유지해 주고 과도한 운동을 하면 오히려 건강을 해치게 되고, 운동하지 않으면 약해진다. 이렇게 생각한다면 유아 체육교육을 한다는 것 자체가 유아들의 다방면 발달과 건강을 유지해 준다고 할 수 있을 것이다.

○ 인지적 측면

유아 체육교육은 다양한 신체활동을 활용한다. 그러면 여기서 다양한 신체활동은 음악과 신체활동이 만난 활동들, 기구와 신체활동이 만난 활동을, 언어로 이해 진행되는 신체활동들, 즉 모든 활동이 두뇌 활동, 지각 활동과 관련이 깊다는 결과 나온다. 신체를 움직이는 곳, 내 의도대로 신체를 움직이는 것 등은 모두 뇌세포의 활동을 수반해야 한다. 사고하고 추리하고 문제 해결하는 등의 정신활동이 함께한다.

신체활동은 단지 신체만의 움직임이 아니라, 정신적인 움직임이 함께하고 있다. 정신이 움직임을 주도하고 움직임으로 인해 다시 신체는 뇌로 정보를 전달해 수많은 정신요소를 만들어 내는 것이다.

○ 정서적 측면

우리의 정서는 엄마 뱃속에서부터 발달하고 경험되어진다. 태아는 소리와 맛 등에서 반응한다. 엄마 뱃속에서부터 태아는 감각기관과 뇌가 연결되고 협응되고 통일됐음을 보여주는 예라 하겠다.

감각기관이 감각신경을 통해 뇌로 전달되지 않았다면 사람은 사물을 봐도 사물에 대해 아무런 생각도 정서반응도 나타낼 수가 없을 것이다. 우리는 감각기관이 감각신경을 통해 뇌에 정보를 전달하면서 정서라는 느낌, 마음의 움직임 등이 만들어진다.

○ 사회성적 측면

유아들에게 있어 사회성의 발달은 굉장히 중요한 부분이다. 요즘 많은 유아가 교구, TV. 게임기 등과 많은 시간을 관계 맺다 보니 사람, 즉 친구들과 놀이하는데 어색해하는 유아들도 생겨나고 있다.

이것은 심각한 문제가 아니라 할 수 없다. 사회성은 우선 뇌세포의 온전한 발달이 이루어져 지각능력, 인지능력 등이 발달하여야지만 생겨날 수 있다. 유아 체육교육은 혼자서의 활동인 아니라 교사, 유아들과의 단체 활동이기 때문에 유아의 사회성 발달에 미치는 영향이 대단하다.

○ 언어적 측면

유아기엔 정신과 신체가 연결, 통합, 협응 등을 반복적으로 이루어가면서 그 속도는 빨라지고, 다양성을 띠게 된다. 말과 정신은 뗄 수 없는 관계다. 정신의 나타냄이 바로 말이기 때문에 “말은 넋이니”라는 말도 있다.

또한, 말이라는 것은 최고도의 정신활동이다. 언어가 최고도의 정신활동이라는 것은 신체활동이 언어에 직접적 발달을 가져다주지는 못하지만, 신체활동으로 인한 두뇌의 발달로 인하여 언어발달지체가 있는 유아들은 유아 체육교육을 지도하다 보면 현격하게 언어발달이 이뤄지는 것을 발견할 수 있다.

○ 신체적 측면

유아 체육교육은 활발한 신체활동을 중심으로 이루어진다. 그것은 재미있는 놀이와도 연관을 맺으며, 자연스럽게 나아간다. 발육이 급속도로 이루어지는 유아기에 신체활동은 활발한 전신의 움직임을 유지하기 때문에 이를 반복함으로써 근조직의 모세혈관을 발달시키고, 나아가 골격이나 근육을 발달시킨다.

따라서 유아에게 있어 유아 체육교육은 발육발달을 촉진하는 가장 효과적인 방법이라 할 수 있다. 이때, 유아들의 놀이에 맞는 유아들이 감당할 수 있는 신체활동이 이뤄져야 할 것이다. 자칫 유아 체육이 교육보다 스포츠 기술 훈련에 초점이 맞추어져서는 안 된다. 유아스포츠는 교육이다. 적정하고 유아들이 원하고 그러한 신체활동이 선행되어야 한다.

① 태권돌이

이 체조는 우리나라의 국기인 태권도의 기본동작을 이용한 것으로 상, 하체를 골고루 발달시키고 힘의 강약을 조절하는 능력을 기르는 데 중점을 둔다.

순서	도해	동작 설명	비 고
1		두 팔을 벌렸다가 태권도의 준비 자세를 한다.	
2		주먹 쥔 두 손을 앞으로 한쪽 팔씩(오른쪽 먼저) 쭉 뻗으며 같은 방향의 다리를 딛는다.	
3		뒤로 뛰어가면서 팔로 큰 원을 그린다.	
4		태권도 품새 중에서 태극5장을 본떠서 만든 동작으로 오른쪽 다리를 먼저 벌리면서 아래막기 동작을 한 후 다리를 모으면서 팔을 수평으로 뻗는다.	
5		앞으로 뛰어가면서 오른손을 힘있게 흔든다.	
6		두 팔을 벌리고 정지해 있다.	
7		앞으로 뛰어 나가다가 태극4장의 동작인 양손날 막기(오른손은 명치, 왼손은 몸을 막는다)를 한다.	
8		6의 동작을 반복한다.	
9		뒤로 뛰어가다가 서서히 두 팔로 근육을 자랑하며 용맹함을 나타낸다.	
10		오른쪽 팔을 서서히 벌리고 다리도 조금씩 벌린다. 왼쪽도 동일하고 뒤로 물러서면서 팔을 오라는 손짓을 한다.	
11		두 팔을 각각(오른쪽 먼저) 뻗었다가 입 주위로 주먹을 모은다.	
12		두 팔을 벌리고 앞으로 걸어나간다.	
13		두 팔을 한쪽 팔씩(오른쪽 먼저) 앞으로 뻗었다가 다시 옆으로 뻗는다. 이때 다리는 오른발 먼저 한 발씩 뒤로 간다.	
14		태권도의 준비 동작을 취했다가 두 팔과 다리를 벌린다.	
15		간주 부분에 카타레나(제자리에 서서 팔만 앞으로 뻗었다가 구부린다. → 양쪽 귀를 한 손씩 차례로 만진다. → 같은 방법으로 배를 만진다. → 역시 같은 방법으로 허리를 만진 다음 허리를 돌린다.)동작을 두 번 반복한다.	
16		6의 동작부터 반복한다.	

② 춤

이 체조는 아동에게는 익숙하지 않은 우리 춤사위와 가락을 쉽고 재미있게 구성하여 아동들이 자연스럽게 우리의 춤과 가락에 흥미를 느끼게 하는데 주안점을 둔다.

순서	도 해	동작 설명	비 고
전주		전주가 나오면 허리에 손을 얹고 준비한다.	
1		① 오른쪽으로 사이드 스텝하는 동시에 팔을 밑에서부터 위로 시계 반대방향으로 원을 크게 그린 후 왼발을 오른다리 뒤로 구부려 들고 이때 손뼉을 한 번 친다.(1~4) ② ①의 동작을 반대 방향으로 반복한다.(1~4)	둥글게 둥글게~
2		① 두 팔을 구부려 어깨높이로 든 후 어깨를 오른쪽, 왼쪽으로 번갈아 기울여가며 제자리에 시계 방향으로 돈다.(1~4) ② ①의 동작을 반대 방향으로 반복한다.	빙글빙글~
3		① 1의 동작 중 팔 동작을 제외하고는 모두 같은데 팔 동작은 두 팔을 달리기 자세와 같은 높이로 든 후 앞뒤로 팔을 동시에 흔들며 오른쪽으로 실시하고 1의 동작과 마찬가지로 왼발을 오른다리 뒤로 굴리는 동시에 손뼉을 친다.(1~4) ② ⓐ의 동작을 왼쪽으로 반복한다.(1~4)	손뼉을 치면서
4		① 오른쪽으로 손뼉을 치지 않고 두 팔을 꺾어 앞뒤로 흔든다.(1~2) ② ①의 동작을 왼쪽으로 반복한다.(3~4)	랄라라라 즐거웁게
5		① 두 다리를 모으고 서서 두 팔을 가볍게 구부려 올린 후 겨드랑이에 붙였다 떼었다 하는 동작을 두 번 실시한다. 이때 팔을 겨드랑이에 붙일 때 무릎도 동시에 약간 구부려 준다.(1~2) ② 두 다리를 어깨너비보다 약간 넓게 벌리고, 두 팔을 위로 벌려 곧게 뻗는다.	춤추자

③ 둥글게 둥글게

이 체조는 아동들에게 이미 친숙한 음악인 '둥글게 둥글게'라는 가사에 맞도록 관절 마디를 돌리며 스윙(swing)하는 동작의 스키핑 스텝(skipping step)으로 구성되었다. 이 체조의 목적은 어깨 및 관절의 가동 범위를 넓히고, 뛰는 동작 등의 대근육 활동을 통하여 폐 기능을 높여 주고자 하였다.

순서	도 해	동작 설명	비 고
전주		전주가 나오면 허리에 손을 얹고 준비한다.	
1		① 오른쪽으로 사이드 스텝하는 동시에 팔을 밑에서부터 위로 시계 반대방향으로 원을 크게 그린 후 왼발을 오른다리 뒤로 구부려 들고 이때 손뼉을 한 번 친다.(1~4) ② ①의 동작을 반대 방향으로 반복한다.(1~4)	둥글게 둥글게~
2		① 두 팔을 구부려 어깨높이로 든 후 어깨를 오른쪽, 왼쪽으로 번갈아 기울여가며 제자리에 시계 방향으로 돈다.(1~4) ② ①의 동작을 반대 방향으로 반복한다.	빙글빙글~
3		① 1의 동작 중 팔 동작을 제외하고는 모두 같은데 팔 동작은 두 팔을 달리기 자세와 같은 높이로 든 후 앞뒤로 팔을 동시에 흔들며 오른쪽으로 실시하고 1의 동작과 마찬가지로 왼발을 오른다리 뒤로 굴리는 동시에 손뼉을 친다.(1~4) ② ①의 동작을 왼쪽으로 반복한다.(1~4)	손뼉을 치면서
4		① 오른쪽으로 손뼉을 치지 않고 두 팔을 꺾어 앞뒤로 흔든다.(1~2) ② ①의 동작을 왼쪽으로 반복한다.(3~4)	랄라라라 즐거웁게
5		① 두 다리를 모으고 서서 두 팔을 가볍게 구부려 올린 후 겨드랑이에 붙였다 떼었다 하는 동작을 두 번 실시한다. 이때 팔을 겨드랑이에 붙일 때 무릎도 동시에 약간 구부려 준다.(1~2) ② 두 다리를 어깨너비보다 약간 넓게 벌리고, 두 팔을 위로 벌려 곧게 뻗는다.	춤추자
6		① 팔은 달리기 자세로, 스텝은 스키핑 스텝으로 몇 명이 서서 원을 만든 후 모두 좌향좌하여 시계방향으로 같은 자세를 유지하며 스키핑 스텝을 한다(1~8)	링가링가~
7		원을 그린 자세에서 양옆에 있는 사람과 손을 잡고 왼쪽, 오른쪽 다리를 번갈아 가며 들어 올린다.(1~8)	손에손을~
8		두 팔을 서로 앞에서 교차하여 원을 크게 그리며 손으로 반짝반짝 거리는 동작한다. 이때 스키핑 스텝을 하면서 제자리로 돌아간다.	즐거웁게~
9		1, 2, 3, 4, 5의 동작을 반복한다.	

④ 바보온달과 평강공주

이 체조는 우리 가락과 홍을 아동들에게 심어 주기 위하여 우리 고유의 민속놀이 중 아동들이 즐기던 놀이들을 활용하여 만든 체조로 동작에 큰 무리가 없으며 극화시켜 구성하였다. 이 체조의 목적은 아동들에게 필요한 협응력과 근력을 기르는 데 있다.

순서	도 해	동작 설명	비 고
전주		두 발은 어깨너비로 벌리고 반동을 주며 손은 번갈아 흔든다.	
1		조깅하듯 두 팔을 옆에 놓고 8자 모양으로 뛰며 돈다.	팽이치기 동작을 모방하여 만든 동작
2		① 두 발을 모으고 무릎에 반동을 준다. 이때 팔을 쭉 편 상태에서 오른팔부터 앞으로 두 번, 뒤로 두 번 돌린다.(1~4) ② ①의 동작을 왼쪽으로 반복한다.	쥐불놀이모양을 모방하여 만든 동작
3		① 두 팔은 옆 사람과 손을 잡은 듯이 벌이고 발은 오른쪽으로 투 스텝을 네 번 한다. ② ①의 동작을 왼쪽으로 반복한다.	강강술래의 모양을 모방한 동작
4		앞으로 나가며 팔은 얼레를 감듯이 돌리고 끝에서는 연줄을 잡아당기는 시늉을 한다. 한 번은 위로, 한 번은 아래로 끌어당기는 시늉을 하며 왼쪽도 같은 방법으로 한다.	연날리기의 모양을 모방한 동작
5		손뼉을 치며 서로 다른 발과 손을 부딪친다. 발은 제기를 치듯이 안으로 두 번, 밖으로 두 번 올리고 안으로 발을 올릴 때에는 반대쪽의 손으로 발을 올릴 때에는 같은 손으로 발을 친다.	
6		앉았다 일어서면서 180도 회전하고, 두 손 모두 머리 뒤로 들어 준다. 190도씩 네 번 점프하며 두 번은 왼쪽, 두 번은 오른쪽으로 점프한다.	
7		① 되도록 팔을 몸에 붙이고 자유로이 이동하다가 넘어지며 자리에 줍는다.(1~4)	
8		① 다리를 쭉 펴고 앉아서 2박자는 손으로 눈물을 닦으며 고개를 오른쪽으로 흔들고 2박자는 어깨너머를 쳐다본다. ② ①의 동작을 반복한다.	
9		전주를 반복한다.	
10		5, 6, 7, 8 전주의 동작을 반복한다.	
11		4, 5, 6, 7, 8, 9 전주의 동작을 반복한다.	

⑤ 개구리 왕눈이

이 체조는 아동들에게 친숙한 동요를 사용하여 가사를 동작으로 표현하는데 이해를 돕고자 하는 것으로 팔과 다리를 골고루 움직여 균형 감각과 리듬감각을 길러 준다.

순서	도 해	동작 설명	비 고
1		팔을 가슴 앞에서 옆으로 벌리는 개구리헤엄동작을 하며 옆으로 걷기 두번	개구리 소년
2		개구리처럼 앉았다. 손 펴며 일어나기	빰빠밤
3		앞으로 나가면서 눈물 두 번 닦고 손 펴기(오른쪽-왼쪽)	네가울면 무지개연목에
4		팔로 크게 반짝이를 하면서 뒤로 달려가 창 닦이(위창,아래창)	비가온단다
5		오른쪽으로 뛰다가 방향 틀어 반대로 뛰기.	비바람 몰아쳐도
6		팔 엇갈려 흔들면서 제자리에 앉았다 일어서기.	이겨내고
7		5의 동작을 왼쪽으로 반복한다.	일곱 번 넘어져도
8		앞으로 나가서 찌고 뒤로 돌아오기.	일어나라
9		머리 위에서 박수 네 번 치기.	빰빠바밤 빰빠바밤
10		눈물 닦으며 옆으로 가기.	울지 말고 일어나 피리를 불어라
11		올챙이 춤추기.	필리리 개굴개굴 필리이야
12		팔을 90도 정도로 구부려 흔들면서 오른쪽에서 왼쪽으로 간 후 팔 뻗고 반대로 하기.	무지개연못에 웃음꽃핀다

○ 유아의 체력 및 운동 발달

체력은 신체를 가장 효율적으로 이용할 수 있는 능력으로, 일상생활을 해 나가는데 기반이 된다. 유아기에는 신체적으로 불안정한 상태에 있기 때문에 사고나 상해의 위협이 항상 도사리고 있다. 따라서 유아 스스로 자신의 신체를 어느 정도 보호할 수 있는 기본 체력을 가지도록 하는 것은 매우 중요한 일이다.

4세를 전후하여 유아들은 기본 운동능력이 향상되고, 더 많은 종류의 운동기술을 습득하게 된다. 이때 영향을 미치는 것이 바로 체력 요소이다. 앞에서도 언급한 바와 같이 체력요소에는 근력, 근지구력, 심폐지구력, 순발력, 민첩성, 유연성, 평형성, 협응력 등이 있다.

이러한 요소들은 각각 명백하고 특성을 지니고 있기 때문에 서로 구분하여 발달시켜야 하지만, 서로 밀접한 관계를 맺고 있으므로 포괄적인 발전을 꾀할 수 있도록 하는 것 또한 잊지 말아야 할 것이다.

① 근력

근력은 운동은 물론이고 일상생활에서도 필수적으로 요구되는 중요한 체력요소이다. 따라서 근 기능의 발달과 유지는 정상적인 생활을 영위하는데 절대적이라고 할 수 있다. 유아의 근육은 3~4세경에 급속히 발달하며, 5~6세경에는 근섬유가 굵어져 근력이 강해지면서 체중의 75%에 달하게 된다.

근섬유가 굵어지게 되면 혈액의 유입(流入)이 많아져 근육조직 내에 산소와 영양분의 공급이 원활하게 된다. 따라서 근력이 좋은 유아들은 적극적이고 활기차며, 피로회복의 시간도 짧을 뿐 아니라, 자신감도 넘치게 된다.

근육은 신체 부위마다 각기 다른 발달 특성을 나타내는데, 다리 근육보다는 머리와 목의 근육이, 소근육보다는 대근육이 더 빨리 발달하며, 남아보다는 여아가 더 일찍 발달한다. 남아보다 여아가 빨리 걷는다든가, 숟가락질 (소근육)보다 걸음마 (대근육)를 더 빨리하는 것, 그리고 출생 후 3개월이면 유아가 목을 가누는 것 등에서 발달 특성의 원리를 확인해 볼 수 있다.

② 심폐지구력

전신지구력이라고도 하는 심폐지구력은, 근육 활동에 필요한 영양분과 산소를 근육에 공급하고, 장시간의 운동결과로 나타나는 노폐물을 제거하는 능력이다.
심폐지구력이 좋은 사람은 쉽게 피로하지 않고, 오랜 시간 동안 운동을 지속할 수 있으며, 하고 있던 운동을 멈췄을 때 빨라진 호흡과 맥박이 빨리 정상의 상태로 돌아온다.

③ 순발력
순발력은 순간적으로 모든 근섬유를 수축시켜 폭발적으로 발휘하는 힘을 말하는 것으로, 근력, 지구력 등과 함께 운동수행에 관여하는 중요한 근 기능이다. 유아기에는 팔과 다리의 협응이 완전하지 않아 순간적인 손 수축 및 근력의 발휘가 미숙하므로, 다른 체력 요소와의 협응을 통해 발달을 꾀하도록 하는 것이 좋다.
특히 이 능력은 남아가 여아보다 우수하며, 나이가 들수록 성별에 의한 차이가 더 벌어진다. 순발력을 향상할 수 있는 활동에는 '훌라후프 뛰어넘기', '신문지방망이 건너뛰기', '색깔 찾아 뛰기', '친구와 마주앉아 탬버린 빨리 치기', '도움 닫아 높이뛰기' 등이 있다.

④ 민첩성
민첩성은 정해진 공간 내에서 얼마나 빠르게 방향을 전환할 수 있는가 하는 능력이다. 이동방향을 재빨리 바꾸기 위해서는 빠른 중심이동이 이루어져야 하므로 신체의 평형성 또한 민첩성과 매우 밀접한 관계가 있음을 알 수 있다. 민첩성은 유아기부터 이르기까지 급격한 발달을 보이다가 청소년기에 들어 점차 감소 경향을 나타내는 것으로 알려졌다.(박길준 외, 1995)
이는 반응속도와 관련된 것으로 훈련을 통해 향상할 수 있다. 민첩성이 획득되면 유아는 자신의 몸을 효율적으로 통제할 수 있게 되어 신체활동에 더욱 적극성을 보인다. 이 능력은 남아와 여아 사이에 큰 차이를 보이지 않지만 6세 이후에는 남아가 여아보다 우수하다는 보고(스포츠 과학연구소, 1988)도 있다. 민첩성을 위한 운동으로는 '누웠다가 빨리 일어나기', ' 지그재그 달리기', '방향 바꿔 달리기', '소리 듣고 방향 바꾸기', '왕복달리기', '물건 옮기기' 등이 있다.

⑤ 유연성
유연성이란 관절의 가동범위를 말하는 것으로, 유연성이 좋은 사람은

그렇지 못한 사람에 비해 상해의 위험이 적다. 예를 들어, 갑자기 넘어지는 상황을 생각해 보자. 유연성이 좋은 사람은 재빠르게 관절의 가동범위를 넓혀 유연하게 대처하겠지만, 유연성이 좋지 않은 사람은 근육이 경직된 상태에서 그대로 넘어지게 되어 더 많이 다치게 된다.

관절 가동범위의 확대는 운동범위의 확대로 연결되므로 유아들은 여러 가지 운동을 통해 근육의 탄력을 증진하도록 하는 것이 좋다. 유연성의 증진을 위해서는 관절의 가동범위 이상으로 근육을 늘려 통증을 느낄 정도로 실시하는데, 약간 낮은 강도로 지속시키는 것이 좋다.

각각의 동작은 10~20초 동안 유지해 주고, 매일매일 꾸준히 실시하도록 한다. 유아기에는 적절한 유연성을 유지하려면 흥미 있는 동작을 제시하여 유아들이 적극적으로 동참할 수 있도록 해야 한다.

⑥ 평형성

평형성은 정지한 상태에서 균형을 유지하는 것으로, 신체의 안전유지와 사고 예방에 중요한 역할을 한다. 평형감각이 좋으면 바른 자세가 유지되고, 달리기, 뛰기, 오르기 등과 같은 운동을 안정된 상태로 수행할 수 있게 된다. 유아들은 평형성의 발달이 미숙하므로 활동내용에 이를 포함해 신체의 안정감을 유지할 수 있도록 도와주어야 한다. 일반적으로 평형감각은 남아보다 여아가 더 우수하다.

⑦ 협응력

협응력이란 신체를 자신이 의도하는 대로 신속하고 능률적으로 조정, 통제할 수 있는 능력을 말한다. 이는 순발력, 민첩성, 평형성 등의 조화를 통해 이루어지는 것으로, 판단력이나 상황이 이해력과 같은 최소한의 지적 능력을 요구한다.

유아들에게 시각, 청각, 촉각 등의 감각과 신체 각 부위와의 적절한 협응을 통해 운동성을 향상해 주도록 하는 노력이 필요하다.

⑧ 운동능력

유아는 3세가 되면 움직임에 안정감을 보이고, 자신의 의도대로 속도를 조절할 수 있으며, 감각기관의 발달로 몸의 균형을 유지할 수 있게 된다. 이러한 특성 이외에도 유아들은 스스로 자신의 운동능력을 향상하기 위해 끊임없이 시도하고 반복한다.
그러나 이 시기에 운동능력의 향상을 위한 기회가 적절하게 제공되지 않는다면 유아들은 성장하면서 운동수행에 있어 어려움을 겪게 될 것이다.

제 3 장
태권도장 지도 프로그램 개발법

1. 태권도현장 지도교육 프로그램 개발과 활용
   1) 태권도 수련 참여자의 욕구분석
   2) 욕구분석 결과 다음 단계로 이동
   3) 지도 프로그램 평가란?
   4) 계절별 태권도 준비운동
   5) 태권도 지도 프로그램 기획
   6) 태권도 프로그램 전개
   7) 태권도 프로그램 평가
   8) 태권도 프로그램 수정 및 보안

2. 태권도장 오전, 주말, 방학 활용프로그램 운영방법
   1) 오전 프로그램
   2) 주말 체육 프로그램
   3) 주말 문화탐방 교실
   4) 계절별 레포츠 종목
   5) 방학기간 중 교육프로그램
   6) 태권도장 운영 프로그램

3. 지도 프로그램 특성화 방안
   1) 미래에 태권도와 관련된 직업
   2) 태권도 수련의 가치
   3) 태권도 수련과 학교 체육
   4) 태권도 수련의 안전교육 2가지

제3장 태권도장 지도 프로그램 개발법

1. 태권도 현장 지도교육 프로그램 개발과 활용

1) 태권도 수련 참여자의 욕구분석

① 지역구민을 대상으로 한다거나 생활체육(태권도) 관련 수련생을 대상으로 하는 설문조사

② 각종(지역) 위원회 구성을 통한 의견 수렴과정

③ 체육관 등록 시 기재서류와 의견조사서

④ 지도 프로그램 종료 시(1주, 1개월 등) 시행될 수 있는 수련 후 평가서의 활용을 통해 가능할 것이다.

⑤ 수련생 부모님과 직접 대화 또는 지도시간의 의견수렴을 통해서 욕구분석은 가능하다.

- 태권도 지도자의 철학
- 태권도 수련생의 참여 욕구 확인
- 태권도 지도 프로그램 계획
- 태권도 지도프로그램 전개
- 태권도 지도프로그램의 평
- 태권도 지도프로그램의 수정 및 보안

2) 욕구 분석 결과 다음 단계로 이동할 수 있다.

① 수련생의 과거 수련경험과 기간, 다양한 프로그램에서의 소화능력, 새로운 수련내용을 학습할 수 있는 능력

② 설문조사를 통하여 진술된 홍미도, 신뢰도 즉, 수련생들이 하고 싶다고 진술한 내용과 참여할 수 있는 준비와 성의도(기대감 등)

③ 참여자의 연령, 환경, 신체적 성장을 도모할 수 있는 지도 프로그램을 선정하면서 매우 중요한 요인이다.

④ 참여(수련생)자의 성별 및 소화 가능 인원 등에 유념한다.

⑤ 잠재고객을 대상으로 조사할 필요가 있다. 현재는 마음에 드는 프로그램이 없으므로 수련에 참여하지 않을 수도 있기 때문이다. 실제로 외국에서는 비 수련자를 대상으로 하는 경우가 더 많다는 점을 주지할 필요가 있다.

목적이란 포괄적 의미의 프로그램 제공의 목표로 의미하며 목표란 목적을 달성함에 요구되는 보다 치밀하고 프로그램의 효과측정이 실제 가능한 세부목표를 의미한다.

정책이란 목적과 세부목표를 달성하는데 요구되는 태권도 수련 서비스 제공의 운영 기준 또는 규칙을 의미한다.

3) 지도 프로그램 평가란

지도 프로그램의 평가는 기획자가 주어진 수련 프로그램을 실행에 옮기기 위하여 행동을 취할 때 시작되며 평가결과가 그 수련 프로그램이 변경되어야 하거나 중지되어야 함을 나타낼 때까지 지속한다.

① 평가란 측정이다. 평가는 수련 자료를 수집할 수 있는 도구의 개발을 의미하며, 결과적으로 규범이 되는 기준과 비교를 가능하게 한다.
② 평가란 수련목표와 실행내용 간의 일치를 나타내 주는 보고서이다.
③ 평가란 수련 프로그램의 가치에 관한 전문가의 판단이다.
④ 평가란 수련 참여자의 변화를 의도적으로 만들기 위한 가치 결정이며 추후의 목적 개선을 위한 수행된 긍정적 또는 부정적인 결과에 대해 평가라 할 수 있을 것이다.
⑤ 평가란 의사결정의 최종단계이며, 평가의 긍정적 목표는 의사결정자가 여러 가지 대안을 선택할 수 있는 유용한 요약자료를 보고하는 것이다.

4) 계절별 태권도 준비운동

① 겨울철 준비운동

영하 기온에서 수련할 때 호흡기간의 손상과 중상 등이 발생할 수 있는데 피부에 대한 동상은 영하 날씨에서 주로 발생하지만, 호흡기관의 손상은 12℃ 이상에서는 거의 발생하지 않는다. 겨울철 준비운동은 평소보다 오래 하도록 하며 옷을 되도록 두텁게 입고 운동 때문에 체온이 상승함에 따라서 하나씩 벗어나 가도록 한다. 또한, 성대보호를 위해 추워서 물을 적게 마시는데 운동 중간에라도 미지근한 물을 자주 마시게 하여 목을 보호하고, 혈액순환을 도와주어야 한다.

- 겨울철 수련생이 섭취해야 할 식품

추운 날씨에 음식을 먹지 않아 속이 비면 더욱 추위를 느낀다. 또 뚱뚱한 사람보다 야윈 사람이 더욱 추위를 잘 탄다. 이러한 사실은 추위와 에너지 즉, 음식의 관계가 밀접하다는 것을 단적으로 나타내주는 현상이다. 겨울에는 추위를 이기기 위해 우리 몸의 대사가 활발해져 기초 대사량이 보다 1%가량 늘어나게 되므로 이를 음식으로 보충하여야 한다. 겨울철에 좋은 과일 중에는 귤, 사과 등이 좋으며 특히 청소년들은 고지방과 단백질을 충분히 공급할 필요가 있으며 성장기 어린이들은 칼슘보충을 위해 멸치와 미역국 등을 1주일에 2~3회 정도 섭취하는 것이 효과적이고 생각된다.

② 여름철 준비운동

매우 더울 때는 격한 운동을 피하는 것이 좋다. 수련 중에는 다량의 열을 생산하기 때문에 체온이 상승하기 쉽고 과도한 노출은 삼가야 하며 하루 중 가장 더울 때는 운동을 피하며 가능한 이른 아침이나 늦은 오후에 하도록 한다.

- 여름철 수련생이 섭취해야 할 식품

여름 무더위는 우리 몸의 신진대사를 촉진해 결과적으로 비타민 B, C의 부족을 가져오고 지치기 쉽게 만든다. 또 많은 땀을 통해 염분이 빠져나가면서 대사 작용에 지장을 초래한다. 췌장기능도 약해져 식욕을 잃기 쉬운데다 빙수나 청량음료만 마구 마셔대면 소화액이 묽어져 여름을 타게 된다. 이럴 때일수록 위에 부담을 주지 않도록 적은 양이지만 흡수가 잘되는 영양식을 섭취하게 하는 것이 좋다. 여름에 좋은 과일 중에는 수박, 딸기, 토마토, 참외, 복숭아 등이 있는데 이 과일들은 비타민 C, 수분 등을 풍부히 함유하고 있다. 또한, 비타민 B가 풍부한 식사로는 보리를 비롯해 콩, 감자류 등 잡곡밥을 먹는 것이 좋다.

5) 태권도 지도 프로그램의 기획

① 수련생의 과거 운동경험, 다양한 수련과 기량수준, 새로운 기술을 습득할 수 있는 능력
② 설문조사를 통하여 진술된 흥미 즉, 수련생이 하고 싶다고 진술한 내용과 참여 성의도
③ 대상자별 연령 수준, 신체적 조건, 지적 능력 및 소화 가능 여부 등
④ 수용 가능 인원

6) 태권도 프로그램의 전개

① 최종적인 시설물 및 용품의 검토
② 계절별 적용 여부 및 안전성 검토

7) 태권도 프로그램의 평가

① 평가는 시행 중에 혹은 종료 시 평가로 한다.

② 평가의 목적

ⓐ 프로그램 서비스의 질 향상

ⓑ 의도한 데로 진행되었는가

ⓒ 목표들이 달성되었는가

ⓓ 시행과정을 통하여 목적과 실제와의 차이를 규명하여 목표 자체가 적정한 것인가 판단하는 데 있다.

8) 프로그램의 수정 및 보완

(1) 태권도 지도자의 임무 : 서비스

(가) 시설(FACILITY)

① 편리성 : 장소

② 청결 : 정리 정돈

③ 유지(보수)

④ 안전성(부상-지도자 책임)

⑤ 적합성-구조의 편리성

(나) 지도자(STAFF) : 직무교육, 수련지도, 평가 *제26조 규정에 의한

① 자질

② 지식-신뢰감-말의 신중

③ 기능-몸으로-시범(말과 행동)

④ 적성-긍정적 태도

⑤ 지도의 목표-성공, 즐거움, 발달228 성공적인 경영과 지도론

(다) 프로그램(program)

① 욕구 - 참여자가 무엇을 원하는가?

② 필요성 - 참여자 유용 여부

(2) 수련생 참가의 의식구조

① 주위에 체육관이 있거나 지도자가 주위에 있을 때 참가하기 쉽다.

② 유명한 지도자가 있다면 참여 기회가 더 쉽다.

③ 체력이 강하고 신체적으로 약, 비만 등도 참여가 쉽다.
④ 성격이 경쟁적인 아이 및 성취욕이 강한 아이 참여가 쉽다.
⑤ 남자가 참여가 쉽다.
⑥ 성취동기가 강한 아이일수록 참여가 더 쉽다.
⑦ 부모가 전문직, 개인업일 때 더 쉽다.
⑧ 형제나 자매가 적을수록 참여가 더 쉽다.
⑨ 가정에선 개인 종목, 학교에서는 단체 운동 선호

※ 성인이 운동에 참여하는 내역
① 어릴 때 운동에 관한 상을 받아본 학생이 어른이 되어서도 운동에 직접 참여한다.
② 조직적인 운동에 참여한 경험이 있는 아이

⑶ 태권도 수련 참여 주관자

(가) 가족

① 부모 영향 손위 형제 중 스포츠인일 때 쉽다. 대학 운동선수 누구의 영향을 받았는가 설문 조사해보면 (1. 코치, 2. 체육선생, 3. 부모)

② 부모가 둘 다 학력이 높을수록 스포츠를 많이 권하고 대학선수를 만든다. (골프, 스케이트 등)

③ 배우자가 운동선수일 경우 더 쉽다.

ⓐ 상류층 : 골프, 행글라이더, 아이스하키, 스키(의사, 기업체 부모)
ⓑ 중류층 : 수영, 테니스, 래프팅(교육적 차원에서 권함)
ⓒ 하류층 : 복싱, 축구, 배구, 태권도

(나) 형제 출생 서열에 영향이 있다.
형제 수가 많으면 운동에 적게 참여한다. (서로 말림)

⑷ 태권도 프로그램 실제

프로그램은 그 기간에 따라 대체로 장기, 중기, 단기 주기로 구성한다.

① 장기주기 : 장기 주기는 6개월 및 수련 주기 프로그램으로서 연간 프로그램은 장기 주기 전형이다.

② 중기주기 : 중기 주기란 3~6주일 주기의 프로그램으로서 월간 프로그램은 이에 속한다.

③ 단기주기 : 단기 주기란 1주일 주기 이하의 프로그램으로서 주간 및 일일 주기 프로그램이 이에 속하며 1주간의 단기주기 프로그램은 지도 프로그램 구성의 기준이 된다.

(5) 일일 지도 프로그램

일일 프로그램은 먼저 수련시간과 구체적인 수련 내용을 설정한다.

(가) 수련시간

수련생들의 평상시 일일 수련 시간을 보통 60~90분이 지배적이며 일상생활과의 조화 및 단체의 생리적 주기 리듬을 고려하여 주로 오후 시간대로 설정한다. 중요한 것은 부여된 수련의 종류, 운동형태 및 수련생들의 신체적 준비상태에 따라 적절하게 구성하는 것이다.

(나) 수련내용

구성 내용은 3단계 수련과정을 가진다.
준비운동, 본 운동, 정리운동 순으로

① 유치부 수련 시 참고 사항 - 균형감이 중요함.

유치부는 체력과 운동신경이 상당히 발달해도 근육의 힘이나 뼈, 호흡 순환계의 발달이 이에 따르지 못해 몸 일부분으로 몸 전체를 지탱한다든지 장거리 달리기와 같은 폐에 부담을 주는 운동은 피해야 한다. (소급 적용 가능)

※ 적절한 수련 프로그램 : 신체적성 놀이, 기구 놀이 게임, 맨손 체조, 창작놀이 등

② 초등부 - 현실적인 학교실정 (1. 활동 공간 없다, 2. 형식적인 체육 시간)

ⓐ 문화적으로 쾌적하고 경제적으로 풍부해졌지만, 갈등과 고민이 많고 의타적이며 자기중심적 행동이 많다.

ⓑ 교육이나 수련 프로그램은 창의적 개척정신, 자립정신을 길러 줄 수 있도록 편성(인성 교육 중요)

ⓒ TV, 만화, PC게임의 영향으로 행동양식이 잔인하고 포악해지고 있어서 삶의 자세를 바르게 일깨워 줘야 한다.

ⓓ 적절한 운동을 함으로써 자기 자신의 행동에 책임을 질 수 있도록 해야 한다.

ⓔ 아울러 개성과 취미의 다양성을 간파하여 개개인의 변화 진행 중임을 인정해야 한다.

※ 적절한 프로그램에는 각종 놀이, 학교 체육, 선 경험, 타종목 간접경험, 건전한 야외놀이(캠프 체험 등), 지능 발달 프로그램 신체적 활동 유도 등이 있다.

(다) 초등학생의 태권도 수련 목표

① 신체적 목표

ⓐ 태권도 수련을 통하여 신체의 기초적 기능을 조장시킨다.

ⓑ 자기 신체의 적합한 운동을 취미로 실시하도록 유도한다.

ⓒ 좋은 자세와 신체적 결함, 교정을 유의한다.

ⓓ 신체 제 기능과 발육, 대 근육 활동에 의한 신체 성장을 도모한다.

② 사회적 목표

ⓐ 명랑한 성격을 기른다.

ⓑ 자기의 책임을 성실히 이행하고 예의를 잘 지키는 양순한 태도를 기른다.

ⓒ 타인과 협력하여 잘 적응할 수 있는 성격을 기른다.

ⓓ 자기 행동을 조절하고 규칙에 순응하는 성격을 기른다.

③ 지적 정서적 목표

ⓐ 건강 생활에 대한 지식을 습득하고 좋은 습관을 갖도록 한다.

ⓑ 신체운동에 대한 간단한 원리를 습득하고 신체 각부의 명칭 및 작용범위와 개요를 습득시킨다.

ⓒ 곤란을 극복할 수 있는 사리 판단에 대한 기초 능력을 양성한다.

ⓓ 각종 놀이에 지식과 기능, 기초적인 자기표현, 창작 감상력을 기른다.

(라) 중 · 고생

원천적으로 "정신적 미숙아"라 하며 자신을 다스릴 수 있는 정신적인 힘이 부족하지만, 육체적으로는 살아있는 활화산 같아서 넘치는 에너지를 설교적으로나 훈화적 종교적인 말로서 다스리는 데는 한계가 있다. 이런 중 · 고생에게는 잉여 에너지를 마음껏 발산할 수 있는 건전한 수련공간과 태권도 프로그램은 발달과 욕구 충족 위주의 프로그램이어야 하며 두뇌 발전에 큰 영향을 준다는 사실을 인식하고 지속해서 참여할 수 있도록 선전해야 한다.

※ 적절한 프로그램에는 각종 운동 종목, 간접경험, 야외캠프, 자연 학습관찰, 등산, 래프팅, 지구력 기르기, 비만 및 체력단련 교실 등이 있다.

(6) 수련의 4가지 발달과정

(가) 형성기

적응력이 서서히 나타나고 집단의 예의, 예절 규범이 형성된다. (입관 1~2개월 정도)

(나) 격동기

아직 수련에 확실성이 결정되지 않는 개인별 능력과 과제에 대하여 갈등이 시작된다.

(다) 정리기

격동기를 거치면서 단체 내부에 존재했던 갈등이 사라지고 단결성이 높아진다.

(라) 안정기(수련에 익숙)

체육관에 대한 인식과 참여가 높아진다. 단, 수련은 허공을 상대로 반복, 연습 동작의 연속이므로 항상 방심하지 말고 새로운 프로그램 도입에 무한한 노력을 기울여야 한다.

(7) 수련의 3단계 과정

(가) 준비운동

① 준비운동은 체계적으로 수행해야 한다. 상체에서부터 하체로 진행한다든지 혹은 하체에서부터 상체로 손과 발 부위 순으로 진행한다.

② 다양성이 있어야 한다. 신체의 각 부위를 다양하게 자극할 수 있는 다른 방법이 선정, 시행되어야 한다.

③ 준비운동은 개인차를 고려해야 한다. 각 수련대상에 따라 계절과 시간에 따라 다소 차이를 주어야 한다.

④ 준비운동은 신체의 적응력 향상을 위해 필요하며 서서히 시작하여 빠르게 진행한다.

⑤ 상부에서 하부 쪽으로, 즉 머리 부분부터 먼저 발달하고 팔이나 다리가 이어서 발달한다.

⑥ 중심부 위에서 말초 부위(손가락, 발가락)로 발달한다.

⑦ 전체 운동에서 미세 운동으로 발달한다.(유아초기 - 몸 전체 이용, 신체 발달하면 팔, 손을 이용)

※ 준비운동 (스트레칭, 맨손체조, 조깅)

ⓐ 체온을 높여준다. 약 39℃ 정도 - 이마에 약간 땀이 날 정도로

ⓑ 심장에의 혈액 공급을 적절하게 높여준다.

ⓒ 근육 온도를 높여주어 부상을 줄여준다.

ⓓ 근육의 수축과 이완 작용을 적절하게 조절한다.

(나) 본 운동

태권도수련의 본 운동은 수련생의 수준, 연령 등의 개인차를 고려하여 시행되어야 한다. 초보자에게는 기술적인 면이나 품새, 겨루기, 복잡한 수련보다는 간단하고 수련충족이 가능한 것부터 스피드나 민첩성보다는 정확성을 먼저 숙련시킨 후 차츰 진행되어야 하며 유품(단)자는 기본과정에 적은 시간을 배정하고 기술적인 면과 스피드, 협응력 그리고 근력 등으로 수련시키고 마지막으로 지구력 수련을 시키며 본 운동수련을 체력훈련 (%), 기술 훈련 (%), 품새 (%) 등의 사전계획이 확립되어야 한다.

(다) 정리운동(스트레칭)

수련의 마지막 정리운동은 매우 중요하다. 시간은 약 5-10분 정도가 적당하다. 달리기, 맨손체조 등 긴장했던 신체의 기관들을 이완시켜주는 장점을 취할 수 있으며 반드시 심리적 부담을 주지 않아야 한다.

(8) 수련의 최종 목표

① 건강 : 보건기구-신체적 건강, 정신적 · 사회적 건강

② 체력 증진 : 자율 증진과 교육을 통한 계획된 증진 - 의도적 교육 유도

③ 신체 활동 : 자율 운동, 게임 스포츠, 무용, 놀이

④ 욕구 충족 : 머플러 5대 욕구 - 1차 의식주 욕구, 2차 생리적 욕구(심리적 안정), 3차 소속감 욕구(사회적 애정), 4차 존재적 욕구(인정, 평가, 존중), 5차 자기실현적 욕구

⑤ 여가 선용이 이루어져야 한다. - 즐거운 동료와의 만남, 칭찬(프로그램에 필요)

(9) 태권도 수련을 통하여

① 운동 부족과 심리적, 정신적 갈등과 문제를 해소해 준다.

② 원만한 인간관계 형성과 함께 공동체 의식을 강화해 준다.

③ 개인적으로 창의력을 발휘할 수 있도록 도와준다.

④ 그들의 학교, 가정, 사회생활에서 받는 스트레스와 신체 정신적 피로 및 정서적 불안 등을 해소함으로써 안정을 되찾고 새로운 자신감과 의욕을 갖고 학교생활에 충실히 임할 수 있게 한다.

(10) 일일, 주간, 월, 연간 수련계획서 작성 (예시)

(가) 일일 수련 계획서(예시)

(나) 주간 프로그램(예시)

주간 단위 수련 계획은 1주일 동안 실시한 수련 단계에 맞도록 세분하여 작성해 놓은 수련 계획표이다. 단기 수련 계획은 각 개인에 맞게 수련 목표, 수련량, 수련 강도, 수련 방법 등 시시각각 변하는 수련생들의 신체적 특징, 심리적 욕구까지 고려하여 작성되어야 한다.

(다) 월간 수련 계획 작성

월간의 태권도 수련 계획은 일일 수련 계획과 주간계획의 기초 아래 계획되어야 하며 계절적으로 수련 내용에 있어서 체력 훈련과 품새, 겨루기, 호신술 등 유효적절한 계획이 이루어져야 한다.

(라) 연간 수련 계획 작성법

지도자는 학술적인 원리를 근거로 지도에 임할 것

① 계획적으로 지도한다.
② 뚜렷한 목표와 수련의 필요성을 이해시켜 지도한다.
③ 자발성과 흥미를 존중하여 지도한다.
④ 성별과 개인차를 고려하여 지도한다.
⑤ 쉬운 것부터 시작 어려운 것으로의 원리에 의한 응용으로 점진적으로 지도한다.
⑥ 전면성과 부분성을 조화 있게 지도한다.
⑦ 수련생들이 스스로 탐구하도록 지도한다.
⑧ 계절과 기후에 따라서 지도 형태를 달리한다.

(마) 수련자의 특성

① 연령별 및 성별의 특성을 가진다.
② 운동기능, 체력적 능력이 포함되는 신체적 특성이 있다.
③ 동기, 흥미, 태도, 자아개념, 성취동기, 정의적 특성을 가진다.
④ 기능발달, 창의력, 인지적 측면의 특성을 가진다.
⑤ 가족과 사회 경제적 배경 등 구성의 특성을 가진다.

2. 태권도장 오전, 주말, 방학 활용프로그램 운영방법

본 내용 중에 이미 활용됐던 부분도 있지만 개중에는 처음 접해보는 경우도 있을 것이라 생각하여 오전, 주말, 방학 기간에 응용할 수 있는 수련프로그램과 레포츠 교실 프로그램 일부를 소개한다. 아래 프로그램 중 각 체육관에 적합한 1종목을 설정하여 효율적인 운영이 되도록 최대한 노력한다.

태권도 수련 이외의 시간을 활용하여 수련생과 학부모 더 나아가 지역주민에게 건강 여가교육의 공간과 환경을 제공해주어야 하는 역할을 해야 한다. 이제는 레포츠라는 새로운 체육문화에 생활체육 지도자인 태권도 지도자도 함께 깊은 관심을 두고 연구 노력해야 할 시기이다.

1) 오전 프로그램

(1) 유아체육 및 유아태권도

① 유아체육 프로그램 : 안내 책자와 교육프로그램을 별도 제작한다. 체육관 주위의 유치원과 어린이집 또는 미술 바둑학원에 관장과 사범이 직접 방문하거나 우편으로 발송한다.

② 원아들이 학원 차량을 이용하여 체육관으로 단체로 와서 유아체육과 유아태권도 지도를 받을 수 있도록 한다.

③ 주 1회 1시간 교육을 원칙으로 하며 관장 또는 사범이 직접 지도하도록 한다.

④ 보통 2개 반(30명) 지도를 원칙으로 하며 학급 수가 추가될 시에는 보조사범을 배치한다.

⑤ 교육비는 30명을 기준으로 월 30만 원을 받도록 한다.

⑥ 다른 요일 별로 다른 지역 어린이집과 유치원생을 받을 수가 있다.

같은 지역 내에서 같은 시장성을 가지고 있는 경우에는 유아 교육 기관의 차별화된 프로그램을 갖도록 협조하여 준다.

⑦ 원아들이 유치원을 졸업하게 되면 체육관으로 입관할 수 있도록 원장님에게 정식으로 협조를 요청한다. (OOO 체육관에서 원장님에게 유아교육 위탁기관으로 위촉패를 드리는 방법도 있음)

⑧ 원아들이 초등학교에 입학하면서 유아태권도를 배운 체육관에 입관하는 장점이 있다.

⑵ 요가교실

지역마다 경제적 수준과 환경적 요소가 크게 작용한다.

① 월, 수, 금 주 3회 반으로 운영되며 월 3만 원~10만 원 (지역적 환경에 따라)의 수련비가 책정된다.
② 지역에 따라 태권도 학부모에게 요가 무료수련의 혜택을 주는 곳도 있다.
③ 지도자는 전문강사를 선호한다. 남자 사범이 요가를 지도할 경우 수련 희망자가 전혀 없을 수도 있다.

⑶ 골프 취미반 - 관장이 골프에 관한 전문성이 있어야 한다.

① 오전에 15명 미만의 주부그룹으로 실력향상을 위한 기초반과 기초과정을 마친 숙련반으로 편성한다. 숙련반은 실전 필드 경기 위주로 운영한다.
② 월, 수, 금 주 3회 반으로 운영하며 오전 9시에 집합하여 골프장으로 출발하여 중식 후 오후 1시까지 귀가하는 것으로 한다.
③ 월 회비는 대체로 300,000~400,000원 정도로 운영되고 있다.
④ 고급스포츠의 프라이버시와 서비스차원을 위해 고급 외제 밴으로 차량운행 되기도 한다.

⑷ 에어로빅 교실

① 대중스포츠인 관계로 대부분이 저렴하게 운영되고 있다.
② 매일 또는 주 3회 반 오전 운동하며 태권도 수련생 어머니들에게 무료수강 또는 할인된 회비를 적용하고 있다.
③ 고무매트에서는 동작이 원활하지 않은 단점이 있다.

⑸ 기타 댄스교실

현재까지는 크게 활성화되지는 않고 있다. 에어로빅 강습소, 무용학원, 동사무소, 복지관에서 저렴하게 운영되고 있다.

⑹ 장년부, 노년부 건강 체육교실

① 여성부, 남성부 구분이 필요하다.
② 50대 후반, 60대, 70대로 한정한다.(실버체육)
③ 월, 수, 금 요일로 편성하며 1시간 30분 교육을 원칙으로 한다.

④ 교육프로그램

ⓐ 태극권, 기공체조, 단전호흡, 요가, 맷돌 체조, 덩더꿍 체조

ⓑ 등산, 경보, 스포츠 마사지, 자전거 타기, 기타 간단한 구기 종목 (피구, 실내게이트볼, 골프 기초)

⑤ 수련비 : 지역별 경제적 여건을 고려하여 50,000원 ~ 200,000원까지 가능하다. 아파트, 주택의 평수가 넓고 노인 인구가 많은 지역에서 가능하다.

(7) 주부 인라인 교실

① 공원을 인접한 야외 무료 인라인스케이트장이 있는 경우에만 가능하다.

② 관장과 사범이 인라인에 대한 전문 기술성이 있어야 한다.

③ 월, 수, 금요일로 오전에 편성되며 15명 정도의 교육이 가능하다.

④ 월 80,000원 수강료를 받으며 지역별로 차이가 있다.

⑤ 태권도학부모에게 할인 강습료를 제공하여 준다.

(8) 특수체육교실

① 지역적 특성에 맞는 회원모집, 프로그램을 적용한다.

② 장애인 태권도 지도 등 특별히 경험 있는 지도자에게 별도의 교육을 이수하고 실행하는 것이 효과적이다.

(9) 동호회

테니스, 배드민턴, 탁구, 게이트볼, 산악회, 인라인 등은 지역별로 광범위한 생활체육 동호회가 구성되어 있어 관장, 사범이 사전에 파악하여 학부모에게 스포츠 동호회 정보를 제공하여 주는 역할이 좋다.

2) 주말 체육 교실

(1) 축구교실 - 15명으로 편성한다.

① 매주 토요일 14:00~15:30 분 1회 교육으로 한다.

② 수강생이 많을 경우 2개 반으로 편성 가능하며 일요일반을 추가로 늘릴 수도 있다.

③ 관장, 사범의 인원이 적은 체육관 경우에는 휴식을 위해 일요일반은 배제하는 것이 좋다.

④ 신청자가 많을 경우에는 관장, 사범이 토 · 일요일 교대로 운영하며 대학생 아르바이트 주말 체육교사를 별도 채용하는 경우도 있다.

⑤ 수강료는 3만, 5만, 8만 원 다양하다.
⑥ 가능한 단체 유니폼을 제작하여 착용하도록 하여 체육관을 홍보할 수 있도록 한다.

(2) 인라인 교실 반
수련생 15명으로 편성하며 축구교실과 같이 운영한다.

(3) 스케이트 반, 수영반, 골프반, 볼링반 등의 운영
주위환경과 공간적인 제약, 장소, 단체대여 등의 문제점이 뒤따른다.

(4) 계절별 레저스포츠교실 취미반 운영
① 종목 : 스키, 수상스키, 스쿠버 다이빙
관장, 사범이 실기교육을 지도할 수 있는 전문성이 있어야 한다.
엄마 스키교실 반 운영 등. 지역별로 모집에 한계성이 있다.
* 일부 지역에서는 매 주말 지도로 고가의 강습비를 받는가 하면 낙후된 지역에서는 엄마 스키교실을 무료로 지도해 주어도 스키가 없어서 희망자가 없을 수도 있기 때문이다.
② 산악회, 조기축구회
관장과 사범의 취미생활에 따라 학부모 동호회를 구성하여 운영할 수도 있으며 기존에 지역에서 활동 중인 동호회에 자발적으로 참가하여 건강생활을 유지하도록 매개체 역할을 할 수 있으며 관장, 사범의 지역 내 활발한 사회활동과 봉사활동은 태권도장 홍보에도 많은 도움이 된다.

3) 주말 문화탐방 교실

- 명승고적답사, 문화유적지 답사, 지역별 문화원 프로그램 활용, 국내외 여행, 쇼 관람, 오페라, 마당놀이, 전시회, 발표회 참가, 캠프활동, 가을 추억 여행, 겨울 기차 태백산 눈꽃여행, 코엑스 아쿠아리움과 롯데월드, 서대문형무소와 농협박물관, 서바이벌 게임과 양궁 등
- 전문적으로 운영할 경우 체육관에서 중형 또는 대형 버스를 직접 사들여 월 1회 이상 주말 문화행사를 하는 곳도 있다.

4) 계절별 레포츠 종목

- 항공 스포츠 : 열기구타기, 비행선 타기, 패러글라이딩, 행글라이딩, 경비행기 타기, 모터

- 수상 스포츠 및 해양 스포츠 : 바나나보트 타기, 수상스키, 윈드서핑, 제트스키 타기, 모터보트 타기, 워터슬아이드 타기, 래프팅, 나는 양탄자 타기, 바다낚시, 스킨 다이빙, 스쿠버 다이빙
- 육상 스포츠 : 승마교육, 클레이사격, 국궁 체험, 민속씨름체험, 워터슬라이드, 4륜바이크
- 그동안 접해 보지 못했던 색다른 레포츠 종목을 설정하여 행사를 하면 참가율이 높으며 체육관 홍보에도 도움이 많이 됨. 레포츠전문 단체를 활용한 정보수집이 최우선이며 빠른 레포츠정보 수집을 위해 회원으로 가입하여 인터넷이나 정기적인 간행물인 책자, 안내문을 받아 보는 것도 좋은 방법임(예:한국레포츠연맹 등)

5) 방학기간 중 교육프로그램

- 성격별 반편성 프로그램, 비만 관리 특별반 운영, 군부대 위문 시범행사. 산타 잔치, 단체생일잔치, 해병대캠프, 단체할인포경수술, 수영위탁교육, 어머니 다이어트 태보교실 운영, 영어 태권도교실, 영어마을 방문, 청학동서당 캠프, 근 골격 마사지 교실, 타 무술 맛보기 특강, 야간행군대회, 중고등부 야간 산악행군대회, 자전거하이킹, 각종 태권도 대회 참가, 해외탐방, 논술특강, 노래 잘하기, 탈춤특강, 맷돌 체조, 덩더꿍 체조
- 방학기간에 특별 프로그램에 참가한 수련생에게는 수료증 지급

6) 태권도장 운영 프로그램

(1) 승급심사 프로그램

기존에 보던 품새, 겨루기, 호신술, 격파, 태권로빅 심사 외에 체력단련 테스트, 태권웅변심사, 야외공개발표회, 야간행군대회, 산악행군대회, 군대 3종 대회, 근대5종 대회, 태권도 이론심사, 친척 알기 가계도 그리기, 나의 계획, 나의 반성, 바른 인사법 배우기, 부모님 은혜 바로 알기, 독후감 쓰기, 욕구만족에 대한 설문조사서 응답하기, 삼강오륜 공부하기, 사자 한자성어 공부하기, 신사임당 교육

(2) 야외행사

실내체육관을 임대하여 레크레이션 겸한 체육대회 실시, 야외 체육행사, 태권도동작 개별 작품 사진을 겸한 가족사진 전시회, 승단식 행사, 어린이날 시범행사, 홍보상 지급행사

(3) 합숙훈련

사랑의 편지쓰기, 감사의 편지쓰기, 찜질방 합숙, 야영훈련, 공동묘지 합숙, 친구에게 초대장 보내기, 친구랑 · 형제 남매랑 · 가족들과 함께 실시, 유품자 관장님 집에서 합숙훈련, 중고등부 관장님 청소년기 시절 도장탐방

(4) 시범활동

게릴라시범, 백화점 광장, 대형마트, 경찰서, 구청, 요양원, 복지원, 방학기간 해외파

(5) 안내문 발송

퇴관한 수련생에게 보내는 편지, 대학생 형 수련생들이 동생들에게 보낸 글, 태권도 교육 필요성에 관한 편지글, 좋은 직업이란, 과자는 독약이다, 태권도 학위논문 설문조사서 활용, 입관추천서 배부, 초등 1학년 예비반 모집 안내문 발송, 아름다운 말 10가지, 승단신청서, 고등부 수련생과 체대 입시에 관심 있는 부모님께 드리는 글, 대졸실업자 왕국과 체육대학의 진학, 방학기간 행사 안내문 책자제작 발간

(6) 교육에 관한 글 모음집 배부

- 인성교육 자료집 제작배부, 태권도 상식에 관해, 경기태권도와 생활체육 태권도, 학부모님들의 상반된 사고에 관해, 태권도장 인성교육의 중요성, 중고생 체격의 발달과 체력저하에 관해, 강한 자녀로 키우기 위해, 한국교육의 실패 경제 발목을 잡는다. 등 교육적인 좋은 글 보내기
- 신문 사설 활용, 인터넷 뉴스 활용

(7) 건강에 관한 안내문 발송(체육관 홈페이지에도 동시에 게재하는 방법)

인체의 신비, 인체 조직도, 근 골격 명칭, 간염, 탈구 현상, 하악골 탈구, 목구멍이 물건에 의해 막혔을 때, 각종 응급처치 요령, 아동 심리유형 검사에 관한 결과 보고서 요약, 신경성 질환에 관해, 식이요법이란, 식욕부진, 자녀의 TV 시청 지도에 관해, 도둑질하는 습관 고쳐주기, 아동의 자위행위에 관해, 거짓말하는 버릇 고치기, 자녀의 정신건강을 위한 부모의 역할, 소아 아동 학대에 관해, 소아 우울증에 관해, 성장통이란, 비만증, 두뇌자극요령, 대인공포증, 단단한 음식 치아건강에 좋다, 다리가 아픈 이유, 고혈압에 관해, 뇌졸중에 관해, 건강증에 관해, 건강체크, 체질개선, 여드름 관리, 강박장애, 간질병이란, 여름철 햇빛 건강관리

(8) 사은잔치

대형마트와 제휴 공동 마케팅, 자영업을 하는 학부모님과 체인점 제휴 등(예; 행사 때 통닭 쿠폰, 간식 쿠폰을 주는 곳도 있음), 개관기념 홍보행사 기념품 증정

(9) 수련프로그램

품새 왕, 겨루기 왕, 격투기왕, 스포츠 검도, 조별 창작 품새 만들기, 씨름 대회, 팔씨름 대회, 줄넘기 대회, 웅변대회, 권투 대회, 쌍절곤 대회, 비만아 체중감량 대회(지도자와 학부모 관심도가 많아야 함), 리더쉽 대회

(10) 유지관리

도복의 차별화, 고급화, 관원의 성격 알아보기, 관장의 상담기법, 전화 상담법, 기본운동 지도법

* PC 활용법
  - 문서의 고급화 : 포토샵 기능 활용한 상장, 합격증 발급, 안내문 칼라인쇄, 책자와 교육프로그램 제본 직접작성, 특수 인쇄기 설치 등
  - 홈페이지 활용 : 자영업 학부모님 업체광고, 컴퓨터 게임프로그램 설치, 학습프로그램 설치, 좋은 글, 생활 상식 게재, 체육관 안내문 게재, 수련생 사진, 행사사진 올려놓기
* 권태기 극복
  - 축구단, 시범단, 선수단, 유단자 프로그램 별도 편성, 타 운동 기본기 주 1회 이상 교육, 쌍절곤, 검도, 기타 무기술, 타 무술, 실내 구기 종목 활용

(11) 시설 확충

바둑, 장기판, 전자식 발차기 기구, 로봇 설치, 식당 설치, 인터넷방, 게임방, 놀이기구, 체력 단련 기구 설치, 축구 골대, 농구 골대, 실내 골프 연습기, 대형 매트리스, 빔프로젝터 설치 태권도 시범 동영상, 교육적인 영화 감상, 신기한 과학탐구 동영상 감상

※ 교육프로그램 안내문

≪안내문≫

◎ 000 체육관은 전문적인 태권도 교육기관으로써 20년의 역사와 전통을 가지고 있으며, 하면 된다. 할 수 있다. 를 관훈으로 태권인 들을 칭찬과 격려를 아끼지 않고 태권인 들의 밝은 미래를 먼저 생각하며 인성교육을 통해 올바른 생각과 올바른 정신력 그리고 제일 중요한 부모님의 사랑을 일깨워 주고 있습니다. 저희 0 0 태권도에서는 현재 우리 사회의 가정은 한 세대 한 자녀가 늘어나면서 나 혼자만 잘하면 된다는 이기적인 생각을 하고 있습니다. 그래서 저희 00 태권도에서는 작은 체육관에 불과 하지만 이곳 작은 세상에서부터 태권인 들이 개인적인 생각을 버리고 서로서로 돕고 협동심을 길러 더 나아가 더 큰 세상에 나아갈 때에 조금이나마 도움이 되었으면 합니다.

◈ 저희 00 태권도 교육 프로그램을 알려드리겠습니다. ◈

○ 첫째 : 인성교육 프로그램.

매달 인성교육을 통해 수련생이 이야기를 나누고 생각하며 부모님의 사랑, 올바른 사고력과 논술력을 길러주며 글로 표현하여 부모님께 편지 형식으로 집으로 보내드리고 있습니다.

○ 둘째 : 예절교육 프로그램

관장님께서 명절에 대한 예절교육과 어른을 공경하는 법, 인사를 공손히 하는 법 등 예절교육을 직접 하시고 계십니다.

○ 셋째 : 칭찬교육 프로그램.

매일 수련생들을 칭찬하고 격려하여 근면성과 자신감을 갖게 하는 교육프로그램입니다.

○ 넷째 : 학교 체육 프로그램

학교에서 실시하는 체육 과정을 체육관에서 연습을 통해 학교 체육시험 대비를 철저히 하고 있습니다.

○ 다섯째 : 체력 측정 평가.

매달 수련생들의 체력측정을 통해 체력을 더욱 향상해주며 하루하루 달라지는 모습을 매달 집으로 보내 드리는 프로그램입니다.

○ 여섯째 : 학교 폭력 방지 호신술 및 안전사고 대비 낙법 프로그램.
호신술을 통해 자기방어를 할 수 있도록 교육을 하며 일상생활에서 사고 예방을 위해 낙법교육을 하고 있습니다.

○ 일곱째 : 계절 스포츠 프로그램.
봄, 여름, 가을, 겨울 사계절에 맞는 스포츠를 찾아 박물관, 과학관 견학, 수영, 등산, 스케이트 스키, 눈썰매, 여름 · 겨울 캠프 등을 함으로써 더욱 넓은 시야를 길러주며 어떠한 스포츠에 도전하여도 자신감을 갖게 해주는 프로그램입니다.

○ 여덟째 : 태권도 교육 프로그램.
전통 태권도를 아이들에게 가르침으로써 태권도의 맥을 이어가며 체계적인 태권도이론, 태권도 품새, 발차기, 겨루기, 격파 등 띠별 교육을 통해 체계적인 교육을 하는 프로그램입니다.

위와 같은 교육을 통해 우리 태권인들을 운동뿐만 아닌 여러 가지 교육프로그램을 체계적으로 교육 실시하고 있습니다. 항상 노력하고 최선을 다하며 다시 한 번 참사랑 참교육으로 열의와 성의로 교육을 할 것을 지도진 모두 약속을 하며 부모님의 많은 관심과 협조 부탁합니다.

3. 지도프로그램의 특성화 방안

21세기에 맞는 체육관 수련프로그램의 개발방향을 다음과 같이 제안한다.

① 사회 환경변화의 능동적 수용이다.
오늘날 우리 사회는 지식 사회, 정보화 사회, 디자인 시대라고 불리며, 이는 새로운 지식의 획득뿐만 아니라 변화에 적응하고 새로운 지식을 창출 또는 혁신하는 능력과 방법을 체득하는 데 있다.
② 이것은 지금까지는 우리 태권도의 변화가 양적 성장에 있었다면 앞으로 질적인 성장으로 전환함을 의미하면서 이러한 변화는 새로운 지식을 자극하고 수련생 중심의 다양한 욕구를 수용하도록 설계되어야 하며 이는 보편적 프로그램과 더불어 참여자만이 느낄 수 있는 프로그램의 개발이 요구된다.

1) 미래에 체육과 관련된 직업

① 운동경기 : 운동선수, 코치, 감독, 물리치료사, 트레이너 등 레포츠 산업
② 교육연구 : 체육교수, 체육교사, 스포츠과학자, 사회체육 지도자 등
③ 스포츠 산업 : 스포츠 용구 생산 및 스포츠 시설, 체육관, 프로선수단 운영
④ 스포츠 관리 : 운동경기관리, 영양관리, 완전관리, 시설관리, 체육행정가 등
⑤ 스포츠 매스컴 : 스포츠 관련 기자, 사진사, 방송관리자, 스포츠 중계 해설자

2) 태권도 수련의 가치부여

① 태권도 수련을 통하여 사회집단의 원칙 규범 태권도 해동양식을 습득게 함으로써 사회성 함양에 이바지한다. 일정한 규칙을 지키는 것은 사회생활에 필요한 규범이며 준법정신과 통하고 자기 역할을 다하는 것은 책임을 완수하는 것과 같다. 또한, 태권도 수련을 통하여 정정당당하게 싸우기를 바라며 팀 구성원 간에 협동심을 통해, 타인의 권리존중, 협동정신 등 귀중한 사회적 경험을 갖도록 한다.
② 태권도 수련은 원만한 인간관계를 꾀할 수 있다.
태권도를 통하여 공동체 의식을 심어줄 수 있고 개인과 집단의 상호관계에서 원만한 인간관계를 이룬다.
③ 태권도 수련을 통하여 사회적 계층변화 즉 사회적 경제적 상향이동의 기회를 제공한다.
④ 태권도 수련은 국가관을 고양할 수 있다. 수련생 간에 단결심을 고취하고 지역 외교의 사절로써 그 역할이 중대하다는 것을 부인할 수 없다. 태권도는 표현과 반응의 수련이다.

3) 태권도 수련과 학교 체육

학교 체육은 정해진 교육과정을 교사가 일정한 연령층의 학생들을 대상으로 계획적이고 의도적으로 인간의 행동을 변화시키고 바람직한 인격형성이라는 목적을 가지고 있다.

① 모든 학생이 필수적으로 참가하는 1주일에 2~3시간의 점과 체육수업이다. 수업내용을 사용 가능 교구와 시설을 이용해서 교사가 교육부 체육 교육과정에 의지한 단계적 수업을 하고 그에 따른 평가로 이루어진다.
② 학생의 선택으로 특별활동이나 방과 후에 이루어지는 과외 체육 활동이다. 학생들은 시간표상에 1주일에 1시간의 특별활동 시간이 배정되어 있어 자신의 흥미에 맞는 특별반을 선택할 수 있다.
③ 기능 우수자인 학교 대표선수들의 경기활동이라 학교 대표선수들은 학업보다는 운동실적에 커다란 관심을 둔다. 재학 중 기능과 실적을 운동선수에 있어서 상급학교 진학과 직업 선택에 커다란 비중을 차지하게 되기 때문이다. 우리나라의 현실은 이러한 과정이 엘리트 체육으로 연계되어있다. 아동과 청소년은 대부분 학교를 통하여 성장하므로 바람직한 학교 체육 교육은 성인기의 체육 활동에까지 영향을 미친다. 그러므로 학교 체육 교육을 정상화함으로써 어릴 때부터 체육에 대한 올바른 인식을 심어주어야 한다.

※ 우리의 건강과 삶

인간은 가능한 한 오래 살려고 하는 것은 하나의 본능이다. 그래서 인간사 역사가 시작되고 현재까지 무수한 장수법이 개발됐으며 사람들이 장수하려고 끈질긴 노력을 하고 있다. 그러나 현재는 오래 살기 위한 건강의 필요성도 중시되지만, 그보다 사는 동안 삶의 질을 높이기 위해서 더더욱 건강해지려고 노력한다.

현대 사회에서의 건강은 "육체적 정신적 사회적으로 몸에 질병이나 손상이 전혀 없는 상태"라고 정의한다. 우리의 건강한 삶을 유지하기 위해서는 위생적이며 충분한 휴식, 적당한 영양섭취, 적당한 운동을 하면서 생활함을 의미한다.

4) 태권도 수련의 안전교육 두 가지

① 개인적 사고 원인

개인적인 정신적, 신체적 이상 상태 즉 피로로 인한 판단착오 사고에 대한 무지, 부주의 평정성과 민첩성 결핍 등 불완전한 행동 잘못된 태도 습관 등에서 오는 사고.

② 환경적 요인

기상조건이나 천재 조건 불가항력적인 것들이며 수련시설의 구조나 기능상의 결함 배치상의 결함 천재지변 혹은 불가항력적인 사고를 제외한 나머지 교육적으로 예방할 수 있으며 안전교육은 이것을 목적으로 하고 있다.

※ 태권도는 신체를 위한 교육

태권도를 반드시 가르치며 하는 이유는 그것이 몸에 좋기 때문이다. 다른 보통지식이나 정서 등 정신적인 측면을 함양시키는데 목적을 두고 있지만, 사람의 그 어떤 과목도 태권도처럼 신체활동을 교육비용으로 하여 신체를 성장시키는 운동은 없다. 태권도는 사람의 교육과 마음의 교육은 물론 신체의 교육도 반드시 포함되어야 하는 것으로서 신체를 다루는 유일한 운동이다. 따라서 태권도 교육을 아이들의 정신과 육체가 통합된 전인으로 만들기 위해서는 태권도를 필수적으로 가르쳐야 한다.

이 관점에서 말하는 태권도의 신체적 효과는 다양하다. 예컨대 생리적 기능이 양성되거나 근력이 증진된다. 몸이 민첩해지고 유연해진다. 이처럼 태권도 교육을 통해 얻는 신체적 효과는 하나의 최종목표 즉 체력을 증진하는 것이라고 볼 수 있다. 무엇보다 태권도는 몸에 좋으므로 학생들이 배울 필요가 있는 것이다. 태권도 수련을 통한 교육은 움직임 욕구의 실현 및 체육문화의 계승 발전이라는 내재적 가치와 체력 건강의 유지, 증진, 정서순화, 사회성 함양이라는 외재적 가치를 동시에 추구한다.

생활체육 태권도장

성공하는 도장을 위한 체육관 경영론

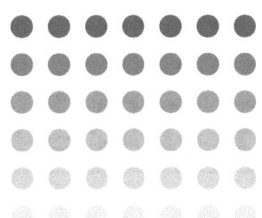

제 4 장

태권도 교육을 통한 인성교육

1. 태권도 인성교육 자료
2. 무도정신에 기본을 둔 인성교육
3. 심신단련과 생활예절
4. 학교폭력 예방과 인성교육

제4장 태권도 교육을 통한 인성교육

본 장에서는 일선 태권도장에 교육도서로서 제작 배부되었던 태권도 관련 각종 연구논문 중 일부만 요약 편집하였으며, 가능한 태권도 지도자들이 쉽게 읽고 이해하기 쉽도록 부분별로 요약한 것이다.

가장 기본적인 인성 예절교육의 요약, 성장발육촉진에 대한 연구, 키가 크지 않는다는 잘못된 분석요약, ADHD 주의산만, 주의력 결핍, 과잉운동장애, 학습장애 등 운동지도를 통한 증세판단과 개선방법을 알아보며, 두뇌 활동촉진, 두뇌 회전을 위한 운동과의 연계성을 알아보며, 전문적인 치료법과 운동요법에 의한 효과에 대하여 기술하였다.

마지막으로 태권도 교육에 대한 상담자료로서 대부분 어머니가 가장 궁금해하는 점을 문답식으로 요약 분석하였다. 최근 생활 체육 태권도장에서 이루어지는 태권도교육문화에 대한 재조정이 절실히 필요하다고 본다.

지도자들의 자질은 과거보다 향상되고 있으나 단기간에 흥미와 놀이체육 위주의 교육문화로 일부 변질하여 가고 있다. 이는 보편적인 수련생의 욕구와 학부모의 취향에 지도자들이 맞추어가는 교육으로 지향되기 때문이다.

또한, 도장 간, 지도자들 간의 경쟁으로 인해 태권도 교육의 본질이 왜곡되고 있으며 저급도장과 자질부족 지도자들이 양상 되고 있는 것은 하루속히 개선되어야 할 부분으로 지적되고 있다.

청소년기부터 학교와 학원에서 공부에 시달려야 하는 입시지옥 속에서 태권도교육과 체육교육은 등한시되고 있다. 그러나 장기간 수련할 경우 건강생활유지, 호신력 배양, 정신적 향상, 리더십 배양, 대학입시와 취업으로 연결되는 장점을 가지고 있다.

본 책자에 간단히 일부분만 수록되었지만, 일선 지도자들의 태권도 지도서에 작은 도움이 되기 바란다.

1. 태권도 인성교육 자료

1) 인성교육 자료집을 내면서

본 내용은 태권도 수련생들에게 태권도를 지도하면서 정서함양과 인성교육에 도움을 주고자 태권도교육의 가장 기본정신을 바탕으로 인성 교육 자료집을 편성하여 보았다.

일선 태권도 도장에서 이미 많은 인성교육 자료집이 응용되고 있으나 대부분이 아동심리, 윤리도덕, 교육심리, 교육철학 등에서 인용되어 온 것이 상례이다.

따라서 본 자료집은 태권도 교육현장에서 태권도 사범과 코치가 현장지도 경험을 살린 실질적인 학습자료로 태권도 정신을 기본바탕으로 작성된 것으로 태권도 지도자들에게 도움이 되었으면 한다.

2) 인성교육의 중요성

경제사회 속에서 생활하다 보면 우리 자신도 모르게 인간성을 상실하게 된다. 이는 자신의 자녀들이 자연스럽게 본받게 된다. 현대사회에서 이러한 인간 소외 현상이 빠른 속도로 진행되고 있다.

우리나라는 어렸을 때부터 입시 위주의 제도화된 틀 안에서 경쟁의식 속에 교육을 받는 나라이다. 지나친 교육열로 인한 내 자식 기 살리기 교육과 장래의 직업과 안정된 직장을 잡기 위한 부모부터 자식까지 피나는 노력만이 살아갈 길이라고 대부분이 생각하고 있다.

아이의 인성과 적성보다는 남이 하는 만큼만 따라가는 방과 후의 하루 4과목 이상의 단기간 1년 위주 예능, 학습교육에 많은 학부모가 치중하고 있다. 가정과 학교, 학원에서 인성교육의 부족으로 아이들은 또래들 집단에서 효, 공동체 의식, 책임의식, 양보와 배려라는 단어 자체를 생소하게 생각하는 아이들이 많다.

현대사회에서 인간으로서 살아가야 할 가장 기본적인 교육이 바로 인성교육이며 건강교육이다. 이러한 전문적인 교육이 유일하게 이루어지는 곳이 무도 정신에 기본을 둔 생활체육 태권도장이다.

2. 무도 정신에 기본을 둔 인성교육

생활체육 태권도장에서는 무도 정신을 근본으로 두고 예의, 예절을 그 첫째 목표로 하고 있다. 태권도장에서 반복적으로 이루어지는 무도 정신 즉, 태권도 정신과 인성교육의 기본을 설명하며 지도자는 꼭 숙지하여야 한다.

1) 예의범절

태권도장에서의 예의범절은 무도 정신을 기본으로 부모에 대한 효와 나라에 대한 충성과 사제지간의 예와 선후배 간의 예를 기본바탕으로 이루어진다.

(1) 우리들의 예의 바른 생활

사회생활과 사람과의 관계에서, 서로 공경하며 삼가는 말과 몸가짐이며 소중한 질서의식을 말하며 태권도 수련을 통한 예절의 필요성과 실천방법을 익혀 밝고 건전한 사회인을 육성하도록 한다.

① 태권도 지도자가 가정과 유기적인 관계를 맺고 상호 협조해야 그 결실을 본다.
② 부모님부터 모범을 보여야 한다. 일상적인 언행이나 태도가 자녀들에게 큰 영향을 미친다.
③ 실천 의지를 지속해서 유지할 수 있도록 지도자의 역할이 중요하다.

(2) 예절 바른 생활

태권도장에서 예절에 대한 지식을 익혀 생활에 실천하도록 교육하고 있으며 가정에서는 복습의 과정을 반복하며 습관화되도록 한다. 학교생활, 일상생활의 인사법을 익힌다.

상황에 맞는 존칭어와 언어예절 교육은 올바른 의사소통으로 원만한 인간관계를 유지할 수 있다. 식사예절을 익혀 올바른 식사태도를 지킬 수 있도록 한다. 웃어른과 동생에게 음식을 먼저 배려하고 양보하는 습관을 갖도록 지도한다.

① 인사예절 - 때와 장소에 맞는 인사예절, 학교생활에서의 인사법, 일상생활에서 필요한 인사법, 전통적인 인사법 교육지도
② 언어예절 - 존대어, 상황에 따른 인사말, 전화예절, 올바른 감정표현 방법, 올바른 언어전달 방법의 교육

③ 식사예절 - 밥상머리교육, 한국식사의 예절, 학교식사의 예절, 서양식사 예절, 일본, 중국 식사예절 교육을 가정에서도 관심을 두고 지도한다.

④ 에티켓 - 에티켓 익히기, 게임중독, 사이버 세계의 음란물 퇴치 윤리의식, 내 컴퓨터 지키기, 안방에 컴퓨터를 두는 방법, 부모님 컴퓨터 공부하기 등

⑤ 글로벌에티켓 - 외국인에 대한 예절, 여행지에서의 상식, 의복 예절, 언어예절 등 많은 태권도장에서 1년 2회 이상의 해외연수, 탐방하는 관계로 글로벌 에티켓의 숙지는 그 기본이라 할 수 있다.

2) 인내와 끈기

고통을 이겨내는 능력, 적극적으로 행동하는 의미를 말한다.

태권도는 육체적인 수련을 통해 반복적 운동으로 기술연마가 이루어진다. 일격을 가하는 속도와 정확성, 기초체력 향상을 근본에 둔 반복적 유산소 운동으로 심폐기능 강화, 겨루기, 시범 훈련과정을 위한 순발력, 민첩성 운동, 기술적 연마를 통한 호신력 배양 등은 자신과의 싸움에서 승리할 수 있는 자만이 유단자의 경지에 오를 수 있다.

이것이 곧 인내와 끈기를 기를 수 있는 태권도의 기본자세이다. 이에 적응하기 위해 태권도 수련 자체를 자신이 즐겨야 한다.

매사에 부모님의 격려와 배려가 없이는 이루어질 수 없다. 억지로 하는 일에는 반드시 포기가 뒤따르게 마련이다. 성급한 결과나 금방 잘할 수 있을 것이란 생각은 버려야 한다. 중간에 포기함은 다른 일 역시 포기해야 한다는 생각이므로 지속해서 꾸준히 수련해야 한다. 권태기를 느끼는 수련생은 학부모가 지도자에게 즉시 전화를 하여 개별상담을 하여 특별 관리에 들어가도록 한다.

현대의 태권도 체육관에서 지도자의 역할은 중요하다. 수련의 권태기가 올 때에 각별한 관심으로 훈련의 방법을 바꾸어야 주어야 한다. 가령, 마라톤, 축구, 등산, 사우나, 수영, 스케이트, 스키, 인라인, 하이킹 등 레포츠 운동을 병행하여 태권도수련의 강압적이고 반복적인 면에서 스트레스가 발생하지 않도록 한다. 또한, 주말을 이용하여 야외활동을 함께하면서 수련생들에게 다양한 체육 문화적 경험을 가질 수 있도록 기회를 제공하여 청소년기에 삶의 활력소를 주도록 한다.

3) 리더십, 지도력

지도자가 지녀야 할 능력이나 자질, 집단의 목표나 내부구조 유지 발전을 위해 유도하는 능력을 말하며 모든 구성원이 가능한 최대의 만족감을 가지고 효과적인 목표달성을 위해 행동하도록 하는 작용을 말한다.

구체적으로 리더십이라는 것은 근본적으로 한 집단에서 타인의 행동에 영향을 미치는 것이며, 또한 이를 위해 그 집단이 추구해야 할 목표와 그 목표의 정당성 방법을 최종적으로 결정하고, 나아가 그 집단의 규범적인 특정한 사회적 규범을 창출해 내는 행동이라고 할 수 있다.

이는 정치학, 사회학, 기업, 경영학 군사학은 물론 청소년기의 또래 집단, 가정, 사회단체를 움직이는 것에 가장 중요한 역할을 차지한다.

태권도장 수련에 있어 유단자에게 지도력 향상을 위해 조별, 유급자별, 학년별, 띠별 등의 단계별로 구분하여 그룹으로 분류하여 지도하고 있다. 유단(유품)자에게 팀장의 임무를 부여하고 조별 품새 대회, 웅변대회, 축구대회, 서바이벌 게임, 겨루기대회, 기타 게임 등을 통해 지도자적인 역량을 키워 주고 있다.

리더십은 기능의 방법에 있어 탄력적이야 하며, 이를 위해서는 리더에게 통찰력과 적응성이 요구되므로 유단자가 스스로 자성할 수 있는 요건을 갖추도록 지도하고 있다. 자성의 요건은 용기, 의지력, 마음의 유연성, 지식 고결한 성품을 지니도록 하고 있으며 특히 공정성과 성실함을 끊임없이 간직함으로써 후배들에게 신뢰를 받도록 하는 역할이 중요하다.

학부모는 고급자과정, 지도자과정(3품, 4품 이상)에서 수련 중인 자녀가 권태기를 갖지 않도록 각별한 관심으로 지도자와의 커뮤니케이션이 유지되도록 지도자가 충분한 역할을 해야 한다.

4) 사회성

사회가 가지고 있는 성질, 집단생활을 하는 근본 성질, 집단생활에 잘 적응되는 소질과 사교성 등으로 표현할 수 있다. 태권도 수련활동에 참가함으로써 성취감, 공정성, 건전한 정신을 바탕으로 바람직한 인성이 형성된다.

요즈음 사회성이 부족한 아이들은 형제도 없이 혼자 자라는데다 부수적인 사교육을 강조 받다 보니 친구와 놀 기회가 부족하다. 아이들이 학교 방과 후에 몇 개 건물 안을 돌아다니며 몇 과목씩 과외 하는 것이 고시 수업 또는 입사시험을 치르는 장면과 같다. 한 과목이 끝나면 우르르 몰려나와 다른 학원으로 들어가고, 또 끝나면 나오고, 반복된다.

요즈음은 놀이터에 가도 놀 친구가 없어 친구 만나러 학원 간다는 아이들도 있다. 이러한 현상 때문에 요즈음 아이들은 다른 사람을 배려해주고 양보하는 일들이 없어진다. 자기 판단 위주로 움직이며 부모에게 요구하고 부모는 일방적으로 강요하는 교육방식인 되풀이 되고 있다.

초등 3학년 1품 이상의 태권도 수련생들의 태권도 수련에 관한 만족도 조사 연구에서 95% 이상이 수련에 만족을 표시하고 있는 통계가 나왔다. 태권도 수련은 과거와는 달리 학교체육과 다양한 레저스포츠 활동을 병행함으로써 아이들이 학교생활과 학원생활에서 탈피하여 스트레스를 해소하며 승품을 통한 자기 만족감과 도전의식의 성취감을 맛볼 수 있다. 2품과 3품 수련생은 태권도 수련의 묘미를 느끼며 시범단과 선수단의 특기적성에 자발적으로 심취하는 것을 태권도 지도자 대다수가 수련생을 통해 느낄 수 있다.

세상을 살아가면서 사회성이 부족한 아이는 분명히 장애아와 같은 것이다. 또래 집단의 체육 활동을 통해 성장기의 어린이와 청소년기의 가장 정서적인 역할과 사회성을 발달시킬 수 있는 교육의 장이 태권도장이라고 해도 과언은 아닐 것이다.

다수의 학부모는 남의 아이가 태권도를 다니고 있으니 우리 아이도 1년만 다녀보자는 판단을 한다. 단기적인 효과는 사회성 향상이 있겠지만, 장기적인 효과는 많지 않다. 따라서 3품, 4품 이상의 실력을 갖춘 수련생이야말로 지덕체를 겸비한 청소년으로 성장할 수 있다.

5) 자신감과 용기

흔히들 어머니들은 "우리 아이가 어디 가서 기가 꺾일까 봐 걱정이다."라고 표현한다. 기라는 것은 자신감이다. 즉 자신이 있다고 여겨지는 느낌을 말하며 타인으로부터 기가 꺾이는 것은 아니고 아이 스스로 자신감을 갖는 것이 가장 중요하다. 위에서 열거한 예의, 인내, 리더십, 사회성보다도 가장 중요한 것이 바로 아이의 자신감이다.

태권도 수련을 통한 건강한 육체와 정신은 자신감으로 이어지며 용기는 이에 따라 저절로 생겨나기 마련이다. 자신감을 통해 태권도 교육의 모든 것이 행동으로 실천되기 때문이다. 따라서 태권도 수련에서 가장 중요한 자신감과 용기 편에서 조금 더 상세하게 그 내용을 기술하여 보도록 한다.

(1) 자신감이 왜 아이들에게 중요한가?

학업수행, 친구상의 원만한 관계, 실수나 실패를 효과적으로 처리하는 능력 등이 아이의 자존감과 자신감에 영향을 받는다.

자신의 능력범위 안에서 자신감이 있어야 정신적으로 건강한 아이가 될 수 있다. 이는 부모의 역할만큼 전문교육기관의 지도자 역할이 가장 중요하다.

(2) 자신감이 형성되는 시기

만 6세와 만 12세 사이로서 유치원과 초등학교 시절이라고 보면 된다. 가정과 학교, 학원과 태권도장에서 또래들과의 관계나 경험을 통해서 얻어진다.

(3) 자신감이 없는 이유, 가장 큰 원인

① 부모와 자식 간의 궁합이 맞지 않음

타고난 기질은 환경의 상호작용을 통해 자신감이 표출된다. 아이의 기질과 부모의 양육방식의 부조화가 발생하면 아이는 자신이 남에게 실망을 주는 존재며 패배자이고 자신감이 없어진다. 아이의 독특한 개성을 부모가 이해하고 기대와 태도를 바꾸는 지혜가 필요하다.

② 부모의 잘못된 양육태도

부모가 과잉보호, 무관심, 완벽주의, 독재와 처벌, 비난과 비판이다

③ 모방

아이들은 보고 배운다. 자신감 없고 소극적 부모 밑에서 자란 아이는 부모를 닮아간다. 인생의 주체가 자신이라는 적극적인 태도를 보여 주어야 한다.

④ 신체적인 활동의 적극적인 배려

신체적 활동으로 두뇌 활동이 함께 이루어지고 능력이 표출되고 자신감이 생겨난다. 성장기의 매일 반복적 운동은 평생건강과 자신감을 좌우한다.

⑤ 비합리적인 생각

육체적 활동경험이 부족한 아이는 성공적인 경험을 해보는 기회가 드물어서 : "나는 노력해도 안돼"라고 단념한다. 이런 사고방식은 우울증이 나타나는 핵심적 사고방식이다.

(4) 자신감이 없는 아이는 어떠한 문제가 생길까?

자신감이 없는 아이는 노력의 결과가 좋은 경우가 없다. 스스로 무능하다, 열등하다로 생각하고 쉽게 비관적이 되고 낙담을 잘한다. "나는 나쁜 아이야, 잘하는 게 없어, 노력해도 엄마가 꾸지람해"라는 식이다. 결과적으로 어른의 눈치를 보고나 학업성적이 떨어지고 사소한 실패에도 우울증에 빠지게 된다. 자포자기 상태에서 어른들이 싫어하는 훔치기, 거짓말 등의 문제 행동을 하기도 한다.

(5) 자신감이 없는 아이들의 대표적 행동

① 중단하기 - 게임, 체육 활동에서 지거나 힘들면 그만둔다.
② 회피하기 - 실패할 것 같으면 겁을 내거나 아예 하지 않는다.
③ 속이기 - 시험 때나 실기평가 때 남의 것을 훔쳐본다.
④ 엄살 부리기 - 좌절감을 줄이기 위해 엄살을 부린다.
⑤ 지배하기 - 남에게 해 달라고 지시한다.
⑥ 남 괴롭히기 - 자신의 부적절함을 감추기 위해 남을 못살게 군다
⑦ 부정하기 - 해야 할 일의 중요성을 낮추어서 말한다.
⑧ 합리화하기 - 시험 잘 못 본 것을 선생님 탓을 한다.

(6) 자신감 없는 아이들의 상황

어떠한 일을 혼자 스스로 해야 하거나, 또래와 경쟁해야 하는 상황, 혹은 남에 의해서 평가를 받게 되는 경우에 주저하는 모습이 일관되며 강하게 나타난다.

(7) 가정 분위기, 가족에게 위치와 자신감

무슨 일이든 일단 스스로 해 보도록 허용해 주고 격려해 주는 분위기의 가정이나, 실패하더라도 따뜻하게 감싸주고 다시 해 보도록 위로해주는 분위기의 가정에서 자란 아이들은 자존심이 높고 자신감이 있다.

(8) 어떻게 도와줄 것인가?

지도자가 긍정적인 측면을 보려고 노력한다. 아이가 잘하는 것에 대한 긍정적인 경험을 남에게 자랑할 기회를 만들어 준다. 잘하는 것에 대한 보상과 칭찬과 격려를 아끼지 말아야 한다. 물질적인 보상보다는 머리를 쓰다듬어 주기, 껴안아주기, "참 잘했어" 말 한마디, 부모님과 지도자의 밝은 미소, 이런 보상만으로도 아이들의 자신감을 키울 수 있다.

(9) 자신감 있는 아이로 자녀를 키우려면?

① 합리성과 자기 통제 능력을 키워준다.

자율적으로 스스로 다스리는 아이는 자신감이 있다. 일관된 규칙과 한계 행동 설정, 자신의 행동에 대한 결과를 책임지는 능력을 배양시켜 주어야 한다. 지나치게 허용적이거나 너무 엄격한 태도 모두 아이 합리성과 자기 통제를 해친다. 부모의 현실적 기개, 명확한 규칙, 이성적인 결과가 중요하되, 따뜻함, 배려, 그리고 받아들여 주는 태도를 같이 가져야 한다.

② 적성을 계발해주고, 즐거움을 가르친다.

자신이 잘할 수 있는 것이 무엇인가를 부모가 잘 파악해서 스스로 계발해 나가도록 한다. 그리고 적성에 맞는 육체적 행동의 실행과 땀 흘린 결과가 즐겁다는 것을 스스로 깨닫게 해준다.

③ 책임감을 키워주고 아이가 할 수 있는 일을 시킨다.

예를 들어 초등 저학년 때부터 가족의 식사 때 수저, 젓가락 놓기, 자기 손수건 속옷 세탁, 실내화 세탁, 현관 신발 정리정돈, 벗은 옷 빨래통 넣기, 방 정리정돈의 습관을 길러준다. 가족 안에서 유아기 때부터의 어머니가 기본적인 생활 습관을 길러준다.

④ 자신이 할 일을 스스로 선택하고 결정할 기회를 준다.

태권도장에 처음 오는 아이가 스스로 좋아서 선택할 수 있도록 부모님의 배려가 필요하지만, 어느 어머니가 "난 태권도 가르치는 것이 싫은데, 다칠까 봐, 힘들까 봐 걱정되는데, 아이가 계속 졸라댄다."를 연속하며 부정적인 질문을 던지며 가는 부모는 자신의 아이에게 선택의 기회를 전혀 주지 않는 부모 주도적인 대표적 경우이다. 관장에게 질의하거나 답변하는 기회를 주지 않고 짜증이 난 말투를 내뱉으며 가는 어머니도 있다.

⑤ 가족에 대한 중요성과 사랑을 느끼게 한다.

반드시 자주 격려하고 자신이 특별한 아이라는 느낌이 들게 해 주어야 한다.

⑥ 실패와 좌절을 다루는 방법을 가르쳐 준다.

실수하지 않을까, 창피를 당하지 않을까? 라는 두려움이 자존심을 해친다. 아이가 실수하더라도 "누구 머리를 닮아서 그따위냐?, 돌대가리 같은" 식의 감정적인 말은 절대로 피한다. 부모 자신의 실패담, 그리고 그 실패를 어떻게 이겨냈는지를 말해주는 것은 좋은 태도이다.

6) 집중력

태권도장에 처음 상담 오는 학부모는 아이가 태권도를 배우면서 산만해진다고 물어오는 경우가 있다. 이는 아이가 육체적 활동과 태권도 수련을 통한 자신감의 표출이 활동력 있게 나타나는 모습을 대하는 부모의 견해 적 사고 차이라고 볼 수 있다.

아이가 수련 과정을 통해 복습하는 과정이 집중력의 향상으로 이어지며 이는 곧 자신감으로 증명되는 것이다. 반대로 평소에 산만하던 아이가 태권도 수련을 함으로써 집중력이 향상되며 수련기간의 정도와 그 결과에 따라 현실적으로 증명되고 있다.

① 아이의 마음이 안정될 수 있도록 부모가 먼저 조급하거나 서두르지 말고 사랑으로 대하며 지도자에게 상의한다. 더불어 건강하게 안정적이며 환경에 적응하도록 부모와 지도자가 지도해 나가야 한다.

② 아이에게 긍정적인 관심과 확실한 안정을 주어 자신감을 갖도록 해 준다. 태권도장 환경에 쉽게 적응한다.

③ 수련성취 동기의 결과에 억압을 느끼지 않도록 하며 마음을 밝고 생동감을 찾을 수 있도록 심리적 성취를 체험할 수 있게 성공적 경험과 기회를 제공하여 준다. 이는 수련에 대한 흥미를 갖게 해준다.

④ 환경적응력을 강화하도록 하고 실천계획을 짜고 그 실천에 따라 지도자는 훈련을 시키며 학부모는 이를 격려한다. 목표달성에 관심이 많을수록 환경 적응력과 집중력이 강화될 수 있다. 자기만족도 향상됨.

⑤ 집중력을 높이기 위해 부모가 해야 할 일

ⓐ 새로운 교육에 접한 후부터 아이를 부를 때 따뜻한 사랑이 담긴 목소리로 부르며 교육에 대한 관심도를 보인다.

ⓑ 아이가 문제 행동을 보일 때는 신경질적으로 야단치지 말고 조용하게 불러 세워 눈을 마주 보고 차분하면서도 단호하게 주의를 시켜야 한다. 문제행동을 어떻게 해결해야 할지 물어보고 해결책을 아이 스스로 실천하게 한다.

ⓒ 될 수 있으면 안 된다는 잔소리 보다는 잘한 행동이나 잘할 수 있는 행동에 관심과 격려를 해준다.

ⓓ 될 수 있으면 이래라저래라 간섭보다는 스스로 할 수 있도록 격려하는 것이 좋다.

ⓔ 수련을 강요하는 것보다는 스스로 의욕을 갖도록 쉬운 것부터 재미있게 할 수 있도록 교육적 자극을 주면서 부모와 자녀가 함께 연구하는 태도를 보이는 것이 바람직하다.

7) 밝고 건강한 수련생

건강하고 밝은 어린이로 키우는 것은 그렇게 간단하지도, 쉽지도 않으며 또 정답도 없다고 보는 것이 정확하다. 항상 강조해도 충분하지 않은 것은 지도자가 사랑을 가지고 수용적인 태도와 끊임없는 노력과 인내심을 가져야 한다는 것이다. 다음 몇 가지 사항을 실천할 수 있다면 금상첨화 격이다.

(1) 격려와 칭찬을 아끼지 말아야 한다.

격려는 기본적으로 어린이의 인간적 가치와 잠재능력을 인정한다는 것이다. 우리나라 사람들은 칭찬에 인색하다고 한다. 어렸을 때부터 칭찬을 받고, 격려 속에서 자란다면, 성장해서 다른 사람과의 관계에서도 고무적인 관계를 지속할 수 있다.

(2) 벌은 될 수 있으면 주지 말아야 한다.

어린이가 실수했거나 잘못 했을 때 벌보다 필요한 것은 격려와 실수하지 않는 방법을 이야기해 주는 것이 더 효과적이다. 벌을 받게 되면 어린이는 자기의 실수보다는 벌에 더 영향을 받아서 실수를 교정하기는커녕 벌로 인해서 어머니 또는 지도자에게 적개심과 슬픔만이 더 커질 뿐이기 때문이다.

(3) 때로는 어린이의 행동을 무시해야 한다.

일거일동에 대해서 언급을 하고, 칭찬하고, 야단치고 하는 것보다는, 특히 어린이가 바람직하지 못한 행동을 했을 때 그냥 내버려두고 모른 척하는 것이 좋다. 이러한 경험을 통해서 어린이는 신경질을 부리거나 투정하는 것이 어머니의 주의를 전혀 끌지 못한다는 것을 배우게 되어서 더는 이러한 행동을 보이지 않게 되기 때문이다. 지도자가 이러한 지식정보를 제공해 주어야 한다.

(4) 어린이와 함께 대화하여 해결하여야 한다.

어린이가 불편해하거나 불평을 이야기할 때, 다른 형제나 어린이들과 싸웠을 때, 자기가 한일, 예컨대 졸고 난 후에 장난감을 치우지 않고 그대로 어질러 놓았을 때, 이런 경우에는 우선 "왜?" 그렇게 했나 하는 원인을 들어보고, 그다음에 "어떻게?"하는 것이 좋을까를 꼭 물어서 어린이의 의견과 대답을 들은 후 부모나 지도자의 생각과 의견을 말해서 어린이가 동의하거나 어머니가 어린이의 의견에 동의하여 문제를 해결해 나가는 것은 대단히 효과적입니다. 어린이가 한 행동을 윽박지르거나 위협하고 야단치는 것은 별 효과가 없을 뿐 아니라 부정적인 역효과만 생긴다는 것을 유념해야 한다.

이상은 태권도 지도자 생활을 하면서 실제로 수련생과 호흡을 맞추고 땀을 흘리며 직접 느끼고 체크하였던 부분이며 또한 수없이 많은 학부모님과 상담을 통해 자녀의 교육적인 부분에 부모의 역할에 대한 중요성을 알려주고자, 이 부분에 대한 선행연구 자료들을 토대로 분석하여 태권도를 통한 자녀교육의 효과적이며 구체적인 사례를 집필하였다.

3. 심신단련과 생활예절

산만한 아이, 주의력 결핍은 과잉운동 장애를 유발한다.

1) 수학공부와 같은 뇌에서 운동 활동이 이루어진다.

스트레스를 풀고 집중력의 강화 효과가 있어온다. 대부분 초등학생은 방학을 맞아 공부에 치중한 생활 계획표에 맞춰 책상 앞에만 앉아 있는 경우가 많다. 그러나 최근 아이들이 지능개발을 위해 공부 못지않게 놀이와 운동도 중요하다는 연구결과를 요약해 본다.

체육과학연구원, 태권도 문화연구소, 태권도 경영정보연구소 본 내용은 위 연구소에서 집중적으로 연구된 분석 자료이다. 운동이론과 기량훈련이론은 놀이와 운동이 인간 진화를 도왔다는 결과들이 나타난다.

운동이론은 어린 동물들의 경우 놀이를 통해서 어른이 됐을 때 필요한 근육과 지구력을 발달시키며 뇌 활동을 촉진한다는 주장이다. 수학, 바둑, 장기, 스포츠는 같은 뇌에서 운동이 이루어진다.

기량 훈련이론은 동물이 어릴 적부터 재미있게 놀면서 훗날 짝짓기와 먹이 사냥 따위에 사용될 기량을 몸에 익히며 학습하므로 뇌에 긍정적 영향을 주는 것이다.

이러한 이론들은 생물학자들에 의해 발전돼 놀이하는 동물들일수록 지능이 뛰어나고 몸 크기에 견줘 뇌가 큰 동물들이 놀이와 운동을 즐긴다는 주장과 연결된다. 의학적으로 인간은 초등학생이 되면 뇌 좌우 반구의 기능이 뚜렷해진다. 보통 좌반구는 언어구사력을, 우반구는 수리능력과 운동, 대인 관계 등을 담당한다.

따라서 수학 실력이 떨어진다면 열심히 운동하고 사람들과 잘만 어울리면 우반구의 활동이 활발해져 지적인 능력과 수학 실력을 올리는 데 많은 도움을 준다. 최근 학습장애를 의심해 소아정신과를 찾는 아이들의 상당수가 학습장애가 아니라는 판정을 받는다고 한다. 정서 문제로 성적이 좋지 않다는 이야기다. 이런 아이들이 공부와 관련해 유독 소심하므로 학습량과 상관없이 정서적으로 공부에 질려 있는 경우가 많다.

공부 때문에 부모나 교사에게 혼이 나고 주눅이 들어 더욱 공부로부터 멀어지는 것이다. 이럴 때는 "좋아 공부하지 말고 일주일만 놀아라"하고 자유를 주는 방법도 괜찮은 방법이다.

운동도 놀이와 비슷해 아이들이 운동을 통해서 스트레스를 풀면서 학업성적을 올리는데 더욱 효과적인 면이 있다.

최근 태권도 체육관에서는 아동들의 심리, 육체적 특성들을 잘 알고 있기 때문에 과거의 태권도 수련에만 국한된 운동보다는 다양한 아동 체육프로그램으로 체계적으로 이뤄진다는 것이 그 특징이라 할 수 있다.

체육심리학, 체육생리학, 특수체육을 전공으로 졸업한 체육교육, 체육경영 전문가들도 늘고 있다. 구체적으로는 태권도동작만 아니라 성격 변화를 위한 성격장애 판단법과 동기유발 방법으로 재미난 놀이, 학교 체육, 레크레이션, 특수체육, 체육문화활동, 유단자프로그램, 다른 무술 종목 병행 지도 등 다양하고 전문적인 수련프로그램을 구성해 내성적이며 소심한 아동들의 닫힌 마음을 자연스럽게 열어줘 여러 수련생과 동화될 수 있도록 지도하고 있다.

태권도의 겨루기, 격파 등은 정신을 집중하지 않으면 우선 본인에게 신체적 고통이 따르기 때문에 학업이나 다른 분야의 집중력을 키우는데 크게 도움을 준다.

집중력은 학습시간과 능력에 큰 영향을 미친다. 집중력을 길러줌으로써 아이가 과제물이나 행동을 하는데 더 깊이 사고하는 데 도움을 줄 수 있다.

2) 주의력 결핍은 과잉운동장애를 유발한다.

본 내용은 태권도를 지도하는 가운데에 수련생들에게 나타나는 미세적이거나 심각한 증상을 파악하여 연구, 조사하였으며 이를 분석한 결과와 이론적인 배경을 바탕으로 학부모에게 도움이 되고자 전문적인 치료요법과 운동요법을 함께 기술한 것이다.

(1) 역사

① 1900년 초기부터 충동적이고 절제가 되지 않으며 과다행동을 보이는 질환군을 발견, 대부분 당시 유행하던 뇌염을 앓고 난 후 발생하여 "과잉 운동 증후군"이라고 명명하였다.

② 1960년 소근육 협응이 안되고, 학습의 어려움을 보이면서, 정서적으로도 불안하지만 특별한 신경학적 손상을 보이지 않는 다양한 질환군을 "미세뇌손상"을 가진 집단이라고 명명한다.

③ 현재는 한가지 원인적 요소보다는 환경적인 원인이라는 것이 임상 증상에서도 나타나고 있다.

(2) 발병률

① 미국에서는 학령기 아동의 2~20% (학령 전 아동은 3~5%)
우리나라는 10%로 추산되고 있다. (40명 정원의 학급에서 3~4명 정도)

② 남녀비율 3:1 ~ 5:1, 장남인 경우가 흔하게 발생하고 있다.

③ 증세의 시작은 3세 이전이지만 일정한 주의 집중이 필요한 유치원, 특히 초등학교에 입학 전까지는 진단이 잘 내려지지 않는다.

(3) 원인

① 유전적인 요소

ⓐ 일란성 쌍둥이는 이란성 쌍둥이보다 발병확률이 높다.

ⓑ 형제가 이 장애가 있을 확률은 일반인구보다 약 2배 높다.

② 뇌의 손상

임신, 출산 시에 사소한 부주의로 뇌의 손상발생 시 발병

③ 신경학적 미성숙

인간의 두뇌는 급격히 성장하는 시기가 있는데 3~10개월과 2~4세, 6~8세, 10~12세, 14~16세이다. 그런데 어떠한 이유로 이런 과정에 지연이 있으면 이 장애의 증세를 보인다.

④ 사회 심리적 문제

ⓐ 오랫동안 정서적으로 부모나 보호자로부터 돌봄을 받지 못할 때

ⓑ 가정에 충격적인 사건 이후에 증세 발생

ⓒ 선천적 기질, 유전

⑤ 진단, 운동요법

ⓐ 전문의사와의 면담 - 발달력, 신체검사, 신경학적 검사

ⓑ 사회성을 기를 수 있는 태권도의 단체수련을 통해 자신감 교육, 태권웅변, 팀워크 게임, 태권도시범훈련으로 단기간에 효과가 발생한다.

3) 사범님과 부모님들의 증세 판단과 전문적인 진단기준 요약

(1) 주의력 결핍과 과잉행동 장애

① 아래 주의력 결핍증상 중 6개 이상이 발달상 일치하지 않는 부적응으로서 6개월 이상 지속하는 경우

ⓐ 학교과제나 공부 혹은 다른 활동 시에 부주의한 실수를 한다. 공부, 체육 활동이 서툴고 관심을 기울이지 않는다.

ⓑ 해야 할 일이나 놀이 활동에 한참 동안 집중하기 어렵다.

ⓒ 흔히 남이 자기에게 하는 말을 듣지 않는다.

ⓓ 지시를 끝까지 따르지 않고 숙제나 집안일을 끝내지 못하거나 해야 할 의무를 이행하지 못한다.

ⓔ 흔히 자기가 할 일이나 활동을 체계화하기 어렵다.

ⓕ 학교공부와 같이 지속적이고 정신적인 노력이 요구되는 과제수행을 꺼리거나 싫어하고 피하려 한다.

ⓖ 활동이나 과제수행에 필요한 준비물, 학용품, 책, 장난감, 숙제 등을 자주 잃어버린다.

ⓗ 외부자극 때문에 쉽게 산만해진다.

ⓘ 매일같이 하는 일을 수시로 잊어버린다.

② 아래 과잉운동, 충동성 증상 중 6개 이상이 발달상 일치하지 않는 부적응으로서 최소한 6개월 이상 지속하는 경우

ⓐ 앉아서도 손발을 가만두지 못하고 만지작거리며 몸을 뒤튼다.

ⓑ 교실이나 아니면 앉아있어야 할 곳에서 자기 자리를 자주 이탈한다.

ⓒ 앉아 있질 않고 주의를 돌아다니거나 어디든 기어 올라간다.

ⓓ 놀이나 쉬는 활동을 조용히 수행하지 못한다.

ⓔ 지나치게 말이 많다.
ⓕ 마치 불난 집처럼 행동하거나 쉴 틈 없이 서성댄다.
ⓖ 답변이 끝나기도 전에 또 다른 질문이 불쑥 튀어나온다.
ⓗ 차례를 기다리기 어렵다.
ⓘ 대화나 게임 도중에 참견하거나 방해한다.

(2) 몇 가지 과잉운동
충동성 혹은 주의력 결핍이 7세 이전에 기능장애로 존재했다.

(3) 몇 가지 이상의 증상은 두 곳 이상의 장소에서 발견된다.
(예: 학교에서 / 가정에서 / 체육관에서 / 학원에서)

(4) 직업상 수행이나 학업, 또는 사회생활에서 임상적으로 상당한 장애라는 분명한 근거가 있어야만 한다.

(5) 전반적 발달장애, 정신분열증, 기타 정신질환 중에 발생하는 것은, 다른 정신장애, 불안장애, 성격장애 등으로는 설명되지 않는다.

(6) 부모와 사범, 관장의 평가척도

(7) 관찰 순서 : 부모의 관찰, 사범님과 관장님 관찰, 선생님 관찰, 전문의 진단, 심리검사

(8) 증상
① 엄마의 뱃속에서 시작하는 경우가 많다.
② 유아기 때부터 남과 다르다.
예민하고 쉽게 자극받는다. 예민하고 많이 울고 잠도 잘 안 잔다.
③ 학교같이 통제가 많은 환경에서 정상아보다 활동의 절제가 부족하다.
④ 사소한 일에 쉽게 화를 내고 감정이 불안정하다.
기분의 변화가 심하고 행동을 예측하기 어렵다.
⑤ 충동적이고 만족의 지연을 참지 못하고 사고를 많이 친다.
⑥ 어른이 원하는 정도로 성장이 이루어지지 않기 때문에 부모와 관계가 나빠지고 아이는 화가 나 있고 자신감을 잃게 된다.

(9) 주의력 결핍 과잉운동 장애환자 특징은 (다음 빈도순으로 나타난다.)

① 행동이 부산하다.
② 감정의 변화가 쉽다.
③ 소 근육 운동이 부족하다.
④ 집중력이 떨어져 있다.
⑤ 잘 참지 못하고 충동적이다.
⑥ 물건을 잘 잃어버리고 기억력이 떨어져 있다.
⑦ 읽기, 쓰기, 셈하기 등의 학습능력이 떨어져 있다.
⑧ 언어 능력이 떨어진다.

(10) 75%의 주의력결핍 과잉운동 장애 상태가 지속적으로 공격성, 분노, 적대감, 반항 등의 행동문제를 보인다.

(11) 언어, 학습, 집중력, 기억력의 이상으로 인한 학교적응 장애가 있다. 이런 문제가 교사에 의해 부정적으로 어린이에게 전해지고 이에 따라 또래와의 관계에서도 좌절을 겪으면 반사회적 행동, 자기비하 행동 등을 보이게 된다.

(12) 또래 관계는 자기중심적이고 규칙을 잘 지키지 못하기 때문에 깊은 친구가 없는 경우가 많다.

(13) 동반되는 문제

2차적 우울증 → 비행장애 평균 40~70% 유발됨 → 학습장애 → 언어장애

(14) 경과와 예후

① 청소년기와 성인기까지 지속하거나 (15~20%는 성인기까지 지속) 사춘기 정도에 호전을 보이기도 한다. 부산한 것은 호전되나 집중력 장애와 충동조절 장애는 남아 있는 경우도 다양하다.
② 운동요법과 치료로 인해 부산한 행동이 호전되는 증상이 있고 집중력 장애는 마지막까지 남아 있게 된다.
③ 호전된다 해도 12~20세는 되어야 호전을 보이기 때문에 대인관계, 성격, 학습 등의 문제가 지속하는 경우가 많다.
④ 그러나 대부분의 경우에는 부분적인 호전만 이루어지는 경우가 많고 반사회적 성

격이나 다른 성격장애, 정서장애에 취약하기 쉽고 학습장애가 계속되는 경우가 많다.
⑤ 15~20% 정도가 성인기까지 증상이 유지된다. 대개 과잉행동은 호전되나 충동적이고 사고를 많이 치는 면이 남게 된다.
⑥ 증상이 청소년기까지 유지되면 비행청소년이 될 위험이 크다. 50%의 비행청소년은 성인기에 접어들어 반사회적 성격으로 남게 된다.
⑦ 주의력 결핍과 과잉운동 장애의 예후는 경과와 가족환경이 가장 중요하다. 따라서 가능한 조기에 가족의 기능을 증진해 아동의 분노를 감소시킴으로써 예후를 호전시킬 수 있다.

4) 주의력 결핍장애를 가진 위인들

(1) 볼프강 아마데우스 모차르트

1791년 30대 중반에 사망하였으며 매우 산만한 성격을 가졌으나, 한번 집중하게 되면 매우 놀라운 집중력이 나타남. 단 몇 주 만에 오페라 전곡을 작곡하기도 하였다.

(2) 윈스턴 처칠

학교 다닐 때 성적이 매우 나쁜 편이었고 충동적이어서 사고를 많이 일으킴. 그러나 그는 역사에 관심을 두게 되면서 닥치는 대로 책을 읽게 되었다.

(3) 토머스 앨바 에디슨

전형적인 주의력 결핍장애를 가지고 있었다. 한 가지 일에 매달리지 못하고 계속 관심을 여러 분야로 돌리는 특징을 가졌음. 당연히 학교수업을 제대로 받지 못하였음. 중년이 되어서야 놀라운 집중력으로 자신의 분야에서 성과를 이루게 됨.

5) 산만한 아이들의 장점

① 결정이 빠르다. (빠르게 생각하기 때문임)
② 능동적이다.
③ 창의적이며 독특한 생각을 많이 한다.
④ 자발성이 뛰어나다. 뜻밖에 많은 아이와 또래 관계가 좋은 편이다.
⑤ 자신이 좋아하는 일에 대해서는 대단한 집중력을 보인다.
⑥ 남을 이끌고 갈 고집을 끝까지 주장한다.
⑦ 에너지가 높다.

6) 산만한 아이들의 행동조직 원칙

(1) 아이가 가지고 있는 행동의 문제를 파악한다.

- 되도록 객관적인 시각에서 아이의 문제를 본다.
- 학습, 운동, 놀이, 또래 관계 등

(2) 집안에서 어떤 환경이 아이의 산만성을 증가시키는지 본다.

- 부부간의 갈등, 전학, 이사, 아이와 친밀한 사람의 질병이나 사망 등

(3) 건전한 메시지를 주기 위해 건강한 모델이 되어야 한다.

- 아이들은 부모가 한 말이 먼저가 아니라 부모의 행동부터 가장 먼저 본받게 되며 그 다음에 말과 성격을 본받는다.
- 아이가 더 점잖길 바란다면 부모가 먼저 점잖아져야 한다. 아이가 조용하게 얘기를 하기 원한다면, 부모가 먼저 조용히 앉자 얘기를 할 수 있어야 한다.

(4) 아이의 환경을 되도록 일관되게 구조화시켜야 한다.

- 학습시간, 운동시간, 놀이시간, 식사시간 등
- 아이의 산만성을 증가시키는 유발인자를 찾아본다.

7) 현대 아이들의 생활 속에 나타나는 구체적인 나쁜 사례

① 공부할 때 텔레비전이나 라디오를 켜놓는 일은 근본적으로 잘 못된 증세이므로 반드시 고쳐야 한다.

② 컴퓨터 게임만을 즐기며 자기가 할 일을 하지 않고 무책임해진다.

③ 남에게 배려하기보다는 자기의 욕심을 먼저 생각한다.

④ 회의 진행 중에 다른 이야기를 꺼내며 공과 사를 구분할 줄 모른다.

⑤ 매사에 적극적이지 못하고 단시간, 단기간에 싫증 내고 그만둔다.

⑥ 자신은 재주가 있는 것으로 알지만, 남에게 인정을 받지 못한다.

⑦ 기술보다는 정서와 사회성과 신뢰가 먼저라는 것을 생각하지 않는다.

⑧ 소극적이며 남의 탓으로 돌리기 일쑤이며 청년기 이후 가정생활과 직장생활에 적응하지 못하며 실패율이 높다.

⑨ 가장 기본적으로 해야 할 일마저도 하지 않는 행동은 인성과 근본 자체의 문제일 수 있다.

⑩ 세면과 목욕의 청결 여부와 주위환경의 정리정돈 상태로 나타난다. 침실, 신발장, 옷장, 화장대, 주방, 공부방, 개인사무실, 회사사무실 등

⑪ 연령에 맞지 않는 과도한 음주흡연 외박은 정서적으로 심각한 상태이다.

⑫ 성인 이후 부모 의존적인 것은 청소년기 때부터의 교육적 문제가 있다.

⑬ 매사에 노력과 연구해보려는 의도를 갖지 않으며 지극히 타의적이다.
⑭ 잠을 잘 때에나 외출 시에 가전제품을 켜 놓거나 문단속을 하지 않는다.
⑮ 부모 형제 남매에 대항하거나 가정의 존귀함을 수시로 망각한다.

위 15항목 중 5항목에 해당하면 부모의 관심과 판단력이 중요하며 사범, 관장과의 상담이 반드시 필요하다. 대부분 교육지도로 가능하나 10항목 이상일 경우 전문의와 상담을 시도하는 방법도 훌륭한 선택이라 할 수 있다. 태권도체육관에서 사범과 관장의 교육목표는 무도를 수련하는 제자들에게 무도 정신에 근본을 둔 예절교육을 그 첫째 목표로 하고 있다. 현대인들의 교육 장에서 유일하게 인성교육을 제1로 강조하는 곳은 무도를 수련하는 태권도장밖에 없기 때문이다.

4. 학교폭력 예방과 인성교육

1) 학교폭력, 왕따, 자살증가에 대한 분석과 대안에 관한 연구

(1) 소년범 범죄율 증가에 대한 분석

① 2013년 경찰청 통계자료에 의하면 소년범 범죄 재범률이 40% 매년 증가하는 추세이다. 이는 사회적으로 심각한 문제로 대두하고 있다.
한 번 폭력 경험 있는 아이는 재범할 환경적 소지가 반드시 발생하기 마련이다.
② 재범발생의 환경적 소지라는 것은 가정의 붕괴, 가정교육의 실종, 학교폭력의 증가, 학교의 무관심교육이 주원인이다. 이는 교사가 일일이 파악을 할 수가 없기 때문이다.
③ 학교폭력을 당하는 아이 대부분이 사회성 부족, 내성적, 소극적이라서 자신이 왕따와 학교폭력을 당하는 사실에 대해 구체적인 사항을 친구나 교사나 부모에게 말하지 못하고 혼자만의 고민에 사로잡혀 있다가 결국 자살에까지 이르게 되는 경우가 90% 이상을 차지하고 있다.
④ 청소년 가출자와 범죄자의 보호교육시설의 부족으로 학교와 사회에 재범자를 양성하고 있다. 연간 가출청소년이 십만 명을 넘는데도 전문 보호시설이나 소년원이 부족하다.
⑤ 보호시설은 전국에 겨우 92곳, 대안 가정(청소년 회복센터) 수용인원이 고작 1,000명 정도이다. 예방보호 차원에서 시설을 증가하는 것이 급선무이다. 인성교육, 다양한 전문교육을 위한 기관단체와 사설학원에서의 예방교육이 전문화되고 극대화 되어야 한다.

(2) 학교폭력의 유형

① 금품갈취 및 폭행 : 사람을 공갈하여 재물의 교부를 받거나 재산상 불이익을 취하여 타인으로 하여금 이를 얻게 함으로써 성립하는 범죄로 재산을 목적으로 한 범죄이지만, 폭행이나 협박을 동원하기 때문에 강도와 유사한 성격을 지니며 폭력행위에 포함 시킨다.

② 성폭력은 개인의 성적 자유 및 애정의 자유를 침해하는 것으로, 성희롱, 가벼운 추행, 강간, 강제추행이 포함된다.

(3) 학교폭력의 특성

① 청소년 폭력이 단순한 탈선의 차원을 넘어서 심각한 범죄의 단계에 도달하고 있다. 급격한 산업화 과정에서 야기된 가치관의 혼란으로 청소년 자신의 폭력행위에 대한 죄의식이나 책임감을 자각하지 못하고 있다.

② 청소년 폭력의 집단화 경향의 증가와 연령층이 점점 낮아져 가고 있다. 초등 1학년~3학년에서도 학교폭력의 첫 경험자 통계는 78%의 결과가 나왔다.

여학생도 가해자와 피해자가 급진적으로 증가하는 추세이다.

③ 집단 따돌림, 놀림, 시험지 보여주기, 숙제, 심부름시키기 등, 새로운 형태의 심리폭력, 언어폭력 출현과 단순폭력이 아닌 지속 해서 가해지는 학대적 폭력까지 등장하고 있다.

(4) 학교 내의 일진 조직 소탕 및 처벌강화

① 학교, 경찰 관계기관과의 협조로 반드시 색출하여 학교폭력의 고질적 요인을 최우선적으로 섬멸하여야 한다.

② 사회 폭력조직이 학교 내의 폭력써클 후배조직을 양성하고 있는 관계로 학부모의 힘으로는 절대 해결할 수가 없다.

③ 중학교 1학년만 되어도 학생들이 서열을 가리기 위한 싸움이 지속하여도 담임교사가 모르는 경우가 태반이다.

④ 학생들이 상담에 대한 필요성을 느끼게 하고, 신고와 고발정신을 위한 별도의 교육이 지속적이며 반복적으로 이루어져야 한다.

(5) 학교폭력 예방 및 근절 방안

① 나부터 폭력을 제로로 만드는 데 앞장서며, 친구를 사랑하고 칭찬하며, 언제나 친구를 배려하는 인성교육 과목을 별도로 만들어서 학교폭력 예방교육을 강화해나간다.

② 경찰서, 교육청, 구청, 학교 교사, 녹색어머니회, 자율방범대, 청소년 육성회, 태권도협회 등 관공서와 유관단체들의 캠페인, 금연 · 금주 운동, 방범 활동, 선도교육 등을 점차 강화한다.
③ 학교폭력 예방교육을 위한 우수사례를 발굴하여 사례집으로 발간, 보급하고 교육청 홈페이지와 학교 홈페이지에 게재한다.
④ 학년별로 자원봉사자를 모집하여 학부모와 함께 순찰대를 조직한다. 학교 주변 폭력행위, 금연지도, 우범지역 배회학생 귀가지도, 유해업소 출입억제 지도, 사안 발생 시 생활지도부와 경찰 단속 지원요청 등.
⑤ 중고등학교를 중심으로 CCTV 확대증설 설치, 교내폭력 사전예방, 학교 물품 도난사고 방지와 오염물질 교내 투기 방지 등에도 활용한다.

(6) 학교폭력 예방 및 근절을 위한 추진전략

① 학교폭력이 조직화, 흉포화되고 있는 현실에서 많은 청소년 관련 법률들이 제정 · 시행되고 있지만, 관련 정부부처의 횡적인 네트워킹 미흡, 관련 기관 · 단체의 난립과 유사 사업의 수행 등으로 인해 가해 학생의 선도 기회는 미비하고, 피해 학생이 겪게 되는 고통은 더욱 심각해지고 있는 현실이다.
② 무엇보다도 현재까지의 학교폭력이 근절되었다거나 현재 시행하고 있는 대책만으로 충분하다고는 사료되지 않기에, 현실을 직시한 아래로부터의 대책 마련이 시급한 실정이다.
③ 현재까지의 나쁜 쪽으로만 치부됐던 학교폭력 가해 학생을 중심으로, 그들의 욕구를 파악하여 실질적인 인센티브를 제공함으로써, 불만을 해소하고, 자발적인 참여를 유도할 수 있는 총체적이며 획기적인 프로그램을 마련한다.
④ 학교폭력 예방 · 근절을 위한 정책적 관심을 교사 중심에서 학생중심으로 선회하되, 1단계로 가해 학생에서부터 시작하여, 2단계는 피해 학생 중심, 3단계는 가해 · 피해 학생들이 함께 참여함으로써 서로 간의 인식 부족으로 인한 문제점을 근본적으로 해결토록 유도한다.
⑤ 지금까지 추진해왔던 학생, 교사, 학부모, 외부기관 등과의 네트워크 체제를 보다 현실적으로 구축하여, 학교폭력을 현실로 받아들여 이를 즉시 공개하고, 현실적인 대안이 마련될 수 있는 분위기를 조성한다.
⑥ 교육을 이수한 폭력 써클의 주역들인 가해 학생들이 전면에 나서서 학교폭력 추방에 앞장서고, 지속적인 모니터링을 통해서 사후관리를 철저히 가하며, 수련시설의 강사로 활동하거나 올바른 일에 참여코자 하는 과거 조기폭력에 몸담았던 분들이 학교

폭력 예방·근절의 후원자로 지속해서 활동케 함으로써 신생 폭력조직 결성이나 새로운 폭력학생 발생을 근절시킬 수 있다.

⑦ 학교폭력 예방·근절 프로그램을 전담하는 청소년 수련시설을 건립하고, 단계별로 교육하되, 교육은 실제 조직 폭력배나 개과천선한 이들을 강사로 활용하여 조직폭력배의 말로를 실제로 느끼게 하는 등 가슴에 와 닿는 교육을 하여야 한다.

⑧ 모든 청소년에게 태권도와 무술교육을 통하여 태권도 정신, 참무도 정신을 함양하게 하여 문무를 겸비한 새로운 사고와 심신을 수양하는 기회를 부여하여야 한다.

⑨ 시범 지역, 시범학교를 선정하여 시범사례로 선 운영하되, 사업실패에 대한 리스크를 최소화하고, 자체 성과 지표에 따른 평가 등 피드백을 통해 사업효과를 검증하여 전국적으로 확대해 나가야 한다.

⑩ 국내외 사례를 충분히 고찰하고, 이를 분석하여 시행착오를 최소화하며, 관련 정부부처의 참여를 이끌어내어 정책적 관심을 높이고, 관계 기관·단체와의 횡적인 실질적인 네트워크 체제를 구축하여 시너지 효과를 높인다.

⑪ 지역 및 학교의 특성을 고려하여 마스터 플랜을 시기적절하게 탄력적인 맞춤형 시스템으로 운영하되, 수련시설은 숙박이 가능한 호텔형으로 지정하되, 그 내용은 기존 인성교육을 강조하던 커리큘럼에서 학생의 욕구에서부터의 비롯된 학생을 중심으로 하는 내용으로 함으로써 실질적이고 획기적인 차별화를 도모한다.

(7) 학교폭력 예방 및 근절을 위한 추진전략과 기대효과

① 주 포인트는 가해 학생이 없는 학교를 조성하겠다는 것이 취지이다. 가해 학생을 중심으로 단계별 접근과 연찬회를 통하여 가해 학생, 피해 학생, 학부모, 교사 등이 서로의 처지를 이해하여 인식 전환할 수 있는 계기를 제공한다.

② 가해 학생들이 스스로 미래를 열어갈 수 있도록 사회적으로 지원하여, 학교 내에 가해자가 없도록 하여 근본적으로 학교 폭력이 근절될 수 있도록 해야 한다.

③ 가해 학생별로 구성된 소그룹의 활동을 통하여 가해 학생의 일상에 깊게 파고들어, 가정과 학교 구분 없이 전부 지원을 하며, 인센티브를 제공하고, 방과 후의 활동을 지원하여, 지금까지 소외되었던 그들이 학생들의 중심에 서서 학교폭력 예방 및 근절에 적극적으로 대처하는 분위기를 조성한다.

④ 그 지역사회의 영향력을 발휘하는 외부인사의 후원으로 실질적 외부폭력 조직의 접근을 근본적으로 차단하고, 폭력의 폐해를 학생들에게 가슴에 와 닿도록 하는 교육 효과의 거양이 기대되도록 한다.

⑤ 아래로부터의 대책, 즉 학생들의 욕구로부터 출발한 케어 시스템을 구축하여 사업종

료 후에도 효과가 지속할 수 있도록 차별화, 특성화함으로써 사업 효과를 극대화한다.

⑥ 학교폭력 문제뿐 아니라 문제 학생들의 향후 올바른 미래를 열어갈 희망을 품고 장래를 살아갈 수 있는 기반을 제공함으로써 문제 학생에서 사회의 주역으로 전환될 수 있을 것이다.

(8) 학교폭력 최고의 치료방법

① 원인분석

공부에 대한 경쟁교육 과열, 경쟁심 유발에 따른 스트레스 발생, 언어폭력, 폭력적 행동, 과잉행동장애 해가 갈수록 증가하고 있다. 한국 청소년 1년에 평균 159명이 자살을 한다. 자살원인으로는 경쟁적 교육제도, 성적비관, 학교폭력, 왕따, 우울증 순이다. 학교폭력 가해 학생 최근 3년간 두 배로, 초등생 급증 (2013년 8월 25일 연합뉴스 보도자료)

② 선도방법과 치료방법

ⓐ 선도사례 (2013년 8월 25일 연합뉴스 보도자료)

반성문, 서면 사과 21%. 특별교육이수 19%. 학교봉사 17%. 사회봉사 12%. 전학, 퇴학처분 극소수, 피해 학생이 전학 가는 경우가 더 많음.

ⓑ 치료방법

체육 활동과 취미활동으로 공부에서의 탈출구를 열어 주어야 한다. 학생들의 설문조사 결과로 최다 답변은 스포츠밖에 없다. 또래들끼리 웃고 즐기고 뛰고 땀을 흘리고 하는 것이 학업스트레스에서 가장 좋은 탈출 방법이다. 폭력적인 사고가 해결되면 우울증이 치료된다. 그다음 집중력이 향상되면 쉬운 공부부터 적응해나갈 수 있다.

③ 성적우수와 성적부진

성적 최상위와 상위그룹은 이미 공부에 대한 흥미를 깨달은 학생들이다. 기타 그룹에 대해 강압적 교육방식은 오히려 역효과를 발생하게 한다. 스스로 학업에 흥미를 느낄 수 있도록 교육환경을 조성해 나가야 한다. 기타 그룹에서 최고의 방법은 본인이 가장 좋아하는 것, 가장 하고 싶어 하는 것, 가장 잘하는 것이 무엇인가를 먼저 파악하는 것이 가장 중요하다. 부모와 전문교사가 정확히 찾아서 아이의 특기적성을 길러주는 것이 최선의 교육 방식이다.

(9) 학교폭력, 왕따, 자살예방을 위한 교육적 대안

① 성적이 우수한 학생은 장학지원을 적극적으로 활용하여 학업에 더욱 매진하도록 하여 인재로 양성해나가야 한다.

② 기타 학생들은 강압적 학업에 스트레스를 받지 않도록 자율학습에 자발적으로 참여하게 한다.
③ 방과 후 활동을 보장한다. 프로그램을 다양화, 전문 교사의 재배치, 선진화가 그 필수조건이다.
④ 음악 - 가야금, 거문고, 관현악, 단소, 바이올린, 클라리넷, 플루트, 피리, 태평소, 해금, 성악, 첼로, 농악, 사물놀이 등
⑤ 체육 - 체육수업 확대운영은 한국 학교 교육에서 가장 시급한 문제로 제기되고 있다. 체육교사 증원 필수. 축구, 농구, 발레, 스포츠댄스 등 확대추진
⑥ 무도교육 - 모든 청소년에게 태권도와 무술교육을 통하여 태권도 정신, 참무도 정신을 함양하게 하여 문무를 겸비한 새로운 사고와 심신을 수양하는 기회를 부여하여야 한다.
⑦ 미술 - 도자기, 창의 디자인, 창의 미술, 한국화, 서예
⑧ 창의, 탐구 - 독서, 논술, 로봇과학, 생명과학, 실험과학 등
⑨ 외국어, 기타 - 영어심화. 영어회화, 원어민 영어교실, 중국어, 컴퓨터 등
⑩ 선도부, 학교 지킴이 학생 활용법 - 이러한 학생들에게 지속적인 인성, 무도, 리더십 교육으로 동료 피해 학생들에 대한 지킴이 역할을 할 수 있도록 제도적인 방침을 세우는 방안도 검토되어야 한다.
⑪ 사설 예체능 학원과 동호회 활용 - 태권도, 무술 도장, 레포츠교실, 수상 레포츠교실, 빙상스포츠, 주말 체육교실, 하이킹, 인라인, 배드민턴, 테니스, 마라톤, 하이킹, 트래킹, 조기축구회, 낚시회, 볼링, 수영, 헬스클럽, 스키 보드, 바둑, 장기, 당구, 노래교실, 기타, 드럼 등

(10) 지도자 교육자의 역할이 중요
① 세상을 끌어안는 따듯한 마음으로 제자들을 지도해야 한다.
② 현실을 깊이 통찰하고 재해석하는 예리한 시선과 탁월한 능력을 갖추어야 한다.
③ 아름다운 정서와 감정으로 다양한 빛깔로 누구에게나 삶의 풍요와 행복을 제공해 주는 지도자가 되어야 한다.
④ 남에게 관대하고 자신에게 엄격하고 모두가 올곧게 살고 싶은 갈망을 심어 주어야 한다.
⑤ 제자들에게 힘과 용기를 심어주고 아름다운 지혜를 심어주는 매개체 역할이 되어야 한다.
⑥ 삶의 변화에 동기를 주는 역할이 되어야 한다. 가슴에 울려 주는 메시지를 주는 역할이 되어야 한다.

⑦ 따뜻한 말로 어깨를 토닥거려 주는 역할이 되어야 한다.

⑧ 전문가로서 삶의 지표와 목표를 심어 주어라.

(11) 부모의 고정 관념에 변화를 주어야 한다.

① 자녀가 부모의 눈치를 보게 하지 말고 항상 대화로서 상의하도록 하는 가정 문화를 만들어 가야 한다. 인격이 형성되는 시기에 부모의 동의를 받는 것이 아니라 즐거운 대화로서 상의해야 한다. 무엇이든 부모에게 물어보고 부모는 즐겁게 답변을 해주고 부족하면 전문가의 협조를 구한다.

② 종속과 인정을 구하는 행동을 강화하는 경우가 있다. 자녀를 소유물로 생각하는 궁극적인 사고이다. 부모는 자녀가 자신을 위해 생각하고, 스스로 문제를 해결하도록, 자신에게 대한 믿음을 키우도록 도와주어야 한다.

③ 매번 동의를 구하는 아이는 부모 의존형 아이로 성장하기가 쉽다. 유아기는 스스로 생각하고 자신의 의지대로 행동하고 싶어 한다. 자신감을 쌓아가도록 부모는 그 역할을 해주면 되는 것이다. 잘하는 것이 있으면 인정을 해주고 칭찬과 격려를 아끼지 말아야 한다. 그래야 자긍심을 갖고 최선을 다하는 사고력을 갖게 되는 것이다.

(12) 학교폭력 예방을 위한 진로선택과 특기적성 개발

① 학교폭력 예방은 그 첫 번째가 부모의 선책이다.

② 사회성이 부족한 부족하고 내성적이고 소극적인 아이는 왕따 대상의 최우선적 필수조건이다.

③ 유아기, 청소년기 왕따의 기초는 부모에게 우선 책임이다. 선천적 부모의 성향과 성격을 닮는 경우이며 후천적으로 성장 과정의 교육방식에 대한 잘못이다.

④ 초등학년부터 영어공부를 시작하여 중간고사, 기말고사에 입시경쟁 문화 속에 자연적으로 빠져들다 보니 모든 부모의 선택은 역시 성적과 학원 공부에만 몰두하기 마련이다.

⑤ 중고생 한 학급 30명 중 서너 명을 제외하고 모두 입시학원에 다니고 있다. 학급에서 상위권 학생들에게만 수도권 대학에 진학한다. 그럼에도 불구하고 고3 때까지 성적 하위권 학생들까지도 모두 학원 공부에만 몰입한다. 심지어 불합격했을 경우 재수를 위해 기숙학원에 거주하면서 공부 사육을 당하는 것이 우리 사회 통례이다.

⑥ 이제는 우등생은 공부에 매진하여 성적을 더욱 향상하고 그 외 대다수 학생은 적성을 키워 주는 것이 부모의 역할이다. 즉, 부모는 아이가 무엇을 잘하는지 파악하여 전문가에게 상담을 받아 보는 순서를 먼저 가져보아야 한다.

⑦ 인재를 발굴하여 적재적소에 자리매김하는 시스템을 개발하는 것이 부모와 전문가의 박자가 잘 맞는 시스템이자 역할이다.

⑧ 재능을 재개발 창출하고 진학과 취업을 보장하고 후임을 육성하는 전문교육자와 학부모의 만남이 자녀 미래를 선택하고 성공할 수 있다. 그래야 자녀가 가정과 사회에 헌신하고 국가에 이바지는 하는 일꾼이 되는 것이다.

2) 학교폭력 예방 위한 인성 교육

인성 교육은 백 마디의 말보다 단 한 가지의 행동이라도 실천과 경험을 통한 기본 습관을 하나씩 하나씩 쌓아 올려 간다면 이것이 백행의 밑거름이 되어 바른 행동으로 이어지게 될 것이므로 실천 위주의 인성 교육이 선행되어야 하겠습니다.

사랑과 정서가 메마른 어린이들에게 말로만 사랑 사랑하기보다는 실제로 아름다운 정서와 정겨운 생활을 통한 사랑을 체험하고 느끼게 하는 것이 바른 인성을 가꾸는데 더욱 절실한 것이리라 봅니다. 그리고 말로만 도덕성을 강조하면서 실제로는 점수 위주의 지식 교육에 더 쏠리고 있는 교사나 학부모, 우리 사회 모두의 의식 개혁 없이는 인성 교육은 그 실효를 거두기 어렵다고 봅니다.

본교에서는 실천 위주의 인성 교육을 위하여 여러 측면에서 다양한 체험 활동을 전개하면서 평소 지도한 자료들을 정리하여 인성교육 자료집을 발간하였습니다. 본 자료집은 교사, 관장, 사범, 원장, 수련생, 학생, 학부모가 함께 읽고, 함께 생각하며, 생활하는 길잡이가 되도록 하였습니다.

자료집에 담긴 내용 하나하나가 의미하는 뜻을 되새겨 올바른 생활을 영위할 때, 우리 사회는 도덕이 바로 세워지고, 질서가 존중되며, 사랑과 봉사가 가득할 것입니다. 끝으로 본 내용으로 하는 바른 인성 교육에 많은 도움이기를 기대하며 적극적 활용을 권장하는 바입니다.

(1) 학교 규칙 지키기

학교에서 공부하는 것도 중요하지만 바람직한 생활 태도와 습관을 기르고 터득하는 것이 더욱 중요한 일이라고도 할 수 있습니다.

등교하여 스스로 아침 공부를 시작하는 것에서부터 휴식 시간에 할 일과 지킬 일, 점심시간의 생활, 또 집에 돌아갈 때까지 생활, 자기 주변을 깨끗하게 가꾸는 생활 습관을 꼭 지도해야 할 필요한 일입니다.

계속 반복되는 세심한 주의와 지도로 행동이 습관화되고 태도가 형성된다고 할 때에 학교생활에서 매시간 지켜야 할 여러 가지 생활 태도를 잘 익히고 실천하도록 하는 일은 매우 중요하겠습니다.

규칙은 법과 같습니다. 아이들이 학교생활에서 규칙을 잘 지키는 것은 국민이 법을 잘 지키는 것과 같습니다. 등교 시간 지키기 등 작은 규칙이라도 소홀히 생각지 마시고 가정에서 책임 있는 협조를 해 주신다면 아동들도 규칙에 대하여 꼭 지키지 않으면 안 된다는 새로운 인식을 하게 될 것입니다.

가. 나는 학교 규칙에 대하여 어떻게 생각해 왔는가?
나. 나 스스로 정한 약속은 어긴 적이 있습니까?
다. 실천사항
① 아침 공부 시간
- 쓸데없이 돌아다니거나 옆 사람과 장난치지 않기
- 스스로 공부하는 태도 보이기

② 주번 활동
- 다른 학생보다 일찍 등교하여 그 날의 교실에서 생활할 준비하기
- 체육 시간 또는 과외 활동 시 교실의 비품과 학생들의 소지품을 관리하기

③ 조회 시간
- 옷차림을 바르게 하고 조회에 참석하기
- 선생님을 주목하고 말씀 잘 듣기

④ 쉬는 시간
- 화장실에 다녀오기
- 복도 통행 잘하기

⑤ 점심시간
- 식사 예절 잘 지키기

⑥ 청소 시간
- 정해진 순서에 따라 깨끗이 청소하기

(2) 스포츠 활동을 통한 학업에 대한 스트레스 해소
① 스포츠 정신이란? 스포츠맨이 가져야 할 정신, 특히 경기할 때 발휘하는 정신을 말합니다. 그 내용을 살펴보면 다음과 같다.

ⓐ 경기에서는 정정당당하게 싸우며, 승자로서 거만하지 않고, 경기에 지고 있어도 끝까지 경기를 계속하는 태도,
ⓑ 자기에 대해서는 충실, 극기
ⓒ 상대방에 대해서는 관용, 예의
ⓓ 집단에 대해서는 책임을 다하고,
ⓔ 규칙을 준수하며 심판의 판정을 인정하는 자세 등을 들 수 있습니다.

② 스포츠정신의 의미
운동정신을 넓은 의미로 말할 때, 운동선수만이 아니라, 나아가서는 민주 사회에 있어서도 모든 사람의 기준이 되는 도덕적 정신이라 말할 수 있습니다.
일의 결과도 중요하지만, 이 과정이 더 중요하다는 말이 있습니다. 정당한 방법으로 전력을 기울이는 과정 그 자체가 결과 못지않게 중요하다는 것을 깨우쳐 주십시오.
요행이나 운수를 바라지 않고 자기가 하는 일에 전력을 기울이는 삶의 자세가 필요하다는 것을 인식시켜 주십시오.

ⓐ 승부보다는 경기 자체의 즐거움을 배우고, 비슷한 실력의 경기가 더 흥겨움을 알도록 합시다.
ⓑ 기능이 떨어지는 친구를 이끌어 주고 용기를 북돋워 주는 태도를 가집시다.
ⓒ 운동 경기는 승부도 중요하지만, 최선을 다하는 과정도 중요합니다.
ⓓ 승부는 운수나 요행히 아니고 그만한 노력이 뒤따라야 한다는 것을 알도록 합시다.
ⓔ 맡은 일에 최선을 다할 때 좋은 결과를 얻게 되고 보람을 느낄 수 있습니다.

3) 학교폭력 예방을 위한 자아확립 실천방법과 지도방안

(1) 정직

정직한 태도란 거짓 없는 마음의 상태와 양심적인 생활의 실천을 뜻합니다. 즉, 마음에 거짓이 없고, 양심에 따라서 사는 생활을 말합니다. 정직은 어떤 경우이든 옳고 바른 일에 꾸민 없이 참여하고 행동하는 것이어야 합니다.

자기의 이익에 따라서 정직의 기준을 정해도 안 되며 여러 사람의 결정에 따라서 정해져도 안 됩니다. 어디까지나 참되고 옳은 것을 향한 스스로 양심이 그 기준이 되어야 합니다.

① 실천사항

ⓐ 자신의 잘못을 인정하기

● 잘못을 저질렀을 때에는 자기의 잘못을 솔직하게 인정합니다.

● 자기의 잘못을 속이려 하거나, 남의 탓으로 돌려서는 안 됩니다.

● 상대방에게 끼친 피해를 보상해 주는 방법을 생각해 봅니다.

● 아무리 친한 사이라도 직접 찾아가서 사과하고 용서를 빕니다.

● 사과 편지를 쓰거나 정성이 담긴 선물을 전해 주어도 좋습니다.

ⓑ 남의 잘못을 용서해 주기

● 다른 사람이 나에게 잘못을 했을 때에는, 잘못을 깨닫게 한 후에 너그럽게 용서를 해 줍니다.

● 다음에는 그런 일이 일어나지 않도록 따뜻한 충고를 해 줍니다.

● 그 사람이 그런 행동을 하게 된 원인이 무엇인지 생각해 보고, 나의 잘못은 없는지 따져 봅니다.

● 나도 다른 사람에게 그런 잘못을 저지르지 않도록 주의합니다.

ⓒ 물건을 훼손했을 때

● 고의로 남의 물건을 부수거나 망가뜨려서는 안 됩니다.

● 실수로 남의 물건을 훼손했을 때에는 주인에게 솔직하게 알려야 합니다.
주인이 자리에 없을 때에는 메모지에 자기의 연락처를 적어 놓습니다.

● 훼손된 물건에 대해서는 부모님과 상의해서 변상해 주도록 합니다.

● 자기가 한 행동의 결과에 대해서 책임을 질 줄 알아야 합니다.

ⓓ 물건을 주웠을 때

● 물건을 주웠을 때에는 그 자리에서 잠시 기다려 봅니다.
그래도 주인이 나타나지 않으면, 부모님이나 선생님 등 웃어른께 알리고 처리하도록 합니다.

● 주운 물건을 마음대로 사용하거나 다른 사람에게 팔아서는 안 됩니다.

● 주운 물건을 마음대로 처리하는 것은 남의 물건을 훔친 것과 같은 행동입니다.

ⓔ 거짓말을 했을 때

● 진실을 솔직하게 털어놓고 사과를 합니다.

● 거짓말을 하게 된 사정을 이야기하고 용서를 빕니다.

● 거짓말로 인한 피해가 있었으면 상의해서 보상해 주도록 합니다.

② 지도방안

나의 실수나 태만으로 인해서 생긴 결과에 대해서는 당연히 책임을 져야 한다는 것을 강조해서 가르쳐야 합니다. 그래서 자기의 작은 잘못에 대해서도 상대방에게 미안한 마음을 가지게 하고, 피해에 대해서는 보상하도록 해야 합니다.

ⓐ 자기의 잘못을 속이려 하거나, 남의 탓으로 돌린 적은 없습니까?

ⓑ 주운 물건을 마음대로 사용하거나 다른 사람에게 준적은 없습니까?

⑵ 분수에 맞는 생활

분별하는 슬기, 자기 신분에 맞는 생활을 하는 것 등을 의미합니다. 자기 처지를 생각하여 알맞게 처신하고 자기 할 일을 충실히 하고 어린이답게 행동하는 것 등이 분수에 맞게 생활하는 것입니다. 나는 지금 분수에 맞는 생활을 하는 것일까요? 함께 생각해 봅시다.

① 실천사항

ⓐ 가정에서 내가 해야 할 일을 알고 실천합니다.

ⓑ 학교에서 친구들의 일에 함부로 끼어들거나 간섭하지 말고 자기 일에 충실하도록 합시다.

ⓒ 부모님께 무리한 요구로 떼를 쓰지 맙시다.

ⓓ 사치스러운 옷과 신발을 사지 말고 값싸고도 튼튼하고 편리한 것을 고르도록 합시다.

ⓔ 너무 비싼 학용품과 외국 제품을 쓰는 것도 분수에 맞는 생활이 아닙니다.

ⓕ 값비싼 것이 좋다는 생각을 버립시다.

ⓖ 남이 가진다고 나도 가져야겠다는 생각은 옳지 않습니다.

ⓗ 분수에 맞는 생활을 하기 위해서는 평소 검소하고 절약하는 생활 습관을 지니도록 합시다.

② 지도방안

경제적 발전으로 물질적인 풍요를 누리며 사는 이때 자칫 잘못하면 사치와 낭비로 정신적 건강마저 잃게 되는 경우가 많습니다. 절제 없는 생활, 분수에 맞지 않는 행동은 자신을 물론 이웃, 국가에게까지 영향을 미치게 됩니다. 자녀들의 건전한 경제생활과 분별력 있는 사람으로 키우기 위해서는 어른들이 먼저 분수에 맞는 생활을 솔선수범하셔야 합니다.

ⓐ 분수에 맞지 않게 과소비한 적을 없나요? 그때의 느낌은 어떠했나요?
ⓑ 나는 항상 분수에 맞는 물건(학용품, 옷, 신발, 장난감)을 가지고 있는가?
ⓒ 분수에 맞는 나의 생활은 어떤 것일까요? 적어 봅시다.
ⓓ 학교생활에서 친구에게 분수에 맞게 행동하는가?(겸손, 간섭, 책임 완수)

(3) 만족한 생활로 느끼기

만족이란 작은 부족함도 없이 마음이 흡족함을 일컫는 말이니 사람이 정신적 물질적으로 만족을 얻는다는 것은 매우 어려운 일입니다. 자기의 분수는 생각지 않고 더 좋은 것, 더 비싼 것을 찾으며 물질적으로 채워져야만 만족을 느끼는 사람은 항상 더 많은 욕심을 갖게 되어 만족한 마음을 가질 수가 없습니다.

자기의 분수를 알아 욕심을 부리지 않는 사람은 마음의 여유를 가질 수 있고 행복을 느낄 수가 있습니다. 내가 지금 불만스러워 하는 일은 무엇인지 생각해 보고 해결할 방안을 생각해 봅시다.

① 실천 사항

ⓐ 부모님은 항상 자기 자식에게 제일 잘해 주고 싶어 하십니다.
욕심을 부려 부모님 마음을 괴롭히지 않도록 합시다.
ⓑ 자기보다 더 어려운 처지에 있는 친구들이 많다는 것을 알고 그 친구들의 마음을 헤아려 봅시다.
ⓒ 갖고 싶은 마음을 참도록 노력해 봅시다.
ⓓ 비싼 물건보다 쓸모 있고 사용하기 편리한 물건을 사도록 합시다.
ⓔ 늘 감사하는 마음을 갖고 생활하도록 합시다.

② 지도방안

대부분 자식은 부모를 닮아 갑니다. 내 자식의 가장 싫은 점도 가만히 생각해 보면 어릴 때의 자기 모습이거나 지금의 자기 모습일 때가 많습니다. 현재의 상태를 늘 불만스럽게 표현한다면 은연중에 아이들도 불만을 품게 되고 표현하게 됩니다.
아이들의 요구에 응해 주지 못할 때도 짜증스럽게 얘기하지 마시고 끈기 있게 설득해야 하며 가장 중요한 것은 더 큰사랑으로서 물질적인 불만을 채워 주는 것입니다.

ⓐ 자기 부모님(가정)을 원망해 본 적이 있습니까?

ⓑ 가지고 싶은 물건을 가지지 못할 때나 자기 마음대로 되지 않아서 불만스러울 때 어떻게 합니까?

ⓒ 성민이 부모님을 어떻게 생각합니까?

ⓓ 성민이의 불안이 왜 생겼다고 생각합니까?

(4) 공부를 해야 하는 이유

사람을 사람답게 가르치고 지식을 전해 주는 일을 교육이라고 합니다. 그런데 초등학교 어린이가 반장에서 떨어졌다고, 중고등학교 학생이 공부가 떨어졌다고 해서 자살을 했다고 합니다.

우리가 교육을 받고 살아가는 목적이 반장이 되거나 좋은 대학에 들어가는 것이 아닐진대 도저히 바른 판단과 행동이라고 할 수 없는 이런 일들을 접할 때마다 안타까움을 금할 수 없습니다. 자기의 특기나 소질을 잘 살려 하고 싶은 일을 하면서 살아가는 것이 행복이고 궁극적인 목적이 아닐까요? 공부해서 장래 자기가 어떤 사람이 되고 싶은지 생각해 보아야 한다.

① 실천사항

ⓐ 합리적으로 생각하고 판단하고 행동하는 사람이 되자.

ⓑ 자기의 소질이나 특기를 알아 꾸준히 노력해야 한다.

ⓒ 자기 생활 계획을 세워 규칙적인 생활을 해야 한다.

ⓓ 위인전을 많이 읽고 훌륭한 분들의 생각과 판단, 노력 등을 본받도록 한다.

ⓔ 스스로 공부하는 습관을 기르고 최선을 다하는 사람이 되어야 한다.

② 지도 방안

무조건 공부를 열심히 하기보다는 계획을 세워 규칙적인 생활을 하면서 스스로 공부하는 습관을 기르는 것이 중요합니다. 무슨 공부를 어떻게 해야 하는지 방법은 잘 가르쳐 주어야 합니다. 아동을 잘 관찰하셔서 아동의 소질이나 특기를 찾아내어야 합니다.

위인전이나 좋은 책을 많이 읽게 하는 것은 합리적인 생각을 하게 하여 옳은 길로 행동하게 할 것이다.

ⓐ 공부하기 싫을 때가 있습니까? 언제 공부하기 싫습니까? 질문해본다.

ⓑ 자기가 좋아하는 과목은 무엇이며 자기가 가장 잘하는 것(특기)은 무엇입니까? 질의해본다.

ⓒ 왜 힘든 공부를 해야 하나요? 이유를 알아보자.

ⓓ 어떤 일이 닥치기 전에 미리 준비하지 않으면 어떻게 될까요?

(5) 신뢰

사회 변화의 속도가 빨라 예기치 못한 현상들이 많이 일어나는 탓에, 현대를 흔히 불안의 시대, 불신의 시대라고들 합니다. 이와 같은 시대를 살아가고 있는 우리는 서로 믿어야 한다는 신념을 지니고, 불신의 원인을 찾아서 하나하나 해결해 나감으로써 밝고 명랑한 사회를 이루어 나가야 할 것입니다.

① 실천 사항

ⓐ 뚜렷한 근거 없이 남을 의심해서는 안 된다.

ⓑ 의심이 생기면 그 즉시 옳고 그름을 가려야 한다.

ⓒ 나의 판단보다는 다른 사람의 말이나 행동이 옳을 수 있다고 생각하는 마음을 지녀야 한다.

ⓓ 남을 의심하기 전에 먼저 자기의 잘못을 되돌아볼 줄 알아야 한다.

ⓔ 다른 사람의 말만 듣고 경솔히 판단하여 남을 의심해서는 안 된다.

ⓕ 남에게 의심받을 일을 하지 않으며, 분명하고 확실한 행동을 하여야 한다.

ⓖ 남이 믿도록 늘 올바른 언행을 한다.

ⓗ 거짓말을 하지 않는다.

② 지도 방안

세상은 점점 남을 신뢰하는 마음이 부족해지고 있는 것 같습니다. 부모와 자식 간, 친구 간, 이웃 간에 서로 믿을 수 있는 마음의 벽을 과감히 깨어남을 신뢰하는 개방의 벽을 쌓아 올려야 하겠습니다. 남을 신뢰하는 마음이 생길 때 이 사회는 밝고 명랑해지리라 생각됩니다. 아무리 작은 일이라도 믿음을 갖고 남을 신뢰할 수 있도록 다 같이 노력해야 하겠습니다.

ⓐ 남을 의심해 본 적이 있는가? 그때의 느낌은 어떠했는가?

ⓑ 친구를 원망해 본 적이 있는가? 무슨 일로, 왜?

ⓒ 내가 만약 '당사자'라면 어떻게 했겠는가? 그렇게 생각한 까닭은 무엇이겠는가?

ⓓ 남을 신뢰할 수 방법에 대한 자신의 의견을 적어 보자.

(6) 신의

사회생활에서 가족 다음으로 밀접한 관계를 맺고 있는 사람이 친구입니다.

그러므로 참다운 친구는 형제와 다를 바 없습니다. 어려운 일이 생기면 서로 위로하고 도와주는 사이가 참다운 친구 관계입니다. 친구와의 사귐은 나와 더불어 공존해야 할, 남의 존재와 가치를 인정할 줄 아는 포용력을 기르며, 이웃과 더불어 즐거움을 나누는 바탕이 되기도 합니다.

① 실천 사항

ⓐ 친한 친구일수록 예의를 지켜야 한다.

ⓑ 참된 우정은 믿음을 바탕으로 이루어진다. 항상 솔직한 태도로 친구를 대해야 한다.

ⓒ 친구 사이의 약속은 반드시 지켜야 한다.

ⓓ 친구 사이라도 내 것과 네 것을 분명히 가릴 줄 알아야 한다.

ⓔ 친구의 잘못에 대해서 너그럽게 용서하고 감싸 줄 수 있어야 한다.

ⓕ 친구를 도울 일이 생기면 힘닿는 데까지 도와주어야 한다.

ⓖ 친구를 도울 때에는 친구의 자존심이 상하지 않도록 마음을 써야 한다.

ⓗ 친구의 잘못된 점을 지적해 주고, 그것이 개선되도록 도와준다.

ⓘ 친구의 우정 어린 충고를 기쁜 마음으로 받아들여야 한다.

ⓙ 친구의 좋은 점을 찾아보고 본받는다.

② 지도 방안

요즈음에는 날로 학원 내 폭력 사태가 증가하고 있습니다. 친구를 잘못 사귀면 자기도 모르게 점점 나쁜 길로 빠져 나중에는 헤어나지 못하리라 생각됩니다. 친구 사이에 지켜야 할 예의가 점점 없어지고 같은 또래나 상, 하급생 간에 폭력을 행사하고 금품을 빼앗는 등 친구 사이에 보이지 않는 어두운 장벽들이 자꾸만 쌓이고 있습니다.

이런 장벽들을 제거하고 참된 친구를 건전하게 사귈 수 있도록, 친구 사이에 믿음을 가질 수 있도록 자녀들과 많은 대화가 필요하리라 간절히 요구됩니다.

ⓐ 어려운 친구를 도와준 적이 있는가? 그때의 느낌은 어떠했는가?

ⓑ 친구의 잘못된 점을 지적해 준 적이 있는가? 무슨 일로, 왜?

ⓒ 내가 만약 '당사자'라면 어떻게 했겠는가? 그렇게 생각한 까닭은 무엇이겠는가?

ⓓ 참다운 친구로서 서로 지켜야 할 신의에 대한 자신의 의견을 적어 보자.

(7) 의리

친구 사이에서 가장 중요한 것은 의리입니다. 서로 이해하고 도와주는 믿음직한 친구는 무엇보다 귀중한 재산입니다. 친구 사이에도 지켜야 할 예절이 있습니다. 서로가 예절을 잘 지킬 때 아름다운 우정을 꽃피울 수 있습니다. 서로가 믿을 수 있는 것이 친구이기 때문에 친구 사이의 약속은 반드시 지켜야 의리를 지킬 수 있습니다.

① 실천 사항

ⓐ 참다운 친구가 되려면

- 서로 의견을 존중하고 약속을 잘 지켜야 한다.
- 서로 믿고 의리를 지킨다.
- 친구의 잘못을 너그럽게 용서해 준다.
- 아무리 친한 사이라도 내 것과 네 것을 분명히 가린다.
- 친구가 잘못 생각하고 행동할 때에는 충고할 줄 알아야 한다.
- 친구의 우정 어린 충고를 기쁜 마음으로 받아들여야 한다.

ⓑ 친구에게 어려움이 생겼을 때

- 먼저 위로의 뜻을 전한다.
- 내가 도울 방법을 생각해 본다.
- 친구의 자존심이 상하지 않는 범위에서 도와준다.
- 진정으로 마음에서 우러나오게 도와주어야 한다.

② 지도 방안

학창 시절에 얻을 수 있는 세 가지 기쁨이 있습니다. 진리를 배우는 것, 훌륭하신 선생님을 만나는 것, 그리고 좋은 친구를 사귀는 것입니다. 친구가 없는 사람은 주머니가 텅 비어 있는 것처럼 인생이 허전하여집니다. 친구는 참될수록 좋고 우정은 깊을수록 좋습니다. 우정이란 끊임없이 주는 것입니다. 되돌려 받기를 바라는 마음으로 준다면 그것은 이미 우정이 아닙니다.

우정의 참다운 사랑이, 어찌 조건이 있을 수 있겠습니까? 그러므로 이기적인 사람, 타산적인 사람은 친구를 사귈 수가 없습니다. 친구를 위하여 손해인 일을 하지 않는 사람은 친구를 사귈 수 없습니다. 그런 사람은 결국 외톨이가 되어 친구들의 따돌림을 받게 됩니다. 의리가 가득한 참다운 친구를 사귀기 위하여 부모님의 따뜻한 사랑이 요구됩니다.

ⓐ 자신도 장난을 치다 물건을 깨뜨린 경험이 있는가? 그때의 느낌은 어떠했는가?
ⓑ 친구 사이에 사소한 잘못으로 싸운 적이 있는가? 무슨 일로, 왜?
ⓒ 내가 만약 대식이라면 어떻게 했겠는가? 그렇게 생각한 까닭은 무엇이겠는가?
ⓓ 친구 사이에 의리를 지키면 어떤 좋은 점이 있을까? 자신의 의견을 적어 보자.

(8) 지조

세상을 살다 보면 뜻을 굽히지 말아야 할 때가 있습니다. 그것이 옳은 일이라면 목숨을 바쳐서라도 지켜야 합니다. 어떤 것이 지조인지 알아봅시다.

① 실천 사항

ⓐ 자신과의 약속은 꼭 지킨다.
ⓑ 약속은 꼭 지킨다.
ⓒ 가훈을 정하여 자손 대대로 맥을 이어야 한다.
ⓓ 직업에는 귀천이 없음을 알고 가업을 계승 발전시켜야 한다.
ⓔ 옳은 일에는 자기 뜻을 굽히지 않는다.

② 지도 방안

요즈음 자녀들은 편하고 쉽게 살려고 하지 어렵고 힘든 일은 아예 하지도 않으려고 합니다. 마음과 몸이 허약하다 보니 비굴하게 행동할 때도 있습니다. 인내심과 의지를 키워 흔들리지 않는, 지조를 지킬 수 있는 자녀로 키워 보십시오.

ⓐ 내가 힘들고 귀찮다고 친구를 배신한 적은 없나요? 그때의 느낌은?
ⓑ 내가 옳다고 생각한 일을 끝까지 해낸 적이 있는가? 무슨 일로, 왜?
ⓒ 머리빗에 때가 새까맣게 낀 선비를 왜 특채를 하였을까요?
ⓓ 임금님의 판단이 대하여 자신의 의견을 적어 보자.

(9) 입지

우리가 일상생활에서 무엇이 옳고 그른 것인지 구분하기가 어려운 상황에 부닥친다면 우리는 큰 혼란에 빠지게 됩니다. 이때 확고한 의지가 있다면 옳게 판단을 하고 바르게 살아갈 수 있으며, 자신의 가능성을 실현할 수 있습니다. 자아를 실현하기 위하여 어떻게 해야 할지 생각해 봅시다.

① 실천 사항

ⓐ 약속한 것은 꼭 지킨다.
ⓑ 위인전을 많이 읽는다.
ⓒ 쉬운 일부터 목표를 정하고 실천한다.
ⓓ 생활 계획표를 만들어 꼭 지킨다.
ⓔ 목표는 구체적이고 현실적으로 실천 가능한 것으로 정한다.
ⓕ 장래의 희망은 크고 높게 가진다.
ⓖ 자신을 통제하는 능력을 기른다.
ⓗ 자기 극복 훈련에 자주 참가한다.
ⓘ 어려운 일도 참고 견딘다.

② 지도방안

아주 작은 일이라도 자녀 스스로 결정한 일이라면 끝까지 해낼 수 있도록 기다리고 용기를 주어야 합니다. 실수했을 때 꾸중보다는 조금이라도 잘했을 때 아낌없는 칭찬이 필요합니다. 어린이들이 큰 뜻을 품고 그 꿈을 실현할 수 있도록 격려해 주십시오.

ⓐ 한 번 하기로 마음먹었던 일을 끝까지 해낸 적이 있는가? 그때의 느낌은?
ⓑ 계획해 놓고 실천을 하지 못한 일은 있는가? 무슨 일로, 왜?
ⓒ 내가 만약 '실수한 당사자'라면 어떻게 했겠는가?
그렇게 생각한 까닭은 무엇인가?
ⓓ 결심한 일은 왜 꼭 실천해야 하는지 의견을 적어 보자.

(10) 침착

빠른 속도로 변해가고 있는 요즘에 살아가고 있는 우리는 우리의 국민성으로까지 정착되어버린 듯한 '빨리빨리병' 때문에 무슨 일이든지 너무 서두르고 침착하지 못하여 생기는 사고와 실수들이 아주 많이 있습니다.

텔레비전의 "119구조대"라는 프로그램에서 목숨이 경각에 달린 불의의 사고 에서도 침착한 태도로 위기를 극복하는 모습은 퍽 감동적이었습니다. 침착한 태도에 대해 생각해 봅시다.

① 실천 사항

ⓐ 마음이 급할수록 차분한 태도를 가진다.
ⓑ 예기치 못한 상황에 부닥쳤을지라도 당황하지 않는다.
ⓒ 무슨 일이든지 차분하게 해결하는 수단을 취한다.
ⓓ 항상 느긋한 마음을 가진다.
ⓔ 다른 사람의 말도 수용할 줄 알아야 한다.
ⓕ 서두르고 덤벙대는 자세를 고친다.
ⓖ 정신을 똑바로 차린다.
ⓗ 일을 한꺼번에 끝맺으려는 욕심을 없앤다.

② 지도 방안

요즘의 어린이들은 해결해야 할 과제가 산더미처럼 많이 쌓여 있습니다. 하루에도 두서너 군데 학원에 다녀야 하는 부담감과 학교공부는 부모의 강요에 못 이겨 이뤄지는 경우가 대부분으로, 다람쥐 쳇바퀴 돌듯이 되풀이되는 하루의 일과는 시간에 쫓긴 나머지 빨리빨리병으로 연결되고 매사를 서두르는 경향이 있습니다. 모든 일을 침착하고 차분하게 처리하는 태도를 길러줘야 하겠습니다.

ⓐ 침착하지 못하여 실수한 적이 있는가? 그때의 느낌은 어떠했는가?
ⓑ 친구를 원망해 본 적이 있는가? 무슨 일로, 왜?
ⓒ 침착한 태도가 왜 필요한지 자신의 의견을 적어보자.

(11) 희망

사람들은 저마다 타고난 소질을 갖고 있으며 그에 따라 자신의 희망을 정하여 그 목표에 도달하기 위하여 열심히 노력합니다.

세계적으로 유명한 성악가 조수미는 방송에서 자신을 낳아주신 부모님의 딸이 아니라 이제는 "한국의 딸"이라고 자신을 소개하였던 장면이 상당히 감동적이었습니다. 자신의 특기는 무엇이며 장래의 희망은 무엇인지 생각해 봅시다.

① 실천 사항

ⓐ 자신의 소질을 계발한다.

ⓑ 자신의 소질을 신장시키기 위하여 꾸준히 노력한다.

ⓒ 꿈을 크게 가진다.

ⓓ 좌절과 시련 · 고통이 닥칠지라도 포기하지 않는다.

ⓔ 꿈은 언제든지 바뀔 수가 있음을 명심한다.

ⓕ 처음부터 많은 욕심을 내지 않는다.

ⓖ 과분하거나 허황한 희망은 품지 않는다.

ⓗ 친구의 좋은 점을 받아들여 자신의 목표 도달에 보탬이 되도록 한다.

ⓘ 부모님과 상의하여 부모님의 의견도 수렴하도록 한다.

ⓙ 부모님의 충고를 받아들인다.

② 지도 방안

요즘 들어 열린 교육의 붐으로 인하여 아동 개개인의 창의성과 다양성이 중시되고 있는 현시점에 공부만이 인생의 전부인 줄 잘못 알고 체육선수가 되는 것을 꺼리는 학부모님이 많습니다. 그러나 아동의 소질을 조기 발굴하여 운동선수가 되어 나라를 빛내보는 것도 우리 아이의 진로에 큰 도움이 되지 않을까요?

황영조 선수는 중학교 체육 선생님의 눈에 띄어 어려운 역경 속에서도 연습을 계속하여 올림픽 금메달을 받는 영광을 누렸지 않습니까? 스포츠선수나 탤런트, 예술가 등은 그 소질을 타고 태어난다지 않습니까? 숨은 소질과 적성을 발굴하여 열심히 노력한다면 진흙 속에서 진주를 찾아내듯 값진 보람이 되지 않을까요?

ⓐ 갈등을 느껴 본 적이 있는가? 그때의 느낌은 어떠했는가?

ⓑ 부모님의 말씀을 어긴 적이 있는가? 무슨 일로, 왜?

ⓒ 참다운 친구로서 서로 지켜야 할 신의에 대한 자신의 의견을 적어보자.

(12) 인격

인격이란 사람의 됨됨이를 일컫는 말입니다. 예로부터 우리 조상들은 그 어떤 부와 명예보다도 사람의 됨됨이를 중시하였고 또 강조했습니다.

요즘 다양한 가치관의 변화가 사회적 병리 현상으로 나타나 불안과 공포 속에서 살 수밖에 없을 정도로 현대인들의 인격은 삭막하게 변하였다고 하여도 과언이 아닐 것입니다. 바른 인성과 인격에 대해 생각해 봅시다.

① 실천 사항

ⓐ 항상 바른 마음을 가진다.

ⓑ 자신의 양심을 속이지 아니한다.

ⓒ 다른 사람의 잘못을 너그럽게 용서해 준다.

ⓓ 감사하는 마음을 지닌다.

ⓔ 베풀며 살아가는 태도를 지닌다.

ⓕ 서로 양보하고 타협할 줄 안다.

ⓖ 사랑이 충만한 사람이 된다.

ⓗ 정서가 풍부하도록 한다.

② 지도 방안

부모는 자식의 거울이라 하였습니다. 하지만 요즘 아이들은 참을성이 부족하고 순간적이며, 남을 의식하지 않고 자신이 하고 싶은 대로 충동적으로 행동하는 경우를 보게 됩니다. 이는 모두 어른과 부모님에게 잘못이 있다 하겠습니다.

매스컴의 범람으로 인하여 어른들의 행동을 그대로 모방하여 사회를 경악게 하는 사건들은 어른들 스스로 온전하지 못한 인격으로 인해 빚어진 결과라 하겠습니다. 어디에서건 아이들이 보고 있다는 의식 속에서 행동 하나하나에 바른 인격을 심고 모범을 보이셔야 할 때라고 봅니다.

ⓐ 자신도 장난을 치다 발각된 경험이 있는가? 그때의 느낌은 어떠했는가?

ⓑ 꾸중을 들을 것으로 생각했던 실수가 너그러이 용서받은 일이 있는가?

ⓒ 자신의 큰 잘못을 너그러이 용서받았을 때의 기분은 어떠했는가?

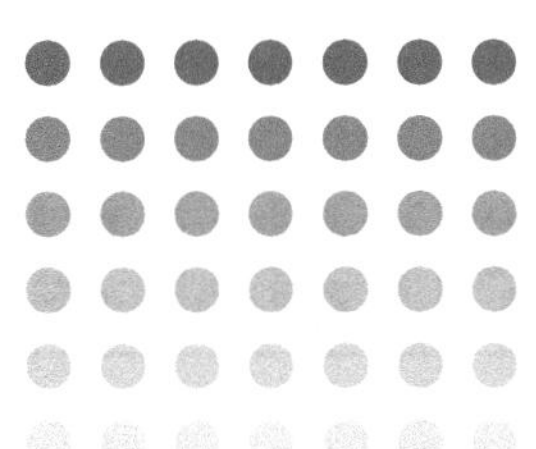

제 5 장

승품(단) 심사 및 합격 완전정복

1. 태권도장 심사(관내)와 국기원 승품(단) 심사란
2. " 00 이가 국기원 1품(단) 심사 자격이 되었습니다."(예시)
3. 국기원심사 실기종목 안내(예시)
4. 국기원 심사 채점 기준 (예시)
5. 승품(단) 합격 통지문 (예시)
6. 서울시 고단자(4,5단)심사 표기 시험문제 및 모범 답안

제5장 승품(단) 심사 및 합격 완전정복

1. 태권도장 심사(관내)와 국기원 승품(단) 심사란

◎ 국기원 규정 (심사 규정)

	단별 연령 구분		
품	만 15세 이하	1~2품	1년
		2~3품	2년
단	만 15세 이상	1~2단	1년 연령 제한 무
		2~3단	2년
		3~4단	3년
		4~5단	4년
		5~6단	5년
		6~7단	6년
		7~8단	7년
		8단	8년

품·단 응시	실기과목\내용	단\품새 지정 필수
1품·단	태극 1장 ~ 7장 중 1지정	태극 8장
2품·단	태극 1장 ~ 8장 중 1지정	고려
3품·단	태극 1장 ~ 8장, 고려 중 1지정	금강
4품·단	태극 1장 ~ 8장, 고려, 금강 중 1지정	태백
5단	태극 1장 ~ 8장, 고려, 금강, 태백 중 1지정	평원, 십진 중 1선택
6단	고려, 금강, 태백, 평원, 십진 중 1지정	십진, 지태 중 1선택
7단	고려, 금강, 태백, 평원, 십진, 지태 중 1지정	지태, 천권 중 1선택
8단	평원, 십진, 지태, 천권 중 1지정	한수
9단	평원, 십진, 지태, 천권, 한수 중 1지정	일여
10단	심사심의위원회에서 심의 의결함	

서울시00구태권도협회00 체육관

2. "00이가 국기원 1품(단) 심사 자격이 되었습니다." (예시)

학부모님 안녕하세요?

부모님의 관심과 배려속에 태권도를 시작한 자랑스런 00이가 오늘도 저의 00태권도 체육관에서 많은 친구들을 형제처럼 사귀면서, 열심히 구슬땀을 흘리며 몸과 마음의 수련과 자기와의 싸움에서 이기는 진정한 승리자가 되기 위하여 단체생활에 잘 적응하고, 선배들과 잘 어울리어 열심히 수련하고 있습니다.

이번에 00이가 그동안 열심히 수련한 결과로 기초중급과정을 마치고, 중상급과정을 수련하기 위하여, 국기원에서 공인으로 인정하는 1품(단)심사에 응시하여 좋은 성적으로 합격할 수 있는 실력이 인정되기에 국기원 승품심사 과정에 적합한 실력과 심사에 응시하는 자세를 배양하고자 앞으로 강도 높은 수련을 실시하고자 하오니, 학부모님들의 적극적인 관심과 협조를 부탁드립니다. 지금까지는 동작이 조금은 부족하여도 격려하고 칭찬하며 즐거운 운동이 되도록 하였으나, 기능 향상과 용기와 담력 배양을 위하여, 더욱 강하게 지도할 것입니다. 간혹 소수의 수련생들은 국기원에 가고 싶어하나, 국기원 심사 대상이 되면 훈련받기를 두려워하여 권태를 내고 꾀를 부리는 경우도 있습니다. 그러나 국기원 공이 승품심사에 합격한 후에는 자신들도 어려운 관문을 통과함과 자신과의 싸움에서 승리했다는 자부심과 성취감으로 인하여 대부분의 아이들이 자신감을 갖고 능동적으로 행동하는 것을 볼 때 지도자로서 큰 보람을 느낍니다.

00이가 합격할 수 있는 실력이 인정되기에 추천하오니, 사랑스런 자녀가 이번 기회를 통한 수련으로 실력이 향상되고, 정신적으로 강해지는 좋은 기회가 되리라 확신을 합니다. 귀자녀가 낙오되지 않고 자랑스런 1품(단)심사에 꼭 합격하고 지속적인 수련을 통하여 건강하고 열심히 공부하며, 착하고 훌륭한 자녀로 성장할 수 있도록 적극 협조하여 주시기를 당부드립니다.귀여운 자녀의 정신력, 신체발달, 예의바른 행동지도를 위하여 최선을 다하겠습니다.

태권도 경영 정보 연구소

2-1. 국기원 심사안내(예시)

국기원 심사안내(예시)

1. 행 사 명	국기원 승품 심사 대회	2. 심사 장소	국 기 원
3. 심사일시	0000년 0월 00일	4. 응심 품(단)	2품(단)
5. 제출서류	1. 주민등록 초, 등본 각1통 2. 응시자 도장 3. 증명사진 0장 (Size : 2.5×3)		
6. 심사접수 마감일	0000년 00월 00일	7. 승품·단 심사비	0000 원
8. 심사복장	깨끗한 하얀 도복 및 띠 착용 (속옷은 입지 않는다.)		
9. 심사과목	1. 서류심사 2. 면접(본인확인) 3. 기본동작 4. 정신력 5. 품새 2가지 6. 자유 겨루기 7. 예의범절		
*** 참 고 사 항 ***			
1. 2품(단)은 태권도장의 사범님이 추천하는 1품1급 품띠 이상인자로서 관장님의 승인이 있어야 태권도 협회에 접수된다. 2. 승단은 만 15세 이상이 되어야 응심할 수 있는 자격이 주어집니다. 3. 승품은 만 5세 이상으로써 만 15세까지 한시적인 이름이며 만 15세가 넘으면 자동적으로 품이 단으로 바뀝니다. 4. 본 체육관은 서울시 및 00구 태권도협회 등록도장이며, 태권도 전문 도장입니다. 5. 완비된 제출서류만 국기원 인터넷 등록 접수합니다.			

* 2품(단)심사는 4품까지의 태권도 과정 중 기술 중급자 과정을 마무리하고 고급 기술적 과정으로 가기 위하여 반드시 거쳐야할 과정입니다. 아울러 품 심사는 그 동안 열심히 수련한 자녀에게는 아주 중요하고도 기억에 남을 중요한 날이므로 학부모님께서는 꼭 참석하시어 자녀를 격려하여 주시기 바랍니다.
감사합니다.

태권도 경영 정보 연구소

2-2. 국기원 응심 서류 접수방법

◆ 체육관 로그인

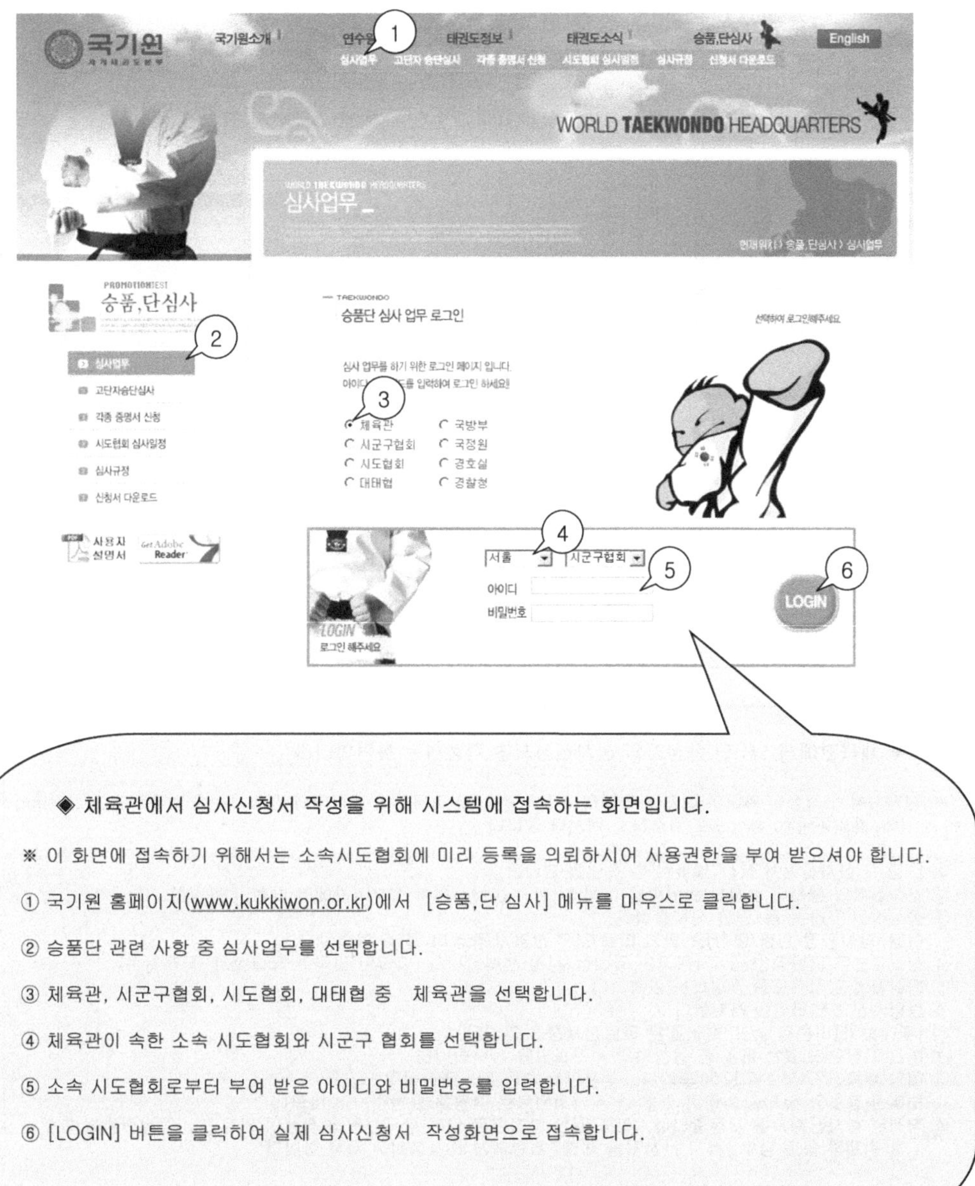

국기원
국기원소개
연수원
태권도정보
태권도소식
승품,단심사
English
WORLD TAEKWONDO HEADQUARTERS
심사업무
승품,단심사
승품단 심사 업무 로그인
심사업무
고단자승단심사
각종 증명서 신청
시도협회 심사일정
심사규정
신청서 다운로드
체육관
국방부
시군구협회
국정원
시도협회
경호실
대태협
경찰청
서울
시군구협회
아이디
비밀번호
LOGIN
◈ 체육관에서 심사신청서 작성을 위해 시스템에 접속하는 화면입니다.
※ 이 화면에 접속하기 위해서는 소속시도협회에 미리 등록을 의뢰하시어 사용권한을 부여 받으셔야 합니다.
① 국기원 홈페이지(www.kukkiwon.or.kr)에서 [승품,단 심사] 메뉴를 마우스로 클릭합니다.
② 승품단 관련 사항 중 심사업무를 선택합니다.
③ 체육관, 시군구협회, 시도협회, 대태협 중 체육관을 선택합니다.
④ 체육관이 속한 소속 시도협회와 시군구 협회를 선택합니다.
⑤ 소속 시도협회로부터 부여 받은 아이디와 비밀번호를 입력합니다.
⑥ [LOGIN] 버튼을 클릭하여 실제 심사신청서 작성화면으로 접속합니다.

▣ 사용자 매뉴얼 (체육관)

◆ 1품 · 단 심사 신청서 작성

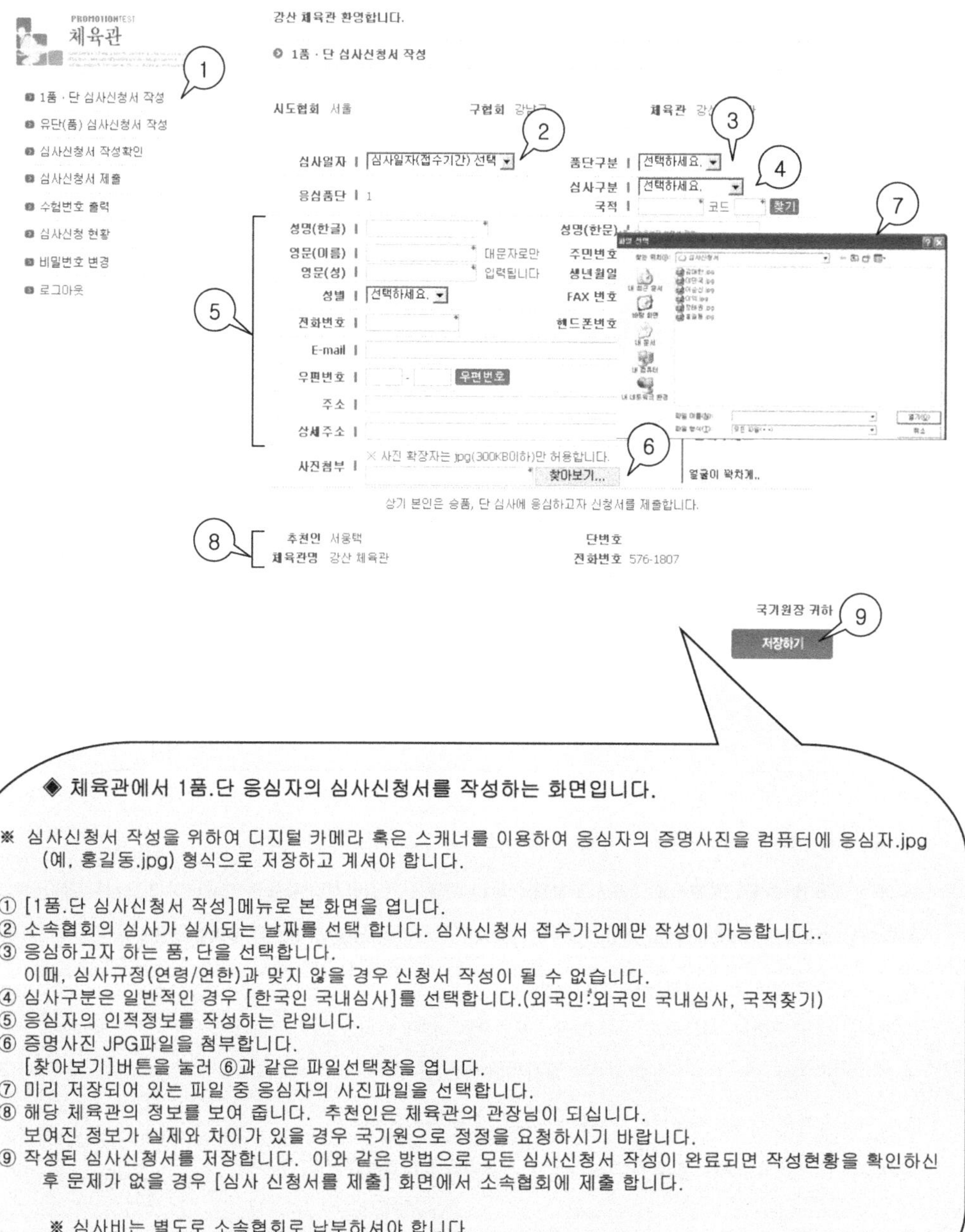

◈ 체육관에서 1품.단 응심자의 심사신청서를 작성하는 화면입니다.

※ 심사신청서 작성을 위하여 디지털 카메라 혹은 스캐너를 이용하여 응심자의 증명사진을 컴퓨터에 응심자.jpg (예, 홍길동.jpg) 형식으로 저장하고 계셔야 합니다.

① [1품.단 심사신청서 작성]메뉴로 본 화면을 엽니다.
② 소속협회의 심사가 실시되는 날짜를 선택 합니다. 심사신청서 접수기간에만 작성이 가능합니다..
③ 응심하고자 하는 품, 단을 선택합니다.
이때, 심사규정(연령/연한)과 맞지 않을 경우 신청서 작성이 될 수 없습니다.
④ 심사구분은 일반적인 경우 [한국인 국내심사]를 선택합니다.(외국인:외국인 국내심사, 국적찾기)
⑤ 응심자의 인적정보를 작성하는 란입니다.
⑥ 증명사진 JPG파일을 첨부합니다.
[찾아보기]버튼을 눌러 ⑥과 같은 파일선택창을 엽니다.
⑦ 미리 저장되어 있는 파일 중 응심자의 사진파일을 선택합니다.
⑧ 해당 체육관의 정보를 보여 줍니다. 추천인은 체육관의 관장님이 되십니다.
보여진 정보가 실제와 차이가 있을 경우 국기원으로 정정을 요청하시기 바랍니다.
⑨ 작성된 심사신청서를 저장합니다. 이와 같은 방법으로 모든 심사신청서 작성이 완료되면 작성현황을 확인하신 후 문제가 없을 경우 [심사 신청서를 제출] 화면에서 소속협회에 제출 합니다.

※ 심사비는 별도로 소속협회로 납부하셔야 합니다.

■ 사용자 매뉴얼 (체육관)

◆ 유단(품) 심사 신청서 작성

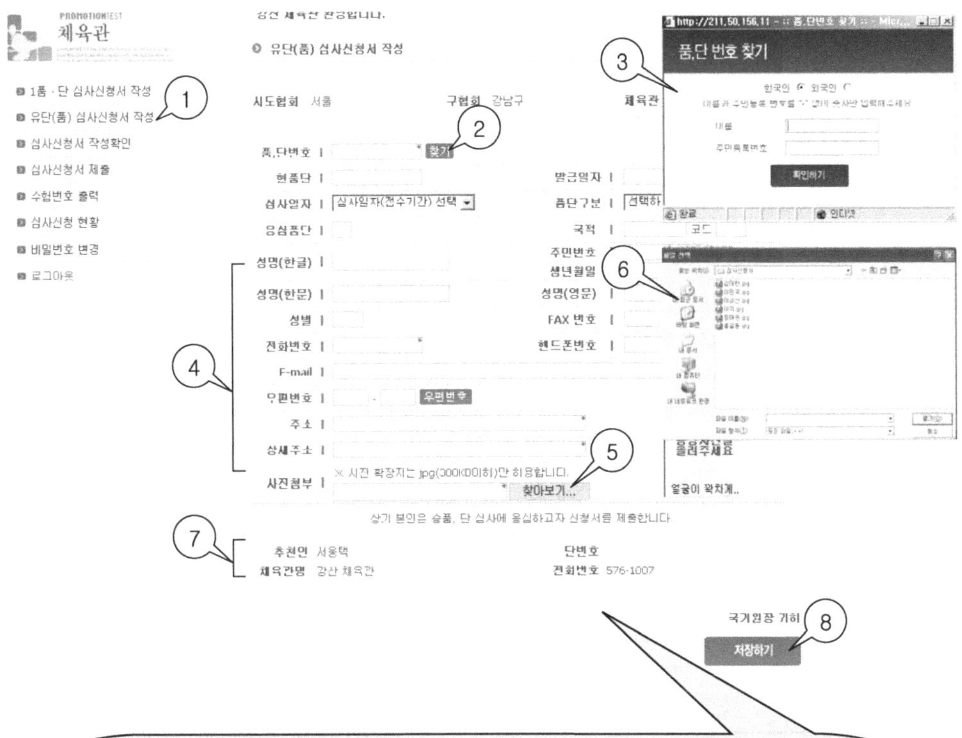

◈ 체육관에서 기존 유품(단)자의 승품.단 심사를 위한 심사신청서를 작성하는 화면입니다.

※ 1품.단 응심자와 마찬가지로 미리 승품.단 응심자의 증명사진을 JPG형식의 파일로 준비해 둔 상태에서 본 화면에서 신청서 작성을 합니다.
단번호 찾기에서 조회되지 않을 경우 국기원으로 문의 바랍니다.

① [유단(품) 응심자 신청서 작성]메뉴로 본 화면을 엽니다.

② 유품(단)자의 품(단)번호를 [찾기]버튼을 눌러 ③ 번과 같은 창을 엽니다.

③ 승품(단) 응심자의 이름,주민번호를 입력하여 품(단)번호 및 국기원에 등록된 기본 인적정보를 조회합니다.

④ 응심자의 인적정보를 작성하는 란입니다.
현품단,발급일자,성명,주민등록번호, 성별을 제외한 나머지를 작성할 수 있습니다.

⑤ 증명사진파일을 첨부합니다. [찾아보기]버튼을 눌러 ⑥ 와 같은 파일선택창을 엽니다.

⑦ 해당 체육관의 정보를 보여 줍니다. 추천인은 체육관의 관장님이 되십니다.
보여진 정보가 실제와 차이가 있을 경우 국기원으로 정정을 요청하시기 바랍니다.

⑧ 작성된 심사신청서를 저장합니다.
이와 같은 방법으로 모든 심사신청서 작성이 완료되면 작성현황을 확인하신 후 문제가 없을 경우 [심사 신청서 제출] 화면에서 소속협회에 제출 합니다.

※ 심사비는 별도로 납부하셔야 합니다.

▣ 사용자 매뉴얼 (체육관)

◆ 심사 신청서 작성 확인

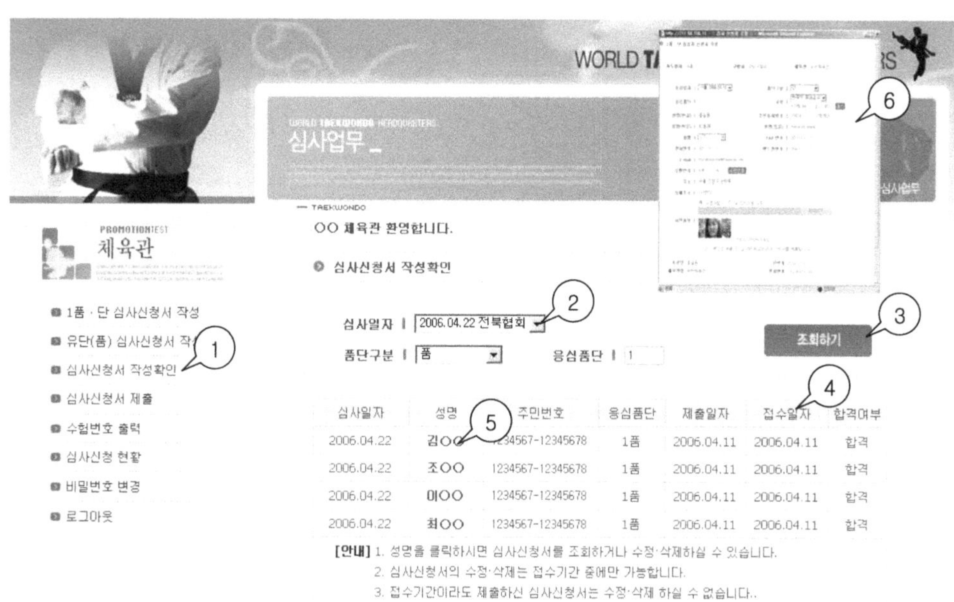

◈ 체육관에서 작성한 심사신청서 내역을 조회하는 화면 입니다.

※ 심사일자별로 각 응심자에 대하여 상세조회 및 심사신청서 제출 전까지는 수정 및 삭제가 가능하며 심사가 완료된 건에 대해서는 합격여부를 확인할 수 있습니다.

① [심사신청서 작성확인]을 클릭하여 화면을 엽니다.

② 조회하고자 하는 심사일자를 선택합니다.

심사일자는 시도협회에서 미리 등록한 심사일정을 의미합니다.

③ [조회하기] 버튼을 클릭하여 이미 작성한 심사 신청서 및 과거의 심사신청결과를 조회합니다.

④ 접수일자는 체육관에서 작성하여 제출한 심사신청서를 소속협회에서 심사비 확인 후 접수한 날짜 입니다.

⑤ 상세조회나, 이미 작성된 심사신청서의 수정이 필요한 경우 대상자의 이름을 클릭하여 ⑥ 과 같은 수정 가능한 화면을 엽니다. 제출된 심사신청서는 수정 또는 삭제가 불가 합니다.

■ 사용자 매뉴얼 (체육관)

◆ 심사 신청서 제출

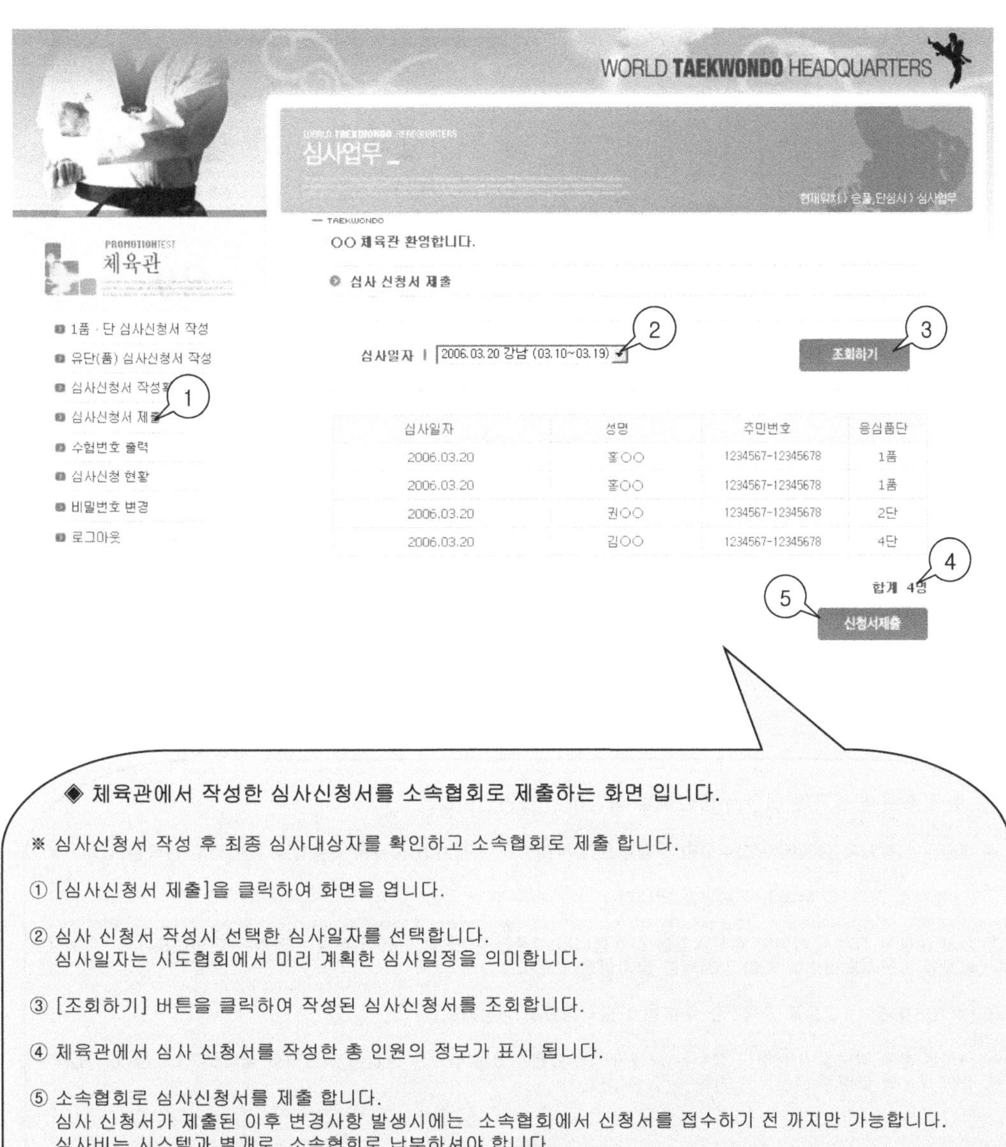

◈ 체육관에서 작성한 심사신청서를 소속협회로 제출하는 화면 입니다.

※ 심사신청서 작성 후 최종 심사대상자를 확인하고 소속협회로 제출 합니다.

① [심사신청서 제출]을 클릭하여 화면을 엽니다.

② 심사 신청서 작성시 선택한 심사일자를 선택합니다.
심사일자는 시도협회에서 미리 계획한 심사일정을 의미합니다.

③ [조회하기] 버튼을 클릭하여 작성된 심사신청서를 조회합니다.

④ 체육관에서 심사 신청서를 작성한 총 인원의 정보가 표시 됩니다.

⑤ 소속협회로 심사신청서를 제출 합니다.
심사 신청서가 제출된 이후 변경사항 발생시에는 소속협회에서 신청서를 접수하기 전 까지만 가능합니다.
심사비는 시스템과 별개로 소속협회로 납부하셔야 합니다.

※소속 협회에서는 심사비 납부 확인 시 심사신청서 접수 함.

▣ 사용자 매뉴얼 (체육관)

◆ 수험번호 출력

◈ 접수된 신청자에 대한 수험번호를 출력하는 화면입니다.

※ 제출된 신청서가 협회에서 접수되면 수험번호가 부여되며 응심자가 심사시 사용할 수험번호를 출력합니다.

① [수험번호 출력]을 클릭하여 화면을 엽니다.

② 심사 신청서 작성시 선택한 심사일자를 선택합니다. [품단구분] 및 [품단]은 필수 입력은 아닙니다.
심사일자는 시도협회에서 미리 계획한 심사일정을 의미합니다.

③ [수험번호출력] 버튼을 클릭하면 수험번호 출력화면이 생성됩니다.

④ 생성된 창의 기능을 이용하여 접수된 응심자의 수험번호를 컴퓨터와 연결된 프린터로 출력하거나, Excel, HWP, PDF형식의 파일로 다운로드 받을 수 있습니다.

■ 사용자 매뉴얼 (체육관)

◆ 심사신청 현황

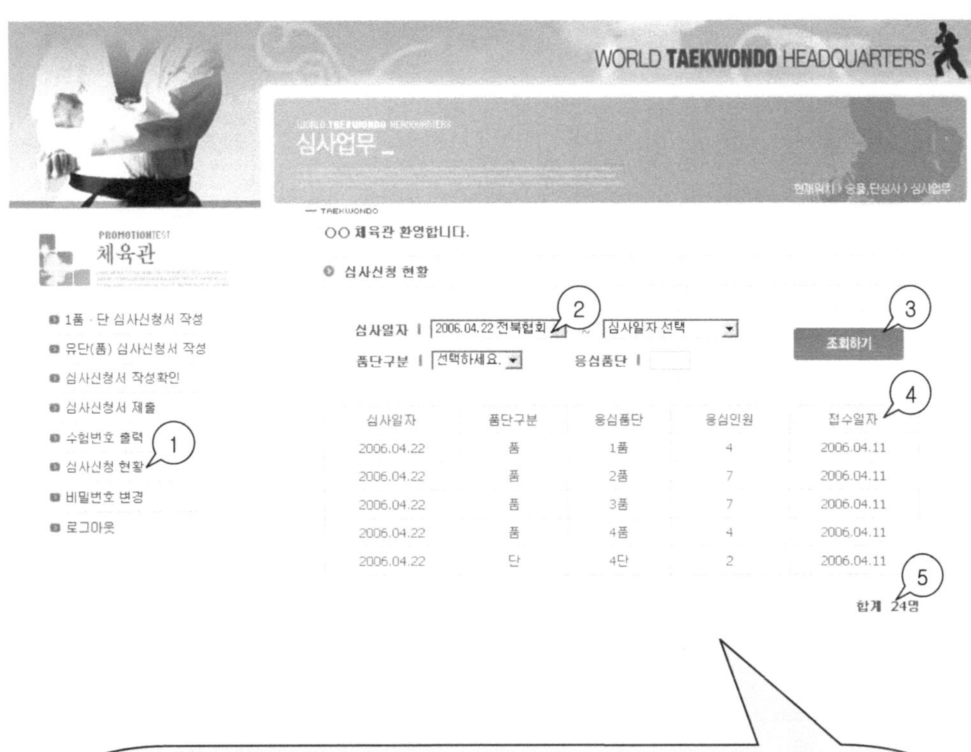

◈ 체육관에서 작성한 심사신청서를 심사일자, (품)단구분, 응심(품)단, 소속협회의 접수일자별로 심사신청인원을 조회합니다.

※ 동일한 심사일자에 대하여 심사 신청서를 2회이상 제출하여 심사 집행 기관에서 서로 다른 날짜로 접수한 경우 접수일자별로 구분되어 보여 집니다.

① [심사신청현황] 매뉴를 클릭하여 화면을 엽니다.

② 심사 신청서 작성시 선택한 심사일자를 선택합니다.

③ [조회하기] 버튼을 클릭하여 심사신청서 집계 현황을 조회합니다. 심사일자, 품단구분, 응심품단에 값이 없으면 해당 체육관의 심사신청인원이 모두 조회 됩니다.

④ 소속협회에서 심사 신청서를 접수한 날짜입니다.
공란으로 표기된 경우는 아직 소속협회에 접수되지 않은 건 이므로 심사비 입금여부를 확인 후 소속 협회에 문의하시기 바랍니다.
체육관에서 다른 날짜로 2회 이상 제출하였더라도 소속협회에서 심사비 수납 및 접수를 같이 했다면 동일한 날짜로 집계 됩니다.

⑤ 전체 심사신청인원이 표시 됩니다.

▣ 사용자 매뉴얼 (체육관)

◆ 비밀번호 변경

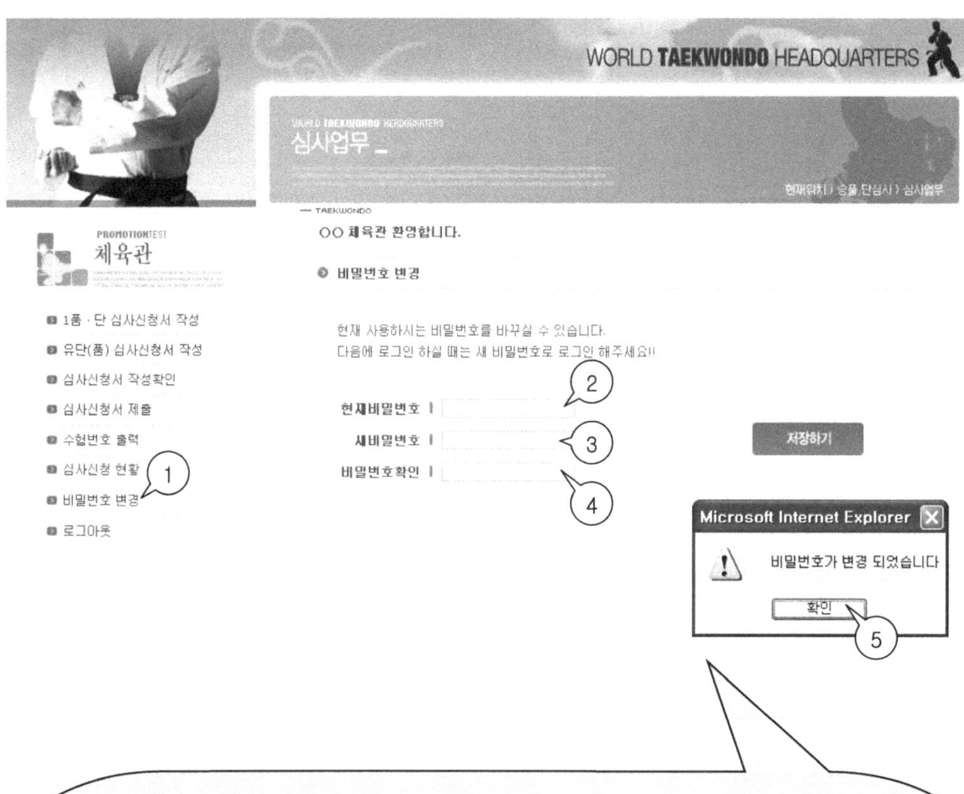

◈ 체육관에서 자기 체육관의 시스템 접속을 위한 비밀번호를 변경하는 화면 입니다.

※ 사용자 아이디와 비밀번호가 타인에게 공개된 경우 즉시 본 화면에서 비밀번호를 변경하여 체육관 정보가 타인에게 유출되지 않도록 하여 주시기 바랍니다.

※ 비밀번호는 아이디와 다르게, 숫자와 영문을 섞어서 다른 사람이 쉽게 유추해 내지 못하게 지정해 주십시오.

※ 사용 중이던 비밀번호를 분실했을 경우는 소속 협회에 의뢰하여 비밀번호 초기화를 요청하시기 바랍니다. – 초기화 후에는 반드시 이 화면에서 비밀번호를 변경하시기 바랍니다.

① [비밀번호 변경]를 클릭하여 화면을 엽니다.
② 현재 사용중인 비밀번호를 기입합니다.
③ 앞으로 사용할 비밀번호를 기입합니다.
④ 앞으로 사용할 비밀번호를 다시 한번 더 기입합니다.
⑤ [저장하기] 버튼을 누르면 체육관의 비밀번호가 새비밀번호로 변경되고, ⑥ 과 같이 비밀번호가 변경되었음을 보여 줍니다.

학부형님 안녕하십니까?

학부형님의 따뜻한 보살핌으로 저희 000 체육관은 나날이 번창을 하고 있습니다. 000이가 벌써 저와 같이 000체육관에서 운동을 한지도 4년이라는 시간이 지나갔군요. 000이와 같이 땀 흘리며 지나온 시간이 저에게는 너무나 소중한 시간입니다. 어느덧 000이가 저희 000체육관의 터줏대감으로 새로 입관하는 후배들을 지도하고 인솔하는 것이 정말 대견합니다. 000이는 남다른 통솔력과 지도력이 있는 아이입니다. 학부형님 먼 훗날 000이가 우리나라의 기둥이 될 수 있도록 최선을 다해 노력할 것을 약속드리며 학부형님 또한 000이의 미래를 위하여 학부형님께서도 아낌없는 후원을 부탁드립니다. 태권도 3품이라는 것은 아이들의 생각으로 대단한 것입니다. 아이들의 정신적인 면으로 봐서 비태권인 보다 우수한 정신력을 가지고 있는 것은 학술적으로 판명이 되었습니다. 아뢰올 말씀은 000이가 태권도를 꾸준히 하여 국기원 3품 심사를 받을 시기가 되어 알려드리오니 참조 바랍니다.

1. 국기원 3품 심사원서 —— 1부
2. 증명사진 (Size 2.5㎝ × 3㎝) —— 2매
3. 심사접수비 — 원(국기원. 대한 태권도 협회. 시도 협회비. 심사수수료 태권도 복지비. 월간 태권도지. 태권도 장학지원비. 태권도인 복지비 포함)
4. 심사접수 마감일 —— 년 월 일 까지

국기원 심사접수는 2개월 전에 접수받습니다. 국기원 심사 전에 개인의 능력에 따라 하루 운동시간을 조절 할 수 있습니다. 국기원 심사 일주일전에 안내문을 보내 드립니다. 국기원 3품을 취득하여 일정기간이 지나면 4품에 응시할 수 있는 자격이 주어지며 4품에 합격하게 되면 만15세 이상에는 자동으로 4단으로 전환이 됩니다. 4단인 경우는 다음과 같은 혜택을 받으실 수 있습니다.

가. 태권도 사범. 심판교육의 과정을 거쳐 지도자의 길을 걸을 수 있습니다.
나. 체육 대학이나 태권도 학과 진학시 특전의 길이 있습니다.
다. 군입대나 경찰 공무원 등등 국가시험시 많은 혜택을 받으실 수 있습니다.
라. 외국 유학시 태권도 사범으로 활약하며 공부를 할 수 있는 데 큰 도움이 됩니다.

태권도 경영 정보 연구소

3. 국기원심사 실기종목 안내(예시)

1) 기본동작 및 기본발차기

기본동작 보기		
앞굽이	아래막기	몸통반대지르기
	한솔날목치기	얼굴막기
뒷굽이	한손날바깥막기	손날막기
	몸통막기	몸통바깥막기

기본발차기 보기	
앞차기	몸돌려차기(회축)
돌려차기	뛰어차기
옆차기	

2) 기본동작 심사방법

○ 1품 : 구령에 맞춰 '준비' - '주춤서기 몸통지르기'(여러회)

○ 1품 외 : 구령에 맞춰 '준비' - 오른발 뒤로 '앞굽이 아래막기'

2,3,4품

앞으로 나가면서 '앞굽이 기본동작'(2~3회) - '뒤로돌아 기본동작'

1,2,3단

앞으로 나가면서 '앞굽이 또는 뒷굽이 기본동작'(2~3회)

4,5단 (시협회 주최 주관)

물러서면서 '뒷굽이 기본동작'(2~3회)

3) 품 · 단별 심사종목

○ 1품 : 기본동작, 품새, 겨루기 1회

○ 2,3,4품 : 기본동작, 기본발차기, 품새, 겨루기 1회, 격파 등

○ 1,2,3단 : 기본동작, 기본발차기, 품새, 겨루기 1회, 격파

○ 4,5단 : 기본동작, 기본발차기, 품새, 겨루기 1회, 필기시험(현재 시협회 주최 주관 진

행함)(국기원)

4) 격파

ㅇ 격파종목 : 손격파, 발격파

ㅇ 격파부위

- 손격파 : 주먹, 손날
- 발격파 : '앞차기 - 앞쪽', '옆차기 - 발날 및 뒤축', '돌려차기 - 앞축', '몸돌려차기 - 뒤꿈치'

※ 격파시 격파부위로 격파하지 않을 때는 감점 처리됨.

ㅇ 격파방법

- 진행자의 '격파준비' 구령에 따라 격파자세를 취한다. (손격파, 발격파)
- 진행자의 '격파시작' 구령에 따라 격파를 실시하고, 격파가 끝난 후 바른자세(차렷)로 선다.
- 진행자의 '퇴장' 구령에 격파자는 격파물을 수거하여 회수석에 반납하고 제자리로 돌아간다.

4. 국기원 심사 채점 기준 (예시)

1) 채점기준

〈품새〉 각 품새마다의 특성에 따라

① 동작의 정확성(20점)

② 자세 및 태도(20점)

③ 품새선 및 중심이동(20점)

④ 시선 및 기합(20점)

⑤ 기본동작(20점)

〈겨루기〉

① 중심 이동 및 다양한 공격(25점)

② 동작의 민첩성(25점)

③ 거리의 조절(25점)

④ 공방의 정확성(25점)

〈격파〉

① 동작의 정확성(20점)

② 중심이동(20점)

③ 자세 및 태도(20점)

④ 시선 및 기합(20점)

⑤ 힘과 기술의 일치(20점)

2) 심사내용

① 1품(단) : 태극1장 - 7장 중 지정1, 필수 태극8장

② 2품(단) : 태극1장 - 8장 중 지정1, 필수 고려

③ 3품(단) : 태극1장 - 고려 중 지정1, 필수 금강

④ 4품(단) : 태극1장 - 금강 중 지정1, 필수 태백

3) 심사채점

100점 만점으로 하며 60점 이상을 합격 60점미만은 불합격 처리하며 채점방법 및 채점기준은 본회에서 별도로 정할 수도 있다.

[1 품] 응심자 기본동작(예시)

① 주춤서기 몸통지르기

ⓐ 한 번 지르기(기합)

ⓑ 두 번 지르기(태권)

ⓒ 세 번 지르기(태권도)

② 기본 발차기(제자리에서)

ⓐ 앞 뻗어 올리기

ⓑ 앞차기

ⓒ 돌려차기

③ 품새

ⓐ 지정 : 태극 1장 ~ 태극 7장

ⓑ 필수 : 태극 8장

[2 품] 응심자 기본동작(예시)

① 기본 동작 : (오른발 뒤로 빠지면서 앞굽이 아래막기 준비 동작에서 시작)

ⓐ 앞굽이 아래막기 3번 - 뒤로돌아(아래막기) - 앞굽이 몸통지르기

ⓑ 앞굽이 몸통막기 3번 - 뒤로돌아(몸통막기) - 앞굽이 얼굴지르기

ⓒ 앞굽이 얼굴막기 3번 - 뒤로돌아(얼굴막기) - 앞굽이 한 손날 목 치기

ⓓ 뒷굽이 손날 몸통막기 3번 - 뒤로돌아(손날몸통막기) - 손날 아래막기

ⓔ 뒷굽이 거들어 몸통막기 3번 - 뒤로돌아(거들어몸통막기) - 거들어 아래막기

ⓕ 뒷굽이 몸통 바깥막기 3번 - 뒤로돌아(몸통바깥막기) - 한손날 몸통바깥막기

② 발차기(앞으로 이동하면서)

ⓐ 앞차고 → 돌려차고 → 뒤로돌아(기합) = 반복

ⓑ 앞차고 → 옆차고 → 뒤로돌아(기합) = 반복

ⓒ 앞차고 → 뛰어앞차고 → 뒤로돌아(기합) = 반복

ⓓ 앞차고 → 뒤차고 → 뒤로돌아(기합) = 반복

③ 품새

ⓐ 지정 : 태극 1장 ~ 태극 8장

ⓑ 필수 : 고려 품새

④ 겨루기

[3 품] 응심자 기본동작(예시)

① 기본 동작 : (오른발 뒤로 빠지면서 앞굽이 아래막기 준비 동작에서 시작)

ⓐ 뒷굽이 손날 몸통막기 3번 - 뒤로돌아(손날몸통막기) - 손날 아래막기

ⓑ 뒷굽이 거들어 몸통막기 3번 - 뒤로돌아(거들어몸통막기) - 거들어 아래막기

ⓒ 뒷굽이 몸통 바깥막기 3번 - 뒤로돌아(몸통바깥막기) - 한손날 몸통바깥막기

ⓓ 뒷굽이 한손날 아래막기 3번 - 뒤로돌아(한손날아래막기) - 옆지르기(주춤서자세)

② 발차기(앞으로 이동하면서)

ⓐ 앞차고 → 돌려차고 → 내려차고 (들어찍기) → 뒤로돌아(기합) = 반복

ⓑ 앞차고 → 돌려차고 → 뒤차고 → 뒤로돌아(기합) = 반복

ⓒ 앞차고 → 돌려차고 → 몸돌려차고(뒤후리기) → 뒤로돌아(기합) = 반복

ⓓ 앞차고 → 내려차고(들어찍기) → 뛰어앞차고 → 뒤로돌아(기합) = 반복

③ 품새

ⓐ 지정 : 태극 1장 ~ 태극 8장, 고려 품새

ⓑ 필수 : 금강 품새

④ 겨루기

[4 품] 응심자 기본동작(예시)

① 기본동작

ⓐ 3품 동작과 동일

② 발차기(앞으로 이동하면서)

ⓐ 앞차고 → 내려차고(들어찍기) → 뒤차고 → 뒤로돌아(기합) = 반복

ⓑ 돌려차고 → 빠른 발차고(발붙여차기) → 뒤차고 → 뒤로돌아(기합) = 반복

ⓒ 돌려차고 → 돌개차고(턴 차기) → 몸 돌려차고(뒤후리기) → 뒤로돌아(기합) = 반복

ⓓ 돌려차고 → 돌개차고(턴 차기) → 뒤차기 → 뒤로돌아(기합) = 반복

ⓔ 돌려차고 → 나래차기(좌,우 연타) → 돌개차고(턴차기) → 뒤로돌아(기합) = 반복

ⓕ 돌려차고 → 나래차고(들어찍기) → 나래차기(좌,우 연타) → 뒤로돌아(기합) = 반복

③ 품새

ⓐ 지정 : 태극 1장 ~ 태극 8장, 고려 품새, 금강 품새

ⓑ 필수 : 태백 품새

④ 겨루기, 송판 1장 격파

[1 단] 응심자 기본동작(예시)

① 기본 동작 : (오른발 뒤로 빠지면서 앞굽이 아래막기 준비 동작에서 시작)

ⓐ 앞굽이 아래막기 3번 - 뒤로돌아(아래막기) - 앞굽이 몸통지르기

ⓑ 앞굽이 몸통막기 3번 - 뒤로돌아(몸통막기) - 앞굽이 얼굴지르기

ⓒ 앞굽이 얼굴막기 3번 - 뒤로돌아(얼굴막기) - 앞굽이 한 손날 목 치기

② 발차기

ⓐ 앞 뻗어 올리기

ⓑ 앞차기

ⓒ 돌려차기

ⓓ 옆차기

③ 품새

ⓐ 지정 : 태극 1장 ~ 태극 7장

ⓑ 필수 : 태극 8장

④ 겨루기

[2 단] 응심자 기본동작(예시)

① 기본 동작 : (오른발 뒤로 빠지면서 앞굽이 아래막기 준비 동작에서 시작)

ⓐ 뒷굽이 손날 몸통막기 3번 - 뒤로돌아(손날몸통막기) - 손날 아래막기

ⓑ 뒷굽이 거들어 몸통막기 3번 - 뒤로돌아(거들어몸통막기) - 거들어 아래막기

ⓒ 뒷굽이 몸통 바깥막기 3번 - 뒤로돌아(몸통바깥막기) - 한손날 몸통바깥막기

② 발차기(앞으로 이동하면서)

ⓐ 앞차고 → 돌려차고 → 뒤로돌아(기합) = 반복

ⓑ 앞차고 → 옆차고 → 뒤로돌아(기합) = 반복

ⓒ 앞차고 → 뛰어앞차고 → 뒤로돌아(기합) = 반복

ⓓ 앞차고 → 뒤차고 → 뒤로돌아(기합) = 반복

③ 품새

ⓐ 지정 : 태극 1장 ~ 태극 8장

ⓑ 필수 : 고려 품새

④ 겨루기

[3 단] 응심자 기본동작(예시)

① 기본 동작 : (오른발 뒤로 빠지면서 앞굽이 아래막기 준비 동작에서 시작)

ⓐ 뒷굽이 손날 몸통막기 3번 - 뒤로돌아(손날몸통막기) - 손날 아래막기

ⓑ 뒷굽이 거들어 몸통막기 3번 - 뒤로돌아(거들어몸통막기) - 거들어 아래막기

ⓒ 뒷굽이 몸통 바깥막기 3번 - 뒤로돌아(몸통바깥막기) - 한손날 몸통바깥막기

ⓓ 뒷굽이 한손날 아래막기 3번 - 뒤로돌아(한손날아래막기) - 옆지르기(주춤서자세)

② 발차기(앞으로 이동하면서)

ⓐ 앞차고 → 돌려차고 → 내려차고(들어찍기) → 뒤로돌아(기합) = 반복

ⓑ 앞차고 → 돌려차고 → 뒤차고 → 뒤로돌아(기합) = 반복

ⓒ 앞차고 → 돌려차고 → 몸돌려차고(뒤후리기) → 뒤로돌아(기합) = 반복

ⓓ 앞차고 → 내려차고(들어찍기) → 뛰어앞차고 → 뒤로돌아(기합) = 반복

③ 품새

ⓐ 지정 : 태극 1장 ~ 태극 8장, 고려 품새, 금강 품새

ⓑ 필수 : 태백 품새

④ 겨루기, 송판 2장 격파

[4 단] 응심자 기본동작(예시) 시협회 규정에 의함.(시협회 접수, 국기원 심사함)

① 기본동작

ⓐ 3단 동작과 동일

② 발차기(앞으로 이동하면서)

ⓐ 앞차고 → 내려차고(들어찍기) → 뒤차고 → 뒤로돌아(기합) = 반복

ⓑ 돌려차고 → 빠른 발차고(발붙여차기) → 뒤차고 → 뒤로돌아(기합) = 반복

ⓒ 돌려차고 → 돌개차고(턴 차기) → 몸 돌려차고(뒤후리기) → 뒤로돌아(기합) = 반복

ⓓ 돌려차고 → 돌개차고(턴 차기) → 뒤차기 → 뒤로돌아(기합) = 반복

ⓔ 돌려차고 → 나래차기(좌,우 연타) → 턴차고 → 뒤로돌아(기합) = 반복

ⓕ 돌려차고 → 나래차고(들어찍기) → 나래차기(좌,우 연타) → 뒤로돌아(기합) = 반복

③ 품새

ⓐ 지정 : 태극 1장 ~ 태극 8장, 고려 품새, 금강 품새

ⓑ 필수 : 태백 품새

④ 겨루기, 송판 2장 격파

[5 단] 응심자 기본동작(예시) 시협회 규정에 의함.(시협회 접수, 국기원 심사함)

① 기본 동작 : (오른발 뒤로 빠지면서 앞굽이 아래막기 준비 동작에서 시작)

참고 : 뒤로 빠지면서도 동작을 실시 할 수 있다.

ⓐ 앞굽이 제비 품 목 치기 3번 - 뒤로돌아(아래막기) - 산틀막기(주춤서기)

ⓑ 앞굽이 가위막기 3번 - 뒤로돌아(가위막기) - 한 손날 옆막기(주춤서기)

ⓒ 뒷굽이 손날 몸통막기 3번 - 뒤로돌아(손날몸통막기) - 손날 아래막기

ⓓ 뒷굽이 거들어 몸통막기 3번 - 뒤로돌아(거들어몸통막기) - 거들어 아래막기

ⓔ 뒷굽이 몸통 바깥막기 3번 - 뒤로돌아(몸통바깥막기) - 한손날 몸통바깥막기

ⓕ 뒷굽이 한손날 아래막기 3번 - 뒤 빠지면서 한 손날 몸통 바깥막기

ⓖ 뒷굽이 손날 몸통박기 3번 - 뒤 빠지면서 몸통 바깥막기

② 발차기

ⓐ 제자리 뛰어 뒤차기 (점프 뒤차기)

ⓑ 제자리 뛰어 몸 돌려차기 (점프 뒤 후리기)

ⓒ 앞차고 = 내려차고(들어찍기) = 뒤차고 = 뒤로돌아(기합) = 반복

ⓓ 돌려차고 = 빠른 발차고(발붙여차기) = 뒤차고 = 뒤로돌아(기합) = 반복

ⓔ 돌려차고 = 돌개차고(턴 차기) = 뒤차고 = 뒤로돌아(기합) = 반복

ⓕ 돌려차고 = 돌개차고(턴 차기) = 몸 돌려차고(뒤후리기) = 뒤로돌아(기합) = 반복

ⓖ 돌려차고 = 나래차기(좌,우 연타) = 돌개차고(턴차기) = 뒤로돌아(기합) = 반복

ⓗ 돌려차고 = 나래차고(들어찍기) = 나래차기(좌,우 연타) = 뒤로돌아(기합) = 반복

③ 품새

ⓐ 지정 : 태극 1장 ~ 태극 8장, 고려 품새, 금강 품새, 태백 품새

ⓑ 필수 : 평원

④ 겨루기, 송판 2장 격파(20mm 2장)

(* 필기시험 : 4단, 5단, 실기시험 후 지정시간에 실시함.)

5. 승품(단) 합격 통지문 (예시)

1) "태권도 공인 1품 합격을 축하드립니다."(예시1)

000군(양)의 1품 심사 합격을 진심으로 축하드립니다!

학부모님, 안녕하세요?

부모님의 귀한 자녀인 000군(양)이 긴장된 모습으로 체육관의 문을 밀며, 들어서던 모습이 아직까지도 생생하게 기억이 남니다만 4계절의 변화속에 꾸준히 노력한 000군(양)이 성실함 덕분에 벌써 태권도 1품이란 유단자가 되었습니다.

부모님도 기쁘시겠지만 한명의 어린이가 열심히 교육받아 새롭게 유단자로 탄생될 때마다 다음 세대를 가르치는 지도자로써 그 기쁜 마음 한량없음을 느끼곤 합니다.

"다시 한번 태권도 공인 1품의 합격을 축하드리며, 이것을 계기로 더 높은 곳을 향하는 디딤돌로 삼으시길 바랍니다."

태권도 1품 합격으로 000군(양)이 국기원 전산실에 유단자로 등록이 되어있으며, 공인된 라이센스를 받게 되었습니다. 태권도 1품은 공인된 라이센스라는 아래 단계입니다.

"시작이 반"이라고 했으니, 앞으로 더욱 노력하여 품으로서의 최고 과정인 4품까지 취득할 수 있기를 바랍니다. 특히, 매사에 성실하고 적극적인 000군(양)의 행동을 볼 때 학교공부와 병행하며 심신(心身)을 꾸준히 단련하여 태권도 4품 자격을 취득하는 그날도 멀지 않으리라 믿습니다.

태권도 경영 정보 연구소

2) "태권도 공인 2품 합격을 축하드립니다." (예시1)

000군(양)의 2품 심사 합격을 진심으로 축하드립니다!

학부모님, 안녕하세요?

귀댁의 사랑스런 자녀가 태권도란 무예(武藝)와 인연이 된 것을 한없는 기쁨과 영광으로 생각합니다. 사뭇 긴장된 마음으로 체육관 문턱을 들어 선지가 마치 엊그제 같은데 벌써 태권도 기초과정인 1품을 무난히 통과하고 2품 과정까지 잘 소화해 내었습니다. 부모님은 1품 과정 때보다 더 기쁘시겠지만, 어려운 과정을 무던히 고진감래하며 잘 이겨낸 000군(양)의 기쁨 또한 클 것입니다. 저희 지도자 또한 그런 자긍심으로 힘들지만 최선을 다하고 있습니다.

"다시 한번 태권도 공인 2품의 합격을 축하드리며, 이것을 계기로 더 높은 곳을 향하는 전기로 삼으시길 바랍니다."

태권도 1품에 이어 2품 합격까지 한 단계씩 국기원 전산실 컴퓨터 망에 등록이 되었습니다. 물론 태권도 심사 과정은 9단까지 이어지지만, 초・중등학교 시절에는 4품 과정이 제일 높은 단계입니다. "시작이 반"이라고 했는데 이제 그 중턱에 올라 왔습니다. 4품이란 고지가 눈앞에 보이는 듯 하지만 어린 자녀의 나이로 볼 때 쉬운일이 아닙니다. 그러나 지금까지의 굳건한 마음 자세로 볼 때 충분히 다음 과정을 소화 해내리라 믿어 의심치 않습니다.

태권도 경영 정보 연구소

3) "태권도 공인 3품 합격을 축하드립니다" (예시)

000군(양)의 3품 심사 합격을 진심으로 축하드립니다!

학부모님, 안녕하세요?

귀댁의 사랑스런 자녀가 긴 세월동안 태권도란 무예(武藝)와 아름다운 인연이 된 것을 한없는 영광과 기쁨으로 생각합니다.

그동안 000군(양)이 사뭇 긴장된 마음으로 체육관 문을 들어 선지가 생각이 나지 않을 정도로, 오랜기간동안 태권도와 함께하는 삶의 중요한 일부분이 되었습니다. 그동안 1품, 2품을 무난히 통과하고 3품 과정까지 잘 소화해 내었습니다. 이젠 마지막 4품까지도 당당히 합격하는 큰 영광과 가슴에 안을 날 만이 남았습니다. 스포츠와 무예는 땀과 고통의 연속입니다. 그런 힘든 과정을 적지 않은 기간동안 특별하게 빠짐없이 몇 번의 사계절을 잘 넘기고 정상의 고지에 다 달았다는 것, 그 자체만으로도 높은 평가를 받아야 합니다.

" 대단한 정신력에 찬사를 보내면서 3품 과정
합격을 다시 한번 축하드립니다."

태권도 1품, 2품에 이어 3품 합격까지 한 단계 국기원 전산실 컴퓨터 망에 등록이 되었습니다. 이젠 품으로는 마지막 단계인 4품 과정이 남았습니다. 1품, 2품, 3품 과정을 무난히 통과한 것처럼 4품과정도 무난히 합격을 위하여 최선을 다해 오늘도 만족하지 않고 열과 성의를 다하겠습니다. 이젠 배워왔던 과정을 총 정리하면서 부족한 실력을 보완하고 더욱 최고조에 다다를 수 있는 기예(技藝)를 쌓을 수 있고, 지금부터의 과정은 기나긴 마라톤과 비교될 수 있습니다.

태권도 경영 정보 연구소

4) 승품(단)심사 합격 통보서

________________ 학부형님께

안녕하십니까?

우선 지면을 통하여 그 동안의 인내심을 갖고 열심히 수련한 결과 제 회 승품(단) 심사에 좋은 성적으로 합격되었음을 통보 드립니다.

우리 나라의 국기인 태권도는 0000년 시드니 올림픽의 정식종목이며, 전 세계 140여 개국 5천만여명이 한국어로 수련을 하고 있으며 국내에서도 4백만 태권도인이 구슬땀을 흘리며 태권도의 무도정신인 사랑하는 마음, 정의로운 마음, 봉사하는 마음을 키워가면서 선과 악, 옳고 그름을 판단하는 가치관을 정립하는 교육을 받고 있습니다. 그 동안의 태권도 수련은 기본동작 및 기본발차기, 품새, 학교체육 등으로 자녀의 체력향상에 중점을 둔 교육을 하였으나 이제부터는 자기방어를 위한 호신술 및 정신수양을 위한 "인내, 도전의식, 도덕, 예절"등 자신의 몸과 마음을 수련하는 단계 높은 교육을 지도 받게 됩니다. 학교공부나 사회생활 적응에도 스스로의 몸과 마음에 체력적 바탕이 있었을 때 가능하리라 봅니다.

이제 자녀는 유품(단)자가 되었다는 자부심과 후배를 지도할 수 있는 리더십을 배우게 되며 겸손과 예의를 배우게 될 것입니다. 학부형님의 자녀가 합격한 "품"은 곧 "단"을 말하며 만 15세 이하의 청소년 "단"을 품으로 부르고 있습니다. 1품 심사에 합격한 날로부터 12개월이 경과되면 2품(단)을 심사 받을 수 있으며, 2품(단)에서 3품(단)은 24개월이 경과되면 응심할 수 있습니다. 4단 이상은 각종 사범교육 및 심판교육 등으로 지도자 자격을 부여받습니다. 우리 나라의 국기인 태권도는 전 군인들이 의무교육을 받고 있으며, 많은 직장 및 학교에서도 혜택을 받고 있습니다. 그러나 생계의 목적인 것보다는 오랜 인생을 살면서 스스로를 지킬 수 있고, 인내할 수 있는 자녀가 되기 위한 인내심 교육과 체력연마가 더 중요하지 않겠습니까?

앞으로도 학부형님의 협조와 관심을 부탁드리며 언제나 정성과 사랑으로 지도하겠습니다.

감사합니다.

0000년 00월 00일

00체육관 관장 올림

6) 2품(단) 합격을 축하합니다.(예시2)

000학부모님께

안녕하셨습니까?

그동안 이 소식을 많이 기다리셨으리라 사료됩니다. 다행히도 기쁘고 대견스러운 소식을 안고 학부모님께 인사드립니다.

귀댁의 자녀 00이가, 지난 0000년 0월 0일에 있었던 국기원 승품(단)심사에서 2품(단)에 당당히 합격을 하였습니다. 1품(단)에 오르고 나서 자칫 나태해 질 수 있었던 시간을 이겨내고 한결같이 열심히 수련에 임했던 당연한 결과가 아닐 수 없습니다. 대견스러운 자녀에게 지속적인 관심과 격려 부탁드립니다. 2품(단)이 되기까지는 2년 이상의 수련기간을 거쳐야 합니다. 그동안 꾸준히 태권도를 수련해왔기 때문에 이제는 어느 정도 태권도의 기술도 향상되었고 또한 익어가고 있음은 물론이고 후배들과 선배들 사이에서의 중립적인 역할도 알게 모르게 해왔기 때문에 리더쉽, 배려, 이해, 자신감 등 성품과 자세에도 많은 변화가 있었을 것입니다. 아시다시피 태권도는 단지 신체, 운동기능으로서의 역할만 하는 것이 아니므로 지속적으로 태권도를 접하다보면 요즘 화두로 떠오르고 있는 올바른 인성, 올바른 가치관의 형성에 큰 도움이 될 것 이라 확신합니다.

열심히 수련하고 자신의 실력을 당당히 발휘하며 제 모습을 크게 키워가고 있는 00이가 앞으로 더욱 큰 나무가 될 수 있도록 저희 지도진도 햇볕과 거름의 역할을 충실히 하도록 하겠습니다. 안녕히 계십시오.

00이의 2품(단) 승품(단)을 축하드립니다.

0000년 00월 00일

관장 0 0 0 드림

0 0 태권도장

7) 합격안내문(예시)

000학부모님께

안녕하셨습니까?

그동안 어떻게 잘 지내셨는지 궁금합니다. 다름이 아니오라 학부모님께 전해드릴 기쁜 소식이 있어 이렇게 찾아뵈었습니다.

지난 0000년 0월 0일에 국기원 승품(단) 심사가 있었는데, 그 심사에 응심했던 우리 00이가 1품(단)에 당당히 합격하였습니다. 처음 흰 띠를 매고 수련을 시작한지가 엊그제 같은데 이제는 어엿한 유품(단)자가 되어 이제는 제법 도복이 잘 어울리는 것 같습니다. 유품(단)자가 되기까지 열심히 수련에 정진한 우리 00이에게 부모님께서도 아낌없는 칭찬을 전해주시기 바랍니다. 혹, 국기원 심사에 응심을 하고 나면 그 간의 긴장상태가 풀어져 수련에 소홀해 지는 경우가 있을 수 있습니다. 유급자 기간은 태권도를 하기 위한 몸과 마음을 준비하는 과정이고, 이제부터는 태권도를 제대로 하는 단계라 할 수 있습니다. 1품부터는 유급자에게서 배울 수 없는 기술 발차기와 호신술, 무기술 등 한층 심화된 기술적인 능력 배양을 통해서 더 큰 자신감을 갖게 될 것이며 그것은 곧 우리 아이가 세상을 살아가는데 큰 자산이 될 것입니다.

그러므로 나태해지려는 자녀에게 "자 이제부터 진짜 시작이다"라는 격려를 주시어 그동안 갈고 닦은 것이 헛되이 되지 않도록 도와주시기 바랍니다. 저희 지도진 또한 최선을 다해 지도하고 또 같이 노력하여 00이가 태권도를 통해 올바른 도리를 지닌 사람으로 성장하는데 큰 보탬이 될 수 있도록 열심히 노력하겠습니다. 그럼 안녕히 계십시오.

다시 한 번 귀 자녀의 승품(단)을 축하드립니다.

0000년 00월 00일

관장 0 0 0 드림

0 0 태권도장 00)000-0000

8) 합격안내문

000학부모님께

안녕하셨습니까?

그동안 이 소식을 많이 기다리셨으리라 사료됩니다. 다행히도 기쁘고 대견스러운 소식을 안고 학부모님께 인사드립니다.

귀댁의 자녀 00이가, 지난 0000년 0월 0일에 있었던 국기원 승품(단)심사에서 2품(단)에 당당히 합격을 하였습니다. 1품(단)에 오르고 나서 자칫 나태해 질 수 있었던 시간을 이겨내고 한결같이 열심히 수련에 임했던 당연한 결과가 아닐 수 없습니다.

그동안 꾸준히 태권도를 수련해왔기 때문에 이제는 어느 정도 태권도의 기술도 향상되었고 또한 익어가고 있음은 물론이고 후배들과 선배들 사이에서의 중립적인 역할도 알게 모르게 해왔기 때문에 리더십, 배려, 이해, 자신감 등 성품과 자세에도 많은 변화가 있었을 것입니다.

사람됨을 흔히 그릇으로 표현합니다. 큰 그릇, 큰 인물이 되기 위하여 이제부터는 몸과 마음의 수련을 통한 집중력 강화와 리더로서의 갖춰야할 덕목을 배우고 실습해보게 될 것입니다. 그 동안 익힌 기술의 적용과 응용을 심화하는 수련과 예비지도자 단계를 더 강화하여 유급자의 지도를 직접 실습해보고 자신의 장점은 더욱 강화하고 단점을 보완해 가며 꾸준한 수련을 통해 형성된 자신감을 생활에 접목시키는 인성교육을 받게 될 것입니다.

열심히 수련하고 자신의 실력을 당당히 발휘하며 제 모습을 크게 키워가고 있는 00이가 앞으로 더욱 큰 나무가 될 수 있도록 저희 지도진도 햇볕과 거름의 역할을 충실히 하도록 하겠습니다. 안녕히계십시오. 다시 한번 00이의 2품(단) 승품(단)을 축하드립니다.

0000년 00월 00일

관장 0 0 0 드림

0 0 태권도장

6. 서울시 고단자(4,5단)심사 표기 시험문제 및 모범 답안

본 회에서는 4,5단 응심자들에게 태권도에 관한 기초 이론과 일반상식을 숙지 시키기 위해 실기부분(품새, 겨루기)과 병행하여 필기시험을 실시하고 있느나 그동안 출제 성향과 모범 답안에 대해 응심자 체육관에서 궁금해 하고 있으므로 지난 153회 승단심사대회(90.4.5)시 출제 되었던 문제와 모범 답안을 공개하기로 하였다. 태권도 교본과 상식선에서 출제 되므로 일선 체육관에서는 이점을 착안하고 교육시켜 주기 바랍니다.

1. 태권도협회(태수도 협회)창립한 해는?

2. 제1회 태권도 선수권 대회를 개최한 해는?

3. 1989년도 개최된 세계태권도 선수권대회는 몇회 대회인가?

4. 옛 문헌에 기록된 태권도의 이름중 두가지만 쓰시오.

5. 단군의 건국 이념은?

6. 태권도를 국기로 명명한 사람은 누구이며 몇 년도인가?

7. 삼강오륜을 쓰시오.

8. 태권도를 영어와 한문으로 표기하시오.

9. 태권도에서 인체를 3부분으로 구분하면?

10. 태권도에서 고,대 일반부의 체급을 쓰시오.

11. 태권도 경기시 필요한 보호용구를 쓰시오.

12. 태권도 유품(단)자 품새는 몇 개이며, 그 품새명을 쓰시오.

13. 품새의 의의를 쓰시오.

14. 태백품새의 순서는 몇 개의 동작으로 이루어 지는가?

15. 품새의 태극4장에서 옆차기는 몇 번인가?

16. 태권도가 국방 무술로서 가장 성행하였던 때는 고려시대였다. 고려시대에 많은 무인들이 즐겨 행했던 것으로 전해지는 태권도의 당시 명칭을 쓰시오.

17. 태권도는 조선시대 중엽부터 민속경기의 하나로 널리 행해 졌는데 그 경기의 명칭은 수벽치기이며 (   )으로 알려져 있다.

18. 태권도는 손발을 이용한 공격과 방어의 기루체계로서 공격 기술은 그 운동 형태에 따라 발의 차기 기술과 손의 지르기, (   ) 와 (   )기술로 크게 나눌수 있다.

19. 태권도 수련시 주의해야 할 사항은 신체의 부상이다. 뼈의 상해의 3가지 종류를 쓰시오.

20. 다음 설명중 태권도의 발생기원과 거리가 먼 것은?

1) 종족보존의 본능에 기초한 외적 방어

2) 식량 획득을 위한 효율적 신체 기능 요구

3) 신체적 능력에 대한 대인적 경쟁 욕구

4) 제천 행사를 위한 제례의식

21. 택견, 수박등 삼국시대를 전후한 시기의 태권도의 옛 모습에 관한 사실이 적혀있는 책은 무엇인가?

1) 삼국사기

2) 삼국유사

3) 조선 상고사

4) 고려사

22. 태권도의 발상시기가 삼국시대 이전이라는 점을 알려주는 역사 자료로서 겨루기의 모습이 그려진 벽화가 있는 고구려의 고분 명칭은 무엇인가?

1) 무용총

2) 각저총

3) 삼실총

4) 쌍영총

23. 다음 중 신라의 화랑이 정신적 지주로 삼았던 세속오계가 아닌 것은?

1) 임전무퇴

2) 장유유서

3) 사군이충

4) 교우이신

24. 다음 책 가운데서 조선시대 정조때 출간된 무예지로서 '권법'에 대한 설명이 자세하게 적혀있 는 책의 이름은 무엇인가?

1) 심재도희

2) 무예도 보통지

3) 제승방략

4) 동국병감

25. 무인사회에서 행해져 오던 태권도가 어느 시대에 대중화 경기로 널리(일반인) 보급되었는가?

1) 삼국시대

2) 고려시대

3) 조선시대

4) 신라시대

※ 국기원 고단자(4,5단) 필기시험 문제 해답

1. 1961년 9월 16일

2. 1973년 5월 25일~27일

3. 제9회 대회

4. 택견, 수박희

5. 홍익인간

6. 1971년 3월 20일 박정희대통령

7. 삼강(三綱)이란 유교 도덕에 있어서 임금과 신하, 부모와 자식, 남편과 아내 사이에 마땅히 지켜야 할 세가지의 기본도리로 군위신강(君爲臣綱:충성), 부위자강(父爲子綱:효도), 부위부강(夫爲婦綱:정절)을 말하고, 오륜이란 유교 사상의 윤리적 덕목 가운데 인간 상호관계에 있어서 마땅히 지켜야 할 다섯가지 윤리로 부자유친(父子有親:아버지와 아들간에는 친해야 할 것), 부부유별(夫婦有別:부부사이에는 구별이 있어야 할 것), 군신유의(君臣有義:임금과 신하 사이에는 의리가 있을 것), 장유유서(長幼有序:나이가 많고 적음에 따라 순

서가 있을 것), 붕우유신(朋友有信:친구 사이에는 신의를 지킬 것)을 말한다.

8. TAEKWONDO, 跆拳道

9. 얼굴, 몸통, 아래

10. 핀급, 플라이급, 밴텀급, 페더급, 라이트급, 웰터급, 미들급, 헤비급

11. 머리보호대, 몸통보호대, 팔다리 보호대, 낭심보호대

12. 9개, 고려, 금강, 태백, 평원, 십진, 지태, 천권, 한수, 일여

13. 품새선을 따라 전후좌우로 이동하면서 가상적인 목표물을 상대로 공격 및 방어수련을 할 수 있도록 태권도의 기본 동작을 조직화한 것이다.

14. 26개동작(26품)

15. 2번

16. 수박희(手博戲)

17. 택견

18. 찌르기, 치기

19. 골절, 염좌, 탈구

20. 4)

21. 3) 신채호의 조선상고사

22. 1) 만주지방에서 BC37에 건국된 고구려의 수도 통구의 환도성(37A.D~427 A.D)에서 발견된 무용총을 말함)

23. 2) 세속오계(世俗五戒)는 사군이충(事君以忠), 사친이효(事親以孝), 교우이신(交友以信), 임전무퇴(臨戰無退), 살생유택(殺生有擇)을 말한다.

24. 2) 조선시대 정조때 이덕무, 박제가, 백동수 등이 쓴 무예도보통지(武藝圖譜通志)

25. 3)

생활체육 태권도장

성공하는 도장을 위한 체육관 경영론

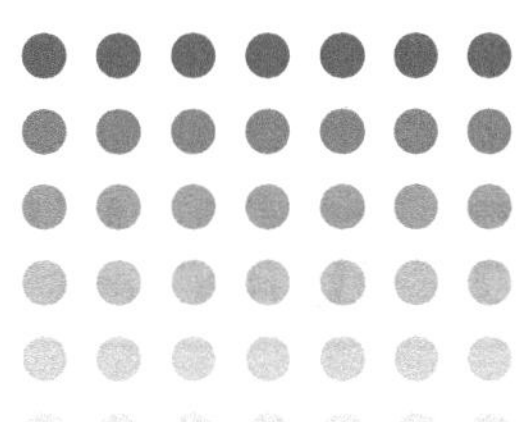

제 6 장

태권도 교육 상담요약

질문 1. 운동(태권도)을 하면 왜 좋은가요?

질문 2. 태권도장에서는 주로 어떤 교육을 하는가?

질문 3. 태권도를 시키려고 하는데 공부에는 지장이 없는가?

질문 4. 운동을 하다가 다치는 일은 없는가?

질문 5. 태권도를 하면 키가 크지 않는다고 하는데?

질문 6. 우리 아이는 6살인데 태권도를 하기에 너무 어리지 않나요?

질문 7. 현재 태권도를 지도받고 있는 아이들의 성격변화는?

질문 8. 태권도를 다니고 나서 주위 아이들보다 더 산만해졌다고 한다.

질문 9. 여자아이가 태권도를 배우게 되면?

질문 10. 우리 아이는 자신감이 없고 혼자 놀기만 하고 밖에 나가 친구들과 어울려 놀려고 하지 않는데 태권도를 하면 좋을까요?

질문 11. 태권도장에 보낸 지 몇 개월이 되었는데 자신감이 없고 소극적입니다. 보기에 별로 달라진 게 없는 것 같은데요?

질문 12. 운동기능의 지연이 실제로 학습기능의 장애요인이 되는지?

질문 13. 우리 아이는 왜 잠시도 가만히 있지 못하는가?

질문 14. 우리 아이의 태권도 자세는 힘이 없고 절도가 없는가?

질문 15. 태권도를 통한 자신감은 어떻게 생기는가?

질문 16. 우리 아이가 너무 뚱뚱한데 태권도를 배우면 살이 빠지는가?

질문 17. 공부가 뒤떨어지고 있어서 아쉽지만, 태권도를 그만두어야 할 것 같습니다.

질문 18. 지도자가 되기 위해서는 어떠한 과정이 필요합니까?

질문 19. 진학과 취업 그리고 장래 전문업 보장은?

제6장 태권도 교육 상담요약

"자녀를 태권도장에 보내는 부모님들이 알고 싶어 하는 모든 것들" 태권도장에 자녀를 보내는 부모님들은 기대가 큰 만큼 걱정도 많습니다. 특히 태권도의 운동기능이 학습능력을 높여 줄 수 있는지, 태권도가 아이들의 성격 및 체력발달 과정에 도움을 주고 있는지 등에 대해 알고 싶어 합니다. 본 체육관에서는 이러한 부모님들이 의문점을 모아 사항별로 종합해 태권도교육에 관한 가장 기본적인 지식을 제공하여 학부모님들의 궁금증을 해소시켜 드리겠습니다.

태권도 수련을 자신 있게 권유하시기 바랍니다.

질문 1. 운동(태권도)을 하면 왜 좋은가요?

첫째 : 놀이나 신체활동을 통해서 성취감과 만족감을 느끼게 됩니다. 이것은 어린이들이 세상을 긍정적으로 인식하는 계기가 됨과 동시에 새로운 도전을 함에 있어 열성적이고 적극적인 자세로 변환시켜 줍니다.

둘째 : 놀이 활동은 욕구불만, 불안 부모나 교사로부터 학습 욕구에 따른 억압된 스트레스를 해소하며 정서를 순화해 줍니다.

셋째 : 운동을 하면서 부딪치는 어려움을 하나에서 열까지 부모의 도움 없이 스스로 해결하면서 아이는 독립심을 기르게 됩니다.

넷째 : 어릴 때 운동기능이 우수한 어린이는 또래 집단에서 리더십을 발휘합니다. 그러한 역할 속에서 사회적으로 인정받고 싶은 욕구를 충족시키게 되면 점차 자신감을 얻게 됩니다.

다섯째 : 팀 경기나 집단놀이를 통해 사회 적응력과 규칙존중 등 바람직한 사회적 도덕성을 익히게 됩니다. 미국을 비롯한 선진국의 초등교육도 체육 활동을 중심으로 한 인성, 태도교육에 그 비중을 높여가고 있습니다.

학습능력만 높다고 해서 경쟁력이 생기는 것이 아닙니다. 운동(체육 활동)은 인체의 대, 소 근육을 골고루 발달시킬 뿐만 아니라 창의력을 계발하고 교과학습 기능을 향상하는데 도움을 주며 집중력, 통제력 등을 향상할 수 있습니다.

질문 2. 태권도장에서는 주로 어떤 교육을 하는가?

성장기 아동들이 나이, 체격 조건, 운동기능, 운동신경의 발달 단계를 고려하여 근력, 지구력, 순발력, 유연성, 조정력 등의 운동 기능들을 단계적으로 발달시키는 체계화된 교육프로그램을 활용하여 강인한 체력을 도모하고 학교 체육의 체조, 줄넘기, 달리기, 공다루기, 훌라후프 등을 접목해 사회체육의 교육역할도 합니다.

질문 3. 태권도를 시키려고 하는데 공부에는 지장이 없는가?

"태권도 수련이 어린이의 정서에 미치는 영향"이라는 연구발표의 논문에 의하면 태권도를 수련한 아이들의 부모님 중 전체 응답자의 50.8%가 태권도 수련이 학습 성적 향상을 위한 활동에도 도움을 주었다고 응답하였습니다.

특히 태권도 수련으로 인한 인성교육에 도움이 컸다는 발표가 있었으며 태권도를 지속해서 수련하여 마음이 안정(63.7%)과 자립성(82.3%)을 갖게 되므로 오히려 학교공부에 많은 보탬이 되고 있습니다.

질문 4. 운동을 하다가 다치는 일은 없는가?

태권도를 하다 보면 뼈가 부러지는 경우가 종종 생긴다는데 괜찮을까요?

태권도를 하게 되면 뼈 골밀도가 태권도를 수련하지 않은 사람들보다 더 높고 고르게 발달하며, 지속적인 뼈의 끝부분에 있는 성장판에 적절한 압박을 주어 뼈의 두께와 길이가 성장하는 것을 촉진하여 더욱 강한 골격을 만들어 줍니다.

반대로 신체활동을 극도로 제한하는 경우에는 뼈의 직경과 밀도가 감소하는 현상이 발생하기 때문에 뼈의 성장발달에 대해서는 전혀 염려할 필요가 없습니다.

부모님께서 걱정하시는 뼈가 부러지거나 하는 경우는 직접적인 운동을 하다가 발생하기보다는 주로 아이들의 안전 부주의에 의한 사고가 대부분입니다. 운동할 때의 안전에 중점을 두고 구성한 교육프로그램으로 직접 치고받는 겨루기 교육에서도 연결 발차기나 약속겨루기, 미트차기 등으로 교육을 하고 있으므로 크게 염려하지 않으셔도 됩니다.

운동하면서 뼈가 부러지는 일은 극히 드물게 발생하는 일이 없으며 사전에 충분한 준비운동과 안전교육을 통해 다치는 일이 없도록 늘 최선을 다하고 있습니다.

질문 5. 태권도를 하면 키가 크지 않는다고 하는데?

찍어 누르는 운동은 사실 키가 덜 자라기도 하지만 태권도처럼 뻗어주는 운동은 근육이나 인대, 관절부위를 신전시켜주기 때문에 오히려 성장하는 데 도움이 됩니다. 만약 키가 자라지 않는다면 지금까지 광범위하게 저변확대가 가능했을까요?

아주 가까운 예를 들어 매스컴을 통해 이미 보셨겠지만, 시합을 뛰는 우리 태권도 선수들을 보면 외국선수들보다 뒤지지 않습니다. 태권도수련으로 키가 자라지 않는다면 우리 선수들이 어떻게 그렇게 훌륭한 체격 조건을 갖출 수 있을까요?

저희 연구소 박사학위 논문과 서울대 의대 교수님들이 밝힌 태권도 교육 효과를 보면 어린이 성장발육을 비교해 보았을 때 태권도를 수련하지 않은 비 수련군 보다 태권도 수련군이 0.96cm나 앞서는 성장 효과를 나타냈을 뿐만 아니라, 뼈 골밀도에서도 14.1% 나 비 수련군보다도 높고 고르게 발달했습니다. 태권도 수련으로 키가 자라지 않는다는 것은 단지 기우일 뿐이고, 성장 시기에 맞춰 운동하게 되면 더 크고 튼튼하게 자랄 수 있는 계기가 될 것입니다.

질문 6. 우리 아이는 6살인데 태권도를 하기에 너무 어리지 않나요?

아이들은 12세까지 대근육을 이용한 신체동작 중 약 90%가 완성됩니다. 그리고 근육을 이용한 정교한 신체조작능력도 12세까지 약 80%가 완성됩니다. 또한, 민첩성, 적응력, 균형성 등은 6 ~ 7세까지 약 60%가 완성됩니다.

발육 생태학적으로 유아기는 어느 시기보다 신경계 및 뇌의 발달이 빠른 시기이므로 4세가 되면 성인 뇌 중량의 90%에 도달하게 됩니다. 이 시기에 운동발달이 되지 않으면 진학 시 성적이 부진할 수 있습니다.

왜냐하면, 운동기능의 발달은 단순히 신체적인 동작에만 국한되는 것이 아니라 시각발달 및 신경조직과도 관계가 있기 때문입니다. 그러므로 저희 체육관에서는 나이에 맞게 체력적인 면을 고려하여 교육하므로 자녀를 믿고 맡기셔도 됩니다.

질문 7. 현재 태권도를 지도받고 있는 아이들의 성격변화는?

태권도 수련이 인내력 형성에 미치는 영향이 이란 논문에 의하면 10개월 이상 수련한 초등학생의 답변에서 인내력이 향상되었다가 200명 중 170명으로 85%의 효과를 나타내었고, 용기 향상은 1년 이상의 수련생에게서 93.5%의 향상이 있었음을 답변하였습니다.

협동심 및 책임감, 통솔력, 자립심, 정의감, 성실성 등에서 10개월 이상의 수련생의 90% 이상이 변화되고 있었음을 답하고 있습니다.

질문8. 태권도를 다니고 나서 주위 아이들보다 더 산만해졌다고 하는데?

태권도를 배우고 최소 4~5개월간은 더 산만해 보이는 경우도 있습니다. 왜냐하면, 아이들은 호기심이 많아 자기가 배운 동작을 친구, 가족에게 호기심 삼아 써먹으려 하기 때문입니다. 이런 현상은 성인들도 마찬가지입니다.

예를 들어 볼링을 배웠거나 스키를 배우면 자꾸만 활동하고 싶어 하지 않습니까? 그러나 명상음악 프로그램과 정신교육으로 극복할 수 있고 아이들이 가장 자연스럽게 집중력이 강화됩니다.

질문 9. 여자아이가 태권도를 배우게 되면?

여자 어린이의 태권도 수련 동기는 대부분 부모님이 자녀로 하여금 심신 단련을 위하여 보내다가 과반수며, 자기방어 즉 호신술 때문에 태권도 수련을 시킨다는 것이 대다수입니다. 아울러 정서적으로 굳건해지기를 바라며 태권도를 수련시키는 것으로 나타났습니다.

여자 어린이들의 태권도수련으로 인하여 이해력(52.9%)과 발표력(65.3%)이 향상되었으며 명랑함과 자신감, 참을성의 변화로 학교생활에 많은 도움을 준 것으로 발표되었습니다. 정서적인 면에서도 안정감을 갖게 되어 주의력이 집중되고 투정부리는 일이 적어진 것으로 나타나 여자 어린이의 정서적인 면에 높은 효과가 입증되었습니다.

질문 10. 우리 아이는 자신감이 없고 혼자 놀기만 하고 밖에 나가 친구들과 어울려 놀려고 하지 않는데 태권도를 하면 좋을까요?

놀이나 신체활동은 성취감과 만족감을 느끼게 합니다. 이것은 어린이들이 세상을 긍정적으로 인식하는 계기가 됨과 동시에 새로운 도전을 함에 있어 열성적이고 적극적인 자세를 형성시켜줍니다.

걷기, 달리기, 던지기와 같은 기본동작을 적절하게 발달시키지 못할 경우 또래 아이들에게 신체적인 기능을 발휘하지 못해 주눅이 들고 심리적으로 위축되어 적극성을 띠지 못하고 주위에서만 맴도는 소극적인 아이로 변할 수 있습니다.

따라서 태권도를 통해 기초체력을 향상하고 자신을 방어할 수 있는 호신능력을 갖추게 되면 신체적으로 안정감을 갖게 되고 부수적으로 심리적인 안정까지 하게 됩니다. 그렇게 되면 또래에서 리더 역할을 하게 되고, 자신감 및 성취감도 만족감을 통해 긍정적인 자아개념을 형성하게 됩니다. 성격도 적극적으로 변하게 되지요.

질문 11. 태권도장에 보낸 지 몇 개월이 되었는데도 자신감이 없고 소극적입니다. 보기에 별로 달라진 게 없는 것 같은데요?

운동했다고 해서 바로 눈으로 볼 수 있을 만큼 변화가 되는 경우는 별로 없습니다. 특히 태권도는 빨간 띠, 품 띠 때 성격이 180도로 돌변하는 경우가 대부분인데, 마치 군대에서 훈련받는 것처럼 엄격하고 틀에 박힌 형식적 훈련만 하게 된다면 물론 겉보기에는 씩씩하고 절도 있게 보일지 모르나, 아이들은 자칫 창의력을 상실할 우려가 있습니다. 그래서 서두르지 않고 서서히 점진적으로 자연스럽게 가르치는 교육방법이 바람직하다고 생각합니다.

모든 교육이 마찬가지이겠지만, 교육 목적을 너무 단기적인 효과에 두기보다는 장기적인 면에서 바라보아야 합니다. 기초와 질서를 잘 갖춰야 조금 늦더라도 나중에는 크게 성장할 테니까요.
많은 태권도 지도자들도 그렇고 학부모님께서도 말씀하시길 국기원 승품 심사에 합격하고 나서부터 아이들에게 뚜렷한 변화가 생겼다고 합니다. 부모님께서도 인내를 가지고 지켜보시면서 자녀교육에 지속적인 협조를 부탁합니다.

질문 12. 운동기능의 지연이 실제로 학습기능의 장애요인이 되는지?

베롤리라는 학자는 연구논문을 통해 읽기에 어려움을 겪고 있는 아이는 운동기능의 발달이 다소 떨어져 있다는 사실을 밝혀내고 운동기능 교정 후 읽기 능력이 향상되었음을 밝히고 있습니다. 운동기능은 실제로 뇌, 척추자극, 시각발달, 신경조직의 발달과 밀접한 함수 관계를 이룹니다.

질문 13. 우리 아이는 왜 잠시도 가만히 있지 못하는가?

유아기의 근육은 3~4세 때 지속해서 발달하여 5~6세가 되면 체중의 약 75%가 됩니다. 근육조직의 성장은 5~6세 때 최초로 일어나고 7~11, 12세까지 계속 근육근이 성장을 합니다. 근육도를 측정하기 때문입니다.

의사들이 말하길 자녀의 비만 책임의 50%는 부모에게 있다고 합니다. 자녀의 신체발달에 도움을 주는 교육을 하고 있으니 중도에 포기하지 않고 꾸준히만 할 수 있다면 균형 있는 성장발육에 도움이 될 것입니다.

질문 14. 우리 아이의 태권도 자세는 힘이 없고 절도가 없는가?

6~7세의 아동에게는 무리하게 기대하지 마십시오.
단순한 태권도 동작만을 반복하게 되면 근육의 신전근만 발달하게 되고 굴곡근은 발달하지 않습니다. 따라서 성인이 되면 구기 종목인 축구, 농구, 배구 등 구기 종목에서 뒤떨어지게 됩니다. 어렸을 때 걷기, 달리기, 도약하기, 구르기 등 종합적인 운동능력을 길러주는 것이 신체발달 및 아이들의 흥미 유지와 동기유발에 좋으며, 특히 조정력, 균형성, 민첩성, 순발력 등의 기초체력을 종합적으로 길러주게 됩니다.

연구논문에 1회의 운동시간을 30분 정도가 되도록 하는 것이 알맞고 나머지 시간은 여러 가지 운동 종목(학교 체육)에 접하도록 구성하는 것이 바람직합니다. 저희 체육관에서는 이러한 이유에서 줄넘기, 달리기, 실내 구기 종목, 합숙훈련 등으로 활발한 성격과 협동심을 갖도록 교육하고 있습니다.

질문15. 태권도를 통한 자신감은 어떻게 생기는가?

운동기능이 우수한 어린이는 일단 신체적으로 안정된 상태를 유지하기 때문에 태권도 정신 및 체조와 격파를 통해 심리적 안정감을 찾기가 더욱 수월합니다. 이러한 심리적 안정을 토대로 또래에서 우위를 차지, 항상 리더역할을 하게 됩니다.

리더역할은 대부분 자신감에서 시작되는 것처럼 아이들의 세계에서도 리더역할은 심리적으로 자신감과 성취감 그리고 만족감을 동시에 안겨줍니다. 자신감에 차있는 아이는 세상을 보는 눈이 긍정적이지 않겠습니까? 부모님의 자녀도 태권도를 통한 자신감을 심어주는 것이 어떻겠습니까?

체육관에서 수련생을 상대로 초등학교 반장이나 부반장을 조사해 보았더니 많은 수의 간부들이 있었습니다. 이것은 운동을 통해 생긴 활달한 성격을 반영한 자신감 및 리더십 때문이라 봅니다.

질문 16. 우리 아이가 너무 뚱뚱한데 태권도를 배우면 살이 빠지는가?

뚱뚱하다고 해서 다 비만은 아닙니다. 마른 아이도 비만일 수 있는데 그것은 체지방에 따라 비만도를 측정하기 때문입니다. 의사들이 말하길 자녀의 비만 책임의 50%는 부모에게 있다고 합니다. 자녀의 신체발달에 도움을 주는 교육을 하고 있으니 중도에 포기하지 않고 꾸준히만 할 수 있다면 균형 있는 성장발육에 도움이 될 것입니다.

질문 17. 공부가 뒤떨어지고 있어서 아쉽지만, 태권도를 그만두어야 할 것 같습니다.

자녀를 비교하지 마십시오. 너무 서두르거나 중도에 포기하게 하는 것보다는 자녀가 목표에 도달할 수 있도록 끊임없는 관심과 격려를 주셔야 합니다.

신체활동이나 놀이과정에서 실패를 경험한 어린이는 자신을 비하하거나 무엇을 해도 쉽게 좌절하는 경향이 있습니다. 이런 일이 자주 발생하게 되면 심리적으로 위축되거나 매사에 소극적으로 변하기 쉽습니다.
또한, 중도에 포기하는 일이 자주 발생하게 되면 성인이 돼서도 무슨 일이든 끝까지 매듭짓지 못하고 쉽게 포기하거나 책임을 회피하는 성격으로 굳어지기 쉽습니다. 무엇이든 마찬가지이겠지만 이왕 태권도를 시작했다면 최소한 중급자 과정인 2품 이상이 될 수 있을 때까지 보내도록 하십시오. 2품이 될 때까지 수련시간이라면 정신적, 신체적으로 변화된 자녀의 모습을 충분히 기대하실 수 있습니다.

참고로 3품은 고급자 과정으로 더욱 전문화된 기술을 배우게 됩니다. 선수와 시범단 그리고 타 무술의 기본기 과정과 다양한 체육프로그램을 통해 자신의 적성에 맞는 종목을 선택 해 나갈 수 있습니다. 동료 수련생 중에 팀장 또는 리더가 되며 지도력을 키워 나가게 됩니다.
4품은 후배 수련생들을 직접 지도하며 지도자의 자질을 형성해 나갑니다. 나이에 맞게 도장별로 어린이 보조 사범(주니어 인스트럭터)이라는 명칭을 사용하기도 합니다.

18세가 되면 4품이 4단으로 갱신되며 보조 사범, 견습 사범(인턴 사범)과정을 만 22세가 되면 국기원에서 일정 기간의 태권도 지도자과정 즉, 사범교육을 받고 난 후에 이론과 실기의 최종 시험을 치르고 합격자에 한해 사범자격증을 취득하게 됩니다.

질문 18. 지도자가 되기 위해서는 어떠한 과정이 필요합니까?

위 17항의 사범 자격증을 취득한 자에 한해 일정 기간의 지도경력이 있거나 대학 전공학과를 마친 자는 국가 체육지도자 교육과정과 시험에 응시하여 국가 자격취득을 하게 됩니다.

1. 생활체육지도자 자격 - 사범, 관장
태권도장, 종합체육관, 스포츠센터. 복지관, 학교 동아리 지도
2. 경기체육지도자 자격 - 팀을 지도하는 코치, 감독이 취득하며 태권도장에서 선수(겨루기)양성을 위해 사범과 관장이 취득할 수 있음
학교, 실업, 군경팀과 지역별 시군구, 시도별 운영팀, 국가대표팀 등

질문 19. 진학과 취업 그리고 장래 전문업 보장은?

태권도 관련학과에 진학하여 취업은 사범, 실기교사, 교수, 강사, 코치, 감동, 경호원, 무도 경찰, 무도직업군인, 태권도 단위조직 취업, 해외취업과 국내 관련 업종 취업, 태권도장, 종합체육관, 스포츠센터, 경호회사, 스포츠컨설팅, 이벤트사, 해외교류단체 개설 등

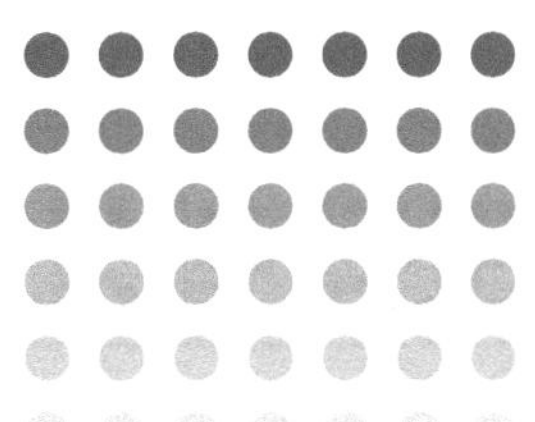

제 7 장

태권도장 활성화 여러 기법

제7장 태권도장 활성화 여러 기법

1. 전산을 활용한 도장 활성화

태권도장은 현재 변화의 중심에서 있다.

몇 해 전 우리 지도자들이 해왔던 태권도장 운영은 이마에 흐르는 땀방울을 수차례 도복 소맷부리로 닦아내며, 성실한 모습으로 태권도를 열심히 지도하던 모습이었다. 하지만 지금의 도장운영은 열심히 태권도를 지도하면서 더불어 컴퓨터 앞에서 교육자료 제작을 위해 쉴 새 없이 컴퓨터 자판을 두드리고, 프린터를 통해 문서를 출력하며, 그것도 모자라 관련 웹사이트를 수차례 방문하여 수업에 참고할 만한 동영상과 문서를 내려받아야 한다.

그만큼 우리 지도자들은 더 힘들어졌다. 현재는 이렇듯 전산 활용능력이 체육관 운영에 큰 역할을 차지하게 되었다. 일선 지도자들이 모두 전산을 잘할 필요는 없겠지만, 도장 운영에 필요한 몇 가지 변화를 이해하고 전산기술을 활용할 수 있다면 성공적인 도장 운영에 도움이 될 것이다.

1) 아이패드와 갤럭시탭을 이용한 태블릿PC를 활용한 입관상담안내

(1) 활용의 목적

입관상담을 위해 찾아오는 학부형을 대상으로 대외적으로 체육관 수련과정을 홍보하고 동영상과 비쥬얼한 화면을 통해 호기심을 유발하게 되어 화면에 집중하게 된다. 자료는 PDF 파일 또는 프레젠테이션파일(PPT)로 만들면 소리와 움직이는 효과를 동시에 활용할 수 있다.

(2) 활용의 장점

① 관장과 사범이 수련지도 중일 경우 사무실에서 상담 중인 학부모가 자녀와 함께 앉아 있는 동안 생동감 있는 동영상 자료를 시청케 함으로써 자연스러운 입관상담으로 연결될 수 있다.

② 태블릿PC를 보는 동안 태권도교육의 필요성과 중요성, 그리고 체육관의 전반적인 교육프로그램이 간단명료하게 수록되어 있어 학부모님께 설명하기가 쉽다.

③ 체육관 홍보용으로 제작하여 체육관 상호와 전화번호, 관장님 약력 등을 삽입하여 쉽게 사용할 수 있다.

(3) 입관상담안내 자료의 기본구성

① 도장타이틀 부문 : 도장명과 교육문의 전화번호를 포함한 기본안내

② 태권도의 이해부문

태권도란 무엇인가? 귀 자녀가 태권도를 수련한다면, 태권도교육의 목표, 홍보 동영상 시연

③ 도장의 특징과 홍보 : 우리 태권도장의 자랑은.

④ 지도진의 소개와 교육내용

관장약력, 사범소개, 수련시간안내, 입관절차 안내

2) 관리프로그램을 활용한 원생관리

(1) 활용의 목적

새로운 원생을 입관 초기부터 효율적으로 관리하여 지속적인 태권도 수련이 가능함, SMS 문자메시지로 체육관 도착과 출발을 통보하여 자녀 안전관리를 통보한다. 또한, 체육관 행사를 지속해서 통보하여 열심히 운영한다는 관장의 취지를 학부형에게 전달하여 높은 신뢰감을 유지한다.

(2) 활용의 장점

① 많은 원생을 입관 초기부터 효율적으로 관리하여 학부형과 신뢰를 구축

② 행사통보, 원생의 출석관리에 SMS 문자서비스를 이용하여 실시간으로 전달 내용을 전달

③ 체지방측정기, 지문인식출결기 등 하드웨어와 인터페이스를 공유하여 제공

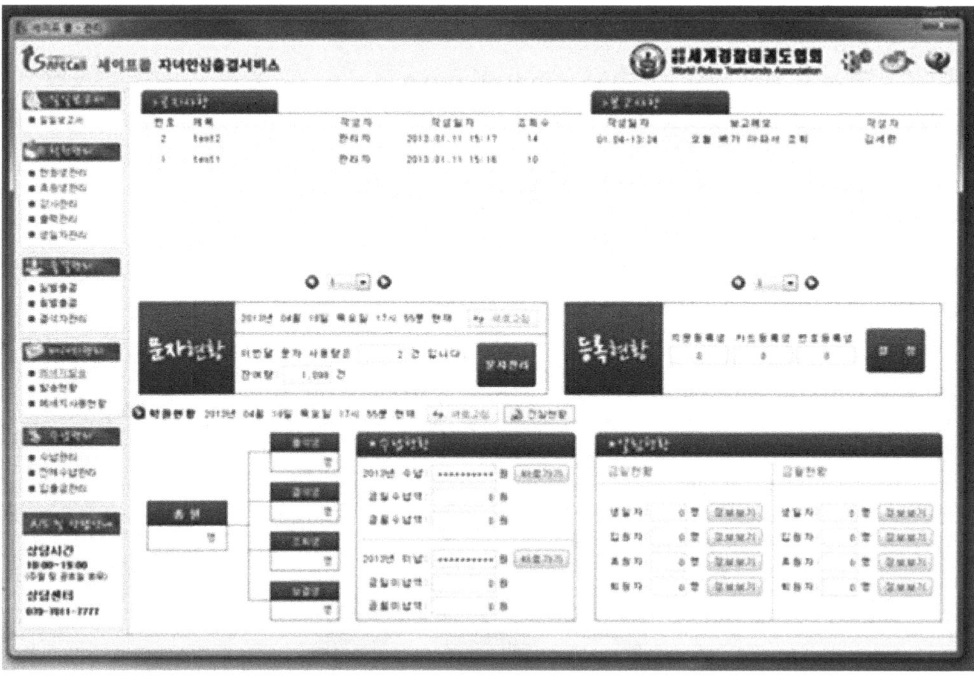

지문인식사진과 메인화면

3) 블로그마케팅을 통한 체육관 홍보

(1) 활용의 목적

내 지역에 맛집과 지역축제, 추천동호회 등…. 요즘은 네이버와 다음 등의 검색엔진을 이용하여 장소와 이용 소감을 미리 확인해보고 방문하는 소비자가 많아졌다. 이들은 네티즌 추천 평을 통해 맹신적인 이용장소에 대한 찬반성향을 그대로 드러내며, 이러한 기사만을 전문적으로 포스팅하는 블로거라는 집단의 신조어도 만들어졌다.

(2) 활용의 장점

① 인터넷 검색조건에서 태권도장을 검색하면 블로그와 카페 등이 상단에 먼저 나타나는 특성으로 홍보가 용이롭다.

② 인기 블로그 등은 비용을 지불해야 하며, 지불조건은 운영사이트에 문의하여야 한다.

③ 홈페이지와 달리 블로그 운영비용은 무료이며, 운영이 간단한 특성이 있으나 댓글에 답해야 하는 번거로움이 있다.

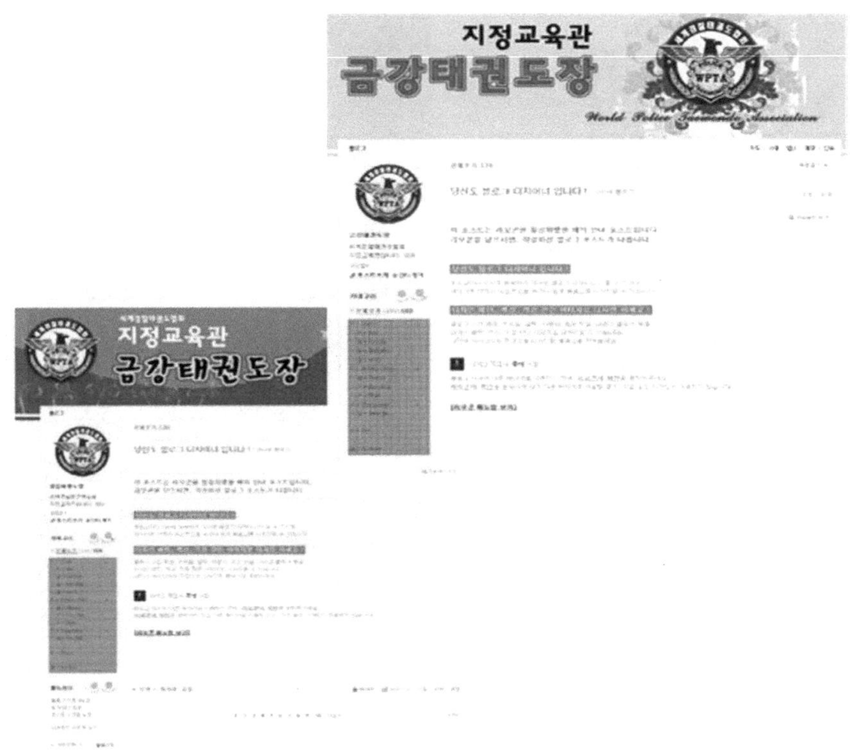

4) 웹 애플리케이션을 통한 체육관 홍보

(1) 활용의 목적

스마트폰이 우리 생활의 중심이 되기까지 오랜 시간이 걸리지 않았다. 인터넷 초기 홈페이지 제작 붐이 일었던 과거처럼 모바일을 이용하여 체육관 홍보를 하는 웹 애플리케이션이 등장하게 되었다.

(2) 활용의 장점

① 스마트폰에 최적화된 쉬운 인터페이스가 특징이다.
② 아이폰, 안드로이드 PC 등 다양한 환경에서 호환성을 제공한다.
③ 스마트폰에서 촬영한 이미지를 애플리케이션 사진갤러리를 통행 손쉽게 등록할 수 있다.
④ 클라우드 서비스를 이용하여 보관하거나 편집이 용이롭다.

2. 행사 이벤트를 이용한 활성화

1) 행사 이벤트의 개요

(1) 효율적인 행사운영

일본 아베노믹스에 기인한 엔저 현상은 한국경제를 지난 일본이 겪은 잃어버린 20년의 어두운 터널 속으로 몰아가고 있다. 하지만 우리가 처한 극심한 경제 불황과 결혼 고령화에 따른 저출산에도 불구하고 전국 태권도장 수는 보합추세 또는 약간의 감소세를 보이고 있지만, 태권도장에 다니는 관원은 지속해서 감소 추세를 보이고 있다.

또한, 정부의 교육정책에 따라 몇 년 후에는 학교 방과 후 교실에 태권도 과목이 포함되어 일선 태권도장 경영악화를 가속할 것이다. 이러한 현실 속에서 크게 수단과 방법을 가리지 않고 수련생을 모으는 도장과 현재의 수련생을 지키기 위해 새로운 프로그램의 도입과 철저한 관리로 도장을 운영하는 두 가지 형태로 나누어진다고 볼 수 있다.

하지만 현실에 비추어볼 때, 첫 번째 방법인 신규 회원을 모집하기란 쉬운 일이 아니다. 따라서 다양하고 흥미 있는 수련 프로그램과 차별화된 다양한 행사로 다니고 있는 수련생의 만족도를 높이고, 수련의 욕을 불어넣어 현재 수련생의 수련기간을 늘리려는 방법과 학교방과 후 태권도교실에 대한 경쟁력을 갖추기 위한 효과적인 행사운영이 필요하다.

전체적인 수련인구의 감소에도 불구하고 꾸준히 수련인원이 증가하는 도장도 있다. 이러한 도장 또한 똑같은 태권도장이다. 하지만 안정된 기타 수익원으로 도장운영을 잘하고 있다. 태권도라는 똑같은 수련 프로그램과 인성교육을 하는 여타 도장과 이들은 과연 무엇이 달라 원생이 증가하거나 유지되는 것일까?

이는 행사에 차별화를 두어 더욱더 흥미 있게 원생과 학부형이 공감하는 가치를 태권도 프로그램에 접목해 제공하기 때문이라고 생각한다. 따라서 효율적인 행사운영은 태권도장의 교육적 가치를 학부모에게 올바르게 전달하고, 수련생에게는 수련 동기를 부여하여 수련기간을 최대한 지속시켜 주는 데 그 목적이 있다.

(2) 행사운영의 효과

① 수련생과 지도자 간의 유대관계가 좋아진다.
② 수련생들 간의 협동심을 비롯하여 친밀감이 높아진다.
③ 학부모의 역할 수행으로 도장에 대한 학부모의 신뢰도가 높아진다.
④ 다양하고 흥미 있는 행사로 자연스럽게 홍보 효과가 생긴다.
⑤ 태권도수련의 가치를 학부모에게 정확하게 전달할 수 있다.
⑥ 효율적인 행사운영으로 도장에 대한 학부모의 신뢰도가 높아지며, 높아진 도장신뢰 도는 도장 발전에 유익한 영향을 미친다.

(3) 행사의 교육적 의의

① 다양한 환경에 대한 통찰력을 깊게 하고 새로운 의미를 발견할 수 있어 사고력 신장 및 창의성을 배양할 수 있다.
② 사회생활에 기초 구성원으로서의 역할과 질서의식을 습득할 수 있다.
③ 다양한 활동을 통해 자신의 개성이나 소질을 발견하고 발전시키는 계기를 마련해 준다.

(4) 행사 선택 시 유의점

① 도장의 헌신적인 홍보와 원생들의 정서적 문화에 맞는 행사를 준비한다.
② 지도자의 장점을 최대한 발휘할 수 있는 행사를 한다.
③ 학부모가 원하는 행사를 기획하고 아이들이 경험하기 힘든 행사를 준비한다.
④ 아이들이 행사를 마치고 자랑할 수 있는 행사가 되도록 철저히 준비하고 전력을 기울인다.

2) 행사의 종류와 운영

(1) 행사의 종류

① 실내행사

성격별 반편성 프로그램, 학부모초청 심사발표회, 친구 초청하여 함께 운동, 도장합숙, 노래 잘하기, 생일파티, 영화감상, 예절교육, 부모님 마사지특강, 영어 태권도, 마술공연, 태권도 품새, 겨루기, 격파, 산타 잔치, 웅변대회, 어머니 다이어트 태보교실, 띠 수여 및 시상식, 시범단창단식, 승급심사, 어린이날 행사, 음악 줄넘기 특강, 논술특강, 풍선아트 특강

② 야외행사

야외공개심사, 군부대 위문 시범행사, 해병대캠프, 단체할인포경수술, 수영위탁교육, 영어 태권도, 청학동 서당 캠프, 근골격 마사지 교실, 검도 배워보기, 합기도 특강, 야간행군대회, 중고등부 야간 산악행군대회, 자전거하이킹, 각종 태권도대회 참가, 해외탐방

③ 방학문화교실

명승고적답사, 문화유적지 답사, 지역별 문화원 프로그램 활용, 국내외 여행, 쇼 관람, 오페라, 마당놀이, 전시회, 발표회 참가, 캠프활동, 가을 추억 여행, 겨울 기차 태백산 눈꽃여행, 코엑스 아쿠아리움과 롯데 월드, 서대문형무소와 농협박물관, 서바이벌 게임과 양궁 배우기

④ 계절 레포츠교실

열기구타기, 비행선 타기, 패러글라이딩, 바나나보트, 수상스키, 윈드써핑, 승마교육, 클레이사격

⑤ 합숙훈련

사랑의 편지쓰기, 감사의 편지쓰기, 찜질방 합숙, 공동묘지 합숙, 합숙훈련 초대장 송부

3) 행사계획과 준비 및 운영

(1) 서론의 행사선택 시 유의점을 고려하여 행사를 계획하고 준비한다.

(2) 행사 준비

① 행사의 목표설정 (예 : 서대문형무소 견학 - 순국선열의 희생정신을 알려준다.)
② 안전성 확보 (행사에 맞는 참가 대상 설정, 안전한 동선확보 및 구급약 준비)
③ 행사에 필요한 물자확보 (인솔자, 안전보험, 차량, 행사에 맞는 준비물)
④ 행사 전 안전교육 (집 주소, 전화번호, 인솔자 전화번호 암기)
⑤ 참가신청자에 대한 행사안내 및 기대감 조성 (시상제도 활용 : 경품 제공)
⑥ 참여하지 못하는 수련생에 대한 배려와 상담

(3) 행사 홍보

아무리 훌륭한 행사일지라도 철저한 계획과 참여인원이 없다면, 효과적인 행사라 할 수 없다.

① 연간 행사계획표에 의한 홍보
② 월간 수련계획표에 의한 게시판 홍보
③ 행사 전 학부형에 보내는 안내문을 통한 가정통신문 홍보

(4) 학습 교과를 최대한 높이는 행사진행

① 행사에 맞는 사전지식을 습득하여 전달한다.
② 행사에 맞는 복장으로 즐거운 행사분위기를 조성한다.
③ 행사에 동참하여 아이들을 이끌어 준다.
④ 부모님의 걱정을 덜어 드린다. (SMS 문자메시지를 통한 안부, 행사사진을 카카오톡에 전달)
⑤ 행사를 마친 후 SMS 문자메시지를 통한 간단한 결과보고 및 가정통신문 발송

4) 행사의 진행

(1) 목표설정과 계획

이번 행사에서 학부형에게 전달하고자 하는 태권도의 교육적 가치를 설정한다.

① 태권도 수련목적 파악

태권도 수련목적은 대부분 예절, 자신감 (발표력), 인성교육, 체력단련 (키 크기, 집중력), 호신능력 등이다. 따라서 태권도수련을 통해 부모님이 바라는 수련목적이 충족될 수 있다는 믿음을 행사를 간접적으로 전달해 주어야 한다.

② 협동심과 친밀감을 증진하기 위한 훈련의 과정이라는 인식 전달

태권도 본연의 수련 외에 사회 예비 초년생으로 가져야 할 동료들과의 협동심과 친밀감을 행사를 통해 간접적으로 지도하고 있음을 전달한다.

(2) 안전하고 즐거운 행사

사전답사를 통해 학부형과 수련생이 원활히 이동하고 편안하게 행사를 진행할 수 있도록 원활한 동선을 마련하고, 안전하고 편안한 행사를 위한 서비스를 준비하여야

한다. 아울러 많은 인원의 안전한 귀가를 위한 방법도 마련하여야 한다.

(3) 물자확보

행사 프로그램에 필요한 물자를 파악하여 준비한다.

(진행용품, 음향설비, 구급상자, 보조인력, 간식, 기념품 등)

(4) 태권도의 수련프로그램이 학부형의 태권도 수련목적을 만족하게 할 수 있다는 신뢰를 주는 목적으로 이루어야 한다.

태권도의 기본동작 수련을 통해 자신감을 향상된다는 믿음을 주기 위한 프로그램		
	일반적인 태권도의 교육적 가치 전달 방법	새로운 형태의 교육가치 전달 방법
	① 000 일어서, 집합, 차렷, 경례 ② 준비, 하나, 둘, 셋 이와 같은 방법과 도구를 사용하여 동작을 설정 응용하는 방법이 대부분	① 수련생이 혼자서 무대 중앙으로 늠름하게 걸어 들어간다. 분위기를 고조시키는 음악사용, 혼자가 아닌 3~4 명이 해도 무방) ② 본인이 배운 방어동작을 한다. ③ 동작이 끝나면 지도자가 무대 중앙으로 도구를 들고 들어가 공격한다. ④ 수련생이 지도자의 공격을 힘찬 기합과 함께 막는다.
지도자 안내말	절도있는 동작이 표현되면 : 자신감 있게 어려운 동작을 잘 표현하였습니다.	이렇게 여러 사람 앞에서 배운 동작을 혼자 나와서 예의를 갖추고 자신 있게 한다면 다른 곳에서도 언제든지 자기 뜻을 펼칠 수 있다고 믿습니다.
학부형 예상반응	자녀의 재롱에 즐거워함, 자신감 향상에 대한 공감대 형성 미비	태권도의 이러한 수련과정이 아이들에게 자신감과 예절을 기르게 하는구나 하는 공감대 형성

5) 행사의 예시

(1) 여름철 행사 - 물총서바이벌

무더운 여름 수련생이 더위를 이기고 도장에 즐겁게 다닐 수 있는 행사로 물총서바이벌 행사를 계획한다.

이 행사는 페인트 볼을 사용하는 서바이벌에 비해 안전하며, 저학년부터 고학년까지 즐겁게 즐길 수 있다. 또한, 전 수련생이 도장에서 즐길 수 있어 안전하며,

경제적 부담이 없으며 어린 원생을 포함하여 부상의 염려가 거의 없다.

(가) 준비과정

① 행사의 목표설정

수련생들 간 친밀감을 형성하고, 아울러 함께 참여한 친구에게 도장홍보와 수련 동기를 유발한다.

② 안전성 확보

행사 전 안전한 동선을 확보하여 알려주고, 부상 방지를 위한 안전한 규칙을 설명해준다. 안전사고에 대비하여 구급상자를 준비한다.

③ 행사에 필요한 물자확보. 서바이벌 게임의 분위기 조성을 위한 복장 및 장비(물총), 장애물, 사각백, 뜀틀, 방패로 활용할 미트, 총소리 음향, 부별 수련인원을 고려하여 물총, 서바이벌이 끝나고 수련생을 닦아줄 마른 수건, 바닥에 흘린 물을 닦을 수 있는 마른걸레.

④ 행사 전 안전교육. 물총서바이벌 특성상 바닥이 미끄럽다. 따라서 뛰어다니면 전사라는 규칙을 정한다.

⑤ 참가신청자에 대한 행사안내 및 기대감 조성

(시상제도 활용 : 칭찬스티커 제공)

⑥ 참여하지 못하는 수련생에 대한 배려와 상담.

(나) 행사홍보

① 행사 시작 1주 전, 수련생에게 행사의 장점과 흥미도를 알려준다.

② 행사안내문과 함께 친구초대권을 나누어 주어 또래 친구를 초대한다.

(다) 행사진행과정

① 행사목적을 설명한다.

- 앞으로 결석하지 말고 열심히 태권도 수련을 하라는 격려한다.
- 아울러 결석을 하지 않는 수련생이 행사에 참여할 수 있다고 하여 독려한다.

② 규칙 및 안전교육 설명

- 물이 떨어지면 전사, 뛰면 전사, 중앙선 넘으며 전사 등 현장에 맞는 규칙을 적용한다.
- 바닥이 미끄러우므로 자세를 낮추고 이동한다.

③ 팀을 나눈다. (인원, 연령, 학년을 고려하여 나눈다.)

④ 10분 정도 후에 중앙선 넘어 전면전을 실시한다.

⑤ 서바이벌 종료 후 행사 목적을 설명하고 다음 행사를 홍보하여 기대감을 준다.

(2) 여름 및 겨울철 행사 - 철인 선발대회

① 행사목적

- 관원모집보다는 기존 원생유지를 목표로 하는 가장 적극적인 방법으로 여름방학 및 겨울방학에 경쟁(체육관 및 각종 학원)을 통해 선호도(인지도)를 선점하기 위한 대회를 개최한다.
- 게임식의 경쟁을 통하여 아이들은 도전의식을 함양하고 매번 향상되는 기록을 통하여 또 다른 성취감과 자신감을 얻을 수 있다.
- 여름 : 여름휴가 및 계절적 영향으로부터 관리의 어려움을 극복하기 위함이며 동시에 관원에게 공동체 의식의 동기를 부여한다.
- 겨울 : 관리의 차원보다는 모집의 차원에서 관원 주변의 학생들로부터 전체지역의 분위기를 자극하여 새로운 수요를 창출하고자 한다.

② 행사방법

- 홍보 : 관원 직접홍보 또는 전단배포 (참가증).
공동체의식 도전의식의 의도적이며 계획적인 교육.
- 팀구성 : 안내문에 의하여 관원이 자율적으로 구성.
- 진행 : 종목설정
(개인전, 단체전, 전체참여 등 시간 및 인원을 참고 설정)
종목별 점수설정, 팀워크점수 (질서, 응원) 종합평점 순위 결정
- 시 상 : 등위별 차등 선물 및 M.V.P, 리더상, 협력상 등.

③ 기대효과

- 행사 취소 시 자연스럽게 행사가 열리지 못한 원인을 분석하여 관원에게 협력과 양보의 교육적 동기를 부여한다. 또한, 차기 안내문 또는 교육프로그램에 본 행사의 교육적 가치를 부여한다. 그리고 남은 선물에 대한 명분 제공, 관원모집에 재활용한다.
- 행사 시에는 공동체 의식, 도전의식이 시상 결과에 절대적 영향이 미침을 재교육한다.
- 흥미 유발, 지속적 수요의 재창출, 비 수련생에게 입관 기회를 제공한다.
- 학부형과 수련생의 동시 만족 및 주변 체육관과의 차별화 전략을 홍보한다.

④ 행사진행과정

철인 선발대회 참가 안내

일　시 : 0000년 6월 매주 토요일 1시 (0, 1, 2, 3학년)
6월 매주 토요일 3시 (4, 5, 6학년)
6월 매주 토요일 5시 (중학생 이상)

장　소 : 00000 체육관

대　상 : 누구나 참여할 수 있음.

종　목 : 1. 줄넘기 (학년별 30-100개)
2. 장애물1 장벽 넘기(대형매트)
3. 사각빽 발모아 뛰기(나이만큼)
4. 윗몸일으키기(나이만큼)
5. 장애물2 통과(1, 2, 3차 시기 재도전 기회부여)
6. 장애물3 암벽
7. 장애물4 철봉(학년별 거리조정)

경기방식 : 시간단축경기 (학년별 1위~10위 기록까지 공시함)
매주 토요일 재도전하여 자신의 기록을 경신할 수 있음.
마지막 주 토요일까지의 가장 좋은 기록으로 시상함.

시　상 : 최 우 수 ☞ 노트북 컴퓨터
학년별 1등 ☞ 21단 자전거
학년별 2등 ☞ 학습게임 CD
학년별 3등 ☞ 학용품

기　타 : 본 경기에 참가한 통과자 모두에게 철인인증서 및 상품을
준비한다.

000-01 호

인 증 서

등위 : 1위

소속 : 000 초등학교

성명 : 홍 길 동

상기 자는 금번 철인 선발 대회에서 개인 능력과 체력의 한계에 도전하여 강인한 정신력을 바탕으로 뛰어난 운동기능과 체력을 갖추어 철인으로서의 기량과 능력을 인정하여 이 증서를 드립니다.

0000년 00월 00일

0 0 체 육 관

관 장 0 0 0

(3) 태권도 참관수업

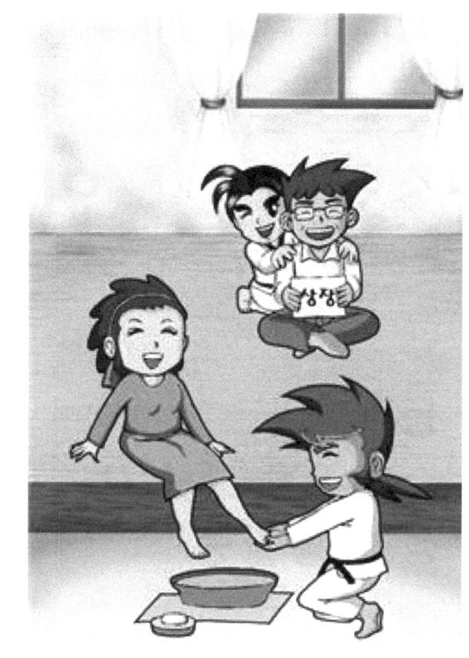

가. 식순 소개

1. 개회식
2. 명상
3. 기본동작
4. 태권체조
5. 본 발표
6. 시범
7. 인성교육
8. 폐회식

나. 참관수업 진행예시

1. 개회식

1) 교육내용소개

가을이라는 계절은 양식의 풍요로움과 자연의 아름다움이 물씬 풍겨지는 좋은 계절입니다. 이런 날에 저희 000태권도장에서 태권도 참관수업을 진행하게 되었습니다. 바쁘신 와중에도 참석해 주신 부모님께 감사드립니다.

참관수업은 부모님들께서 평소 태권도장수련이 어떻게 이루어지는지 궁금해하시기 때문에 저희 도장에서 운동하는 모습을 보여드리고자 준비하였으며, 특히 오늘은 우리 수련생들이 아버지에 대한 사랑을 느낄 수 있는 시간을 만들고자 특별히 바쁘신 가운데도 아버님들을 초대하였습니다.

항상 사랑하는 가족을 돌보느라 바쁘셔서 우리 아이와 함께할 시간이 적으신 아버님 오늘만은 우리 아이 재롱도 봐주시고 사랑도 많이 베풀어 주시길 바랍니다. 부족한 점이 있더라도 라도 양해 부탁하며 아이들이 열심히 하면 많은 박수 부탁합니다.

2) 손뼉치기 게임 - 5초에 몇 번 치나(정한 시간 안에 많이 친분 칭찬)

3) 국민의례

식순에 따라 국민의례가 있겠으니 학부모님께서는 국기를 향해 잠시 일어나 주시기 바랍니다. 차렷 / 국기에 대한 경례 / 바로 학부모님께서는 자리에 착석하여 주시기 바랍니다.

4) 큰절

수련생들이 그동안 열심히 운동하도록 뒷바라지해주신 부모님께 감사의 마음을 전하기 위해 큰절을 하겠습니다. 큰 박수로 격려하여 주시기 바랍니다. 부모님께 큰절

5) 강사진 소개

강사진을 소개하겠습니다. 저는 관장 000입니다.
저희 도장 000, 000 사범을 소개합니다. 큰 박수 부탁합니다.

6) 진행에 앞서

태권도 수련생 중에는 운동보다는 다른 부분에 더 능력을 보이는 수련생도 있습니다. 신이 능력을 내려주실 때 모두에게 완벽함을 주시진 않으셨을 겁니다. 그러기에 실기적인 모습으로 평가하지 마시고, 우리 아이들의 눈빛에 어린 강인함과 자세에 깃든 반듯함으로 평가해 주십시오, 짧은 기간이었지 만 부모님들께 선보인다는 자랑스러움으로 열심히 연습하고 또 연습해왔습니다.

2. 명상

1) 명상음악을 듣는 이유는

첫째. 마음에 평온을 유지함으로써 태권도교육에 대한 집중력을 높일 수 있습니다.
둘째, 운동을 시작하기 위한 마음가짐과 상해를 예방하고 정신수련의 목적으로 명상하고 있습니다. 부모님들도 한번 눈을 감고 차분하게 마음을 가라앉히면서 따라 해 보십시오.

3. 기본동작

1) 주먹지르기

아이들의 도복 소리와 기합소리를 한번 들어 보십시오. 놀랍지 않으십니까? 근데 반응이 없으시네요. 큰 박수 부탁합니다.

2) 발차기(앞차기, 돌려차기, 들어찍기)

3) 서기 기본형(앞굽이)

4. 태권체조

1) 이번에는 태권체조입니다.

태권도수련은 반복 숙달을 해야 하는 운동이기 때문에. 여기에 리듬에 맞춘 힘찬 동작들을 음악을 겸비하여 유산소운동으로서 건강에 효과적인 도움을 줄 수 있는 태권도 수련방법입니다. 태권체조를 하면 친자 확인을 할 수 있습니다. 우리 부모님이 몸치인지 아닌지 몸치인 수련생은 부모님을 닮아서 그렇다고 생각됩니다.

※ 들어가서 앉기

5. 본 발표

1) 품새 다음은 품새입니다. 태극 1장

지금 품새를 하는 밤띠, 빨간띠는 적게는 10개월에서 1년 이상 수련한 수련생들로 국기원심사를 준비하고 있습니다.

국기원 심사는 품새와 겨루기로 보는데요, 아버님들도 태권도 단증이 꼭 필요하다는 것을 알고 계실 겁니다. 힘들다는 것도 알고 계실 거고요. 태권도 1단을 위해 열심히 수련하고 있는 수련생들에게 다시 한 번 큰 박수 부탁합니다.

2) 격파

다음은 수련생들의 격파가 있겠습니다. 격파하는 이유는 아이들에게 나도 할 수 있다는 자신감을 심어주기 위해서입니다. 성공하면 큰 박수 부탁합니다.

6. 시범

1) 이번 시범은 특별히 3품과 중학생으로 구성된 시범단입니다.

2) 3품은 4년 이상 수련한 수련생들로 저희 태권도장의 자랑입니다.

※ 사범님 격파시범

7. 인성교육

저희 도장에서는 운동이 끝나기 전에 인성교육을 합니다. 인성교육자료를 들려주기도 하고 서로 느낄 수 있는 활동을 하기도 하며. 빔프로젝터를 통한 영상으로 메시지를 전달하기도 합니다.

※인성교육 - 세족식

오늘은 특별히 세안 및 세족식을 거행하겠습니다. 공자께서는 "효는 모든 도리의 근본이다."라고 말씀하셨습니다. 가정에서부터 효가 이루어져야 사람이 행해야 할 모든 윤리가 지켜지는 것으로 생각합니다.
효는 마땅히 실천하는 것이고 또 행동해야 합니다. 오늘 이 행사가 효를 실천하는 작은 밑거름이 되어 사랑하는 가족에게 행복을 가져다주는 소중한 시간이 되었으면 좋겠습니다. 또한, 이 행사는 가족이 다시 태어나는 의식이기도 합니다.

1. 먼저 세안식을 거행하겠습니다.
수련생들 부모님 앞에 무릎 꿇고 앉습니다.
세안식은 부모님 손으로 세상의 밝고 맑은, 옳은 것만 볼 수 있도록 마음을 담아 우리 아이들 눈을 씻어 주는 것입니다. 옳고 맑은 세상을 볼 수 있도록 마음의 눈을 씻어 주시기 바랍니다.
부모님께서는 아이들의 울타리치고 여러분은 가족을 지키는 수호자입니다. 우리 아이들을 씻어주시고 언제까지나 함께하시겠다는 소중한 그런 마음을 담아 주시기 바랍니다. 수건으로 얼굴도 닦아 주세요.

2. 다음은 세족식을 거행하겠습니다.
집안에 가장 어른이신 아버님의 발을 닦아 드리는 의식입니다.
우리 친구들 부모님 옆으로 가서 양말 벗겨 드리세요.
우리 어머니 아버님들의 뒤꿈치 굳은살들은 여러분들을 위해 고생한 흔적이 남아있는 곳입니다. 우리 수련생들은 부모님을 위해 아름답고 소중한 마음을 표현하는 것입니다. 세상이 아무리 어둡고 험난해도 가족이 사랑한다면 그리 험난하지도 않습니다.
물질적인 효도 보다는 따뜻한 가슴을 남겨줄 수 있는 그런 소중한 시간이 되셨으면 합니다. 요즘 세상이 먹고 살기 바쁘다는 그런 이유로 여러분의 마음에서 멀어졌던 사랑 그리고 소중함을 이 시간을 통해서 만끽하였으면 좋겠습니다.

자! 우리 친구들 부모님 발을 깨끗이 닦아 드렸습니까? 좋습니다. 우리 친구들 일어나세요. 우리 부모님은 앉아 계시고 일어서서 큰절을 드리면서 마음을 담아서 우리 부모님 건강하게 오래오래 사시라고 사랑을 담아서 큰 절로 인사를 올리도록 하겠습니다. 부모님께 큰절

8. 폐회식

그럼 이상으로 000태권도장의 태권도 참관수업을 모두 마치고자 합니다.
효의 실천이 이렇게 작은 계기에서 시작되는 것 같습니다. 부모님은 우리 자녀를 꼭 안아 주세요. 뽀뽀도 한번 해 주시고 사랑한다고 말도 해주십시오.
우리 원생에게는 열심히 제 할 일을 하면서 꼭 부모님이 원하시는 그런 사람이 되겠습니다. 하는 다짐의 시간이기도 합니다.
다시 한 번 저희도장을 내방에 주셔서 진심으로 감사드리며, 가시는 길에 평안하시기 바랍니다.

3. 주말, 방학교실을 이용한 활성화

1) 주말교실에 관하여

① 주 5일 근무에 따른 여가 선용의 확대로 체육관에서 주말교실을 활성화하여 수익을 창출한다.
② 학교시설을 활용한 지역의 생활체육센터와 연계하여 주말교실을 운영한다면 장비비와 시설 투자금을 줄일 수 있다.
③ 자녀교육을 위한 다양한 프로그램을 개발하도록 한다.
학교/부녀회/태권도장 등이 상호 유기적인 관계 도모를 통해 주말 교실을 활성화한다.
④ 태권도 지도자가 직접 주관하는 지역의 체육진흥을 위한 봉사활동이라는 점을 부각해라.

(1) 축구교실

축구는 우리 몸에 심폐기능을 강화할 뿐만 아니라 성장기에 다리 근육을 집중 훈련함으로 인해 대퇴부를 강화합니다. 또한, 축구를 통해 볼의 정확한 낙하위치를 찾아 이동하는 등 순간판단력이 높아지게 됩니다. 축구를 통해 팀 구성원들이 자기 팀에 대한 소속감과 포지션별 역할에 대한 자각과 책임감을 갖게 되므로 협동심을 기르는 데 도움을 줍니다.

① 운영 목적

- 체계적인 축구기술을 체득하여 사회성을 위한 자질을 마련합니다.
- 축구의 기초 기술부터 단계적으로 교육합니다.
- 유소년들에게 가장 필요한 기본기부터 실제 축구경기에서 활용 가능한 기술과 전술을 익힌다.
- 재미있는 기술과 소그룹 간 게임으로 협동심과 인내심을 배우고 자아실현의 계기가 된다.

② 운영 방안

- 기 간 : 매주 토요일 1시간 30분씩 (14:00 ~ 15:30) 1회 교육으로 한다.
- 장 소 : 00 초등학교 운동장
- 시 간 : 세부시간은 00초등학교 운동장 사용 여건 고려 추후 결정
- 강 사 : 지역 축구동아리 선수(조기축구회 협조)

③ 세부 운영 계획

○ 모집방법
- 기수별 정원제를 실시한다. (1기당 15명 내외가 적당)
- 일정 기간 공고 후 선착순으로 접수 마감 (체육관 게시판 및 수업 시간에 홍보 : 접수기간 1주일)
- 태권도장에서 000초등학교 인근 아파트 단지 내에 모집공고를 게시한다.
- 부녀회에서 단지 내 가구에 축구교실 안내방송을 요청하거나 관리실의 허가를 얻어 게시판에 광고한다.(가능할 경우)
- 인근 초등학교 게시판에 주말 축구교실 모집공고를 게시한다.(가능할 경우)

○ 모집인원 : 기수별 15명 정원제
- 해당 기수 정원에 들지 못할 경우에는 선착순 의거 차 기수로 우선 배정한다.
- 남녀 구분 없이 모집한다.
- 저/고학년은 실제 게임 운영 시 고려하여 팀을 편성한다.

○ 준비물
- 축구공, 축구화, 유니폼, 수건, 조끼, 호각, 삼각뿔(깃대) 등
- 축구화, 수건은 개인준비
- 가능한 단체 유니폼을 제작하여 착용하도록 하여 체육관을 홍보하며, 유니폼은 접수 시 제작 신청

○ 기타 준비

- 백넘버는 개인이 원하는 것을 부여함.
- 축구교실 소속감 및 행동 통일을 위해 모두 신청을 유도함.
- 제작비용은 신청자가 개별 부담한다. (실비부담)

○ 운영방안

- 지역 축구동아리 선수 출신 지도자가 직접 지도한다.
- 수강생이 많을 경우 2개 반으로 편성 가능하며 일요일반을 추가로 늘릴 수도 있다. 단 관장과 사범은 인원이 적은 경우에는 휴식을 취하기 위해 월요일반은 배제하는 것이 좋다.
- 수강료는 3만, 5만, 8만 원 등으로 다양하게 책정한다.
- 학교 행사 시, 우천시 등 불가피하게 교육을 못 할 경우 해당 주차 교육은 차주에 실시한다. (2시간 → 4시간 교육)

○ 기타사항

- 학교 및 부녀회의 적극적인 도움을 받을 수 있도록 한다.
- 최대한 안전에 유의한 교육을 진행한다. (관리자 반드시 참석)

④ 학습 내용

○ 축구를 하기 전에 관절과 근육의 움직임, 스트레칭 체조, 체력운동 실시

○ 공간 활용 능력과 시야 확보 필수

○ 드리블 지도

원을 응용한 드리블, 맨 앞의 선수 따라 하기, 자유 드리블, 빠르게 멈추기, 동료와 손잡고 연습하기, 원을 도는 연습, 자유로운 드리블 동작, 따돌리는 드리블, 수비를 교란하는 드리블

○ 패스 지도

정확한 패스자세, 강약을 조절하는 패스, 2인 패스, 정확한 패스, 논스톱패스, 이동 후 패스받기, 드리블 후 움직이는 동료에게 패스, 공간을 활용한 패스

○ 볼컨트롤 지도

가슴으로 볼컨트롤, 발등으로 볼컨트롤, 발바닥으로 볼컨트롤

○ 헤딩기술 지도

던져서 잡기, 헤딩의 자세, 던져주고 헤딩, 강도 높은 헤딩, 헤딩 후 이동하기, 이동 후 헤딩

○ 슈팅 지도

정확한 슈팅자세, 동료와 슛하기, 목표를 향한 슈팅, 다양한 위치에서 슈팅, 벽을 이용한 슈팅, 패스받아 슈팅, 움직이는 공의 슈팅

(2) 농구교실

농구는 전신을 활용하며 스포츠의 재미적 요소와 더불어 팀으로 이루어지는 경기이기 때문에 조직력과 단합이 절대적으로 요구되는 종목입니다. 유 소년기에 절대적으로 필요한 기초 운동량과 성장에 좋은 운동이며, 팀 구성원들이 소속감과 자기 역할에 대한 자각과 책임감을 갖게 하므로 바람직한 사회적 태도를 기르는 데 도움을 줍니다. 그러므로 성장기의 신체발달 및 실력향상을 위한 체계적인 프로그램으로 신체를 훈련합니다.

① 운영 목적

- 체계적인 농구기술을 체득하여 사회성을 위한 자질을 마련합니다.
- 농구의 기초 기술부터 단계적으로 교육합니다.
- 유소년들에게 가장 필요한 기본기부터 실제 농구경기에서 활용 가능한 기술과 전술을 익힌다.
- 재미있는 기술과 소그룹 간 게임으로 협동심과 인내심을 배우고 자아실현의 계기가 된다.

② 시행방안

- 수업인원 : 팀당 정원 4~8명 (동일학년)
- 수업시간 : 1회 80분 (주변 횟수 선택 가능)
- 수업장소 : 실내 전용 체육관
- 강사 : 지역 농구동아리 선수

③ 세부계획

○ 모집방법

- 기수별 정원제를 실시한다. (1기당 10명 내외가 적당)
- 일정 기간 공고 후 선착순으로 접수 마감

(체육관 게시판 및 수업시간에 홍보 : 접수기간 1주일)

- 태권도장에서 000초등학교 인근 아파트 단지 내에 모집공고를 게시한다.

- 부녀회에서 단지 내 가구에 축구교실 안내방송을 요청하거나 관리실의 허가를 득해 게시판에 광고한다.(가능할 경우)
- 인근 초등학교 게시판에 주말 농구교실 모집공고를 게시한다.(가능할 경우)

ㅇ 모집인원 : 기수별 10명 정원제
- 해당 기수 정원에 들지 못할 경우에는 선착순 의거 차 기수로 우선 배정한다.
- 남녀 구분 없이 모집한다.
- 저/고학년은 실제 게임 운영 시 고려하여 팀을 편성한다.

ㅇ 준비물
- 농구공, 농구화, 유니폼, 수건, 조끼 등
- 농구화, 수건은 개인준비
- 가능한 단체 유니폼을 제작하여 착용하도록 하여 체육관을 홍보하며, 유니폼은 접수 시 제작 신청

ㅇ 기타 준비
- 백넘버는 개인이 원하는 것을 부여한다.
- 농구교실 소속감 및 행동 통일을 위해 모두 신청을 유도한다.
- 제작비용은 신청자가 개별적으로 부담한다. (실비부담)

ㅇ 운영방안
- 지역 농구동아리 선수 출신 지도자가 직접 지도
- 수강생이 많을 경우 2개 반으로 편성 가능하며 일요일반을 추가로 늘릴 수도 있다. 단 관장, 사범은 인원이 적은 경우에는 휴식을 위해 월요일반은 배제하는 것이 좋다.
- 수강료는 3만, 5만, 8만 원 등으로 다양하게 책정한다.
- 학교 행사 시, 우천시 등 불가피하게 교육을 못 할 경우 해당 주차 교육은 차주에 실시한다. (2시간 → 4시간 교육)

ㅇ 기타사항
- 학교 및 부녀회의 적극적인 도움을 받을 수 있도록 한다.
- 최대한 안전에 유의한 교육을 진행한다. (관리자는 반드시 참석한다)

④ 학습 내용

ㅇ 준비운동
- 운동하기 전 부상을 방지하고 더욱 효율적인 운동능력을 끌어 올리는 데 목적이 있다.
- 관절운동, 스트레칭, 체육관 구보, 줄넘기

○ 기초체력운동

- 전반적인 운동능력을 발휘하는 데 필요한 체력으로 근력, 지구력, 순발력, 평생성 및 협응성, 유연성으로 나누어진다.
- 왕복달리기, 지그재그달리기, 릴레이달리기, 사이드스텝, 점핑스텝, 윗몸일으키기, 턱걸이 등

○ 농구기본기

- 기본기 훈련을 통한 빠르게 농구 익히기
- 드리블, 패스, 레이업, 슈팅, 사이드스텝

○ 실전경기

- 전술이론 및 실전게임을 통해 재미있게 농구 익히기
- 2:2 경기, 3:3 경기, 4:4 경기, 5:5 경기

○ 정리운동

- 운동 후 2차 부상을 방지하고 무리한 근력 운동으로 인한 근육통을 완화한다.
- 전신 스트레칭, 철봉 매달리기, 팔 벌려 높이뛰기

2) 방학교실에 관하여

① 방학은 교과서에서 글로만 배웠던 것을 직접 눈으로 보고, 손으로 만지고 체험할 수 있는 시간을 갖기에 매우 좋은 시간입니다.

② 공부를 잘할 수 있는 튼튼한 체력을 기르고, 학업에 집중할 수 있는 정신력을 함양하는 시간을 갖도록 합니다.

③ 용감하지만 예의 바르고 솔선수범하는 리더로 성장할 수 있는 방학교실 행사를 통해 협동심과 사회성을 배워봅니다.

(1) 등산교실

① 시행 목적

- 산행하기 좋은 계절 가을을 맞이하여 협동심과 동료애를 느끼면서 가벼운 산행을 한다.
- 건전하고 학업에 더욱 열중할 수 있는 기분전환의 계기를 마련한다.
- 단체 활동에서 협동심과 친밀감을 느낄 수 있는 현장이 되도록 한다.
- 산행 중에 발생할 수 있는 안전사고와 예방법을 사전에 교육한다.
- 친구초대권을 발행하여 도장을 홍보하고 신규 관원입관과 연계한다.

② 세부방안

○ 장 소 : 수원시 팔달구에 위치한 광교산

○ 시 간 : 0000 년 00 월 00 일 오전 10:00 시

○ 인솔자 : 관장님, 사범님, 동행한 학부모

○ 복 장 : 체육관 여름 하복 또는 가벼운 산행복

○ 준비물 : 수건, 물통, 도시락, 비닐봉지

③ 세부계획

○ 산행 전 준비사항

- 행사 4주 전에 참가자(친구들 포함)를 모집하여 팀을 편성하고 각 팀의 팀장, 부팀장을 임명한다.
- 팀, 부팀장은 가능한 권태자나 관심자를 선정하여 행사를 통해 사기를 올려 주는 것이 바람직하다.
- 팀이 구성되면 팀의 명칭, 팀원 명단, 비상연락처, 학교와 학년을 적어 팀별로 벽에 붙여 놓는다.
- 준비기간 동안 팀원이 모여 구호와 장기자랑을 준비하도록 한다.
- 초대된 친구들은 행사 당일에 친구와 함께 조를 편성하여 준다.
- 30분 정도의 거리에 있는 안전한 산을 선택하고 반드시 사전 답사를 통하여 등산로를 정해둔다. 그리고 즐거운 등산과 등산 도중 쉴 수 있는 시간을 마련해 주기 위해 게임을 할 수 있는 두 세 곳의 장소를 미리 정한다.
- 등산하는 과정에서 가까운 화장실, 물 마시는 곳, 넓은 공간 등을 미리 파악한다.
- 체육관 준비물을 철저히 준비하고, 보수한다.
- 체육관명이 들어간 상품을 준비하는 것이 바람직하다. 수련생 등이 체육관 로고가 들어간 상품을 많이 가지고 있으면 체육관이 선전되기 때문이다.
- 준비물 : 깃발, 구급상자, 무전기, 카메라, 퀴즈자료, 참가 기념품, 기록용지

○ 산행일정

시 간	소요시간	진 행 순 서
10:00		체육관 집합
10:30	30분	인원점검 및 조편성 대열로 집합
11:30	60분	차량으로 목적지로 이동
11:40	10분	출발선 정렬
12:10	30분	1지점 안전구역에서 게임
12:40	30분	2지역 안전구역에서 게임
13:10	30분	3지역 안전구역에서 게임
14:10	60분	점심식사 및 주변정리
14:40	30분	시상식 및 경품행사
15:20	40분	주변 정리 및 쓰레기줍기 행사
16:20	60분	인원점검 및 체육관 출발
16:30	10분	체육관에서 귀가

○ 산행 시 주의사항

- 팀장과 부팀장은 항상 자기팀을 나타내는 깃발을 들고 다녀야 하며, 팀원들은 항상 깃발의 색상을 기억하고 개인행동을 해서는 안 된다.
- 팀장과 부팀장은 팀원이 낙오되지 않도록 속도를 조절하여 등산하고, 팀원을 돌보며 어려움을 해결하고, 돌발사고(넘어져 다치거나, 환자 발생) 시에는 주변의 담당 지도사범에게 즉시 보고한다.
- 팀원들은 팀장과 부팀장의 말에 무조건 순종하여야 하며, 불응 시 패널티를 부여한다.
- 산행 중 다른 팀이 따라와 앞으로 가기를 요구하면 반드시 응해주어야 한다.
- 등산 과정에서 뛰거나 등산로를 이탈하여 걷는 행위는 절대로 삼가야 하며, 돌, 뿌리, 나뭇가지 등을 조심해야 한다.
- 자연을 보호하고 쓰레기를 버려서는 안 되며, 자기 쓰레기는 봉투에 담아 가져와 지정장소에 버린다.

○ 산행 진행

- 목적지에 도착하여 출발하기 전에 팀장에게 깃발을 나누어 주고, 주의사항을 전달한다.
- 팀장들이 모여 가위바위보를 하여 먼저 출발할 팀을 선정하며, 1위 팀이 출발한 지 2분 후에 2위 팀이 출발한다. (1, 2지점을 맡은 현장요원은 먼저 출발)
- 퀴즈 1지점에서는 퀴즈 문제를 3개 내어 3분 안에 2개 이상을 맞추지 못하면 다음 팀이 올라올 때까지 그 자리에서 대기한다.
- 퀴즈 2지점까지 먼저 올라온 팀은 다른 팀이 올라올 때까지 미션 연습을 한다.
- 퀴즈 3지점에서는 현장요원이 정해준 3가지 중에 2개를 성공해야 합격 판정을 받아야 통과할 수 있다. (앞, 뒤 팀의 차이가 너무 많이 날 경우에는 계속 불합격시켜서 다음 팀과 다시 경쟁을 시켜 이긴 팀이 내려가도록 한다)
- 종합성적을 발표하고 안전한 하산을 위해 마지막까지 질서를 지키는 팀이 가장 많은 점수를 받게 되어 순위가 바뀔 수 있음을 강조한다. 사범은 처음, 중간, 끝에서 수련생들을 돌보아 주어야 한다. 하산하여 종합성적을 발표하고, 준비된 선물이 있으면 가능한 모든 수련생에게 골고루 나누어준다.

○ 지도자 준비사항

- 지점을 맡은 현장요원은 자기가 해야 할 게임에 필요한 물건을 사전에 준비한다.
- 지점마다 게임을 시작하기 전에 반드시 인원을 정확히 파악하여야 하고, 맡은 게임을 즐겁고 재미있게 진행한다.
- 정상에 도착했을 때와 하산을 해서는 반드시 인원(특별히 초청된 친구를 포함)을 정확히 파악하여야 하고 맡은 게임을 정확하게 수행하였는지 평가한다.
- 등정이 가장 빠르고 모범적인 팀에게 대상, 우수상을 수여하고 등산 과정에서 질서를 잘 지키고 서로 협동한 팀에게 질서상, 협동상을 준다.
- 개인적으로 전체 인원 중에서 가장 모범적이고 헌신적이었던 수련생과 권태를 느끼는 수련생에게 개인상을 준다. 또한, 초청된 친구들에게도 배려를 해주어 체육관에 대한 좋은 인상을 심어준다.
- 항상 안전사고 예방을 위하여 전력을 기울여야 한다.

4. 줄넘기를 이용한 활성화

1) 줄넘기 교육에 관하여

(1) 줄넘기 교육이 꼭! 필요한 이유

- 현재 학교나 생활체육 교육기관에 취업하기 위하여 전국에 있는 모든 대학교에서 줄넘기 지도자 자격증을 취득하고 있습니다.
- 전국에 초, 중, 고 선생님은 사)한국줄넘기 지도자 자격증을 취득하고 있습니다. 특히 초, 중학교에서 담임선생님들이 줄넘기 자격증을 취득하여 학생들에게 줄넘기 전문화 교육을 하고 있습니다.
- 전국에 있는 초, 중, 고에서는 급수지, 인증제, 평가제를 도입하여 줄넘기 교육의 필요성을 강조하고 있습니다.
- 운동을 중요시하는 일반고, 특목고, 자사고에 원서 지원 시 면접에서 가산점을 받을 수 있는 자격 조건을 갖출 수 있습니다.

(2) 줄넘기의 효능

- 유산소 운동으로서 다이어트(체지방감소) 효과와 몸매교정을 해준다. 또한, 성장판을 자극해서 성장촉진 효과가 있다.

(3) 줄넘기 요령

- 하는 시간 : 아침에 식사하지 않고(공복 때) 하는 게 효과가 좋습니다.
- 운동 시간 : 20분 이상 1시간 이하 정도가 적당합니다.
- 운동 시 주의사항 : 최대한 천천히 끊기지 않고 오랫동안 유지하는 게 중요 합니다.

(4) 줄넘기의 효과

이렇듯 줄넘기는 전신을 이용하는 운동량이 풍부한 유산소 운동입니다.

심장과 폐를 튼튼하게 하고 다리에 힘을 길러주는 등 장점이 많아 미국의 줄넘기 연구가들은 〈완벽한 만능운동〉이라 말했습니다. 물론 줄넘기에는 다이어트에도 더할 수 없이 좋은 운동입니다.

이는 누구나 즐길 수 있기에 스트레스성 비만에도 효과적이며 심폐기능이 강화되어 활력이 생기고 다리 근육이 강화되고 힘이 세어져 노화방지에도 탁월합니다. 또한, 골반기능이 강화되어 여성분들에게도 좋고 골다공증도 예방할 수 있습니다.

※어린이 줄넘기 효능

- 줄넘기함으로써 고 체지방을 줄여 비만에 좋다, 심장 기능화 전신지구력이 좋아지고 혈압을 낮추어 동맥경화에도 좋다. 신경계가 발달하고 팔과 다리동작의 협응력도 발달하게 된다. 유산소 운동으로서 다이어트(체지방감소) 효과와 몸매 교정을 해준다. 또한, 성장판을 자극해서 성장촉진 효과가 있다.

Q) 체형이 교정 된다는데?

A) 줄넘기를 함으로써 체형이 교정된다. 특히 O형 X형 다리 교정이 된다. (전문선생님의 지도가 필요하겠지만 무릎 모아 기술 줄넘기를 다양하게 함으로써 O 다리와 X 다리를 바르게 교정과 동시에 어깨 균형 교정까지 도와준다.

Q) 키를 크게 한다는데?

A) 줄넘기는 뼈를 키우고 튼튼하게 하는 데 큰 도움을 준다. 줄넘기는 근육조직과 인대가 늘어나거나 줄어들도록 반복시킴으로써 성장판의 활동을 자극한다. 특히 체중을 지탱시키는 장골의 밀도와 성장을 촉진한다.

⑸ 적당한 운동량과 프로그램

초보자의 경우 쉬지 않고 할 수 있는 최대량을 3등분해서 실시한다. 가령 300회를 뛸 수 있으면 100여 번을 세 번에 걸쳐 뛰면 된다. 2개월 뒤 증진키엔 25분 이상, 8 개월 뒤 유지기엔 45분에 도달한다. 그 이상은 관절에 무리를 주게 된다. 이때는 다른 운동 종목과 병행하면 지겨움도 줄이고 운도 효과도 극대화된다.

⑹ 줄넘기 운동의 특징

① 줄넘기 운동은 언제 어디서나 손쉽게 할 수 있는 전천 후 운동으로 10분간만 뛰어도 충분한 운동 효과를 얻을 수 있으므로 이상적인 생활체육이다.

② 줄넘기 운동은 주로 발바닥 앞부분으로 뛰는 특수한 상하운동으로 발목, 장딴지, 무릎, 허리 등 강도 높은 자극으로 각 신체의 기능을 강화해 준다. 줄넘기 운동은 강도 높은 에어로빅과 같은 운동 효과로 심장과 폐를 튼튼하게 하고 지구력을 길러준다.

③ 줄넘기 운동은 리드미컬한 작은 도약의 연속운동으로 뼈의 등골 세포에 자극을 주어 청소년의 성장을 촉진하고 성인들의 골다공증을 해방할 수 있다.

④ 줄넘기 운동은 손과 발의 타이밍이 맞아야 하는 협용성 운동이므로 순발력, 유연성, 민첩성, 지구력 등 고도한 신체지배력이 길러준다.

⑤ 줄넘기 운동은 풍부한 레크레이션으로서 요건을 갖추고 있기 때문에 스트레스 해소에 효과적이다.

⑥ 단체 줄넘기 운동은 서로 호흡이 맞지 않으면 계속 뛸 수가 없으므로 공동체 의식 속에서의 일체감이나 협동심이 저절로 길러진다.

2) 줄넘기 기본강습

(1) 줄넘기 운동의 기본자세

① 먼저 어깨의 힘을 빼고 시선은 정면을 향한다.

② 양 팔꿈치는 겨드랑이에 붙이고 손잡이의 위치는 허리의 위치에 둔다.

③ 리드미컬한 무릎의 탄력을 이용하여 손목으로 가볍게 돌린다. 자세는 몸을 앞으로 약간 기울여 조깅할 때의 자세를 취한다.

④ 너무 높이 뛰지 말고, 반드시 발의 앞부분으로 착지한다.

⑤ 손잡이는 되도록 뒷부분을 가볍게 잡고 줄넘기의 윗부분을 엄지손가락으로 살짝 누르고 돌리면 줄의 회전력이 향상돼 훨씬 잘 돌아간다.

(2) 줄넘기 용구의 선택

줄넘기 운동은 무엇보다도 리듬, 밸런스, 타이밍 운동이기 때문에 줄넘기의 선택에도 관심을 가져야 한다. 우리가 보통 1회선 1도약의 줄넘기를 가볍게 할 때에 큰 차이가 없어 보이나 오래 뛰기 타든지 다회선 뛰기와 같은 차원 높은 뛰기를 할 때는 줄의 길이나 줄의 굵기 등에 상당한 영향을 받으며 특히 기록을 필요로 하는 경우라면 줄넘기의 특성을 효율적으로 발휘할 수 있는 더욱 좋은 조건의 줄을 고르는 것이 중요하다.

① 줄의 길이

- 줄의 길이는 각각 뛰기 방법이나 뛰는 사람의 숙달도, 자세, 습관 등에 따라 달라질 수 있겠으나 모든 뛰기 동작에 있어 가장 알맞은 줄의 길이를 안다는 것은 기능 습득을 위해서 매우 중요하다.
- 줄이 너무 길면 팔 전체를 이용하여 돌리게 되므로 자세가 불안정해지고 쉽고 너무 짧으면 발이나 머리에 걸려 잘 돌릴 수가 없다. 그러므로 초보자는 줄의 중앙을 한 발로 밟았을 때 양쪽 줄 끝의 길이나 명치 정도면 알맞고 점차 숙달될수록 조금씩 줄여나가는 것이 좋다.
- 뛰기의 이상적인 길이

허리 부분 : 오래 뛰기, 2단 뛰기, 3단 뛰기 등 다회선 뛰기

명치 부분 : 되돌려 뛰기, 엇걸어 뛰기, 엇걸어 풀어 뛰기 등

겨드랑이 부분 : 템포가 느린 1회선 2도약 뛰기, 2인, 3인 뛰기 등의 복수 줄넘기

② 손잡이 길이

- 줄넘기 손잡이의 길이는 갈수록 줄의 회전력이 커서 빨리 돌아가므로 특히 초보자나 어린이들은 손잡이가 길어야 배우기 쉽다.
- 손잡이의 끝 부분을 잡았을 때 앞부분에 5cm 정도의 길이가 있어야 돌리기 쉽고 짧으면 되돌려 뛰거나 엇걸어 뛰기에서는 손잡이 끝이 몸에서 가까우므로 돌리기 어렵다. 손잡이 길이는 최저 15cm ~ 21cm 정도가 이상적이다. (INF국제 줄넘기 경기연맹의 지정 규격은 21cm)

③ 손잡이 굵기

- 손잡이의 굵기는 유아와 초등학교 저학년은 10mm ~ 20mm, 고학년 20mm ~ 22mm. 중고생과 일반은 22mm ~ 25mm 정도가 쓰기 좋다.
- 음악 줄넘기를 할 때는 손잡이 2개가 한 손에 가볍게 잡혀야 여러 가지 동작을 취하는데 쉽다.

(3) 줄넘기 운동 시 유의점

① 준비운동 5분간, 정리운동과 심호흡 3분간 반드시 하도록 한다.

② 연속 뛰기로 적정운동량의 기준은 다음과 같다.(5분이 목표)

③ 초1은 30초, 초2는 1분, 초3은 1.5분, 초4는 2분, 초5는 2.5분, 초6은 3분 중, 고, 성인은 3.5분 사이(분간 30회 환산 가능) 신체적으로 땀이 나고 가벼운 피로를 느낄 때까지 한다. 능력에 따라 조금씩 횟수를 늘리고, 무리한 연습은 금물이다.

④ 심장 등에 이상이 느껴질 때는 의사의 진단을 받도록 한다.

(4) 줄넘기 상담요령

① 아이들의 수준 파악 : 아이들의 수준을 파악하고 부모님 앞에서 실력 향상된 모습을 보여준다.

② 비교 영상 촬영 : 교육생의 Before, After 동영상을 찍어 부모님께 보여 드린다.

③ 전문교육 인식 : 줄넘기 전문 교육 기관의 지도를 받고 있다는 사실을 명시하여 줄넘기 전문용어를 쓸 수 있도록 한다.

(5) 줄넘기 운동의 지도 요령과 유의점

① 짧은 줄넘기

- 줄넘기 운동지도는 개인의 학습능력에 따라 적기에 지도하는 것이 좋으며 줄넘기 종목의 대부분은 학습능력이 높은 초등학교에서 거의 습득할 수 있으므로 1 학년에서부터 체계적인 지도를 한다.
- 줄넘기 운동에는 1인 뛰기, 2인 뛰기, 3인 뛰기, 복수 줄넘기, 단체 줄넘기, 더블 덧치 등 많은 종류가 있고 또한 각각 난이도를 달리하고 있으므로 유사한 동작은 함께 지도하고 쉬운 동작에서 어려운 동작으로 점차 단계적으로 지도한다.
- 줄넘기 운동은 같은 시간에 똑같이 지도하여도 개인차가 심하므로 개인별 지도 목표를 세우고 달성할 수 있는 가능한 범위 내에서 지도한다.
- 줄넘기 운동의 지도는 리더를 양성하여 리더를 중심으로 한 소집단의 협동학습이 효과적이다.
- 줄넘기 운동은 개인별 학습차로 인한 운동습득이 늦은 사람에게는 될 수 있으면 열등의식을 갖지 않도록 의욕과 용기를 북돋아 주어야 하며, 운동량이 많은 운동이기 때문에 특히 과로에 빠지지 않도록 지도해야 한다.

② 긴 줄넘기

- 긴 줄넘기는 최상의 협력을 필요로 하는 운동으로 줄을 돌리는 기술이 좋을수록 뛰는 사람의 기술 숙달은 빠르다.
- 긴 줄넘기는 대상에 따라서 줄의 길이를 달리해야 하며 뛰는 사람의 체격, 인원수, 기능 숙달도, 뛰기 종목 및 뛰는 속도 등에 따라 줄의 길이가 달라진다.
- 긴 줄넘기는 줄 돌리는 사람은 특히 뛰기를 잘하는 사람이어야 타이밍 감각이 좋아져서 줄을 잘 돌릴 수가 있으므로 긴 줄넘기는 줄 돌리는 사람의 선발에 관심을 가져야 한다.

2) 음악 줄넘기에 교육에 관하여

(1) 음악 줄넘기란?

줄을 가지고 음악에 맞추어 신체 표현하는 것으로써 줄을 잡고 흔들기, 돌리기, 뛰어넘기, 감기, 회선 등의 여러 가지 동작을 맞추어 표현하는 것으로 창작과 완성의 즐거움이 있는 줄넘기이다.

(2) 음악 줄넘기의 장점

① 청소년들의 신체를 균형 있게 발달시킨다.
② 어린이들의 작고 연약한 심장을 강하고 튼튼한 스포츠 심장으로 만들어 준다.
③ 기초 체력을 향상하는 종합적 전신운동이다.
④ 밝고 명랑한 성격이 형성되며 사회성을 길러준다.
⑤ 신체의 지구력, 협응력이 발달한다.
⑥ 어린이 세계에서 자취를 감춘 동요 부르기를 통하여 아름다운 인성교육의 장이 형성된다.

(3) 음악 줄넘기의 기초기술 4가지

① 줄넘기 운동의 좋은 기술은 신체의 위치, 팔의 위치, 손잡이 잡는 법, 발놀림 등의 4가지로 요약할 수 있다.
② 신체의 위치 : 똑바로 서서 점프를 하는 동안 머리를 위쪽으로 한다.
③ 팔의 위치 : 팔꿈치를 옆구리에 자연스럽게 두고 허리 높이보다 조금 낮게 45도 각도로 팔을 구부리며 손바닥을 약간 위쪽으로 향하게 한다.
④ 손잡이 잡는 법 : 일상적으로 실행할 때나 음악에 맞추어 할 때는 줄을 편하고 느슨하게 잡는다. 고속줄넘기 및 기타 연기 시에는 단단하게 쥐고 할 수 있도록 한다.
⑤ 발놀림 : 점프(도약)를 하는 데는 양발(모둠발) 뛰기와 교대하여 뛰기의 두 가지 기초가 있다.
⑥ 양발 점프는 두 발이 동시에 뛰어오라고 지면에 동시에 닿는 것이다. 교대하여 뛰기는 발이 한쪽 발로부터 다른 쪽 발이 땅에 옮겨지는 것이다. 이러한 두 가지는 복숭아뼈 부분을 튼튼하게 한다. 두 발이 점프하거나 지면에 닿을 때 체중의 충격흡수는 매우 중요하며 그 방법으로 1차로 발볼, 2차로 무릎 굴신으로 하는 기술을 체득하여 관절의 상해를 해방하는 데 노력해야 할 것이다.

(4) 음악 줄넘기를 할 때 유의점

① 장소는 운동장, 교정, 놀이터 등 넓은 곳에서 한다.
② 운동량은 20분 전후 실시하며, 1분에 60회 정도의 속도로 넘는다.
③ 혼자 하는 것보다 학교에서 6명 1조가 되어, 가정에서는 가족들과 함께 어울려 하도록 한다.
④ 운동의 순서는 준비운동, 개인줄넘기, 복수줄넘기, 음악 줄넘기, 복합줄넘기, 정리 운동의 순서로 진행한다.

⑤ 운동의 적응 기간은 운동 시작 후 3~4주 후부터 운동의 효과가 나타나 3~4개월 후부터 최대의 효과가 지속하여 심폐기능이 튼튼해지고 스포츠 심장으로 단련되어 간다.
⑥ 강화된 심폐지구력도 운동을 중지하면 4~5주 후부터 급격히 떨어지게 되므로 지속적인 운동이 필요하다.
⑦ 줄넘기 용구를 소중히 다룬다.

3) 줄넘기교실을 이용한 활성화

(1) 지도자 실력향상
① 사단법인 한국줄넘기협회의 교육 동영상 참고
② 지도자 자격증 취득 및 줄넘기 기술 습득(약 1년 이상)
③ 줄넘기 종목별 지도법 : 성장발육 스텝, 체형교정 스텝, 다이어트 스텝, 음악 줄넘기, 기술줄넘기(무릎 모아 스텝, 번갈아 스텝, 엇걸어 풀어 스텝, 이중 뛰기, 기본스텝)

(2) 줄넘기 홍보
① 줄넘기 전문 클럽은 말 그대로 전문성을 띄어 있기 때문에 규칙적인 홍보만으로도 인원을 확보할 수 있다.
② 태권도, 합기도, 검도, 스포츠클럽 등과 같이 전문적인 체육관의 경우 줄넘기를 활성화하는 데에는 많은 어려움
③ 기존의 교육생에게 줄넘기 프로그램을 적용하여 활성화하는 것이 줄넘기 홍보의 지름길이다.

(3) 줄넘기 시범단 활성 및 시범단 구성요령
① 시범단 구성 인원은 8명 이상 (음악 줄넘기 대회 규정인원)
② 초기 시범단 활성화하기 위해서는 먼저 맞벌이를 하지 않고 학교 교육에 참여도가 높고 줄넘기에 관심이 많은 어머님의 아이, 줄넘기 기능이 뛰어난 아이, 줄넘기에 열정이 있는 교육생, 다이어트가 필요한 교육생 등…. 이러한 아이들을 선발하여 직접 지도 및 위탁 교육

(4) 각종 대회 참여
① 동아리를 만들어 각종 대회에 참여할 수 있도록 한다. (대회 대부분이 대회 인원을 중요시함)

② 개인으로 움직일 시에는 매달 외에는 단체 트로피를 받는 경우가 드물다. 하지만 단체로 움직일 시에는 우승 트로피를 만들어 달라는 조건을 제안할 수 있으며 대부분의 협회는 수락한다. 여기서 서로 약속하여 동아리끼리 돌아가며 트로피를 받아 각 체육관의 홍보하면 된다. 1년에 대회 3번을 기준으로 하면 좋을 것 같다.)
③ 줄넘기 대회에 입상하게 되면 학교에 대부분이 인증제나 급수제가 도입되어 있어 교육적인 측면으로 접근하여 반이나 학교 조회시간에 시상할 수 있도록 학교에서도 협조해 준다.

(5) 학교 행사 참여

학교에서 시상을 도와줄 수 있도록 학교와 밀접한 관계 유지를 하는 것이 중요하다. 학교 행사에 줄넘기 시범단을 무료로 시범을 보이도록 한다. 그리고 학교 축제인 교육감대회에 줄넘기 대회에 참여하도록 한다.

교육감 대회 준비는 봉사 차원에 무료로 교육을 한다. 일주일에 한 번씩 오전에 하는 것이 좋을 것 같다.

(6) 아이들의 주말 보내기 현 실태

① 현재 초등학교는 주 5일 수업으로 토, 일은 쉰다. 그러면 학생들도 쉴까? 아니다. 맞벌이 부부로서는 토요일에 쉬는 것을 그리 탐탁지는 않을 것 같다. 지금 현 교육 정책은 평일 교육과 주말 교육으로 나뉘어 있다.
그럼 과연 주말에 부모님들은 아이들에게 어떠한 교육을 할까? 당연히 공부의 연계다. 하지만 요즘 들어 주말이라도 스트레스를 풀라고 운동을 시키는 부모님들이 급격히 늘고 있다.
② 이 시장을 잘 공략하면 해법이 나올 것 같다. 각 무도 교육을 하는 관장님에겐 토요일에 쉰다는 것은 정말 희소식이다. 요즘 체육관의 문제점은 사범님들이 자주 바뀐다는 것이다.
주말반을 잘 활성화하여 주말 급여를 또 측정해 준다면 쉽게 다른 곳으로 옮기는 일은 적어질 것이다.(주말반 활성화는 사범님이 아닌 관장님이 직접 반을 만들어 줘야 한다.)

(7) 줄넘기는 여성주의적 운동이 짙은 스포츠다?

남자들은 강하고 싶다, 그런 남자의 강함을 보여 줄 수 있는 스포츠는 바로 무도다. 무도는 남성 주의적인 운동이 짙은 스포츠다.

남성들을 위한 운동들은 정말 많다. 하지만 여성들을 위한 운동은 얼마나 있을까? 수영, 발레, 인라인스케이트 등 손꼽힐 정도이다. 수영은 여자들이 많이는 하지만 오래는 하지 않는 것 같다.

이유인즉슨, 어깨가 벌어진다는 이유가 가장 많은 것 같다. 발레는 너무 고가 스포츠이다. 주변 발레학원 찾기 힘들다. 일반인들이 쉽게 접하는 운동은 아닌 것 같다. 인라인스케이트 대부분이 주말에만 활성화가 되어 있다.

그럼 줄넘기는 어떨까? 교육청에선 요즘 학생들이 인스턴트 생활 습관으로 인해 성장발육이 멈춘다 하여 학교에선 인증제며 급수제 그리고 평가제로 다양하게 줄넘기 교육을 보급하여 성장발육을 촉진 시키고 있다.

키가 가장 민감한 사람은 바로 여성이다. 여성은 제2차 성장기가 오게 되면 짧게는 2년 길게는 3년 정도 성장할 수 있다. 그 기간에 열심히 키를 키워야 하는데 거기에는 줄넘기가 있다. 이제 줄넘기는 태권도처럼 필수가 되어 가는 생활 스포츠로 자리 잡아 가고 있다.

(8) 방학특강 유치하는 방법

① 방학특강을 활성화하여 정규반이나 주말반을 만든다. 여름방학특강, 겨울방학특강 2년 4번 특강 유치 시 개학 후 어느 정도의 정규반과 주말 특강반을 형성할 수 있다.

② 단 이 모든 것은 다 관장님이 만들어 나가야 한다는 점이다.(먼저 시작은 관장님이 시작하여 활성화 후 자연스럽게 사범님이 인계받으면 반에 대한 고마움과 소중함을 알게 된다.)

③ 방학특강 프로그램 시간으로는 오전 9시부, 10시부, 11시부가 좋다, 첫 방학특강 인원 모으기가 힘들 것이다. 무조건 시간은 9시, 10시, 11시 부로 만들어 각부에 인원이 조금이나 모이게 되면 부모님들에게 전화 드려 인원을 체육관 실상에 맞게 조절하여 나올 수 있도록 유도하면 된다.

(9) 무도장을 운영하는 관장님들에겐 희소식

① 남자들이 많은 곳은 여자들이 쉽게 접근하지 못한다. 하지만 여자들이 많은 곳은 남자들이 알아서 모인다. 그런 아이나 어른이나 다 똑같은 것 같다.

② 태권도의 강한 이미지가 줄넘기의 부드러운 이미지와 만난 이유라고 할 수 있다. 도장에 여자 교육생들의 출입이 줄기 시작하면서부터 저절로 남자 수련생이 늘어나는 양상을 볼 수 있을 것이다.

생활체육 태권도장

성공하는 도장을 위한 체육관 경영론

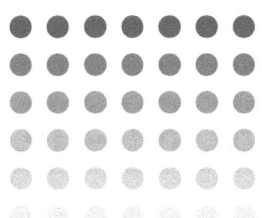

제 8 장

태권도 운영교실

1. 레포츠 운영교실
2. 학교 폭력의 실태와 이해
3. 학교 폭력 예방을 위한 인성 교육

제8장 태권도 운영교실

1. 레포츠 운영교실

1) 레저스포츠 인구의 증가에 따른 태권도 수련생의 감소

태권도 수련인구가 레저스포츠 인구로 흡수되고 있는 현실을 고려해야 한다.

주5일 근무시행과 더불어 라이프사이클의 빠른 변화로 레저스포츠에 대한 관심 및 활동인구가 급속도로 증가하는 추세이다. 이제 치열한 경쟁과 운영난에 힘든 태권도장이 살아남기 위한 수단으로 새로운 레포츠 문화에도 부득이 편승해야 할 시기이다.

이제는 태권도장이 지역 사회 안에서 태권도수련생은 물론 지역주민에게 여가 교육장으로서 레저스포츠센터적인 역할수행이 동시에 이루어지게 될 것이다. 레포츠 프로그램을 운영하면서 태권도장의 부가적인 수익창출을 발생시켜 나가야 할 것이다. "주5일제"로 레저스포츠 산업이 발전하고는 있지만 아직은 온 가족이 함께 즐길 수 있는 문화공간과 그 기회는 실제로 부족한 실정이다. 그런 의미에서 연령의 구분 없이 온 가족 누구나 즐길 수 있는 공간과 환경을 만들어가는 것이 우리 체육 지도자의 몫이라고 할 수 있다.

한 예로 태권도장에서 서바이벌 게임을 진행하는데 수련생이 대다수가 참가하고 주위 친구들까지 참가하는 그러한 경우도 현재 발생하고 있다. 즉, 또래 집단의 레포츠 인구는 늘고 있다. 따라서 가족들이 함께할 수 있는 프로그램을 시행하는 방법을 적극적으로 모색해야 한다. 특히 '삶의 질'을 중요시하는 웰빙이 새로운 생활방식으로 정착되면서 건강에 투자하는 시간은 갈수록 늘고 있다. 이 같은 사회적 분위기를 반영해 몇 년 전부터는 인라인스케이트, 스케이트, 보드, 자전거 타기 등 일상에서 쉽게 접할 수 있는 간편한 레저스포츠가 큰 인기를 얻고 있다.

하지만 인라인스케이트나 스케이트보드 등은 개인이 독립적으로 언제 어디서나 즐길 수 있다는 장점을 가지지만, 연령의 한계성을 뛰어넘어 온 가족이 함께 즐기기에는 어렵다는 단점이 있다. 이 같은 문제를 해결하기 위해 가족중심의 레저스포츠 문화를 개발 및 확대하기 위해 체육 관련 기관과 교육서비스 업종의 생활체육지도자들이 적극 연구 노력해야 한다. 새로운 스포츠문화의 핵심은 연령과 장애, 능력을 뛰어넘어 언제 어디서, 누구나 각자의 흥미에 따라 스포츠나 놀이를 즐긴다는 생활밀착형 레저 · 레크리에이션 스포츠에 있다.

이제는 생활체육업종에서의 지도자들이 레포츠 프로그램에 관심을 두고 지도자 자신이 레포츠 종목을 먼저 배우고 즐기고 또 가르치면서 자신의 수련인구 확대해 나가야 할 것이다.

2) 정부에서의 레포츠산업에 대한 발전방향

시대변화에 따라 건강생활이 중요시되면서 레포츠문화가 발전하고 있다. 이에 편승하여 생활체육태권도장에서는 주말과 방학을 이용한 다양한 계절별 레포츠행사 시행하면서 이미 기존 수련생과 퇴관한 수련생의 네트워크로 확보된 시장성을 통해 겸업할 수 있어 수익을 창출할 수 있다. 체육지도자는 현재 사업장의 지역에서 레포츠시설이나 공간과의 시간적 거리, 경제성, 안전도 등을 고려하고, 휴일, 휴가기간, 계절별로 누구나 부담 없이 즐길 수 있는 다양한 레포츠프로그램 개발에 깊은 관심을 가져야 할 때라고 본다.

지난 7월 정부는 '문화강국(C-KOREA) 2010년 육성전략'을 발표, 문화관광부에 레저파트를 새로 만들고 레저스포츠 기본법을 상정하는 등 레저스포츠 산업 육성에 온 힘을 쏟고 있다. 레저스포츠 발전은 물론, 지방 세수 및 고용창출 면에서도 큰 효과를 기대할 수 있을 것이다. 이에 정부는 21세기 고부가가치 산업인 레저스포츠 육성을 위해 뚜렷한 정책과 법 제도를 설치하고 레저 산업과 관련 레저스포츠 발전에 총력을 기울일 시점에 입각해 있다.

주 5일제 시행이 점차 확산함에 따라 국민 삶의 질 향상과 여가 선용이라는 이름으로 레저스포츠에 대한 관심이 날로 높아지고 있다. 그러나 레저스포츠의 시설과 공간 부족으로 주5일제를 이용한 가족중심의 레저스포츠인은 갈 곳이 마땅치 않고 비싼 비용 등으로 인한 문제에 부딪히고 있다.

레저라는 것은 자유로운 공간에서 자신의 의지대로 하는 스포츠다. 따라서 스스로 즐길 수 있는 놀거리나 레저를 위한 시설・공간이 필요하지만, 레저 스포츠의 수요에 비해 제대로 된 공급망이 부족한 것이 현실이다.

또한, 국내 레저스포츠시설은 개개인 중심의 문화단위로 형성되어있어 가족형태의 단체가 사용하기에는 조금 무리가 있으며 설사 시설이 갖춰져 있다 해도 터무니없이 부족한 상태이다. 따라서 최소한의 경비로 온 가족이 함께 즐길 수 있는 레저시설의 건립이 요구되고 있다.

더불어 시설과 함께 레저스포츠의 근본으로써 가족 간의 융화가 성립되어야 하며 가족이 있어야 사회와 나라가 바로 선다는 일념으로 레저스포츠는 가족화합에 힘써야 한다. 따라서 레저스포츠 산업이 21세기 고부가가치산업으로 성장하기 위해서는 현재의 레저스포츠 산업 현실을 고려, 인허가를 통하더라도 레저스포츠 산업에 대한 법 제도를 통하여 적합한 장치 및 지원정책이 제정되어 질 것이다.

이러한 정부의 노력은 레저스포츠 관련 정책수립과 법률제정으로 점차 발전되면서 나타날 것으로 기대된다. 이와 함께 학회와 각종 레저스포츠 관련 기관 및 법조계는 정부와 힘을 합쳐 예산신청 및 지원방향을 모색해야 하며 레저스포츠를 담당하는 실무기관이 단합하여 일관된 의견을 정부에 제시하여야 할 것이다. 앞으로 한국이 레저스포츠 강국이 되기 위해서는 레저스포츠 육성을 위해 더 많은 관심을 쏟아야 한다.

새로운 레저스포츠, 소수의 레저스포츠라도 장기적 시각과 비전을 가지고 육성해 나간다면 세계적 스포츠로 성장할 수 있을 것이다. 결국, 문제는 가족중심의 한국형 레저문화를 형성하여 집에서나 학교에서든 자연스레 레저활동을 즐길 수 있는 환경을 만들어야 할 것이다. 이를 이루기 위해서는 국민의식의 변화와 함께 법 제도가 뒷받침되어야 한다. 레저를 모든 분야와 접목할 수 있는 마인드와 제도적인 촉진법이 국내 레저스포츠 산업을 국제적 산업으로 성장시킬 것이다.

3) 레저 스포츠 이론 정립

(1) 레저스포츠의 개념

원어 leisure+sports. 한국에서는 줄임말로 레포츠라고 하며, 여가에 행하여지는 여가활동의 레포츠, 생계유지가 아닌 순수한 스포츠 활동, 의무적이거나 강제적이지 않은 것, 자발적이며 흥미로운 것, 건강을 유지 증진하고 기분전환 할 수 있는 것, 자기계발을 할 수 있는 여가의 스포츠 활동. 응원은 간접적 레저스포츠 활동의 참여를 말한다.

① 협의적 레저스포츠

자발적인 참여활동, 노동이 아닌 여가활동

② 광의적 레저스포츠

등산, 낚시를 즐기는 것은 레저스포츠이며 대회를 통해 규칙과 방법을 제정하는 것은 게임이고 스포츠이다.

③ 생활스포츠(사회체육-건강)와 레저스포츠(건강과 삶의 질을 향상)의 개념

생활체육 - 조기 축구, 배드민턴, 태권도장, 생활체육수영장, 근대5종, 마라톤교실, 헬스클럽, 에어로빅강습소, 레저스포츠 - 낚시동호회, 등산동호회, 골프동호회, 스파동호회, 스쿠버다이빙동호회, 사륜바이크, 수상스킨, 제트스키 동호회 등

④ 레저 스포츠의 특징

ⓐ 자연을 활용한다, 바다-해양(해상)스포츠, 해저스포츠와 강과 계곡 그리고 호수에서 수상, 수중스포츠를 즐길 수 있다.

ⓑ 모험과 극기를 즐기는 레저스포츠가 주목을 받고 있다. - 탐험, 빙벽, 암벽 인공암벽

ⓒ 과학기술발달- 잔디스키, 실내스키, 윈드크루저, 파도타기

⑵ 현대사회의 특징과 레저스포츠

경제성장과 교통문화의 발달로 레저활동에 참여할 수 있는 여건을 제공하여 주고 있다.

① 경제성장과 레저스포츠

최소한의 돈과 시간적 여유가 있어야 참여 가능

② 여가의 증대와 레저스포츠

미래사회는 돈 대신 여가를 택하는 경향이 커진다. 삶의 윤택과 건강, 자기 계발을 위해 필요함

③ 도시인구 집중현상과 레저스포츠

인간은 자연에서 태어나 자연으로 돌아간다. 숲이나, 깊은 산 속, 바다, 강물, 산 정상에 올랐을 때의 만족감

④ 과학기술의 발달과 신종 레저스포츠

윈드서핑, 윈드크루저(바퀴달린것), 윈드보드, 윈드스키, 엑스게임, 기타 매스컴, 인터넷에서 셀 수 없을 만큼 소개되는 이름 모를 레저스포츠에 대한 관심과 연구검토

⑤ 교통기관의 발달과 레저스포츠

골프, 스킨, 사냥, 낚시, 해양스포츠, 빙(설)상 스포츠 등

⑥ 매체산업의 발달과 레저스포츠

매스컴, PC 문화의 발달로 스포츠마케팅 동시 발달 관심과 참여도의 증가

(3) 레저스포츠의 분류

① 1차적 참여 - 스포츠 활동에 직접 참여

② 2차적 참여 - 경기장에서 관람, TV, PC, 비디오 등을 이용한 관람

③ 계절별 분류 - 봄, 가을, 여름, 겨울, 사계절 등

④ 종목별 분류 - 탐험레포츠, 항공레포츠, 해양(수상)레포츠, 지상레포츠, 실내레포츠, 리듬레포츠로 분류된다. (레저스포츠 종목의 계절별, 유형별 분류표 참조)

(4) 레저스포츠의 기능 및 과제 - 승부보다는 참여하는 데 목적이 있다.

① 레저스포츠의 순기능

ⓐ 교육적 기능 - 많은 정보와 지식제공의 기능으로 건전한 레저문화를 창출한다

ⓑ 생리적 기능 - 운동부족으로 인한 질병 예방 효과, 자동차가 늘수록 심장병 환자 증가

ⓒ 심리적 기능 - 스트레스 해소

ⓓ 사회적 기능 - 협력과 책임, 사교, 예의, 주종의 질서와 규칙의 존엄, 약속의 이행, 시간 엄수, 덕성을 함양, 상호동정, 자제, 관용의 태도를 배운다.

ⓔ 여가선용의 기능 - 생업에 시달리는 직업인들의 운동부족을 메워준다, 청소년들의 성장발달에 도움, 성인들 질병 사전예방에 도움, 개성발휘 명랑성, 적극성 향상

ⓕ 경제적 기능 - 스포츠제조업의 발달: 레저스포츠 용품, 의류, 가방, 운동화, 음료수, 특수장비, 첨단스포츠장비의 과학화, 프로스포츠의 활성화 등

② 레저스포츠의 역기능

ⓐ 모방화 기능 - 사치와 낭비, 과소비 성향, 동료 시선 의식 비싼 외제선호가 일부에서 유행심리로 번지거나 전염성, 악성사회 풍조 발생(고가외제 골프채구입 등)

ⓑ 상업화 기능 - 고가의 골프관광, 스킨관광, 낚시관광, 온천관광, 야구 관광(박찬호), 골프관람(박세리)관광 등 건전한 레저스포츠 문화가 기업의 이윤추구로 전락하는 현상.

ⓒ 향락화 기능 - 종목이 다양화, 상품화되면서 스포츠본질에서 왜곡되어 가치관을 찾지 못하고 음주 향락문화로 도태되는 현상

ⓓ 중독화 기능 - 운동 후 24~36시간 이내에 오는 금단증세, 심리적, 생리적 요인: 불안, 긴장, 죄의식, 성급함, 신경과민, 근육 경련, 들뜬감, 근무권태감. - 고연령화될수록, 전문기능직 종사자일수록, 참여빈도 높을수록, 기술 수준이 높을수록 높게 나타남

③ 레저스포츠의 과제

ⓐ 참여 방법과 태도에 대한 교육적인 문제 - 체력과 능력 검토, 규칙과 방법의 습득, 부상과 사고의 방지, 우수한 지도자 양성과 시설업체들의 최상 서비스 필요함.

ⓑ 참여 기회 불평등 문제 - 2000년부터 골프장, 스키장 특별소비세 면세에 따라 과거 고급 스포츠에서 대중스포츠로 변화되는 과정, 시간적, 경제적 흐름으로 저비용의 대중화로 편견과 부정적 인식이 불식되고 있음.

ⓒ 프로그램 개발 및 보급의 문제 - 기획, 수행, 평가, 시설, 공간, 환경, 프로그램운영으로 합리적이고 효과적인 신체활동을 보장해 주는 수단이 되어야 함.

ⓓ 레저스포츠 지도자의 양성문제 - 적성, 경험, 지능, 지식, 교양, 인격, 협동심, 지도력, 열성적인 봉사정신이 투철한 생활체육지도자의 질적 양적 양성이 시급. 시설활용 극대화, 프로그램 운영의 효율성 도모의 능력을 개발하여야 함.

4) 레포츠의 분류 (가능한 한국형 레포츠 위주)

(1) 레포츠의 참여 형태별 분류

① 1차적 활동에 참여 - 직접참여

② 2차적 활동에 참여 - 경기장에서 직접 관람 / TV, 매스컴 통한 관람

(2) 계절별, 유형별 분류

① 탐험 레포츠

ⓐ 봄*여름*가을 레포츠 : 답사여행, 동굴탐험, 백패킹, 산악마라톤, 산악사이클, 암벽타기, 인공암벽, 오리엔티어링, 오토캠핑, 전파방향탐지기, 천문관측, 탐석여행, 트래킹

ⓑ 겨울레포츠 : 온천산행, 빙벽타기

ⓒ 사계절 : 인공암벽타기, 암벽타기

② 항공 레포츠

ⓐ 봄*여름*가을 레포츠 : 롤러코스터, 모형비행기, 번지점프, 스카이다이빙, 열기구, 조인경기, 초경량 항공기, 파고제트, 패러글라이딩, 패러세일링, 텐덤 스카이다이빙, 행글라이딩

ⓑ 사계절 레포츠 : 스포츠카이트

③ 해양(수상)레포츠

ⓐ 여름레포츠 낚시, 드레곤보트, 로우링, 래프팅, 모터보트, 수상스키, 수영, 스노쿨링, 스쿠버다이빙, 요트, 인플레터블, 카누, 워터슬래이, 윈드서핑, 제트스키, 조정, 카누, 카약, 파워보트, 호버크레프트

④ 지상레포츠

ⓐ 봄*가을 레포츠 : 골프, 롤러브레이드, 산악자전거, 서바이벌 게임, 전파방향탐지기, 필드캐스팅

ⓑ 여름레포츠 : 비치 발리볼

ⓒ 겨울레포츠 : 눈썰매, 스노보드, 스노서핑, 스노스케이팅, 스케이팅, 스키, 윈드크루저

ⓓ 사계절 레포츠 : 공기권총, 게이트볼, 그라운드골프, 모터사이클, 모터스포츠, 사이클, 석궁, 스네이크보드, 승마, 잔디스키, 클레이사격

⑤ 실내 레포츠

사계절 레포츠 : 다트, 당구, 라켓볼, 배드민턴, 볼링, 수영, 수영, 스쿼시, 실내스키, 요요

⑥ 리듬 레포츠

사계절 레포츠 : 스포츠댄스, 에어로빅, 덩더꿍체조, 멧돌체조

5) 여름 레포츠 대표적인 것 요약

① 래프팅

물살이 거센 계곡을 고무보트에 의지해 맨몸으로 헤쳐나가는 모험으로 가득한 레포츠이다. 흰 포말로 부딪치는 급류를 헤쳐 가는 도전정신이야말로 현대인들에게는 적절한 레포츠이다.

② 서바이벌 게임 (페인트 볼)

원래 2차 세계대전 당시의 전투상황을 플라스틱 총알(BB탄)이 실제 발사되는 모형소총을 들고 재현하는 서유럽 사람들이 전쟁놀이에서 유래되었다. 무방비 상태로 자연속에서 적응하고 생존하는 훈련으로 현대판 로빈슨 크루소가 되어 볼 수 있는 레포츠이다. 현재는 페인트 볼을 주로 사용한다.

③ 수상스키

강물 위로 하얗게 물보라를 일으키는 수상스키는 여름 스포츠의 꽃이며, 바라만 보아도 여름의 더위를 잊게 해주는 멋있는 레포츠로 보기와는 달리 안전하여 누구나 물 위의 마라토너가 될 수 있다.

④ 패러글라이딩

낙하산(Parachute)의 안전성 및 이동 간편성과 글라이더(Glider)의 비행성을 접목하여 만든 항공레포츠로서 삶의 기개와 이상을 키워볼 수 있는 매력있는 레포츠이다.

⑤ 제트스키 : 고속 엔진부착 종류별 다양

⑥ 제트보트

물위에서 시속 80km 이상 질주감을 맛볼 수 있다. 1960년대 뉴질랜드에서 한 농부가 얕은 강물을 건너기 위해 제작하였다. 사업성이 뛰어난 사람들에 의해 스릴 가득한 여가활동으로 발전시켰다. 제트스키와 마찬가지로 외부 프로펠러가 없다.

⑦ 파라쎄일링

특수 고안된 낙하산을 멘 사람을 자동차나 모터보트에 긴 줄을 연결하여 끌고 가다가 낙하산에 공기압이 생기면 떠올라 공중비행을 즐길 수 있게 한 레저 스포츠이다.

⑧ 플라이 피쉬

모터보트에 로프로 연결한 고무보트에 매달려서 타는 수상스포츠

⑨ 바다래프팅

배를 타고 노를 저으며 바다를 헤쳐나가는 레포츠

⑩ 사륜바이크

⑪ 워터슬라이드(주문진해수욕장)

37m 10층 높이 무한 속도. 길이 140m 국내 최대 시설, 참고자료 : 2007년 (사)한국레포츠연맹의 동양최대의 워터 슬라이드, 강릉시 해수욕장에 있는 최초 바닷가 워터슬라이드

⑫ 바나나보트 : 정식명칭 Water sleigh 시속 40km 모터보트에 매달려 감.

⑬ 열기구

⑭ 땅콩보트 : 모터보트가 앞에서 끄는 땅콩모양의 보트

2. 학교폭력의 실태와 이해

1) 소년범 범죄율 증가에 대한 분석

① 2013년 경찰청 통계자료에 의하면 소년범 범죄 재범률이 40% 매년 증가하는 추세이다. 이는 사회적으로 심각한 문제로 대두하고 있다.

한번 폭력 경험 있는 아이는 재범할 환경적 소지가 반드시 발생하기 마련이다.

② 재범발생의 환경적 소지라는 것은 가정의 붕괴, 가정교육의 실종, 학교폭력의 증가, 학교의 무관심교육이 주원인이다. 이는 교사가 일일이 파악을 할 수가 없기 때문이다.

③ 학교폭력을 당하는 아이 대부분이 사회성 부족, 내성적, 소극적이라서 자신이 왕따와 학교폭력을 당하는 사실에 대해 구체적인 사항을 친구나 교사나 부모에게 말하지 못하고 혼자만의 고민에 사로잡혀 있다가 결국 자살에까지 이르게 되는 경우가 90% 이상을 차지하고 있다.

④ 청소년 가출자와 범죄자의 보호교육시설의 부족으로 학교와 사회에 재범자를 양성하고 있다. 연간 가출청소년이 십만 명을 넘는데도 전문 보호시설이나 소년원이 부족하다.

⑤ 보호시설은 전국에 겨우 92곳, 대안 가정(청소년회복센터) 수용인원이 고작 1,000명 정도이다. 예방보호 차원에서 시설을 증가하는 것이 급선무이다,

인성교육, 다양한 전문교육을 위한 기관단체와 사설학원에서의 예방교육이 전문화되고 극대화 되어야 한다.

2) 학교폭력의 유형

① 금품갈취 및 폭행 : 사람을 공갈하여 재물의 교부를 받거나 재산상 불이익을 취하여 타인으로 하여금 이를 얻게 함으로써 성립하는 범죄로 재산을 목적으로 한 범죄이지만, 폭행이나 협박을 동원하기 때문에 강도와 유사한 성격을 지니며 폭력행위에 포함 시킨다.

② 성폭력은 개인의 성적 자유 및 애정의 자유를 침해하는 것으로, 성희롱, 가벼운 추행, 강간, 강제추행이 포함된다.

3) 학교폭력의 특성

① 청소년 폭력이 단순한 탈선의 차원을 넘어서 심각한 범죄의 단계에 도달하고 있다. 급격한 산업화 과정에서 야기된 가치관의 혼란으로 청소년 자신의 폭력행위에 대한 죄의식이나 책임감을 자각하지 못하고 있다.

② 청소년 폭력의 집단화 경향의 증가와 연령층이 점점 낮아져 가는 추세이다. 초등 1학년~3학년에서도 학교폭력의 첫 경험자 통계는 78%의 결과가 나왔다.

여학생도 가해자와 피해자가 급진적으로 증가하는 추세이다.
③ 집단 따돌림, 놀림, 시험지 보여주기, 숙제, 심부름시키기 등, 새로운 형태의 심리폭력, 언어폭력 출현과 단순폭력이 아닌 지속 해서 가해지는 학대적 폭력까지 등장하고 있다.

4) 학교 내의 일진 조직 소탕 및 처벌강화

① 학교, 경찰 유관기관과의 협조로 반드시 색출하여 학교폭력의 고질적 요인을 최우선적으로 섬멸하여야 한다.
② 사회 폭력조직이 학교 내의 폭력 써클 후배조직을 양성하고 있는 관계로 학부모의 힘으로는 절대 해결할 수가 없다.
③ 중학교 1학년만 되어도 학생들이 서열을 가리기 위한 싸움이 지속하여도 담임교사가 모르는 경우가 태반이다.
④ 학생들이 상담에 대한 필요성을 느끼게 하고, 신고와 고발정신을 위한 별도의 교육이 지속적이며 반복적으로 이루어져야 한다.

5) 학교폭력 예방 및 근절 방안

① 나부터 폭력을 제로로 만드는 데 앞장서며, 친구를 사랑하고 칭찬하며, 언제나 친구를 배려하는 인성교육 과목을 별도로 만들어서 학교폭력 예방교육을 강화해나간다.
② 경찰서, 교육청, 구청, 학교 교사, 녹색어머니회, 자율방범대, 청소년육성회, 태권도협회 등 관공서와 유관단체들의 캠페인, 금연 · 금주운동, 방범 활동, 선도교육 등을 점차 강화한다.
③ 학교폭력 예방교육을 위한 우수사례를 발굴하여 사례집으로 발간, 보급하고 교육청 홈페이지와 학교 홈페이지에 게재한다.
④ 학년별로 자원봉사자를 모집하여 학부모와 함께 순찰대를 조직한다. 학교 주변 폭력행위, 금연지도, 우범지역 배회학생 귀가지도, 유해업소 출입억제 지도, 사안 발생 시 생활지도부와 경찰 단속 지원요청 등.
⑤ 중고등학교를 중심으로 CCTV 확대증설 설치, 교내폭력 사전예방, 학교 물품도난사고 방지와 오염물질 교내 투기 방지 등에도 활용한다.

6) 학교폭력 예방 및 근절을 위한 추진전략

① 학교폭력이 조직화, 흉포화되고 있는 현실에서 많은 청소년 관련 법률들이 제정 · 시행되고 있지만, 관련 정부부처의 횡적인 네트워킹 미흡, 관련 기관 · 단체의 난립과 유

사 사업의 수행 등으로 인해 가해 학생의 선도 기회는 미비하고, 피해 학생이 겪게 되는 고통은 더욱 심각해지고 있는 현실이다.

② 무엇보다도 현재까지의 학교폭력이 근절되었다거나 현재 시행하고 있는 대책만으로 충분하다고는 생각하지 않기에, 현실을 직시한 아래로부터의 대책 마련이 시급한 실정이다.

③ 현재까지의 나쁜 쪽으로만 치부됐던 학교폭력 가해 학생을 중심으로, 그들의 욕구를 파악하여 실질적인 인센티브를 제공함으로써, 불만을 해소하고, 자발적인 참여를 유도할 수 있는 총체적이며 획기적인 프로그램을 마련한다.

④ 학교폭력 예방 · 근절을 위한 정책적 관심을 교사 중심에서 학생중심으로 선회하되, 1단계로 가해 학생에서부터 시작하여, 2단계는 피해 학생 중심, 3단계는 가해 · 피해 학생들이 함께 참여함으로써 서로 간의 인식 부족으로 인한 문제점을 근본적으로 해소토록 유도한다.

⑤ 지금까지 추진해왔던 학생, 교사, 학부모, 외부기관 등과의 네트워크 체제를 보다 현실적으로 구축하여, 학교폭력을 현실로 받아들여 이를 즉시 공개하고, 현실적인 대안이 마련될 수 있는 분위기를 조성한다.

⑥ 교육을 이수한 폭력 써클의 주역들인 가해 학생들이 전면에 나서서 학교폭력 추방에 앞장서고, 지속적인 모니터링을 통해서 사후관리를 철저히 가하며, 수련시설의 강사로 활동하거나 올바른 일에 참여코자 하는 과거 조기폭력에 몸담았던 분들이 학교폭력 예방 · 근절의 후원자로 지속해서 활동케 함으로써 신생 폭력조직 결성이나 새로운 폭력 학생 발생을 근절시킬 수 있다.

⑦ 학교폭력 예방 · 근절 프로그램을 전담하는 청소년 수련시설을 건립하고, 단계별로 교육하되, 교육은 실제 조직 폭력배나 개과천선한 이들을 강사로 활용하여 조직폭력배의 말로를 실제로 느끼게 하는 등 가슴에 와 닿는 교육을 하여야 한다.

⑧ 모든 청소년에게 태권도와 무술교육을 통하여 태권도 정신, 참무도 정신을 함양하게 하여 문무를 겸비한 새로운 사고와 심신을 수양하는 기회를 부여하여야 한다.

⑨ 시범지역, 시범학교를 선정하여 모델 케이스로 선 운영하되, 사업실패에 대한 리스크를 최소화하고, 자체성과 지표에 따른 평가 등 피드백을 통해 사업효과를 검증하여 전국적으로 확대해 나가야 한다.

⑩ 국내외 사례를 충분히 고찰하고, 이를 분석하여 시행착오를 최소화하며, 관련 정부부처의 참여를 이끌어내어 정책적 관심을 높이고, 유관 기관 · 단체와의 횡적인 실질적인 네트워크 체제를 구축하여 시너지 효과를 높인다.

⑪ 지역 및 학교의 특성을 고려하여 마스터 플랜을 시기적절하게 탄력적인 맞춤형 시스

템으로 운영하되, 수련시설은 숙박이 가능한 호텔형으로 지정하되, 그 내용은 기존 인성교육을 강조하던 커리큘럼에서 학생의 욕구에서부터의 비롯된 학생을 중심으로 하는 내용으로 함으로써 실질적이고 획기적인 차별화를 도모한다.

7) 학교폭력 예방 및 근절을 위한 추진전략과 기대효과

① 주 포인트는 가해 학생이 없는 학교를 조성하겠다는 것이 취지이다. 가해 학생을 중심으로 단계별 접근과 연찬회를 통하여 가해 학생, 피해 학생, 학부모, 교사 등이 서로의 처지를 이해하여 인식 전환할 수 있는 계기를 제공한다.

② 가해 학생들이 스스로 미래를 열어갈 수 있도록 사회적으로 지원하여, 학교 내에 가해자가 없도록 하여 근본적으로 학교 폭력이 근절될 수 있도록 해야 한다.

③ 가해 학생별로 구성된 소그룹의 활동을 통하여 가해 학생의 일상에 깊게 파고들어, 가정과 학교의 구분 없이 토탈 지원을 하며, 인센티브를 제공하고, 방과 후의 활동을 지원하여, 지금까지 소외되었던 그들이 학생들의 중심에 서서 학교폭력 예방 및 근절에 적극적으로 대처하는 분위기를 조성한다.

④ 그 지역사회의 영향력을 발휘하는 외부인사의 후원으로 실질적 외부폭력 조직의 접근을 근본적으로 차단하고, 폭력의 폐해를 학생들에게 가슴에 와 닿도록 하는 교육 효과의 거양이 기대되도록 한다.

⑤ 아래로부터의 대책, 즉 학생들의 욕구로부터 출발한 케어 시스템을 구축하여 사업 종료 후에도 효과가 지속할 수 있도록 차별화, 특성화함으로써 사업효과를 극대화한다.

⑥ 학교폭력 문제뿐 아니라 문제 학생들의 앞으로 올바른 미래를 열어갈 비전을 가지고 장래를 살아갈 수 있는 기반을 제공함으로써 문제 학생에서 사회의 주역으로 전환될 수 있을 것이다.

8) 학교폭력 최고의 치료방법

(1) 원인분석

공부에 대한 경쟁교육 과열, 경쟁심 유발에 따른 스트레스 발생, 언어폭력, 폭력적 행동, 과잉행동장애 해가 갈수록 증가하고 있다.

한국 청소년 1년에 평균 159명이 자살을 한다. 자살원인으로는 경쟁적 교육제도, 성적비관, 학교폭력, 왕따, 우울증 순이다.

학교폭력 가해 학생 최근 3년간 두 배로, 초등생 급증(2013년 8월 25일 연합뉴스 보도자료)

(2) 선도방법과 치료방법

① 선도 사례 (2013년 8월 25일 연합뉴스 보도자료)

반성문, 서면 사과 21%. 특별교육이수 19%. 학교봉사 17%. 사회봉사 12%. 전학, 퇴학처분 극소수, 피해 학생이 전학 가는 경우가 더 많음.

② 치료방법

체육 활동과 취미활동으로 공부에서의 탈출구를 열어 주어야 한다.

학생들의 설문조사 결과로 최다 답변은 스포츠밖에 없다.

또래들끼리 웃고 즐기고 뛰고 땀을 흘리고 하는 것이 학업스트레스에서 가장 좋은 탈출 방법이다. 폭력적인 사고가 해소되면 우울증이 치료된다.

그다음 집중력이 향상되면 쉬운 공부부터 적응해나갈 수 있다.

(3) 성적우수와 성적부진

성적 최상위와 상위그룹은 이미 공부에 대한 흥미를 깨달은 학생들이다.

기타 그룹에 대해 강압적 교육방식은 오히려 역효과를 발생하게 한다.

스스로 학업에 흥미를 느낄 수 있도록 교육환경을 조성해 나가야 한다.

기타 그룹에서 최고의 방법은 본인이 가장 좋아하는 것, 가장 하고 싶어 하는 것, 가장 잘하는 것이 무엇인가를 먼저 파악하는 것이 가장 중요하다.

부모와 전문교사가 정확히 찾아서 아이의 특기적성을 길러주는 것이 최선의 교육방식이다.

9) 학교폭력, 왕따, 자살예방을 위한 교육적 대안

① 성적이 우수한 학생은 장학지원을 적극적으로 활용하여 학업에 더욱 매진하도록 하여 우수한 인재로 양성해나가야 한다.

② 기타 학생들은 강압적 학업에 스트레스받지 않도록 자율학습에 자발적으로 참여하게 한다.

③ 방과 후 활동을 보장한다. 프로그램을 다양화, 전문 교사의 재배치, 선진화가 그 필수조건이다.

④ 음악 - 가야금, 거문고, 관현악, 단소, 바이올린, 클라리넷, 플루트, 피리, 태평소, 해금, 성악, 첼로, 농악, 사물놀이 등

⑤ 체육 - 체육수업 확대운영은 한국 학교 교육에서 가장 시급한 문제로 제기되고 있다. 체육교사 증원 필수. 축구, 농구, 발레, 스포츠댄스 등 확대추진

⑥ 무도교육 - 모든 청소년에게 태권도와 무술교육을 통하여 태권도 정신, 참무도 정신을

함양하게 하여 문무를 겸비한 새로운 사고와 심신을 수양하는 기회를 부여하여야 한다.

⑦ 미술 - 도자기, 창의 디자인, 창의 미술, 한국화, 서예

⑧ 창의, 탐구 - 독서, 논술, 로봇과학, 생명과학, 실험과학 등

⑨ 외국어, 기타 - 영어심화. 영어회화, 원어민 영어교실, 중국어, 컴퓨터 등

⑩ 선도부, 학교 지킴이 학생 활용법

이러한 학생들에게 지속적인 인성, 무도, 리더십교육으로 동료 피해 학생들에 대한 지킴이 역할을 할 수 있도록 제도적인 방침을 세우는 방안도 검토되어야 한다.

⑪ 사설 예체능 학원과 동호회 활용

태권도, 무술 도장, 레포츠교실, 수상 레포츠교실, 빙상스포츠, 주말 체육교실, 하이킹, 인라인, 배드민턴, 테니스, 마라톤, 하이킹, 트래킹, 조기축구회, 낚시회, 볼링, 수영, 헬스클럽, 스키 보드, 바둑 장기, 당구, 노래교실, 기타, 드럼 등

10) 지도자 교육자의 역할이 중요

① 세상을 끌어안는 따듯한 마음으로 제자들을 지도해야 한다.

② 현실을 깊이 통찰하고 재해석하는 예리한 시선과 탁월한 능력을 갖추어야 한다.

③ 아름다운 정서와 감정으로 다양한 빛깔로 누구에게나 삶의 풍요와 행복을 제공해주는 리더가 되어야 한다.

④ 남에게 관대하고 자신에게 엄격하고 모두가 올곧게 살고 싶은 갈망을 심어 주어야 한다.

⑤ 제자들에게 힘과 용기를 심어주고 아름다운 지혜를 심어주는 매개체 역할이 되어야 한다.

⑥ 삶의 변화에 동기를 주는 역할이 되어야 한다. 가슴에 울려 주는 메시지를 주는 역할이 되어야 한다.

⑦ 따뜻한 말로 어깨를 토닥거려 주는 역할이 되어야 한다.

⑧ 전문가로서 삶의 지표와 목표를 심어 주어라.

11) 부모의 고정 관념에 변화를 주어야 한다.

① 자녀가 부모의 눈치를 보게 하지 말고 항상 대화로서 상의하도록 하는 가정문화를 만들어 가야 한다.

인격이 형성되는 시기에 부모의 동의를 받는 것이 아니라 즐거운 대화로서 상의해야 한다. 무엇이든 부모에게 물어보고 부모는 즐겁게 답변을 해주고 부족하면 전문가의 협조를 구한다.

② 종속과 인정을 구하는 행동을 강화하는 경우가 있다. 자녀를 소유물로 생각하는 궁극적인 사고이다. 부모는 자녀가 자신을 위해 생각하고, 스스로 문제를 해결하도록, 자신에게 대한 믿음을 키우도록 도와주어야 한다.
③ 매번 동의를 구하는 아이는 부모 의존형 아이로 성장하기가 쉽다.
유아기는 스스로 생각하고 자신의 의지대로 행동하고 싶어 한다. 자신감을 쌓아가도록 부모는 그 역할을 해주면 되는 것이다. 잘하는 것이 있으면 인정을 해주고 칭찬과 격려를 아끼지 말아야 한다.
그래야 자긍심을 갖고 최선을 다하는 사고력을 갖게 되는 것이다.

12) 학교폭력 예방을 위한 진로선택과 특기적성 개발

① 학교폭력 예방은 그 첫 번째가 부모의 선책이다.
② 사회성이 부족한 부족하고 내성적이고 소극적인 아이는 왕따 대상의 최우선적 필수조건이다.
③ 유아기, 청소년기 왕따의 기초는 부모에게 우선 책임이다. 선천적 부모의 성향과 성격을 닮는 경우이며 후천적으로 성장 과정의 교육방식에 대한 잘못이다.
④ 초등학년부터 영어공부를 시작하여 중간고사, 기말고사에 입시경쟁 문화 속에 자연적으로 빠져들다 보니 모든 부모의 선택은 역시 성적과 학원 공부에만 몰두하기 마련이다.
⑤ 중고생 한 학급 30명 중 서너 명을 제외하고 모두 입시학원에 다니고 있다. 학급에서 상위권 학생들에게만 수도권 대학에 진학한다. 그럼에도 불구하고 고3 때까지 성적 하위권 학생들까지도 모두 학원 공부에만 몰입한다.
심지어 불합격했을 경우 재수를 위해 기숙학원에 거주하면서 공부 사육을 당하는 것이 우리 사회 통례이다.
⑥ 이제는 우등생은 공부에 매진하여 성적을 더욱 향상하고 그 외 대다수 학생은 적성을 키워 주는 것이 부모의 역할이다.
즉, 부모는 아이가 무엇을 잘하는지 파악하여 전문가에게 상담을 받아 보는 순서를 먼저 가져보아야 한다.
⑦ 우수인재를 발굴하여 적재적소에 자리매김하는 시스템을 개발하는 것이 부모와 전문가의 박자가 잘 맞는 시스템이자 역할이다.
⑧ 재능을 재개발 창출하고 진학과 취업을 보장하고 후임을 육성하는 전문교육자와 학부모의 만남이 자녀 미래를 선택하고 성공할 수 있다. 그래야 자녀가 가정과 사회에 헌신하고 국가에 이바지는 하는 일꾼이 되는 것이다.

3. 학교 폭력 예방을 위한 인성 교육

인성 교육은 백 마디의 말보다 단 한 가지의 행동이라도 실천과 경험을 통한 기본 습관을 하나씩 하나씩 쌓아 올려 간다면 이것이 백행의 밑거름이 되어 바른 행동으로 이어지게 될 것이므로 실천 위주의 인성 교육이 선행되어야 하겠습니다.

사랑과 정서가 메마른 어린이들에게 말로만 사랑 사랑하기보다는 실제로 아름다운 정서와 정겨운 생활을 통한 사랑을 체험하고 느끼게 하는 것이 바른 인성을 가꾸는데 더욱 절실한 것이리라 봅니다.

그리고 말로만 도덕성을 강조하면서 실제로는 점수 위주의 지식 교육에 더 쏠리고 있는 교사나 학부모, 우리 사회 모두의 의식 개혁 없이는 인성 교육은 그 실효를 거두기 어렵다고 봅니다.

본교에서는 실천 위주의 인성 교육을 위하여 여러 측면에서 다양한 체험 활동을 전개하면서 평소 지도한 자료들을 정리하여 인성교육 자료집을 발간하였습니다.

본 자료집은 교사, 관장, 사범, 원장, 수련생, 학생, 학부모가 함께 읽고, 함께 생각하며, 생활하는 길잡이가 되도록 하였습니다. 자료집에 담긴 내용 하나하나가 의미하는 뜻을 되새겨 올바른 생활을 영위할 때, 우리 사회는 도덕이 바로 세워지고, 질서가 존중되며, 사랑과 봉사가 가득할 것입니다.

1) 학교 규칙 지키기

학교에서 공부를 하는 것도 중요하지만 바람직한 생활 태도와 습관을 기르고 터득하는 것이 더욱 중요한 일이라고도 할 수 있습니다.

학교에 등교하여 스스로 아침 공부를 시작하는 것에서부터 휴식 시간에 할 일과 지킬 일, 점심시간의 생활, 또 집에 돌아갈 때까지 생활, 자기 주변을 깨끗하게 가꾸는 생활 습관을 꼭 지도해야 할 필요한 일입니다.

계속 반복되는 세심한 주의와 지도로 행동이 습관화되고 태도가 형성된다고 할 때에 학교생활에서 매시간 지켜야 할 여러 가지 생활 태도를 잘 익히고 실천하도록 하는 일은 매우 중요하겠습니다.

규칙은 법과 같습니다. 아이들이 학교생활에서 규칙을 잘 지키는 것은 국민이 법을 잘 지키는 것과 같습니다. 등교 시간 지키기 등 작은 규칙이라도 소홀히 생각지 마시고 가정에서 책임 있는 협조를 해 주신다면 아동들도 규칙에 대하여 꼭 지키지 않으면 안 된다는 새로운 인식을 하게 될 것입니다.

(1) 나는 학교 규칙에 대하여 어떻게 생각해 왔는가?

(2) 나 스스로 정한 약속은 어긴 적이 있습니까?

(3) 실천사항

① 아침 공부 시간
- 쓸데없이 돌아다니거나 옆 사람과 장난치지 않기
- 스스로 공부하는 태도 취하기

② 주변 활동
- 다른 학생보다 일찍 등교하여 그 날의 교실에서 생활할 준비하기
- 체육 시간 또는 과외 활동 시 교실의 비품과 학생들의 소지품을 관리하기

③ 조회 시간
- 옷차림을 바르게 하고 조회에 참석하기
- 선생님을 주목하고 말씀 잘 듣기

④ 쉬는 시간
- 화장실에 다녀오기
- 복도 통행 잘하기

⑤ 점심시간
- 식사 예절 잘 지키기

⑥ 청소 시간
- 정해진 순서에 따라 깨끗이 청소하기

2) 스포츠 활동을 통한 학업에 대한 스트레스 해소

(1) 스포츠 정신이란

스포츠맨이 가져야 할 정신, 특히 경기할 때 발휘하는 정신을 말합니다. 그 내용을 살펴보면 다음과 같다.

① 경기에서는 정정당당하게 싸우며, 승자로서 거만하지 않고, 경기에 지고 있어도 끝까지 경기를 계속하는 태도,

② 자기에 대해서는 충실, 극기
③ 상대방에 대해서는 관용, 예의
④ 집단에 대해서는 책임을 다하고,
⑤ 규칙을 준수하며 심판의 판정을 인정하는 자세 등을 들 수 있습니다.

(2) 스포츠정신의 의미

운동정신을 넓은 의미로 말할 때, 운동선수만이 아니라, 나아가서는 민주사회에 있어서도 모든 사람의 기준이 되는 도덕적 정신이라 말할 수 있습니다. 일의 결과도 중요하지만, 과정이 더 중요하다는 말이 있습니다.

정당한 방법으로 전력을 기울이는 과정 그 자체가 결과 못지않게 중요하다는 것을 깨우쳐 주십시오. 요행이나 운수를 바라지 않고 자기가 하는 일에 전력을 기울이는 삶의 자세가 필요하다는 것을 인식시켜 주십시오.

① 승부보다는 경기 자체의 즐거움을 배우고, 비슷한 실력의 경기가 더 흥겨움을 알도록 합시다.
② 기능이 떨어지는 친구를 이끌어 주고 용기를 북돋워 주는 태도를 가집시다.
③ 운동 경기는 승부도 중요하지만, 최선을 다하는 과정도 중요합니다.
④ 승부는 운수나 요행히 아니고 그만한 노력이 뒤따라야 한다는 것을 알도록 합시다. 맡은 일에 최선을 다할 때 좋은 결과를 얻게 되고 보람을 느낄 수 있습니다.

3) 학교폭력 예방을 위한 자아확립 실천방법과 지도방안

(1) 정직

정직한 태도란 거짓 없는 마음의 상태와 양심적인 생활의 실천을 뜻합니다. 즉, 마음에 거짓이 없고, 양심에 따라서 사는 생활을 말합니다. 정직은 어떤 경우이든 옳고 바른 일에 꾸민 없이 참여하고 행동하는 것이어야 합니다. 자기의 이익에 따라서 정직의 기준을 정해도 안 되며 여러 사람의 결정에 따라서 정해져도 안 됩니다. 어디까지나 참되고 옳은 것을 향한 스스로 양심이 그 기준이 되어야 합니다.

가) 실천사항

① 자신의 잘못을 인정하기

- 잘못을 저질렀을 때에는 자기의 잘못을 솔직하게 인정합니다.
- 자기의 잘못을 속이려 하거나, 남의 탓으로 돌려서는 안 됩니다.

■ 상대방에게 끼친 피해를 보상해 주는 방법을 생각해 봅니다.

■ 아무리 친한 사이라도 직접 찾아가서 사과하고 용서를 빕니다.

■ 사과 편지를 쓰거나 정성이 담긴 선물을 전해 주어도 좋습니다.

② 남의 잘못을 용서해 주기

■ 다른 사람이 나에게 잘못을 했을 때에는, 잘못을 깨닫게 한 후에 너그럽게 용서를 해 줍니다.

■ 다음에는 그런 일이 일어나지 않도록 따뜻한 충고를 해 줍니다.

■ 그 사람이 그런 행동을 하게 된 원인이 무엇인지 생각해 보고, 나의 잘못은 없는지 따져 봅니다.

■ 나도 다른 사람에게 그런 잘못을 저지르지 않도록 주의합니다.

③ 물건을 훼손했을 때

■ 고의로 남의 물건을 부수거나 망가뜨려서는 안 됩니다.

■ 실수로 남의 물건을 훼손했을 때에는 주인에게 솔직하게 알려야 합니다. 주인이 자리에 없을 때에는 메모지에 자기의 연락처를 적어 놓습니다.

■ 훼손된 물건에 대해서는 부모님과 상의해서 변상해 주도록 합니다.

■ 자기가 한 행동의 결과에 대해서 책임을 질 줄 알아야 합니다.

④ 물건을 주웠을 때

■ 물건을 주웠을 때에는 그 자리에서 잠시 기다려 봅니다. 그래도 주인이 나타나지 않으면, 부모님이나 선생님 등 웃어른께 알리고 처리하도록 합니다.

■ 주운 물건을 마음대로 사용하거나 다른 사람에게 팔아서는 안 됩니다.

■ 주운 물건을 마음대로 처리하는 것은 남의 물건을 훔친 것과 같은 행동입니다.

⑤ 거짓말을 했을 때

■ 진실을 솔직하게 털어놓고 사과를 합니다.

■ 거짓말을 하게 된 사정을 이야기하고 용서를 빕니다.

■ 거짓말로 인한 피해가 있었으면 상의해서 보상해 주도록 합니다.

나) 지도방안

나의 실수나 태만으로 인해서 생긴 결과에 대해서는 당연히 책임을 져야 한다는 것을 강조해서 가르쳐야 합니다. 그래서 자기의 작은 잘못에 대해서도 상대방에게 미안한 마음을 가지게 하고, 피해에 대해서는 보상하도록 해야 합니다.

① 자기의 잘못을 속이려 하거나, 남의 탓으로 돌린 적은 없습니까?

② 주운 물건을 마음대로 사용하거나 다른 사람에게 준적은 없습니까?

(2) 분수에 맞는 생활

분별하는 슬기, 자기 신분에 맞는 생활을 하는 것 등을 의미합니다. 자기 처지를 생각하여 알맞게 처신하고 자기 할 일을 충실히 하고 어린이답게 행동하는 것 등이 분수에 맞게 생활하는 것입니다. 나는 지금 분수에 맞는 생활을 하는 것일까요? 생각해 봅시다.

가) 실천사항

① 가정에서 내가 해야 할 일을 알고 실천합니다.

② 학교에서 친구들의 일에 함부로 끼어들거나 간섭하지 말고 자기 일에 충실하도록 합시다.

③ 부모님께 무리한 요구로 떼를 쓰지 맙시다.

④ 사치스러운 옷과 신발을 사지 말고 값싸고도 튼튼하고 편리한 것을 고르도록 합시다.

⑤ 너무 비싼 학용품과 외국 제품을 쓰는 것도 분수에 맞는 생활이 아닙니다.

⑥ 값비싼 것이 좋다는 생각을 버립시다.

⑦ 남이 가진다고 나도 가져야겠다는 생각은 옳지 않습니다.

⑧ 분수에 맞는 생활을 하기 위해서는 평소 검소하고 절약하는 생활 습관을 지니도록 합시다.

나) 지도방안

경제적 발전으로 물질적인 풍요를 누리며 사는 이때 자칫 잘못하면 사치와 낭비로 정신적 건강마저 잃게 되는 경우가 많습니다. 절제 없는 생활, 분수에 맞지 않는 행동은 자신을 물론 이웃, 국가에게까지 영향을 미치게 됩니다. 자녀들의 건전한 경제생활과 분별력 있는 사람으로 키우기 위해서는 어른들이 먼저 분수에 맞는 생활을 솔선수범하셔야 합니다.

① 분수에 맞지 않게 과소비한 적을 없나요? 그때의 느낌은 어떠했나요?

② 나는 항상 분수에 맞는 물건(학용품, 옷, 신발, 장난감)을 가지고 있는가?

③ 분수에 맞는 나의 생활은 어떤 것일까요? 적어 봅시다.

④ 학교생활에서 친구들에게 분수에 맞게 행동하는가?(겸손, 간섭, 책임 완수 등)

(3) 만족한 생활로 느끼기

만족이란 작은 부족함도 없이 마음이 흡족함을 일컫는 말이니 사람이 정신적 물질적으로 만족을 얻는다는 것은 매우 어려운 일입니다.

자기의 분수는 생각지 않고 더 좋은 것, 더 비싼 것을 찾으며 물질적으로 채워져야만 만족을 느끼는 사람은 항상 더 많은 욕심을 갖게 되어 만족한 마음을 가질 수가 없습니다. 자기의 분수를 알아 욕심을 부리지 않는 사람은 마음의 여유를 가질 수 있고 행복을 느낄 수가 있습니다.

내가 지금 불만스러워 하는 일은 무엇인지 생각해 보고 해결할 방안을 마련해 봅시다.

가) 실천 사항

① 부모님은 항상 자기 자식에게 제일 잘해 주고 싶어 하십니다. 욕심을 부려 부모님 마음을 괴롭히지 않도록 합시다.

② 자기보다 더 어려운 처지에 있는 친구들이 많다는 것을 알고 그 친구들의 마음을 헤아려 봅시다.

③ 갖고 싶은 마음을 참도록 노력해 봅시다.

④ 비싼 물건보다 쓸모 있고 사용하기 편리한 물건을 사도록 합시다.

⑤ 늘 감사하는 마음을 갖고 생활하도록 합시다.

나) 지도방안

대부분 자식은 부모를 닮아 갑니다. 내 자식의 가장 싫은 점도 가만히 생각해 보면 어릴 때의 자기 모습이거나 지금의 자기 모습일 때가 많습니다. 현재의 상태를 늘 불만스럽게 표현한다면 은연중에 아이들도 불만을 품게 되고 표현하게 됩니다. 아이들의 요구에 응해 주지 못할 때도 짜증스럽게 얘기하지 마시고 끈기 있게 설득해야 하며 가장 중요한 것은 더 큰사랑으로서 물질적인 불만을 채워 주는 것입니다.

① 자기 부모님(가정)을 원망해 본 적이 있습니까?

② 가지고 싶은 물건을 가지지 못할 때나 자기 마음대로 되지 않아서 불만스러울 때 어떻게 합니까?

③ 성민이 부모님을 어떻게 생각합니까?

④ 성민이의 불안이 왜 생겼다고 생각합니까?

(4) 공부해야 하는 이유

사람을 사람답게 가르치고 지식을 전해 주는 일을 교육이라고 합니다. 그런데 초등학교 어린이가 반장에서 떨어졌다고, 중고등학교 학생이 공부가 떨어졌다고 해서 자살을 했다고 합니다. 우리가 교육을 받고 살아가는 목적이 반장이 되거나 좋은 대학에 들어가는 것이 아닐진대 도저히 바른 판단과 행동이라고 할 수 없는 이런 일들을 접할 때마다 안타까움을 금할 수 없습니다.

자기의 특기나 소질을 잘 살려 하고 싶은 일을 하면서 살아가는 것이 행복이고 궁극적인 목적이 아닐까요? 공부해서 장래 자기가 어떤 사람이 되고 싶은지 생각해 보아야 한다.

가) 실천사항

① 합리적으로 생각하고 판단하고 행동하는 사람이 되자.
② 자기의 소질이나 특기를 알아 꾸준히 노력해야 한다.
③ 자기 생활 계획을 세워 규칙적인 생활을 해야 한다.
④ 위인전을 많이 읽고 훌륭한 분들의 생각과 판단, 노력 등을 본받도록 한다.
⑤ 스스로 공부하는 습관을 기르고 최선을 다하는 사람이 되어야 한다.

나) 지도 방안

무조건 공부를 열심히 하기보다는 계획을 세워 규칙적인 생활을 하면서 스스로 공부하는 습관을 기르는 것이 중요하다.

무슨 공부를 어떻게 해야 하는지 방법은 잘 가르쳐 주어야 한다. 아동을 잘 관찰하셔서 아동의 소질이나 특기를 찾아내어야 한다.

위인전이나 좋은 책을 많이 읽게 하는 것은 합리적인 생각을 하게 하여 옳은 길로 행동하게 할 것이다.

① 공부하기 싫을 때가 있습니까? 언제 공부하기 싫습니까? 질문해본다.
② 자기가 좋아하는 과목은 무엇이며 자기가 가장 잘하는 것(특기)은 무엇입니까? 질의해본다.
③ 왜 힘든 공부를 해야 하나요? 이유를 알아보자.
④ 어떤 일이 닥치기 전에 미리 준비하지 않으면 어떻게 될까요?

(5) 신뢰

사회 변화의 속도가 빨라 예기치 못한 현상들이 많이 일어나는 탓에, 현대를 흔히 불안의 시대, 불신의 시대라고들 합니다. 이와 같은 시대를 살아가고 있는 우리는 서로 믿어야 한다는 신념을 지니고, 불신의 원인을 찾아서 하나하나 해결해 나감으로써 밝고 명랑한 사회를 이루어 나가야 할 것입니다.

가) 실천 사항

① 뚜렷한 근거 없이 남을 의심해서는 안 된다.
② 의심이 생기면 그 즉시 옳고 그름을 가려야 한다.
③ 나의 판단보다는 다른 사람의 말이나 행동이 옳을 수 있다고 생각하는 마음을 지녀야 한다.
④ 남을 의심하기 전에 먼저 자기의 잘못을 되돌아볼 줄 알아야 한다.
⑤ 다른 사람의 말만 듣고 경솔히 판단하여 남을 의심해서는 안 된다.
⑥ 남에게 의심받을 일을 하지 않으며, 분명하고 확실한 행동을 하여야 한다.
⑦ 남이 믿도록 늘 올바른 언행을 한다.
⑧ 거짓말을 하지 않는다.

나) 지도 방안

세상은 점점 남을 신뢰하는 마음이 부족해지고 있는 것 같습니다.

부모와 자식 간, 친구 간, 이웃 간에 서로 믿을 수 있는 마음의 벽을 과감히 깨어남을 신뢰하는 개방의 벽을 쌓아 올려야 하겠습니다. 남을 신뢰하는 마음이 생길 때 이 사회는 밝고 명랑해지리라 생각됩니다.

아무리 작은 일이라도 믿음을 갖고 남을 신뢰할 수 있도록 다 같이 노력해야 하겠습니다.

① 남을 의심해 본 적이 있는가? 그때의 느낌은 어떠했는가?
② 친구를 원망해 본 적이 있는가? 무슨 일로, 왜?
③ 내가 만약 다슬이라면 어떻게 했겠는가? 그렇게 생각한 까닭은 무엇이겠는가?
④ 남을 신뢰할 수 방법에 대한 자신의 의견을 적어 보자.

(6) 신의

사회생활에서 가족 다음으로 밀접한 관계를 맺고 있는 사람이 친구입니다. 그러므로 참다운 친구는 형제와 다를 바 없습니다. 어려운 일이 생기면 서로 위로하고 도와주는 사이가 참다운 친구 관계입니다. 친구와의 사귐은 나와 더불어 공존해야 할, 남의 존재와 가치를 인정할 줄 아는 포용력을 기르며, 이웃과 더불어 즐거움을 나누는 바탕이 되기도 합니다.

가) 실천 사항

① 친한 친구일수록 예의를 지켜야 한다.
② 참된 우정은 믿음을 바탕으로 이루어진다. 항상 솔직한 태도로 친구를 대하여야 한다.
③ 친구 사이의 약속은 반드시 지켜야 한다.
④ 친구 사이라도 내 것과 네 것을 분명히 가릴 줄 알아야 한다.
⑤ 친구의 잘못에 대해서 너그럽게 용서하고 감싸 줄 수 있어야 한다.
⑥ 친구를 도울 일이 생기면 힘닿는 데까지 도와주어야 한다.
⑦ 친구를 도울 때에는 친구의 자존심이 상하지 않도록 마음을 써야 한다.
⑧ 친구의 잘못된 점을 지적해 주고, 그것이 개선되도록 도와준다.
⑨ 친구의 우정 어린 충고를 기쁜 마음으로 받아들여야 한다.
⑩ 친구의 좋은 점을 찾아보고 본받는다.

나) 지도 방안

요즈음에는 날로 학원 내 폭력 사태가 증가하고 있습니다.

친구를 잘못 사귀면 자기도 모르게 점점 나쁜 길로 빠져 나중에는 헤어나지 못하리라 생각됩니다. 친구 사이에 지켜야 할 예의가 점점 없어지고 같은 또래나 상, 하급생 간에 폭력을 행사하고 금품을 빼앗는 등 친구 사이에 보이지 않는 어두운 장벽들이 자꾸만 쌓이고 있습니다.

이런 장벽들을 제거하고 참된 친구를 건전하게 사귈 수 있도록, 친구 사이에 믿음을 가질 수 있도록 자녀들과 많은 대화가 필요하리라 간절히 요구됩니다.

① 어려운 친구를 도와준 적이 있는가? 그때의 느낌은 어떠했는가?
② 친구의 잘못된 점을 지적해 준 적이 있는가? 무슨 일로, 왜?
③ 내가 만약 지연이라면 어떻게 했겠는가? 그렇게 생각한 까닭은 무엇이겠는가?
④ 참다운 친구로서 서로 지켜야 할 신의에 대한 자신의 의견을 적어 보자.

(7) 의리

친구 사이에서 가장 중요한 것은 의리입니다.

서로 이해하고 도와주는 믿음직한 친구는 무엇보다 귀중한 재산입니다.

친구 사이에도 지켜야 할 예절이 있습니다. 서로가 예절을 잘 지킬 때 아름다운 우정을 꽃피울 수 있습니다. 서로가 믿을 수 있는 것이 친구이기 때문에 친구 사이의 약속은 반드시 지켜야 의리를 지킬 수 있습니다.

가) 실천 사항

① 참다운 친구가 되려면

- 서로 의견을 존중하고 약속을 잘 지켜야 한다.
- 서로 믿고 의리를 지킨다.
- 친구의 잘못을 너그럽게 용서해 준다.
- 아무리 친한 사이라도 내 것과 네 것을 분명히 가린다.
- 친구가 잘못 생각하고 행동할 때에는 충고할 줄 알아야 한다.
- 친구의 우정 어린 충고를 기쁜 마음으로 받아들여야 한다.

② 친구에게 어려움이 생겼을 때

- 먼저 위로의 뜻을 전한다.
- 내가 도울 방법을 생각해 본다.
- 친구의 자존심이 상하지 않는 범위에서 도와준다.
- 진정으로 마음에서 우러나오게 도와주어야 한다.

나) 지도 방안

학창 시절에 얻을 수 있는 세 가지 기쁨이 있습니다. 진리를 배우는 것, 훌륭하신 선생님을 만나는 것, 그리고 좋은 친구를 사귀는 것입니다.

친구가 없는 사람은 주머니가 텅 비어 있는 것처럼 인생이 허전하게 됩니다.

친구는 참될수록 좋고 우정은 깊을수록 좋습니다. 우정이란 끊임없이 주는 것입니다. 되돌려 받기를 바라는 마음으로 준다면 그것은 이미 우정이 아닙니다.

우정의 참다운 사랑이, 어찌 조건이 있을 수 있겠습니까? 그러므로 이기적인 사람, 타산적인 사람은 친구를 사귈 수가 없습니다. 친구를 위하여 손해인 일을 하지 않는 사람은 친구를 사귈 수 없습니다. 그런 사람은 결국 외톨이가 되어 친구들의 따돌림을 받게 됩니다. 의리가 가득한 참다운 친구를 사귀기 위하여 부모님의 따뜻한 사랑이 요구됩니다.

① 자신도 장난을 치다 물건을 깨뜨린 경험이 있는가? 그때의 느낌은 어떠했는가?
② 친구 사이에 사소한 잘못으로 싸운 적이 있는가? 무슨 일로, 왜?
③ 내가 만약 대식이라면 어떻게 했겠는가? 그렇게 생각한 까닭은 무엇이겠는가?
④ 친구 사이에 의리를 지키면 어떤 좋은 점이 있을까? 자신의 의견을 적어 보자.

(8) 지조

세상을 살다 보면 뜻을 굽히지 말아야 할 때가 있습니다. 그것이 옳은 일이라면 목숨을 바쳐서라도 지켜야 합니다. 어떤 것이 지조인지 알아봅시다.

가) 실천 사항

① 자신과의 약속은 꼭 지킨다.
② 약속은 꼭 지킨다.
③ 가훈을 정하여 자손 대대로 맥을 이어야 한다.
④ 직업에는 귀천이 없음을 알고 가업을 계승 발전시켜야 한다.
⑤ 옳은 일에는 자기 뜻을 굽히지 않는다.

나) 지도 방안

요즈음 자녀들은 편하고 쉽게 살려고 하지 어렵고 힘든 일은 아예 하지도 않으려고 합니다. 마음과 몸이 허약하다 보니 비굴하게 행동할 때도 있습니다.
인내심과 의지를 키워 흔들리지 않는, 지조를 지킬 수 있는 자녀로 키워 보십시오.

① 내가 힘들고 귀찮다고 친구를 배신한 적은 없나요? 그때의 느낌은?
② 내가 옳다고 생각한 일을 끝까지 해낸 적이 있는가? 무슨 일로, 왜?
③ 머리빗에 때가 새까맣게 낀 선비를 왜 특채를 하였을까요?
④ 임금님의 판단이 대하여 자신의 의견을 적어 보자.

(9) 입지

우리가 일상생활에서 무엇이 옳고 그른 것인지 구분하기가 어려운 상황에 부닥친다면 우리는 큰 혼란에 빠지게 됩니다. 이때 확고한 의지가 있다면 옳게 판단을 하고 바르게 살아갈 수 있으며, 자신의 가능성을 실현할 수 있습니다. 자아를 실현하기 위하여 어떻게 해야 할지 생각해 봅시다.

가) 실천 사항

① 약속을 한 것은 꼭 지킨다.
② 위인전을 많이 읽는다.
③ 쉬운 일부터 목표를 정하고 실천한다.
④ 생활 계획표를 만들어 꼭 지킨다.
⑤ 목표는 구체적이고 현실적으로 실천 가능한 것으로 정한다.
⑥ 장래의 희망은 크고 높게 가진다.
⑦ 자신을 통제하는 능력을 기른다.
⑧ 자기 극복 훈련에 자주 참가한다.
⑨ 어려운 일도 참고 견딘다.

나) 지도방안

아주 작은 일이라도 자녀 스스로 결정한 일이라면 끝까지 해낼 수 있도록 기다리고 용기를 주어야 합니다.
실수했을 때 꾸중보다는 조금이라도 잘했을 때 아낌없는 칭찬이 필요합니다.
어린이들이 큰 뜻을 품고 그 꿈을 실현할 수 있도록 격려해 주십시오.

① 한 번 하기로 마음먹었던 일을 끝까지 해낸 적이 있는가? 그때의 느낌은?
② 계획을 해 놓고 실천을 하지 못한 일은 있는가? 무슨 일로, 왜?
③ 내가 만약 경일이라면 어떻게 했겠는가? 그렇게 생각한 까닭은 무엇인가?
④ 결심한 일은 왜 꼭 실천해야 하는지 의견을 적어 보자.

(10) 침착

빠른 속도로 변해가고 있는 요즘에 살아가고 있는 우리는 우리의 국민성으로까지 정착되어버린 듯한 (빨리 빨리병) 때문에 무슨 일이든지 너무 서두르고 침착하지 못하여 생기는 사고와 실수들이 아주 많이 있습니다.

텔레비전의 "119구조대"라는 프로그램에서 목숨이 경각에 달린 불의의 사고에서도 침착한 태도로 위기를 극복하는 모습은 퍽 감동적이었습니다.

침착한 태도에 대해 생각해 봅시다.

가) 실천 사항

① 마음이 급할수록 차분한 태도를 가진다.

② 예기치 못한 상황에 부닥쳤을지라도 당황하지 않는다.
③ 무슨 일이든지 차분하게 해결하는 수단을 취한다.
④ 항상 느긋한 마음을 가진다.
⑤ 다른 사람의 말도 수용할 줄 알아야 한다.
⑥ 서두르고 덤벙대는 자세를 고친다.
⑦ 정신을 똑바로 차린다.
⑧ 일을 한꺼번에 끝맺으려는 욕심을 없앤다.

나) 지도 방안

요즘의 어린이들은 해결해야 할 과제가 산더미처럼 많이 쌓여 있습니다.
하루에도 두서너 군데씩 학원에 다녀야 하는 부담감과 학교 공부는 부모의 강요에 못 이겨 이뤄지는 경우가 대부분으로, 다람쥐 쳇바퀴 돌듯이 되풀이되는 하루의 일과는 시간에 쫓긴 나머지 빨리 빨리병으로 연결되고 매사를 서두르는 경향이 있습니다. 모든 일을 침착하고 차분하게 처리하는 태도를 길러줘야 하겠습니다.

① 침착하지 못하여 실수한 적이 있는가? 그때의 느낌은 어떠했는가?
② 친구를 원망해 본 적이 있는가? 무슨 일로, 왜?
③ 침착한 태도가 왜 필요한지 자신의 의견을 적어보자.

(11) 희망

사람들은 저마다 타고난 소질을 갖고 있으며 그에 따라 자신의 희망을 정하여 그 목표에 도달하기 위하여 열심히 노력합니다.

세계적으로 유명한 성악가 조수미는 자신을 낳아주신 부모님의 딸이 아니라 이제는 "한국의 딸"이라고 자신을 소개하였던 장면이 퍽 감동적이었습니다.

자신의 특기는 무엇이며 장래의 희망은 무엇인지 생각해 봅시다.

가) 실천 사항

① 자신의 소질을 계발한다.
② 자신의 소질을 신장시키기 위하여 꾸준히 노력한다.
③ 꿈을 크게 가진다.
④ 좌절과 시련 · 고통이 닥칠지라도 포기하지 않는다.
⑤ 꿈은 언제든지 바뀔 수가 있음을 명심한다.

⑥ 처음부터 많은 욕심을 내지 않는다.
⑦ 과분하거나 허황한 희망은 품지 않는다.
⑧ 친구의 좋은 점을 받아들여 자신의 목표 도달에 보탬이 되도록 한다.
⑨ 부모님과 상의하여 부모님의 의견도 수렴하도록 한다.
⑩ 부모님의 충고를 받아들인다.

나) 지도 방안

요즘 들어 열린 교육의 붐으로 인하여 아동 개개인의 창의성과 다양성이 중시되고 있는 현시점에 공부만이 인생의 전부인 줄 잘 못 알고 체육선수가 되는 것을 피하는 학부모님이 많습니다.

그러나 아동의 소질을 조기 발굴하여 운동선수가 되어 나라를 빛내보는 것도 아동의 진로에 큰 도움이 되지 않을까요?

황영조 선수는 중학교 체육 선생님의 눈에 띄어 어려운 역경 속에서도 연습을 계속하여 올림픽 금메달을 받는 영광을 누렸지 않습니까?

스포츠선수나 탤런트, 예술가 등은 그 소질을 타고 태어난다지 않습니까?

숨은 소질과 적성을 발굴하여 열심히 노력한다면 진흙 속에서 진주를 찾아내듯 값진 보람이 되지 않을까요.

① 갈등을 느껴 본 적이 있는가? 그때의 느낌은 어떠했는가?
② 부모님의 말씀을 어긴 적이 있는가? 무슨 일로, 왜?
③ 참다운 친구로서 서로 지켜야 할 신의에 대한 자신의 의견을 적어보자.

(12) 인격

인격이란 사람의 됨됨이를 일컫는 말입니다.

예로부터 우리 조상들은 그 어떤 부와 명예보다도 사람의 됨됨이를 중시하였고 또 강조했습니다. 요즘 다양한 가치관의 변화가 사회적 병리 현상으로 나타나 불안과 공포 속에서 살 수밖에 없을 정도로 현대인들의 인격은 삭막하게 변하였다고 하여도 과언이 아닐 것입니다. 바른 인성과 인격에 대해 생각해 봅시다.

가) 실천 사항

① 항상 바른 마음을 가진다.
② 자신의 양심을 속이지 아니한다.

③ 다른 사람의 잘못을 너그럽게 용서해 준다.
④ 감사하는 마음을 지닌다.
⑤ 베풀며 살아가는 태도를 지닌다.
⑥ 서로 양보하고 타협할 줄 안다.
⑦ 사랑이 충만한 사람이 된다.
⑧ 정서가 풍부하도록 한다.

나) 지도 방안

부모는 자식의 거울이라 하였습니다.
요즘의 아이들은 참을성이 부족하고 순간적이며, 남을 의식하지 않고 자신이 하고 싶은 대로 충동적으로 행동하는 경우를 종종 보게 됩니다. 이는 모두 어른과 부모님에게 잘못이 있다 하겠습니다.
매스컴의 범람으로 인하여 어른들의 행동을 그대로 모방하여 사회를 경악게 하는 사건들은 어른들 스스로 온전하지 못한 인격으로 인해 빚어진 결과라 하겠습니다. 어디에서건 아이들이 보고 있다는 의식 속에서 행동 하나하나에 바른 인격을 심고 모범을 보이셔야 할 때라고 봅니다.

① 자신도 장난을 치다 발각된 경험이 있는가? 그때의 느낌은 어떠했는가?
② 꾸중을 들을 것으로 생각했던 실수가 너그러이 용서받은 일이 있는가?
③ 자신의 큰 잘못을 너그러이 용서받았을 때의 기분은 어떠했는가?

생활체육 태권도장

성공하는 도장을 위한 체육관 경영론

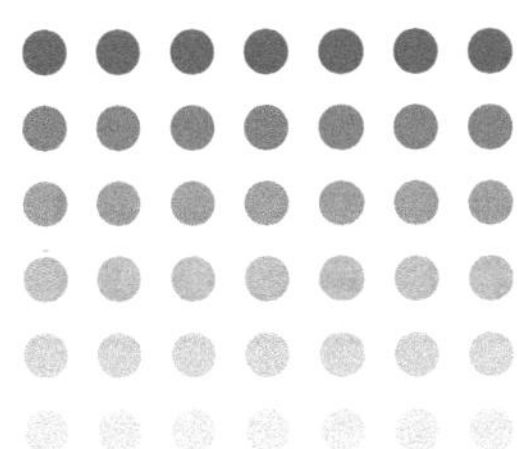

제 9 장

체육관 광고와 인테리어

제9장 체육관 광고와 인테리어

1. 체육관 광고와 인테리어

1) 간판, 썬팅_적용 사례

바탕 : blue / 도장명 : blue / 기타 내용 : B&W

대형 창문에 무도나라의 동작은 선택

파란띠 라인은 창의 상단에 창의 30% 범위에서 사용한다.

front window

side window

2) 세로형 돌출간판_적용 사례

Main 입간판과 동일한 디자인으로 대,중,소로 나뉘며 주변환경과 여건에 따라 선택하여 사용할 수 있다.

대형일 경우 가로형과 동일하게 캐릭터의 얼굴이 들어가며 도장명이 긴 경우라도 글자를 축소하거나 배열을 달리 할 수 없다.

3) 우수도장 동판, 스티커, 입구_ 적용 사례

동판에도 시각적 통일감을 주기위해 빨간색 띠를 둘렀다.

건물입구 좌우측에 설치하며 스티커의 경우 현관 유리문에 붙인다.

단 여의치 않을 경우 스티커는 생략할 수 있다.

우수도장 스티커

우수도장 동판

4) 띠장_적용 사례

TAEKWONDO

5) 복도 장식

무도나라 태권도 띠장은 건물입구에서부터 수련장 입구까지 끊겨짐 없이 설치하고 기타 액자 및 장식은 태권도장의 주변환경을 고려하여 임의대로 할 수 있다. 시각적인 안정감을 고려하여 파스텔톤의 칼라를 권하며 너무 요란하지 않게 단순한 패턴의 반복사용을 권한다.

6) 복도 장식용 액자

태권도 동작을 캐릭터를 응용하여 표현

7) 수련장 입구_ 적용 사례

건물입구에서 부터 이어진 띠장은 수련장입구까지 연결된다. 수련장입구는 입체적으로 꾸미되 어린이집 같은 동화적인 디자인은 좋지 않다. 그림에서 처럼 입구 주위를 입체적으로 띄우고 우측에 도장명과 좌측에 관훈정도의 표현을 한다. 색채는 복도의 색채와 어울리는 색을 사용하고 거부감을 주는 색은 피한다.

8) 복도 장식_적용사례

무도나라 태권도 띠장은 건물입구에서부터 수련장 입구까지 끊겨짐 없이 설치하고 기타 액자 및 장식은 태권도장의 주변환경을 고려하여 임의대로 할 수 있다. 시각적인 안정감을 고려하여 파스텔톤의 칼라를 권하며 너무 요란하지 않게 단순한 패턴의 반복사용을 권한다.

9) 복도 활용방안

태권도장을 홍보할 수 잇는 공간으로 활용하여야 한다. 태권도장을 찾는 사람들이나 주변을 지나가는 사람들에게 호기심을 자극하고 관심을 갖도록 하여야 한다.

- 명예의 전당(우수관원들의 사진을 건다 : 태권도를 하는 사람에게 동기유발을 할 수 있으며 부모들에게 신뢰를 심어줄 수 있다.)
- 태권도 지식(태권도의 역사나 태권도의 정의, 국내외 소식을 통해 태권도에 대한 관심을 유발 시킬 수 있다.태권도에 대한 관심-도장에 대한 관심으로 발전)

10) 복도 장식_적용사례

태권도장에 대한 호기심을 유발시킬 수 잇는 공간이다.띠 벽지를 통해 자연스럽게 동선을 유도하고 광고보드나 게시판 성격의 보드를 설치하여 도장 내에서 이렁나는 이벤트 등을 게시하여 자연스럽게 태권도장의 광고효과을 낸다. 이 보드를 통해 다양한 교육적 프로그램을 활용할 수 도 있다.

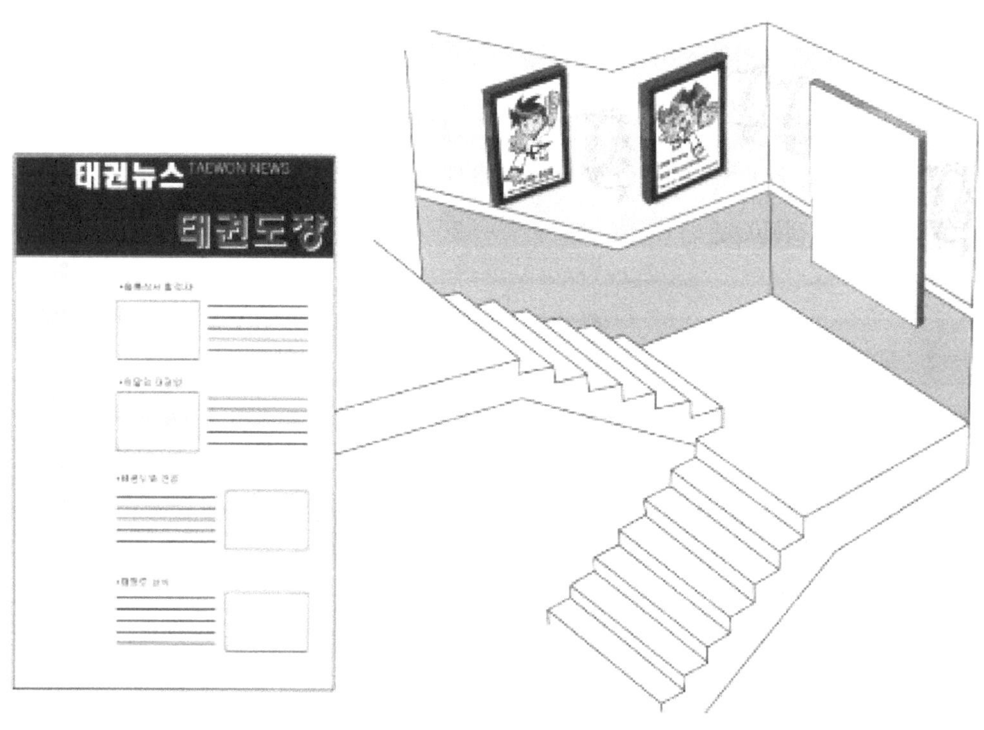

11) 중앙바닥장식_적용사례

무도나라 캐릭터 엠블렘을 사용하여 중앙에 표현.

크기는 도장의 크기에 따라 임의대로 정할 수 있다.

12) 차량디자인 _ 적용 사례

어린이 보호차량을 의미하는 노란색과 무도나라의 빨간색을 조합하여 화려하면서 지저분하지 않은 외관에 중점을 두었다. 캐릭터의 얼굴을 크게 넣어 도장에 지속적으로 보여지는 캐릭터와 함께 통일감을 주었다.

13) 차량디자인 _ 적용 사례

어린이 보호차량을 의미하는 노란색과 무도나라의 빨간색을 조합하여 화려하면서 지저분하지 않은 외관에 중점을 두었다. 캐릭터의 얼굴을 크게 넣어 도장에 지속적으로 보여지는 캐릭터와 함께 통일감을 주었다.

14) 체육관 광고물, 캐릭터

15) 체육관 홍보지_사례

튼튼태권도 어린이안전 캠페인
123-4567

엄마, 아빠, 관장님께 약속해요!

우리는 세탁기, 냉장고를 괴롭히지 않아요!

1 "숨 막혀!"
세탁기, 냉장고에 들어가지 않아요!

2 "으악~ 쿵!"
세탁기, 냉장고, TV에 올라가거나 매달리지 않아요!

3 "아얏!"
세탁기, 냉장고에 손, 발이 안 다치게 조심해요.

4 "앗! 뜨거!"
전자레인지, 오븐처럼 뜨거운 물건은 조심해요!

5 "찌리릿~ 으악!"
세탁기, 냉장고, TV 콘센트를 만지지 않아요!

튼튼태권도 어린이안전 캠페인
123-4567

학교에서 안전하게 생활해요!

등하교시 안전

❶ 통학버스 안에서는 장난을 치지 않습니다.
❷ 길을 건널 때는 우선 멈춰서 주위를 살피고 손을 든 다음 횡단보도로 건넙니다.

교실에서의 안전

❶ 창틀에 올라가 밖을 보거나 창틀에 기대지 않습니다.
❷ 친구와 심한 장난을 하지 않습니다.
❸ 청소도구로 장난하지 않습니다.
❹ 출입문을 열거나 닫을 때 따라오는 친구가 없는지 확인합니다.
❺ 출입문을 열거나 닫을 때 손이나 발이 끼지 않도록 주의합니다.

계단, 복도에서의 안전

❶ 계단이나 복도에서 뛰지 않습니다.
❷ 계단을 오르내릴 때 난간을 잡고 한 칸씩 이동합니다.
❸ 계단을 넘거나 타고 내려오지 않습니다.
❹ 복도에서 공놀이나 술래잡기 놀이를 하지 않습니다.

체육시간 안전

❶ 운동규칙을 지키고 수업에 집중합니다.
❷ 몸이 아플 경우 미리 선생님께 말씀드립니다.
❸ 운동기구의 높은 곳에 올라서서 장난을 치거나 함부로 뛰어내리지 않습니다.

학교폭력

❶ 괴롭힘을 당하는 경우 선생님이나 부모님에게 바로 이야기합니다.
❷ 폭력적인 친구와 어울리지 않습니다.

생활체육 태권도장

성공하는 도장을 위한 체육관 경영론

참고문헌

1. 서울시태권도협회 태권도장 활성화 경영 자료집 (2002년~2008년)

2. 장애인 태권도교육학 (정인태, 2007년, 도서출판 푸른넋)

3. (사)세계경찰태권도협회 교육 자료 (2011년~2013년)

4. 태권도와 사회체육 (김종연, 2003년, 크라운출판사)

5. 국민 체력 향상 (국민생활 체육 협의회, 2010년)

6. 1 · 2급 청소년 지도사. 연수교재 (한국청소년개발원, 2012년)

7. 1급 생활 체육 연수교재 (한국체육과학 연수원, 2010년)

8. 초등생 태권도 수련교재 (전영만, 2001년, 태권도문화연구소)

9. 태권도를 통한 효과적인 자녀교육 (전영만, 2002년, 훈민문화사)

10. 태권도장 경영활성화를 위한 경영자료 (김종연, 2008년, 경영정보연구소 공저)

11. 유아 태권도 교육학 탐구 (정인태, 2002년, 해림기획)

12. 유아 및 아동을 위한 체육활동의 이론과 실제 (원영신, 윤용진, 2006년)

13. 교사들을 위한 유아체육 (한정은, 2007년)

14. 노년의 건강을 지켜주는 식사요법 (김평자, 2007년)

15. 노인체육 (C.jessie jones.debraj.rose, 옮긴이/ 장경태, 2006년)

16. 건강한 사람이 해야 하는 운동, 병 있는 사람이 하는 운동 (김명화, 2007년)

17. 태권도 이론과 현장 지도 (연세대 최고지도자 과정, 1999년)

18. 태권도장 경영 실체 (서울시태권도협회, 2007년)

19. 성공적인 체육관 경영과 지도론 (상아출판, 2013년)

▶ **자료제공** :

1. 사단법인 대한경찰태권도협회

   태권도장 홍보를 위한 캐릭터와 인테리어

2. 주식회사 애니마 (2007년)

태권도장 홍보를 위한 캐릭터와 기본인테리어, 캐릭터명(예명) : 무도나라

인테리어 : 간판, 실외, 현관, 실내, 유리창, 차량

3. 사단법인 한국줄넘기협회

줄넘기를 활용한 활성화 방안

▶ 참고 홈페이지

1. 사단법인 세계경찰태권도협회 홈페이지 (www.wpta.or.kr)
2. 사단법인 대한경찰태권도협회 홈페이지 (www.kpta.or.kr)
3. 태권한국인 문화연구소 홈페이지 (www.tkd.co.kr)
4. 세이프콜 홈페이지 (www.safe-call.org)
5. 꾸러미 칭찬통장 홈페이지 (www.kkuromi.com)
6. 차범근 축구교실 홈페이지 (www.fcchaboom.com)
7. 우지원 농구교실 홈페이지 (www.pentasports.co.kr)

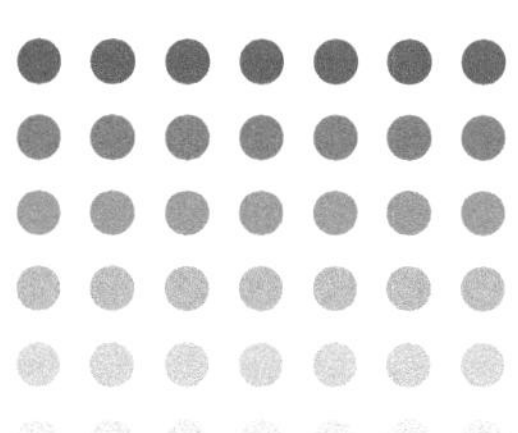

(부 록)

연간, 월별 행사 가정 통신문(예시)

축구클럽 창단 안내문

안녕하십니까?

항상 변함없는 관심과 협조로 저희 000체육관을 사랑해 주시는 학부모님들께 진심으로 감사를 드립니다.
태권도교육은 자라나는 어린이들에게 건강한 몸, 강한 의지력과 자신감을 심어 줄 수 있는 운동으로 성장기 어린이의 뼈를 튼튼히 하며 성장발육에 절대적인 도움을 줄 수 있는 과학적인 운동으로 평가받고 있습니다.

이에 저희 사회체육인 모두는 시대적 변화에 부합되는 교육을 하기 위하여 보다 과학적이고 체계적인 프로그램의 계발로 태권도가 성장기 어린이뿐 아니라 모든

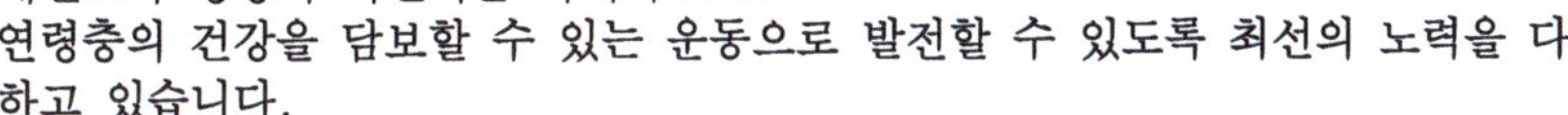

연령층의 건강을 담보할 수 있는 운동으로 발전할 수 있도록 최선의 노력을 다하고 있습니다.

저희 체육관에서는 축구를 사랑하고 축구에 관심이 많은 꿈나무들의 새로운 도전을 향한 의욕적이고 적극적인 자기개발의 기회를 제공하고자 체육관을 대표할 축구클럽 1기를 창단하고자 합니다.

클 럽 명 :
운영시간 :
모임장소 :
준 비 물 :

효·공동체·도전·책임의식의 배움터!

ООО 태권도장

070-7011-7878

학부형님 안녕하십니까?

학부형님의 모든 가정에 건강과 안녕을 기원합니다.
저희 체육관에서는 우리 아이들에게 최상의 교육을 해줄 수 있는 방법은 무엇인지, 보다 흥미롭게 교육 할 수 있는 방법에 대하여 끊임없는 연구와 노력을 계속하고 있습니다.

올해에도 따사로운 여름의 향기를 부모님들과 함께 나누길 희망하며 항상 저희 체육관에 보내주시는 사랑과 관심에 깊은 감사 인사드립니다.

저희 ○○○체육관에서는 학부모님들의 건강과 새로운 도전을 향한 의욕적이고 적극적인 자기개발의 기회를 제공하고자 오는 00월부터 부모님 태권도수업교실을 운영하고자 합니다. 평소 태권도에 관심이 있었던 부모님이나 체력과 건강유지를 위해 운동이 필요하셨던 부모님들을 위해 좋은 기회가 되리라 생각합니다.

접수는 00월 00일까지 받으며 어머니 태권교실 인원모집은 00명으로 제한합니다.
아래 안내문에 참가여부를 기재하시어 체육관으로 보내주시기 바랍니다.

참석일을 꼭 지켜주세요!

어머니 태권도교실안내

일시 :

장소 :

교육과정 :

효·공동체·도전·책임의식의 배움터!

○○○ 태권도장

070-7011-7878

ETAEKWON

수련계획표

2011.09

일(日)	월(月)	화(火)	수(水)	목(木)	금(金)	토(土)
				1 **태권로빅** 약속겨루기 체전굴 조별미트차기	2 **유연성스트레칭** 기초체력훈련 기술발(공격) 이단앞차기	3 부모님께 감사편지 작성하기
유품자				상 동	상 동	
4	5 **사이드스텝** 장애물구르기 호신술(초급) 응용스텝	6 **요가스트레칭** 2인1조 밋트차기 연결발차기 단체밋트차기	7 **3분명상** 왕복달리기 통솔력,지휘력훈련 게임트레이닝	8 **짝체조 스트레칭** 품새 (태극3장) 기본밋트차기 한번겨루기	9 **유연성스트레칭** 기초체력훈련 기술발(공격) 이단앞차기	10
유품자	상 동	빠른발공격	상 동	개별품새	응용스텝(종합)	
11	12 한가위	13	14 **3분명상** 10분리더쉽 품새개인지도 게임트레이닝	15 **태권로빅** 경쟁구보 조별밋트차기 연결발차기	16 **유연성 스트레칭** 전문체력훈련 기본스텝훈련 종합장애물	17 단체미니합숙 오전 (저학년) 오후 (6학년이상)
유품자	상 동		상 동	수비후공격스텝	개별품새	
18	19 **인성교육** 학교체육(뜀틀운동) 제자리멀리뛰기 암벽오르기	20 **2인스트레칭** 기본발차기 사각밋트차기 2단 앞차기	21 **3분명상** 품새개인지도 게임트레이닝 (미니월드컵)	22 **짝체조스트레칭** 품새 (태극4장) 주먹사용법 사각빽차기	23 **태권요가** 스트레칭 기본/응용스텝 높이뛰기(1,2)	24
유품자	상 동	호신술(2인대련)	상 동	개별품새	기술발(공격)	
25	26 **인성교육** 연속매트구르기 물구나무서기 2인줄넘기	27 **2인스트레칭** 품새조별연습 풍선터트리기 발차기훈련	28 **3분명상** 기본달리기 게임트레이닝 (미니피구)	29 **승급심사대회 총연습**	30 **승급심사대회**	
유품자	상 동	호신술(중급)	상 동	상 동	상 동	

학부형커뮤니케이션 - 아빠와 함께하는 방학생활

방학은 아이들에게 즐겁기도 하지만 자칫하면 아무 것도 하지 않고 지루하게 보낼 수도 있습니다.
아이들에게 아빠가 방학의 단짝 친구가 되어주세요.
집 안에서 즐길 수 있는 재미있는 놀이는 물론, 생활 속에서 아이들에게 가르치는 바른 습관까지... 방학을 이용하여 아빠와 아이가 함께 하면 좋은 집안 놀이 법을 모았습니다.

■ 인터넷 중독은 싫어! 재미있고 머리도 좋아지는 보드게임 즐기기

방학 때는 아이들이 집에서 인터넷 게임에 정신 없이 빠지기 쉬우니 주의해야 합니다.
요즘은 온 가족이 모여서 함께 즐길 수 있는 많은 보드게임이 나와 있습니다. 머리를 굴리고 생각하며 문제를 풀어 가는 보드게임을 온가족이 함께 해보는 것도 좋겠지요? 주사위 놀이나 숫자 게임 등 저렴하게 구입해서 즐길 수 있는 게임도 많고, 오목 등의 게임을 하면 재미도 있고 머리도 쓸 수 있어 지능 발달에도 좋습니다.
또 요즘 많이 생긴 보드 카페에도 가족과 함께 간다면 아이들은 무척 즐거워할 것입니다.

■ 아빠는 호빵맨, 엄마는 세일러문! 별명 지어 부르기

특별한 놀잇감 없이 가족이 함께 있다는 것만으로도 충분히 즐거울 수 있습니다.
각자의 특징을 담은 작은 애칭을 별명으로 지어 불러보세요.
별명은 아이가 직접 생각하도록 하고 놀이하는 동안이나 특정한 기간동안 이름대신 별명을 부르는 것입니다. 아이는 별명을 짓기 위해 엄마와 아빠의 특징을 살피게 되고 또 그에 맞는 별명을 찾기 위해 여러 가지 상상을 해봐야 하므로 아이의 창의력 발달에 좋은 기능을 합니다. 또한 아이와 아빠, 엄마는 눈높이가 같은 친구가 될 수 있습니다.

■ 오늘은 엄마대신 아빠와 내가 요리사! 별미 만들기

방학 때 시간을 내어 엄마대신 아빠와 함께 맛있는 간식을 만들어 보는 것은 아이에게 큰 재미를 줄 수 있습니다.
음식은 늘 엄마가 만들어 주는 것이라는 고정 관념을 깰 수 있고 나름대로 역할 놀이가 되어 엄마의 고마움을 알 수도 있게 된답니다.
간단한 메뉴 한 가지를 정해 장보기, 손질에서부터 조리까지 해보아도 좋습니다.
평소에는 위험하다고 잘 들어오지 못하게 하는 주방을 하루쯤은 아이에게 비워주도록 하세요.

효·공동체·도전·책임의식의 배움터!
○○○ 태권도장
070-7011-7777

학부형커뮤니케이션 - 세가지의 아름다운 습관

봄 방학은 긴 겨울 방학 동안에 자신도 모르게 몸에 배었던 나쁜 습관을 훌훌 떨쳐 버리고 새 학년을 대비해 '아름다운 습관'을 만들어 가야 할 아주 중요한 시간입니다.

올 봄 방학에는 적어도 다음과 같은 세 가지의 아름다운 습관을 기르며 새 학년을 알차게 준비하는 것이 어떨까요?

첫째, 입장(立場) 바꿔 생각하는 습관을 기릅시다.

학년 초가 되면 새 담임 선생님, 새로운 친구들을 만나게 됩니다. 이 시기에 지난 1 년 동안 익숙했던 생활과는 다른 환경에 잘 적응하지 못하면 서로간에 갈등이 생길 수도 있습니다. 때문에 새로운 만남에 불편함을 느낄 때마다 상대방의 입장에서 생각해 보는 자세를 가져 보기 바랍니다. 입장 바꿔 생각하는 아름다운 습관이 길러지면, 어느 새 부모님과 선생님과 친구들의 마음까지도 이해할 수 있게 돼 항상 즐겁고 행복한 생활을 할 수 있을 것입니다.

둘째, 자기 수준에 맞는 책을 골라 생각하며 읽는 습관을 길러 봅시다.

새 학년에는 어른들께서 책을 읽으라고 하니까 마지못해 읽거나, 건성으로 읽는 독서 습관은 버려야겠습니다. 또 남들이 읽는다고 아무 책이나 읽어서는 발전이 없답니다.

우선 담임 선생님께서 추천해 준 책부터 읽기 시작해 매일매일 조금씩이라도 꾸준히 읽다 보면, 자신도 모르게 책을 읽는 아름다운 습관이 길러지고, 좋은 책이 다정한 친구로 느껴질 것입니다.

마지막으로 운동 습관을 기릅시다.

한꺼번에 너무 많이 한다거나, 특별한 운동 종목만 고집할 필요도 없습니다. 하루에 30 분 이상 걷기, 200 번 이상 줄넘기하기와 같이 날마다 꾸준하게 30 분 정도 운동하는 것이 우리 몸에 제일 좋다고 합니다. 아름다운 운동 습관을 들이면 틀림없이 건강하고 활기(活氣)찬 생활을 할 수 있게 될 것입니다.

비록 짧은 봄 방학이지만 아름다운 이 세 가지 습관을 갖도록 노력한다면 새 학년에는 틀림없이 더욱 즐겁고 행복한 학교생활을 할 수 있을 것입니다.

효·공동체·도전·책임의식의 배움터!

○○○ 태권도장

070-7011-8888

폴라로이드를 활용한 신학기 마케팅방법 소개

초등학교 1학년 예비소집일과 입학식이 진행되는 시즌입니다.
광고물로 시원치않고 선물을 주자니 마케팅이라고 하고 참 고민이 많으십니다.

본사에서는 이러한 부분을 효과적으로 벗어나면서 광고 홍보 효과를 극대화하는 방안을 생각하여 제안드립니다.

1. 제목 : 폴라로이드를 활용한 홍보

2. 준비물 : 폴라로이드+필름

3. 기대효과

- 초등학교를 갓 입학하는 자녀를 둔 학부모에게 감동을 줄 수 있는 선물이 됩니다.
  (일종의 감성마케팅)

- 촬영을 할 때 간단하게나마 " 자녀의 입학을 진심으로 축하드립니다. 000에 있는 000도장입니다." 라고 멘트를 하여 자연스러운 홍보를 겸합니다.

- 폴라로이드로 촬영을 하면 약 2분 정도의 시간이 흘러야 하기 때문에 촬영을 하고 출력된 사진 뒷편에 준비된 도장홍보스티커(시링)를 부착하여 드립니다.

- 촬영장소는 1군데 고정 혹은 이동하는 방법을 겸하여 결정하세요. 고정촬영장소에는 배경(현수막 등)을 준비하여 사진속에 도장홍보 문구가 촬영되도록 합니다.

- 시링에는 도장명, 위치, 간단한 관훈 등을 작성하여 향후에 학부모가 태권도 수련에 대한 흥미가 발생했을 때 유용한 정보수단이 되도록 유도할 수 있습니다. 무엇보다도 학부모에게 잔잔한 감동을 주는 데 의미가 있습니다.

- 더욱 더 효과를 극대화하고자 한다면 인형을 제작하거나 임대하여 고정장소 혹은 이동하면서 촬영하여 나누어 줍니다.

- 시각적인 요소를 높여주기 위해서 촬영자는 어깨띠를 두르는 것이 좋습니다.
  어깨띠 문구 : 입학축하 즉석사진 무료촬영 000 도장

- 폴라로이드는 다양한 방법으로 활용하실 수 있습니다.
  도장에서 우수관원생 촬영, 생일자 촬영, 친구초청시 즉석촬영 등등

4. 기타안내

폴라로이드 카메라의 가격은 보통 저렴한 편입니다. (5만원~10만원선이면 쓸만합니다.) 단, 필름값이 비싼 편입니다. 보통 1팩에 10장의 필름이 들어있고 금액은 최저 1만원이상이 됩니다. 물론 기종에 따라서 다양합니다.

유의하실 것은 필름 형태가 와이드가 있고 미니가 있다는 것입니다. 와이드는 보통 보던 네모난 필름이고 미니는 담배갑 정도의 크기입니다.

옥션 또는 G마켓을 이용하시면 저렴한 가격에 구매할 수 있습니다.

효·공동체·도전·책임의식의 배움터!
OOO 태권도장
070-7011-8888

인성교육 - 발명의 천재 에디슨

"천재는 99%의 땀과 1%의 영감으로 구성된다." 발명왕 에디슨의 말입니다.

그는 1847년에 태어났습니다. 그때는 아직 문명이 지금처럼 발달 하지 않았던 시절이었습니다. 전기도 없었고 전신기도 없었습니다.

지금 우리가 밤에 환하게 불을 밝힐 수 있는 것은 에디슨이 발명한 것이 있었기 때문에 가능했던 것이었습니다.
그는 일생동안에 1,300종의 특허를 냈고 일류에게 밝음이라는 것과 무한한 문명의 혜택을 주었습니다.

우리는 에디슨을 발명의 천재라고 말합니다.
그러나 그 자신은 천재가 아니라 노력의 결과라고 말합니다.
99%의 땀은 많은 노력을 가리키는 것이지만 1%의 영감은 과연 무엇인가?

번쩍 머리에 떠오르는 아이디어 같은 것인데, 이것 역시 사색하고 노력하는 자만이 얻을 수 있는 것입니다. 게으르고 아무 생각 없이 사는 사람에게는 찾아오지 않습니다.
이렇게 보면 천재란 100%의 땀의 산물이요, 노력의 결정인 것입니다.

실지로 에디슨은 모방할 수 없는 노력가였습니다.

학교 교육을 받고, 철도 판매원 시절에 신문을 박아 팔았습니다. 취재. 편집. 인쇄. 판매를 혼자서 했습니다.
모스 부호를 암기하여 철도 통신원이 되고, 독학으로 과학 지식을 익혀 대발명가가 되기 위하여 잠자는 시간과 밥 먹는 시간도 아껴야 했습니다.

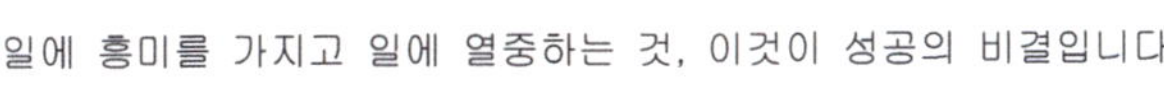

일에 흥미를 가지고 일에 열중하는 것, 이것이 성공의 비결입니다.

여러분은 과연 99%의 노력을 하고 있나요?

학교에 발송하는 주말축구교실 협조 안내문

안녕하십니까 ?

전인교육을 위해 항상 애써주시는 000 초등학교의 노력에 감사드립니다.
본인은 같은 지역구내 0000 태권도 도장을 운영하는 관장 000입니다.

봄 신학기와 더불어 건강하고 활기찬 어린이가 되고, 주 5일 근무 확산에 따른 여가선용차원에서 본 체육관에서는 주말축구교실을 운영하고자 하며 000 초등학교 운동장을 어린이 축구수련장으로 활용하고자 하오니 적극적인 협조를 하여 주시면 감사하겠습니다.

****

- 희망 사용일시 및 기간
  매주 토요일 오후 2시 ~ 3시 30분 (3개월간)
  ※ 이후 추가 모집이 이루어지게 되면 연장하고자 합니다.
- 운영방법
  1. 30명 정원제로 기수별로 운영합니다.
  2. 기수별 운영기간은 8주입니다.
- 대상자 : 지역내 초등학교
- 교육방법 : 강사를 초빙하여 체계적인 지도를 합니다.
- 학교 선생님 중 축구지도가 가능하신 분이 도움주시면 더욱 감사드리겠습니다.

2014 년 3 월 일

효·공동체·도전·책임의식의 배움터!
ㅇㅇㅇ 태권도장
070-7011-7777

체육관 OOO 시범단 모집 안내문

학부모님 안녕하십니까 ?

"4월"하고 입으로 소리 내어 말하니 벌써 봄기운의 정취가 물씬 느껴지는 것만 같습니다. 이번 신학기에는 부모님댁내에 항상 좋은 일만 가득하길 기원하겠습니다.

앞으로 저희 도장은 체계적으로 관리를 하고자 다음 체계와 같은 수련 단계를 거치도록 만들었습니다.

- 1단계 : 유급자 - 기초체력, 태권도 기본기 습득
- 2단계 : OO 시범단 - 1품이상으로 구성되어 체력측정과 관리, 태권도 중급 기술 습득
  OO시범단은 시범은 보이지 않지만 시범단이 되기 위한 체력 조건을 갖추는 과정입니다.
- 3단계 : OOO시범단 - 2품이상으로 구성되어 시범을 목적으로 한 고난도 기술, 태권체조
  시범단은 리틀 시범단을 걸친 자만 가입 가능
- 4단계 : 중,고등부 - 강도있는 운동, 정신력 강화 교육

****

이에, 4월부터 수련할 OO 시범단 O기를 아래와 같이 모집합니다.
OO시범단은 시범을 목적으로 하지는 않습니다.

단, 기존1품이상의 수련자를 대상으로 시범단을 뽑으니 체력적인 면과 기술적인 면에서 많이 뒤쳐지는 경향이 있어서 1년단위의 정예화한 인원을 일정한 단위별로 체지방검사와 체력측정을 실시하여 체력단련을 하겠습니다.

1품이상 되는 관원들은 OO시범단에 가입하기 바랍니다.

** 아　　　래 **

1. 대　　상 : 1품 이상자
2. 수련시간 : 00 :00 ~ 00 : 00
3. 가 입 비 : 00,000원
4. 목　　적 : 체력적인 관리, 유단자만의 유대감 형성

2012 년　4 월　　일

효·공동체·도전·책임의식의 배움터!
OOO 태권도장
070-7011-7777

인성교육 - 참된 친구 장의와 소진 이야기

중국 위나라 때 장의와 소진은 어린 시절부터 절친한 친구였다.

어른이 된 후 소진은 조나라에 건너가 벼슬에 하였다. 그때, 집안이 어려웠던 장의는 도움을 얻으려고 친구 소진을 찾아갔다.
"이보게, 소진. 미안하네만 요즘 나의 살림이 어렵네. 해서 며칠치 식량을 꾸어줄 수 있겠나?"
"미안하네만, 요즘은 나도 어렵네. 그만 가보게나." 뜻밖에도 소진은 장의를 반가워하기는커녕 이렇게 푸대접을 하였다. 장의는 '내 기필코 성공해서 돌아오리라.' 분개하며 진나라로 떠났다.

소진은 급히 하인을 불러 돈을 주면서, 장의를 따라가 그가 성공할 때까지 도우라고 했다. 하인은 자신의 신분을 숨긴 채, 주인의 명령을 충실히 따랐다.

힘들게 학문을 익힌 장의는 마침내 진나라에서 벼슬을 얻었고, 소진의 하인은 비로소 작별을 고하게 되었다. "고맙습니다. 모두 당신 덕분입니다. 이 은혜를 어찌 갚을지……."장의는 떠나는 하인의 손을 잡고 무척이나 고마워했다.

그러자 하인은 이렇게 말했다. "은혜를 갚으려거든 소진 어른께 갚으십시오. 저는 그분의 본부에 따랐을 뿐입니다." 장의는 그제서야 친구의 깊은 뜻을 헤아릴 수 있었다.

우리는 장의와 소진의 이야기를 통하여 진정한 우정이 무엇인지 다시 생각해 보게 됩니다.
여러분이 사귀는 친구들은 어떤 사람들인가요? 어울려 놀기 좋은 친구이거나 나에게 듣기 좋은 말만 해 주는 친구는 아닌지요? 그러나 참된 친구라면, 우선 듣기에 좋은 말보다는 내가 잘 되도록 충고해 주는 길이 무엇인지 먼저 생각할 것입니다.

인성교육 - 1006개의 동전이 내게 준 의미

예상은 하고 갔지만 그 아주머니의 얼굴을 보는 순간 나는 흠칫 놀라고 말았다. 얼굴 한쪽은 화상으로 심하게 일그러져 있었고, 두 개의 구멍이 뚫려 있는 것으로 보아 예전에 코가 있던 자리임을 알 수 있을 정도였다.

순간 할 말을 잃고 있다가 내가 온 이유를 생각해내곤 마음을 가다듬었다. "사회복지과에서 나왔는데요." "너무 죄송해요. 이런 누추한 곳까지 오시게 해서요. 어서 들어오세요."
금방이라도 떨어질 듯한 문을 열고 집안으로 들어서자 밥상 하나와 장롱뿐인 방에서 훅하고 이상한 냄새가 끼쳐 왔다.

그녀는 나를 보더니 어린 딸에게 부엌에 있는 음료수를 내어 오라고 시킨다.
"괜찮습니다. 편하게 계세요. 얼굴은 언제 다치셨습니까?" 그 한 마디에 그녀의 과거가 줄줄이 읊어 나오기 시작했다. "어렸을 때 집에 불이 나 다른 식구는 죽고 아버지와 저만 살아 남았어요." 그때 생긴 화상으로 온 몸이 흉하게 일그러지게 되었다는 것이다. "그 사건 이후로 아버지는 허구헌날 술만 드셨고 절 때렸어요. 도저히 살 수 없어서 집을 뛰쳐 나왔어요."

그러나 막상 집을 나온 아주머니는 부랑자를 보호하는 시설을 알게 되었고, 거기서 몇 년간을 지낼 수 있었다. "남편을 거기서 만났어요. 이 몸으로 어떻게 결혼할 수 있었느냐고요? 남편은 앞을 못 보는 시각장애인이었죠." 그와 함께 살 때 지금의 딸도 낳았고, 그때가 자기의 인생에서 가장 행복한 시기라고 그녀는 말했다.

그러나 행복도 잠시, 남편은 딸아이가 태어난 지 얼마 후 시름시름 앓더니 결국은 세상을 등지고 말았던 것이다. 마지막으로 할 수 있는 것은 전철역에서 구걸하는 일 뿐... 말하는 게 힘들었는지 그녀는 눈물을 쏟기 시작했다.

그러던 중 어느 의사 선생님의 도움을 받아 무료로 성형 수술을 했지만 여러번의 수술로도 그녀의 얼굴을 나아지지 않았다는 것이다. 수술만 하면 얼굴이 좋아져 웬만한 일자리는 얻을 수 있을 거라는 희망은 곧 절망으로 뒤바뀌고 말았단다.

부엌을 둘러보니 라면 하나, 쌀 한 톨 있지 않았다. 상담을 마치고. "쌀은 바로 올라올 거구요. 보조금도 나올 테니까 조금만 기다리세요." 하며 막 일어서려고 하는데 그녀가 장롱 깊숙이에서 뭔가를 꺼내 내 손에 주는 게 아닌가? "이게 뭐예요?"

검은 비닐봉지에 들어서 짤그랑 짤그랑 소리가 나는 것이 무슨 쇳덩이 같기도 했다. 봉지를 풀어보니 그 속 안에는 100원짜리 동전이 가득 들어 있는게 아닌가? 어리둥절해 있는 내게 그녀는 잠시 뜸을 들이다가 말하는 것이었다. "혼자 약속한 게 있어요. 구걸하면서 1000원짜리가 들어오면 생활비로 쓰고, 500원짜리가 들어오면 자꾸만 시력을 잃어가는 딸아이 수술비로 저축하고, 그리고 100원짜리가 들어오면 나보다 더 어려운 노인분들을 위해 드리기로요. 좋은 데 써 주세요."

내가 꼭 가져가야 마음이 편하다는 그녀의 말을 뒤로 하고 집에 돌아와서 세어 보니 모두 1006개의 동전이 그 안에 들어 있었다. 그 돈을 세는 동안 내 열 손가락은 모두 더러워졌지만 감히 그 거룩한 더러움을 씻어 내지 못하고 그저 그렇게 한밤을 뜬눈으로 지새고 말았다.

인성교육 - 창조적인 삶이 진정한 행복

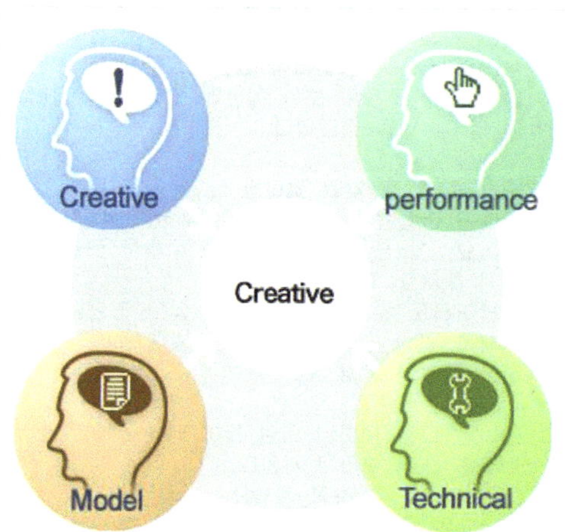

영국의 철학자 버트란트 러셀은 일생 동안 76 권의 책을 저술했습니다.

그가 쓴 책의 내용은 대부분이 감동적이며 참다운 삶을 살아가게 하는 인생의 길잡이가 되고 있지요. 러셀에 따르면, 사람은 누구나 창조 충동과 소유(所有) 충동을 가지고 있다고 합니다.

창조 충동이란 무엇인가 새로운 것을 만들어 내려는 충동을 이르는데, 인생과 자연의 아름다움을 새로운 작품으로 표현하는 문학가・예술가들의 창작 활동이나 과학자들의 발명, 탐험가・개척자들의 발견 등이 이 충동의 산물입니다. 또 소유 충동은 무엇을 가지고 싶어 하는 충동을 말하며, 돈을 많이 모으려고 노력하는 경제인들의 행동 등이 여기서 비롯되지요.

이러한 설명 끝에 러셀은 '인간의 진정한 행복은 창조 충동을 개발하여 이를 강화하고 표현하는 데 있다.'고 했습니다. 곧 문학가의 아름다운 시나 소설, 철학자의 새로운 사상, 예술가의 작품, 과학자의 새로운 발명, 그리고 모험가의 끝없는 도전 등은 인간이 자신의 진정한 행복을 찾기 위한 노력의 결과라는 것입니다.

어린이 여러분들은 진정한 행복이 무엇이라고 생각합니까? 또 지금 하고 있는 일에 얼마나 최선을 다하며, 만족하고 있습니까?

러셀은 '인생을 창조적으로 살아가는 것이 진정한 행복'이라고 했습니다. 그러니 진정한 행복을 위해서 지금 창조적인 일을 찾아서 하십시오. 그리고 그 속에서 꿈과 즐거움을 찾으십시오. 얼마 전 세계 최초로 복제 개 스너피를 탄생시켜 또 한 번 세상을 놀라게 한 황우석 박사도 밤잠도 잊은 채 인류를 위한 연구 개발에 매달려 이같이 좋은 결과를 얻을 수 있었습니다. 황우석 박사의 삶이 바로 러셀이 말한 창조적으로 세상을 살아가는 인생이며, 진정한 행복일 것입니다.

잘사는 사람들의 인생을 보면서 부러워하고 패배 의식에 빠져 자포자기하는 어린이가 아니라 어떤 어려움이 닥쳐도 당당하게 맞서 이길 수 있는 어린이가 되어야 합니다. 그런 어린이야말로 미래의 주역이 될 수 있다는 사실을 명심하고, 오늘도 즐겁고 보람 있는 하루를 만들어 가길 바랍니다.

2014.　2.

효·공동체·도전·책임의식의 배움터!

○○○ 태권도장

070-7011-7777

인성교육 - 다산 정약용의 다각적인 해석에 관하여

다산 정약용은 18세기 실학사상을 집대성한 한국 최대의 실학자이자 개혁가이다. 실학자로서 그의 사상을 한마디로 요약하면, 개혁과 개방을 통해 부국강병을 주장한 인물이라 평가할 수 있다. 그가 한국 최대의 실학자가 될 수 있었던 것은, 자기 시대의 문제점을 정확히 파악하고 그에 대한 개혁 방향을 제시할 수 있었기 때문이다.

정약용을 떠올리면 오랜 시간 동안 겪어야 했던 귀양살이를 말하지 않을 수 없다. 귀양살이는 그에게 깊은 좌절도 안겨주었지만, 최고의 실학자가 된 밑거름이 되기도 했다. 귀양살이라는 정치적 탄압까지도 학문을 하라는 하늘의 뜻으로 받아들여 학문적 업적을 이뤄낸 인내와 성실, 그리고 용기에서 비롯된 것이었다. 그는 성실을 제일로 친 사람이었다. 그의 방대한 저작은 평생을 통하여 중단 없이 노력에 노력을 거듭하여 탄생한 것이다.

또한 정약용은 가장 이상적인 관료가였다. 배다리와 기중가의 설계에서 이미 재능을 펼쳤지만, 그의 저작에서 엿보이는 정치관은 기본적으로 민본이었다. 정약용은 왕정시대에도 주민자치가 실현되기를 소원한 인물이다. 조선후기를 살았던 인물이었지만, 소박하게나마 민주주의를 지향한 인물이었지 않았을까.

정약용이 가진 국가개혁의 목표는 부국강병이었다. 국가개혁사상이 집대성되어 있는 [경세유표]에서 그는 경세치용과 이용후생이 종합된 개혁사상을 전개하였다. 통치와 상업, 국방의 중심지로서의 도시건설(체국)과 정전법을 중심으로 한 토지개혁(경야)을 바탕으로 세제, 군제, 관제, 신분 및 과거제도에 이르기까지 모든 제도를 고치고, 가난에서 벗어나기 위해 기술개발을 해야 한다는 것이 개혁안의 주요 골자이다.

수많은 제자들을 양성했던 정약용은 양반제자 18명과 중인제자 6명이 각각 별도로 그의 아들과 더불어 자기가 경영하던 전답을 기본재산으로 다산계를 조직하였다. 또 초의선사를 비롯한 만덕사의 스님들은 전등계를 조직하게 하여, 길이 우의를 다지도록 했다. 그는 귀향 이후에도 옛 제자들과 서로 내왕하면서 강진에서 있을 때와 다르지 않게 저술활동을 할 수 있었다.

그의 저작은 경집 232권과 문집 267권으로 모두 499권에 이르는 방대한 것이었다. 이후 별세할 때까지 15년 동안 그는 [매씨상서평]을 개정하거나, [상서고훈]과 [상서지원록]을 개수하고 합편하여 [상서고훈]으로 정리하는 등 저작에 대한 분합, 필삭, 윤색에 온 힘을 기울여 182책 503권의 가장본 [여유당집]을 완성하였다. 아들 정학연은 추사 김정희에게 [여유당집]의 교열을 부탁했으며, 1883년(고종 20)에는 왕명에 따라 [여유당집]이 전사되어 내각에 수장되었다.

가을 갯벌 체험 안내

안녕하세요?

어느덧 가을의 길목에 접어드는 9월을 맞게 되었습니다.
성하의 계절을 앞두고 학부모님의 가정에 건강과 행복이 함께하시길 바랍니다.

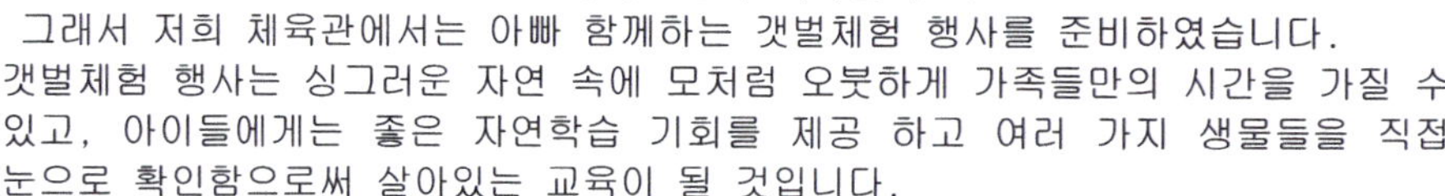

9월에는 아이들과 함께 야외로 나가 자연을 만끽 할 수 있는 나들이 계획을 세워보심이 어떠신지요.
그래서 저희 체육관에서는 아빠 함께하는 갯벌체험 행사를 준비하였습니다.
갯벌체험 행사는 싱그러운 자연 속에 모처럼 오붓하게 가족들만의 시간을 가질 수 있고, 아이들에게는 좋은 자연학습 기회를 제공 하고 여러 가지 생물들을 직접 눈으로 확인함으로써 살아있는 교육이 될 것입니다.

물론 부모님들이 바쁜 생활로 이런 기회를 가지시기가 어렵겠지만 그동안 충분히 갖지 못했던 아이들과 대화의 시간을 가질 수 있는 유익한 시간이 될 것입니다.

아래내용을 참고 하시고 많은 참여 부탁드립니다.

- 장 소 :
- 날 짜 :
- 준 비 물 :
- 비 용 :
- 내 용 :

칭찬과 격려가 넘치는 ○○○○ 체육관

문의 000-0000

— ✂ 절 취 선 -

[참 가 신 청 서]

수련생 :

참가합니다.	참가하지 않습니다.

※ ○ 월 ○ 일까지 체육관으로 보내주시기 바랍니다.

2014 년 월 일

학부모님 서명 (인)

시골 감자캐기 체험 안내

안녕하십니까?

초록빛의 자연이 점점 짙어가는 10월의 더위가 무색하게 건강하고 활기차게 생활하는 어린이들의 모습이 대견하기만 합니다.

학부모님께서는 가을철의 여러 가지 특성을 잘 살피시어 건강관리 및 자연학습 등의 가정에서 도와줄 수 있는 학습관리에 힘써 우리 어린이들이 보람과 호기심으로 가득 충족되는 10월을 보냈으면 합니다.

저희 ○○○○체육관에서는 ○○월 ○○일 "시골 감자 캐기 체험" 프로그램을 마련하였습니다.
시골마을에는 자연이 있고 시골의 정감이 있습니다. 아이들이 감자 캐기를 하면서 흙을 만져보고 흙냄새도 맡아보며 자연을 몸으로 느낄 수 있도록 하고자 합니다.
가을을 맞이하여 건강한 여가문화를 누릴 수 있는 기회를 제공하고 다양한 체험 활동을 통해 타인을 이해하고 공동체의식을 함양할 수 있는 좋은 기회가 될 것입니다.

시골 감자캐기 체험 안내

- 장 소 :
- 날 짜 :
- 준 비 물 :
- 비 용 :
- 내 용 :

칭찬과 격려가 넘치는 ○○○○ 체육관

문의 0000-0000

✂ 절 취 선

[참 가 신 청 서]

수련생 :

참가합니다.	참가하지 않습니다.

※ ○ 월 ○ 일까지 체육관으로 보내주시기 바랍니다.

20 년 월 일

학부모님 서명 (인)

인성교육 - 훌륭한 아버지를 둔 아들의 눈물

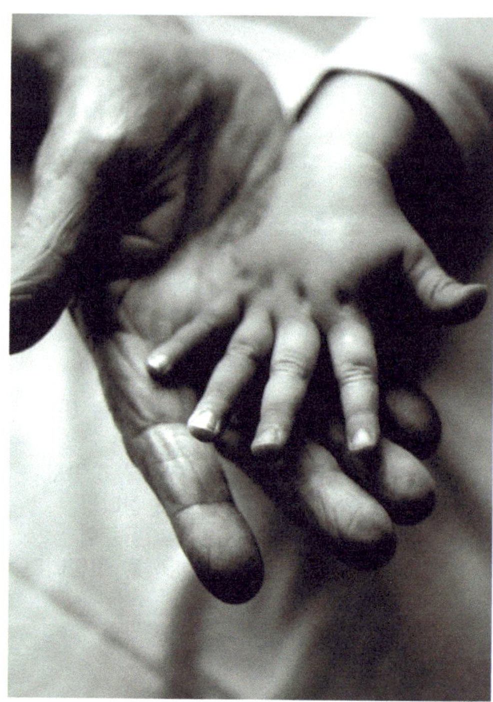

"어디서 난 옷이냐? 어서 사실대로 말해 봐라. "

환경미화원인 아버지와 작은 고물상을 운영하는 어머니는 아들이 입고 들어 온 고급 브랜드의 청바지를 본 순간 이상한 생각이 들어서 며칠째 다그쳤다.

부모님의 성화에 못 이겨 아들이 사실을 털어놓았다.
"죄송해요. 버스 정류장에서 손지갑을 훔쳤어요." 아들의 말에 아버지는 그만 자리에 털썩 주저앉고 말았다. '내 아들이 남의 돈을 훔쳤다니....' 잠시 뒤 아버지가 정신을 가다듬고 말했다.
"환경이 어렵다고 잘못된 길로 빠져서는 안된다. " 아버지는 눈물을 흘리며 아들의 손을 꼭 잡고 경찰서로 데려가 자수시켰다.

자식의 잘못을 감싸기 바쁜 세상에 뜻밖의 상황을 대면한 경찰은 의아해 하면서 조사를 시작했다.
경찰 조사 과정에서 아들의 범죄 사실이 하나 더 밝혀졌고, 결국 아들은 법정에 서게 되었다. 그 사이에 아버지는 아들이 남의 돈을 훔친 것에 마음 아파하다가 그만 심장마비로 세상을 떠나고 말았다.

재판이 있는 날 법정에서 어머니가 울먹였다. "남편의 뜻대로 아들이 올바른 사람이 되도록 엄한 벌을 내려 주세요." 아들은 눈물을 흘렸다. "아버지가 저 때문에 돌아가셨어요..흐흐흑." 이를 지켜보던 주위 사람들은 숙연해졌다.

드디어 판결의 시간이 왔다. "불처분입니다. 꽝-꽝-꽝." 벌을 내리지 않은 뜻밖의 판결에 어리둥절해 하는 당사자와 주위 사람들에게 판사가 그 이유를 밝혔다.
"우리는 이처럼 훌륭한 아버지의 아들을 믿기 때문입니다. "

20 . . .

효·공동체·도전·책임의식의 배움터!
○○○ 태권도장
☎ 070-7011-7777